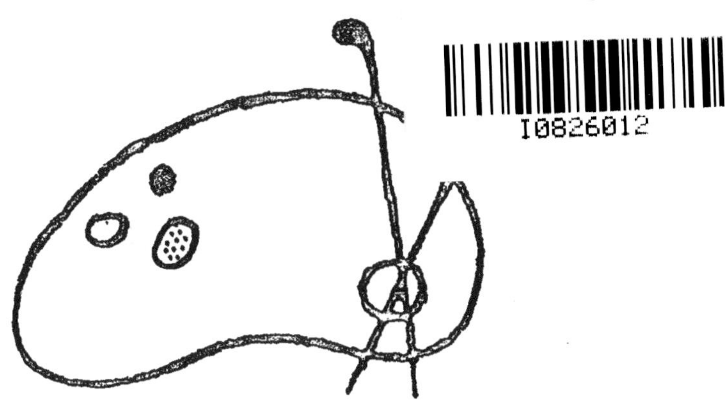

CHARLES DICKENS

LE MAGASIN D'ANTIQUITÉS

ROMAN ANGLAIS

TRADUIT AVEC L'AUTORISATION DE L'AUTEUR

PAR A. DES ESSARTS

TOME SECOND

PARIS

LIBRAIRIE HACHETTE ET Cie

79, BOULEVARD SAINT-GERMAIN, 79

BIBLIOTHÈQUE DES MEILLEURS ROMANS ÉTRANGERS

ÉDITIONS A 1 FRANC 25 CENTIMES LE VOLUME

ROMANS TRADUITS DE L'ANGLAIS

Ainsworth (W.) : Abigall. 1 v. — Crichton. 2 v. — Jack Sheppard. 2 v.
Anonymes : Les pilleurs d'épaves. 1 v. — Miss Mortimer. 1 v. — Paul Ferroll. 1 v. — Violette. 1 v. — Whitehall. 2 v. — Whitefriars. 2 v. — La veuve Barnaby. 2 vol. — Tom Brown à Oxford. 2 vol. — Mehalah. 1 vol. — Molly Bawn. 1 vol.
Austen (Miss) : Persuasion. 1 v.
Beaconsfield (lord) : Endymion. 2 vol.
Beecher-Stowe (Mrs) : La case de l'oncle Tom. 1 v. — La fiancée du ministre. 1 v.
Black (W.) : Anna Beresford. 1 vol.
Blakmore (R.) : Erema. 2 vol.
Braddon (Miss) : Œuvres. 41 volumes.
Bulwer Lytton (sir Ed.) : Œuvres. 25 vol.
Conway (H.) : Le secret de la neige. 1 v.
Craik (Miss Mulock.) : Deux mariages. 1 v. — Une noble femme. 1 v. — Mildred. 1 v.
Cummins (Miss) : L'allumeur de réverbères. 1 v. — Mabel Vaughan. 1 v. — La rose du Liban. 1 v.
Currer-Bell (Miss Brontë) : Jane Eyre. 2 v. — Le Professeur. 1 v. — Shirley. 2 v.
Dasent : Les Vikings de la Baltique. 2 v.
Derrick (F.) : Olive Varcoe. 2 v.
Dickens (Ch.) : Œuvres. 28 volumes.
Dickens et Collins : L'abîme. 1 v.
Voir ci-dessus Beaconsfield.
Disraeli : Sybil. 2 v. — Lothair. 2 v.
Edwardes (Mrs Annie) : Un bas-bleu. 1 v. — Une singulière héroïne. 1 v.
Edwards (Miss Amélia.) : L'héritage de Jacob Trefalden. 2 vol.
Elliot (F.) : Les Italiens. 1 vol.
Fleming (M.) : Un mariage extravagant. 2 v. Le mystère de Catheron. 2 vol. — Les chaînes d'or. 1 vol.
Fullerton (lady) : L'oiseau du bon Dieu. 1 v. — Hélène Middleton. 1 v.
Gaskell (Mrs) : Autour du sofa. 1 v. — Marie Barton. 1 v. — Marguerite Hall (Nord et Sud). 2 v. — Ruth. 1 v. — Les amoureux de Sylvia. 1 v. — Cousine Phillis. 1 v. — L'œuvre d'une nuit de mai. Le héros du fossoyeur. 1 v.
Grenville Murray : Le jeune Brown. 2 v. — La cabale de boudoir. 2 v. — Veuve ou mariée? 1 v. — Une famille endettée. 1 v. — Étranges histoires. 1 v.
Hall (Cap. Basil) : Scènes de la vie maritime. 1 v. — Scènes du bord et de la terre ferme. 1 v.
Hamilton-Aïdé : Rita. 1 v.
Hardy (T.) : Le trompette-major. 1 v.
Harwood (J.) : Lord Ulswater. 2 vol.
Haworth (Miss) : Une méprise. — Les trois soirées de la Saint-Jean. — Merwell. 1 v.
Hawthorne : La lettre rouge. 1 v. — La maison aux 7 pignons. 1 v.
Hildreth : L'esclave blanc. 1 v.
Howells : La passagère de l'Arowstoock. 1 v.
James : Léonora d'Orco. 1 v. — L'Américain à Paris. 2 v. — Roderick Hudson. 1 v.
Jenkin (Mrs) : Qui casse paie. 1 v.
Jerrold (D.) : Sous les rideaux. 1 v.
Kavanagh (J.) : Tuteur et pupille. 2 v.
Kingsley : Il y a deux ans. 2 v.
Lawrence (G.) : Frontière et prison. 1 v. Guy Livingstone. 1 v. — Honneur stérile. 2 v. — L'épée et la robe. 1 v. — Maurice Dering. 1 v. — Flora Bellassy. 2 v.
Longfellow : Drames et poésies. 1 v.
Marryat (Miss) : Deux amours. 2 v.
Marsh (Mrs) : Le contrefait. 1 v.
Mayne-Reid : La piste de guerre. 1 v. — La Quarteronne. 1 v. — Le doigt du destin. 1 v. — Le roi des Séminoles. 1 v. — Les partisans 1 v.
Melville (Whyte) : Les gladiateurs : Rome et Judée. 2 v. — Katerfelto. 1 v. — Digby Grand. 2 v. — Kate Coventry. 1 v. — Sarchedon... Satanella. 1 v.
Ouida : Ariane. 2 v. — Pascarel. 1 v.
Page (H.) : Un collège de femmes. 1 v.
Poynter (E.) : Hetty. 1 v.
Reade et Dion Boucicault : L'île providentielle. 2 v.
Segrave (A.) : Marmorne. 1 v.
Smith (J.) : L'héritage. 3 v.
Stephens (Miss) : Opulence et misère. 1 v.
Thackeray : Henry Esmond. 2 v. — Histoire de Pendennis. 3 v. — La foire aux vanités. 2 v. — Le livre des Snobs. 1 v. — Mémoires de Barry Lyndon. 1 v.
Thackeray (Miss) : Sur la falaise. 1 v.
Townsend (V.-F.) : Madeline. 1 v.
Trollope (A.) : Le domaine de Belton. 1 v. — La veuve remariée. 2 v. — Le cousin Henry. 1 v.
Trollope (Mrs) : La Pupille. 1 v.
Wilkie Collins : Œuvres. 16 volumes.
Wood (Mrs) : Les filles de lord Oakburn. 2 v. — Le serment de Lady Adélaïde. 2 v. — Le maître de Greylands. 2 v. — La gloire des Verner. 2 v. — Edina. 2 v. — L'héritier de Court-Netherleigh. 2 v.

Coulommiers. — Imp. P. Brodard et Gallois.

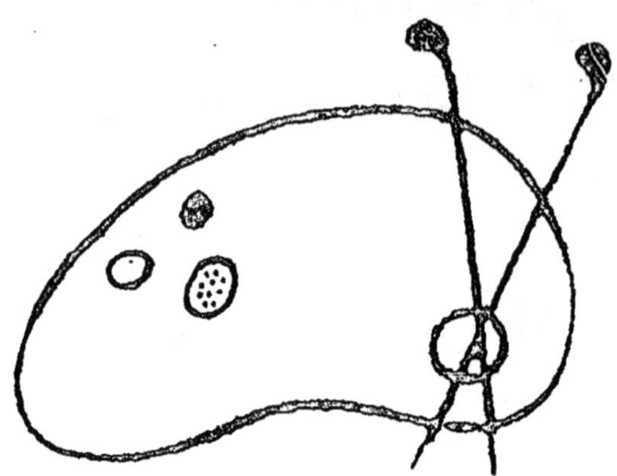

Fin d'une série de documents
en couleur

LE
MAGASIN D'ANTIQUITÉS

OUVRAGES DU MÊME AUTEUR

QUI SE VENDENT A LA MÊME LIBRAIRIE

Œuvres de Charles Dickens, traduites de l'anglais, sous la direction de P. Lorain. 28 vol.

Aventures de M. Pickwick. 2 vol.
Barnabé Rudge. 2 vol.
Les temps difficiles. 1 vol.
Contes de Noël. 1 vol.
David Copperfield. 2 vol.
La petite Dorrit. 2 vol.
Dombey et fils. 3 vol.
Le Magasin d'antiquités. 2 vol.
Nicolas Nickleby. 2 vol.
Olivier Twist. 1 vol.
Paris et Londres en 1793. 1 vol.
Vie et aventures de Martin Chuzzlewit. 2 vol.
Les grandes Espérances. 2 vol.
L'ami commun. 2 vol.
Le mystère d'Edwin Drood. 1 vol.

Dickens et Collins : L'Abîme, traduit de l'anglais, par Mme Judith. 1 vol.

Coulommiers. — Imp. P. Brodard et Gallois.

CHARLES DICKENS

LE MAGASIN D'ANTIQUITÉS

ROMAN ANGLAIS

TRADUIT AVEC L'AUTORISATION DE L'AUTEUR

PAR A. DES ESSARTS

TOME SECOND

PARIS
LIBRAIRIE HACHETTE ET Cie
79, BOULEVARD SAINT-GERMAIN, 79

1887

LE

MAGASIN D'ANTIQUITÉS.

CHAPITRE PREMIER.

Au moment où nous sommes arrivé, non-seulement nous pouvons prendre le temps de respirer pour suivre les aventures de Kit, mais encore les détails qu'elles présentent s'accordent si bien avec notre propre goût, que c'est pour nous un désir comme un devoir d'en retracer le récit.

Kit, pendant les événements qui ont rempli les quinze derniers chapitres, s'était, comme on pense, familiarisé de plus en plus avec M. et mistress Garland, M. Abel, le poney, Barbe, et peu à peu il en était venu à les considérer tous, tant les uns que les autres, comme ses amis particuliers, et Abel-Cottage comme sa propre maison.

Halte! Puisque ces lignes sont écrites, je ne les effacerai pas mais si elles donnaient à croire que Kit, dans sa nouvelle demeure où il avait trouvé bonne table et bon logis, commença à penser avec dédain à la mauvaise chère et au pauvre mobilier de son ancienne maison, elles répondraient mal à notre pensée, tranchons le mot, elles seraient injustes. Qui, mieux que Kit, se fût souvenu de ceux qu'il avait laissés dans cette maison, bien que ce ne fussent qu'une mère et deux jeunes enfants? Quel père vantard eût, dans la plénitude de son cœur, raconté plus de hauts faits de son enfant prodige, que Kit ne manquait d'en raconter chaque soir à Barbe, au sujet du petit Jacob? Et même, s'il eût été possible d'en croire les récits qu'il faisait avec tant d'emphase, y eut-il jamais une mère comme la mère de Kit, du moins au témoignage de son fils, ou bien y eut-il jamais autant d'aisance au sein même de la pauvreté, que dans la pauvreté de la famill de Kit?

Arrêtons-nous ici un instant pour faire remarquer que, si l dévouement et l'affection domestique sont toujours une chose charmante, nulle part ils n'offrent plus de charme que chez les pauvres gens. Les liens terrestres qui attachent à leur famille les riches et les orgueilleux sont trop souvent de mauvais aloi; mais ceux qui attachent le pauvre à son humble foyer sont de bon métal, et portent l'estampille du ciel. L'homme qui descend de noble race aime les murailles et les terres de son héritage comme une partie de lui-même, comme des insignes de sa naissance et de son autorité; son union avec elles est l'union triomphale de l'orgueil et de la richesse. L'attachement du pauvre à la terre qu'il tient à ferme, que des étrangers ont occupée avant lui, et que d'autres occuperont peut-être demain, a des racines plus profondes et qui descendent plus avant dans un sol plus pur. Ses biens de famille sont de chair et de sang; aucun alliage d'argent ou d'or ne s'y mêle; il n'y entre pas de pierres précieuses; le pauvre n'a pas d'autre propriété que les affections de son cœur; et lorsque, mal vêtu, mal nourri, accablé de travail, il est forcé de se tenir sur un sol froid, entre des murailles nues, cet homme reçoit directement de Dieu lui-même l'amour qu'il éprouve pour sa maison, et ce lieu de souffrance devient pour lui un asile sacré.

Oh! si les hommes qui règlent le sort des nations songeaient seulement à cela; s'ils se disaient combien il a dû en coûter aux pauvres gens pour engendrer dans leur cœur cet amour du foyer, source de toutes les vertus domestiques, lorsqu'il leur faut vivre en une agglomération serrée et misérable, où toute convenance sociale disparaît, si même elle a jamais existé; s'ils détournaient leurs regards des vastes rues et des grandes maisons pour les porter sur les habitations délabrées, dans les ruelles écartées où la Pauvreté seule peut passer; bien des toits humbles diraient mieux la vérité au ciel que ne peut le faire le plus haut clocher qui, les raillant par le contraste, s'élève du sein de la turpitude, du crime et de l'angoisse. Cette vérité, des voix sourdes et étouffées la prêchent chaque jour, et l'ont proclamée depuis bien des années, aux workhouses, à l'hôpital, dans les prisons. Ce n'est pas un sujet de médiocre importance, ce n'est pas simplement la clameur des classes laborieuses, ce n'est pas pour le peuple une pure question de santé et de bien-être qui puisse être livrée aux sifflets dans les soirées parlementaires. L'amour du pays naît de l'amour du foyer; et quels sont, dans les temps de crise, les plus vrais patriotes, de ceux qui vénèrent le sol natal, eux-mêmes propriétaires de ses bois, de ses eaux, de ses terres, de tout ce qu'il produit, ou de ceux qui chérissent leur pays sans pouvoir se vanter de posséder un pouce de terrain sur toute sa vaste étendue?

Kit ne s'occupait guère de ces questions : il ne voyait qu'une chose, c'est que son ancienne maison était pauvre, et la nouvelle bien différente; et cependant, il reportait constamment ses regards en arrière avec une reconnaissance pénétrée, avec l'inquiétude de l'affection, et souvent il dictait de grandes lettres pour sa mère et y plaçait un schelling, ou dix-huit pence, ou d'autres petites douceurs qu'il devait à la libéralité de M. Abel. Parfois, lorsqu'il venait dans le voisinage, il avait la faculté d'entrer vite chez sa mère. Quelle joie, quel orgueil ressentait mistress Nubbles! avec quel tapage le petit Jacob et le poupon exprimaient leur satisfaction! Jusqu'aux habitants du square, qui venaient féliciter cordialement la famille de Kit, écoutant avec admiration les récits du jeune homme sur Abel-Cottage, dont ils ne se lassaient pas d'entendre vanter les merveilles et la magnificence.

Bien que Kit jouît d'une haute faveur auprès de la vieille dame, de M. Garland, d'Abel et de Barbe, il est certain qu'aucun membre de la famille ne lui témoignait plus de sympathie que l'opiniâtre poney; celui-ci, le plus obstiné, le plus volontaire peut-être de tous les poneys du monde, était entre les mains de Kit le plus doux et le plus facile de tous les animaux. Il est vrai qu'à proportion qu'il devenait plus docile vis-à-vis de Kit, il devenait de plus en plus difficile à gouverner pour toute autre personne, comme s'il avait résolu de maintenir Kit dans la famille à tous risques et hasards. Il est vrai que, même sous la direction de son favori, il se livrait parfois à une grande variété de boutades et de cabrioles, à l'extrême déplaisir des nerfs de la vieille dame; mais comme Kit représentait toujours que c'était chez le poney une simple marque d'enjouement, ou une manière de montrer son zèle envers ses maîtres, mistress Garland finit par adopter cette opinion; bien plus, par s'y attacher tellement, que si, dans un de ses accès d'humeur folle, le poney avait renversé la voiture, elle eût juré qu'il ne l'avait fait que dans les meilleures intentions du monde

En peu de temps, Kit avait donc acquis une habileté parfaite dans la direction de l'écurie; mais il ne tarda pas non plus à devenir un jardinier passable, un valet de chambre soigneux dans la maison, et un serviteur indispensable pour M. Abel qui, chaque jour, lui donnait de nouvelles preuves de confiance et d'estime. M. Witherden, le notaire, le voyait d'un bon œil; M. Chukster lui-même daignait quelquefois condescendre à lui accorder un léger signe de tête, ou à l'honorer de cette marque particulière d'attention qu'on appelle « lancer un clin d'œil, » ou à le favoriser de quelqu'un de ces saluts qui prétendent à l'air affable, sans perdre l'air protecteur.

Un matin, Kit conduisit M. Abel à l'étude du notaire, comme cela lui arrivait souvent; et, l'ayant laissé devant la maison, il allait se rendre à une remise de location située près de là, quand M. Chukster sortit de l'étude et cria : « Whoa-a-a-a-a! » appuyant longtemps sur cette finale, afin de jeter la terreur dans le cœur du poney, et de mieux établir la supériorité de l'homme sur les animaux, ses très-humbles serviteurs.

« Montez, *Snob*, dit très-haut M. Chukster s'adressant à Kit. Vous êtes attendu là dedans.

— M. Abel aurait-il oublié quelque chose? dit Kit, qui s'empressa de mettre pied à terre.

— Pas de question, jeune Snob; mais entrez et voyez. Whoa-a-a! voulez-vous bien rester tranquille!... Si ce poney était à moi, comme je vous le corrigerais!

— Soyez très-doux pour lui, s'il vous plaît, dit Kit, ou bien il vous jouera quelque tour. Vous feriez mieux de ne pas continuer à lui tirer les oreilles. Je sais qu'il n'aime pas ça. »

M. Chukster ne daigna répondre à ce conseil qu'en lançant à Kit avec un air superbe et méprisant les mots de « jeune drôle, » et en lui enjoignant de dételer et de revenir le plus tôt possible. Le « jeune drôle » obéit. M. Chukster mit les mains dans ses poches, et affecta de n'avoir pas l'air de prendre garde au poney, et de se trouver là seulement par hasard.

Kit frotta ses souliers avec beaucoup de soin, car il n'avait pas perdu encore son respect primitif pour les liasses de papiers et les cartons, et il frappa à la porte de l'étude que le notaire en personne s'empressa d'ouvrir.

« Ah! très-bien!... Entrez, Christophe, dit M. Witherden.

— C'est là ce jeune homme? demanda un gentleman âgé, mais encore robuste et solide, qui était dans la chambre.

— Lui-même, dit M. Witherden. C'est à ma porte qu'il a rencontré mon client, M. Garland. J'ai lieu de croire que c'est un brave garçon, et que vous pourrez ajouter foi à ses paroles. Permettez-moi de faire entrer M. Abel Garland, monsieur, son jeune maître, mon élève en vertu du contrat d'apprentissage, et, de plus, mon meilleur ami. Mon meilleur ami, monsieur, répéta le notaire tirant son mouchoir de soie et l'étalant dans tout son luxe devant son visage.

— Votre serviteur, monsieur, dit l'étranger.

— Je suis bien le vôtre, monsieur, dit M. Abel d'une voix flûtée. Vous désirez parler à Christophe, monsieur?

— En effet, je le désire. Le permettez-vous?

— Parfaitement.

— L'affaire qui m'amène n'est pas un secret, ou plutôt, je veux dire qu'elle ne doit pas être un secret *ici*, ajouta l'étranger en remarquant que M. Abel et le notaire se disposaient à s'éloigner. Elle concerne un marchand d'antiquités chez qui travaillait ce garçon, et à qui je porte un profond intérêt. Durant bien des années, messieurs, j'ai vécu hors de ce pays, et, si je manque aux formes et aux usages, j'espère que vous voudrez bien me le pardonner.

— Vous n'avez pas besoin d'excuses, monsieur, dit le notaire.

— Vous n'en avez nullement besoin, répéta M. Abel.

— J'ai fait des recherches dans le voisinage de la maison qu'habitait son ancien maître, et j'ai appris que le marchand avait eu ce garçon à son service. Je me suis rendu chez sa mère, qui m'a adressé ici comme au lieu le plus proche où je pourrais le trouver. Tel est le motif de la visite que je vous fais ce matin.

— Je me félicite, dit le notaire, du motif, quel qu'il soit, qui me vaut l'honneur de votre visite.

— Monsieur, répliqua l'étranger, vous parlez en homme du monde; mais je vous estime mieux que cela. C'est pourquoi je vous prie de ne point abaisser votre caractère par des compliments de pure forme.

— Hum! grommela le notaire; vous parlez avec bien de la franchise, monsieur.

— Et j'agis de même, monsieur. Ma longue absence et mon

inexpérience m'amènent à cette conclusion : que, si la franchise en paroles est rare dans cette partie du monde, la franchise en action y est plus rare encore. Si mon langage vous choque, monsieur, j'espère que ma conduite, quand vous me connaîtrez, me fera trouver grâce à vos yeux. »

M. Witherden parut un peu déconcerté par la tournure que le vieux gentleman donnait à la conversation. Quant à Kit, il regardait l'étranger avec ébahissement et la bouche ouverte, se demandant quelle sorte de discours il allait lui adresser à lui, lorsqu'il parlait si librement, si franchement à un notaire. Ce fut cependant sans dureté, mais avec une sorte de vivacité et d'irritabilité nerveuse que l'étranger, s'étant tourné vers Kit, lui dit :

« Si vous pensez, mon garçon, que je poursuis ces recherches dans un autre but que de trouver et de servir ceux que je désire rencontrer, vous me faites injure, et vous vous faites illusion. Ne vous y trompez donc pas, mais fiez-vous à moi. Le fait est, messieurs, ajouta l'étranger, se tournant vers le notaire et son clerc, que je me trouve dans une position pénible et inattendue. Je me vois tout à coup arrêté, paralysé dans l'exécution de mes projets par un mystère que je ne puis pénétrer. Tous les efforts que j'ai faits à cet égard n'ont servi qu'à le rendre plus obscur et plus sombre; j'ose à peine travailler ouvertement à en poursuivre l'explication, de peur que ceux que je recherche avec anxiété ne fuient encore plus loin de moi. Je puis vous assurer que, si vous me prêtez assistance, vous n'aurez pas lieu de le regretter, surtout si vous saviez combien j'ai besoin de votre concours, et de quel poids il me délivrerait. »

Dans cette confidence, il y avait un ton de simplicité qui provoqua une prompte réponse du brave notaire. Il s'empressa de dire, avec non moins de franchise, que l'étranger ne s'était pas trompé dans ses espérances, et que, pour sa part, s'il pouvait lui être utile, il était tout à son service.

Kit subit alors un interrogatoire, et fut longuement questionné par l'inconnu sur son ancien maître et sa petite-fille, sur leur genre de vie solitaire, leurs habitudes de retraite et de stricte reclusion. Toutes ces questions et toutes les réponses portèrent sur les sorties nocturnes du vieillard, sur l'existence isolée de l'enfant pendant ces heures d'absence, sur la maladie du grand-père et sa guérison, sur la prise de possession de la maison par Quilp, et sur la disparition soudaine du vieillard et de Nelly. Finalement, Kit apprit au gentleman que la maison était à louer, et que l'écriteau placé au-dessus de la porte renvoyait pour tous renseignements à M. Samson Brass, procureur, à Bevis Marks, lequel donnerait peut-être de plus amples détails.

— J'ai peur d'en être pour mes frais, dit le gentleman, qui secoua la tête. Je demeure dans sa maison.

— Vous demeurez chez l'attorney Brass!... s'écria M. Witherden un peu surpris, car sa profession le mettait en rapport avec le procureur : il connaissait l'homme.

— Oui, répondit l'étranger, depuis quelques jours la lecture de l'écriteau m'a déterminé par hasard à prendre un appartement chez lui. Peu m'importe le lieu où je demeure; mais j'espérais trouver là quelques indications que je ne pourrais trouver ailleurs. Oui, je demeure chez Brass, à ma honte, n'est-ce pas?

— Mon Dieu! dit le notaire en levant les épaules, c'est une question délicate: tout ce que je sais, c'est que Brass passe pour un homme d'un caractère douteux.

— Douteux? répéta l'étranger. Je suis charmé d'apprendre qu'il y ait quelque doute à cet égard. Je supposais que l'opinion était fixée depuis longtemps sur ce personnage. Mais me permettriez-vous de vous dire deux ou trois mots en particulier? »

M. Witherden y consentit. Ils entrèrent dans le cabinet du notaire, où ils causèrent un quart d'heure environ; après quoi, ils revinrent à l'étude. L'étranger avait laissé son chapeau dans le cabinet de M. Witherden, et semblait s'être posé sur un pied d'amitié pendant ce court intervalle.

« Je ne veux pas vous retenir davantage, dit-il à Kit en lui mettant un écu dans la main et dirigeant un regard vers le notaire. Vous entendrez parler de moi. Mais pas un mot de tout ceci, sinon à votre maître et à votre maîtresse.

— Ma mère serait bien contente de savoir.... dit Kit en hésitant.

— Contente de savoir quoi?

— Quelque chose.... d'agréable pour miss Nelly.

— En vérité?... Eh bien, vous pouvez l'en instruire si elle est capable de garder un secret. Mais du reste songez-y, pas un mot de ceci à aucune autre personne. N'oubliez point mes recommandations. Soyez discret.

— Comptez sur moi, monsieur, dit Kit. Je vous remercie, monsieur, et vous souhaite le bonjour. »

Le gentleman, dans son désir de bien faire comprendre à Kit qu'il ne devait parler à personne de ce qui avait eu lieu entre eux, le suivit jusqu'en dehors de la maison pour lui répéter ses recommandations. Or, il arriva qu'en ce moment M. Richard Swiveller, qui passait par là, tourna les yeux de ce côté et aperçut à la fois Kit et son mystérieux ami.

C'était un simple hasard dont voici la cause. M. Chukster, étant un gentleman d'un goût cultivé et d'un esprit raffiné, appartenait à la Loge des Glorieux Apollinistes, dont M. Swiveller était président perpétuel. M. Swiveller, conduit dans cette rue en vertu d'une commission que lui avait donnée M. Brass et apercevant un membre de sa Glorieuse Société qui veillait sur un poney, traversa la rue pour donner à M. Chukster cette fraternelle accolade qu'il est du devoir des présidents perpétuels d'octroyer à leurs cosociétaires. A peine lui avait-il serré les mains en accompagnant cette démonstration de remarques générales sur le temps qu'il faisait, que, levant les yeux, il aperçut le gentleman de Bevis Marks en conversation suivie avec Christophe Nubbles.

« Oh ! oh ! dit Richard, qui est là ?

— C'est un monsieur qui est venu voir mon patron ce matin, répondit M. Chukster ; je n'en sais pas davantage, je ne le connais ni d'Ève ni d'Adam.

— Au moins, savez-vous son nom ? »

A quoi M. Chukster répondit, avec l'élévation de langage particulière à un membre de la Société des Glorieux Apollinistes, qu'il voulait être « éternellement sanctifié » s'il s'en doutait seulement.

« Tout ce que je sais, mon cher, ajouta-t-il en passant les doigts dans ses cheveux, c'est que ce monsieur est cause que je suis debout ici depuis vingt minutes, et que pour cette raison je le hais d'une haine mortelle et impérissable, et que, si j'en avais le temps, je le poursuivrais jusqu'aux confins de l'éternité. »

Tandis qu'ils discouraient ainsi, celui qui faisait le sujet de leur entretien et qui, par parenthèse, n'avait pas paru reconnaître M. Richard Swiveller, rentra dans la maison. Kit rejoignit les deux causeurs ; M. Swiveller lui adressa sans plus de uccès des questions sur l'étranger.

« C'est un excellent homme, monsieur, dit Kit; c'est tout ce que j'en sais. »

Cette réponse redoubla la mauvaise humeur de M. Chukster qui, sans faire d'allusion directe, dit en thèse générale qu'on ferait bien de casser la tête à tous les Snobs et de leur tortiller le nez. M. Swiveller n'appuya pas cet amendement; mais au bout de quelques moments de réflexion, il demanda à Kit quel chemin il suivait, et il se trouva que c'était précisément la direction qu'il avait à suivre lui-même; en conséquence, il le pria de le prendre un peu dans sa voiture. Kit eût bien volontiers décliné cet honneur; mais déjà M. Swiveller s'était installé sur le siége à côté de lui : il n'y avait donc pas moyen de le refuser, à moins de le jeter par terre. Kit partit rapidement, si rapidement qu'il coupa en deux les adieux du président perpétuel et de M. Chukster qui éprouva l'inconvénient de sentir ses cors écrasés par l'impatient poney.

Comme Whisker était las de se reposer, et comme M. Swiveller avait l'attention de l'exciter encore par des sifflements aigus et les cris variés du sport, ils allèrent d'un pas trop vif pour pouvoir causer d'une manière suivie; d'autant plus que le poney, stimulé par les semonces de M. Swiveller, se prit d'un goût particulier pour les lampadaires et les roues de charrette, et montra un violent désir de courir sur les trottoirs pour aller se frotter contre les murs de briques. Ils ne réussirent à parler qu'en arrivant à l'écurie, et quand la chaise eut été tirée à grand'peine d'une étroite entrée de porte où le poney s'était introduit avec l'idée qu'il pouvait prendre par là pour arriver à sa stalle habituelle.

« Rude besogne ! dit M. Swiveller. Que pensez-vous d'un verre de bière ? »

Kit refusa d'abord, puis il consentit, et ils se rendirent ensemble au cabaret le plus proche.

« Buvons, dit Richard en soulevant le pot couvert d'une mousse brillante, buvons à la santé de notre ami.... n'importe son nom.... qui causait avec vous tout à l'heure, vous savez.... je le connais. Un brave homme, mais excentrique, très-excentrique.... à la santé de M.... je ne sais pas son nom !... »

Kit fit raison au toast.

« Il demeure dans ma maison, reprit Dick, du moins dans la maison où se trouve la raison sociale dont je suis solidaire.

C'est un original peu commode et qu'il n'est pas facile de faire parler; mais c'est égal, nous l'aimons tous, oui, vraiment, je vous assure.

— Il faut que je parte, monsieur, s'il vous plaît, dit Kit qui fit un mouvement pour s'éloigner.

— Pas si vite, Christophe ; buvons à votre mère.

— Je vous remercie, monsieur.

— C'est une excellente femme que votre mère, Christophe. Oh, les mères ! Qui est-ce qui courait pour me relever quand je tombais et baisait la place pour me guérir ? Ma mère. Une femme charmante aussi !... Cet homme paraît généreux. Nous l'engagerons à faire quelque chose *pour* votre mère. La connaît-il, Christophe ? »

Kit secoua la tête, et ayant vivement remercié du regard le questionneur, il s'échappa avant que celui-ci pût proférer un mot de plus.

« Hum ! dit M. Swiveller après réflexion, ceci est étrange. Rien que des mystères dans la maison de Brass. Cependant je prendrai conseil de ma raison. Jusqu'à présent tout et chacun a été admis à mes confidences, mais maintenant je pense que je ferai bien de n'agir que par moi-même. C'est étrange, fort étrange. »

Après de nouvelles réflexions faites d'un air de profonde sagesse, M. Swiveller avala quelques autres verres de bière; puis appelant un petit garçon qui l'avait servi, il versa devant lui sur le sable, en guise de libation, le peu de gouttes qui restaient, et lui ordonna d'emporter au comptoir, avec tous ses compliments, les verres vides, et par-dessus toutes choses de mener une vie sobre et modérée en s'abstenant des liqueurs excitantes et enivrantes. Lui ayant donné pour sa peine ce morceau de moralité, ce qui, selon sa remarque sage, valait bien mieux qu'une pièce de deux sous, le président perpétuel des Glorieux Apollinistes mit les mains dans ses poches et s'en alla comme il était venu, toujours songeant.

CHAPITRE II.

Toute cette journée, quoiqu'il dût attendre M. Abel jusqu'au soir, Kit s'abstint d'aller voir sa mère, bien décidé à ne pas anticiper le moins du monde sur les plaisirs du lendemain, mais à laisser venir ce flot de délices. Car le lendemain devait être le grand jour, le jour si attendu qui ferait époque dans sa vie; le lendemain était le terme de son premier quartier, c'était le jour où il recevrait pour la première fois la quatrième partie de ses gages annuels de six livres, représentée par la forte somme de trente schellings; le lendemain serait un jour de congé consacré à un tourbillon d'amusements, et où le petit Jacob apprendrait quel goût ont les huîtres et ce que c'est que le spectacle.

Une quantité de circonstances heureuses favorisaient ses projets : non-seulement M. et mistress Garland lui avaient annoncé d'avance qu'ils ne déduiraient rien de cette forte somme pour ses frais d'équipement, mais qu'ils lui remettraient ladite somme intégralement et dans sa vaste étendue; non-seulement le gentleman inconnu avait augmenté son fonds d'une somme de cinq schellings, qui étaient une bonne aubaine et un véritable coup de fortune; non-seulement il était survenu une foule de choses heureuses sur lesquelles personne n'eût pu compter dans ses calculs ordinaires ou même les plus ambitieux, mais encore c'était aussi le quartier de Barbe : oui, ce même jour le quartier de Barbe ! et Barbe avait un congé aussi bien que Kit, et la mère de Barbe devait être de la partie, elle devait prendre le thé avec la mère de Kit pour faire connaissance avec elle !

Ce qu'il y a de certain, c'est que Kit regarda fréquemment à sa fenêtre dès le point du jour pour voir quel chemin suivaient les nuages; ce qu'il y a de certain, c'est que Barbe se fût mise également à la sienne si elle n'eût veillé très-tard à empeser et repasser de petits morceaux de mousseline, à les plisser et à les coudre sur d'autres morceaux, le tout destiné à former un magnifique ensemble de toilette pour le lendemain. Mais tous deux furent prêts de bonne heure avec un très-médiocre appétit pour le déjeuner et moins encore pour le dîner, et ils étaient dans une vive impatience quand la mère de Barbe arriva en s'extasiant sur la beauté du temps (ce qui ne l'avait pas empêchée de se munir d'un grand parapluie, car c'est un meuble sans lequel les gens de cette catégorie sortent rarement aux jours de fête), et quand on sonna pour les avertir de monter l'escalier pour aller recevoir leur trimestre en or et en argent.

Et puis M. Garland ne fut-il pas bien bon quand il dit : « Christophe, voici vos gages, vous les avez bien gagnés? » Et mistress Garland ne fut-elle pas excellente quand elle dit : « Barbe, voici ce qui vous revient; je suis très-contente de vous? » Et Kit, comme il signa son reçu d'une main ferme! Et Barbe, comme elle tremblait en signant le sien! Et comme il fut intéressant de voir mistress Garland verser à la mère de Barbe un verre de vin, et d'entendre la mère de Barbe s'écrier : « Dieu vous bénisse, madame, vous qui êtes une si bonne dame; et vous aussi, mon bon monsieur. A votre santé, Barbe, mon cher amour. A votre santé, monsieur Christophe. » Elle resta aussi longtemps à boire que si son verre avait été un vidrecome; et, ses gants aux mains, elle regardait la compagnie et causait gaiement; mais c'est quand ils furent tous sur l'impériale de la diligence, qu'il fallait les voir rire à cœur joie en repassant tous ces bonheurs et s'apitoyer sur les gens qui n'ont pas de jour de congé!

Quant à la mère de Kit, n'aurait-on pas dit qu'elle était de bonne famille et qu'elle avait été toute sa vie une grande dame? Elle était sous les armes pour les recevoir avec tout un attirail de théière et de tasses qui eût brillé dans une boutique de porcelaines. Le petit Jacob et le poupon étaient si parfaitement arrangés, que leurs habits paraissaient comme tout neufs, et Dieu sait cependant s'ils étaient vieux. On n'était pas assis depuis cinq minutes, que la mère de Kit disait que la mère de Barbe était exactement la personne qu'elle s'était figurée; la mère de Barbe disait la même chose de la mère de Kit; la mère de Kit complimentait la mère de Barbe sur sa fille, et la mère de Barbe complimentait la mère de Kit sur son fils; Barbe elle-même était au mieux avec le petit Jacob; mais aussi, jamais enfant ne sut mieux que celui-ci accourir quand on l'appelait, ni se faire comme lui des amis.

« Et dire que nous sommes veuves toutes les deux, dit la mère de Barbe. Vrai! nous étions nées pour nous connaître

— Je n'en doute nullement, répondit mistress Nubbles. Et combien je regrette que nous ne nous soyons pas connues plus tôt !

— Mais, dit la mère de Barbe, il est si doux que la connaissance se fasse par un fils et une fille ! Cela fait plaisir complet; n'est-il pas vrai ? »

La mère de Kit donna un plein assentiment à ces paroles. Toutes deux, remontant des effets aux causes, revinrent à leurs maris défunts, dont elles passèrent en revue la vie, la mort, l'enterrement; elles comparèrent leurs souvenirs, et découvrirent diverses circonstances qui concordaient avec une exactitude surprenante; par exemple, que le père de Barbe n'avait vécu que quatre ans dix mois de plus que le père de Kit; que l'un était mort un mercredi et l'autre un jeudi; que tous deux étaient de bonne façon et de bonne mine, sans compter d'autres coïncidences extraordinaires. Ces souvenirs étant de nature à jeter un voile de tristesse sur la gaieté d'un jour de fête, Kit ramena la conversation à des sujets généraux, comme la beauté merveilleuse de Nell, dont il avait parlé à Barbe plus de mille fois déjà. Mais cette circonstance fut loin d'exciter chez les assistants l'intérêt que Kit avait supposé. Sa mère dit même, en regardant Barbe en même temps, par hasard sans doute, que miss Nell était assurément fort jolie, mais que ce n'était qu'une enfant, après tout, et qu'il y avait bien des jeunes femmes aussi jolies qu'elle; Barbe, de son côté, fit observer doucement qu'elle pensait de même et qu'elle ne pouvait s'empêcher de croire que M. Christophe fût dans l'erreur; assertion contre laquelle Kit se récria, ne concevant pas quelle raison elle avait de douter de ce qu'il disait. La mère de Barbe dit aussi qu'on voyait souvent une jeunesse changer vers quatorze ou quinze ans, et après avoir été d'abord très-belle, devenir tout à coup très-ordinaire; vérité qu'elle appuya d'exemples mémorables. Elle cita entre autres un maçon de grande espérance, qui même avait eu pour Barbe des attentions suivies, mais Barbe n'y avait pas répondu, et vraiment, quoiqu'elle ne voulût pas la contrarier là-dessus, elle ne pouvait pas s'empêcher de dire que c'était dommage. Kit fut de l'avis de la mère, et il le disait sincèrement, s'étonnant de voir Barbe devenir toute sérieuse depuis ce temps-là, et le regarder comme pour lui dire qu'il aurait aussi bien fait de se taire.

Cependant l'heure était arrivée de songer au spectacle, pour lequel on avait fait de grands préparatifs en châles et chapeaux, sans compter un mouchoir plein d'oranges et un autre rempli de pommes qu'ils eurent quelque peine à nouer, car ces fruits rebelles avaient une tendance à s'échapper par les coins. Enfin, tout étant prêt, ils partirent d'un bon pas. La mère de Kit tenait à la main le plus petit des enfants qui était terriblement éveillé; Kit conduisait le petit Jacob et donnait le bras à Barbe; ce qui faisait dire aux deux mères qui venaient par derrière qu'ils semblaient tous ne faire qu'une seule et même famille. Barbe rougit et s'écria : « Finissez donc, maman. » Mais Kit lui dit qu'elle ne devait pas se mêler de ce que disaient ces dames; et en vérité elle eût aussi bien fait de ne pas y prendre garde, si elle eût su combien il était loin de songer à lui faire la cour. Pauvre Barbe !

Enfin, ils arrivèrent au théâtre; c'était le cirque d'Astley. A peine se trouvaient-ils depuis deux minutes devant la porte fermée encore, que le petit Jacob fut rudement pressé, que le poupon reçut plusieurs meurtrissures, que le parapluie de la mère de Barbe fut emporté à vingt pas et lui revint par-dessus les épaules de la foule, que Kit frappa un individu sur la tête avec le mouchoir rempli de pommes, pour avoir poussé violemment sa mère, et qu'il s'éleva à ce sujet une vive rumeur. Mais lorsqu'ils eurent passé le contrôle et se furent frayé un chemin, au péril de leur vie, avec leurs contre-marques à la main ; lorsqu'ils furent bel et bien dans la salle, assis à des places aussi bonnes que s'ils les eussent retenues d'avance, toutes les fatigues précédentes furent considérées comme un jeu, peut-être même comme une partie essentielle des plaisirs du spectacle.

Mon Dieu ! mon Dieu ! qu'il leur parut beau, ce théâtre d'Astley ! avec ses peintures, ses dorures, ses glaces, avec la vague odeur de chevaux qui faisait pressentir les merveilles dont on allait jouir; avec le rideau qui cachait de si prodigieux mystères, la sciure de bois blanc fraîchement semée dans le cirque, la foule entrant et prenant ses places, les musiciens qui regardaient les spectateurs avec indifférence tout en accordant leurs instruments, comme s'ils n'avaient pas besoin de voir le spectacle pour commencer et comme s'ils savaient la pièce par cœur ! Quel éclat se répandit partout autour d'eux lorsque la longue et lumineuse rangée des quinquets de la rampe monta lentement! et quel transport fébrile quand la petite sonnette retentit et que l'orchestre attaqua vivement l'ouverture avec roulement de tambours et accompagnement harmonieux de triangle! La mère de Barbe dit avec raison à la mère de Kit que la galerie était le meilleur endroit pour bien voir, et s'étonna de ce que les places n'y coûtaient pas beaucoup plus cher que celles des loges. Dans l'excès de son plaisir, Barbe ne savait si elle devait rire ou pleurer.

Et le spectacle donc, ce fut bien autre chose! Les chevaux, que le petit Jacob reconnut tout de suite pour être en vie; et les dames et les messieurs, à la réalité desquels rien ne put jamais le faire croire, parce qu'il n'avait rien vu ni entendu de sa vie qui leur ressemblât; les pièces d'artifice qui firent fermer les yeux à Barbe; la Dame abandonnée, qui la fit pleurer; le Tyran, qui la fit trembler; l'homme qui chanta une chanson avec la suivante de la Dame et dansa au refrain, ce qui fit rire Barbe; le poney qui se dressa sur ses jambes de derrière, à l'aspect du meurtrier, et ne voulut pas marcher sur ses quatre pieds avant que le coupable eût été arrêté; le Clown qui se permit des familiarités avec le militaire en bottes à l'écuyère; la Dame qui s'élança par-dessus vingt-neuf rubans et tomba saine et sauve sur un cheval; tout était délicieux, splendide, surprenant. Le petit Jacob applaudissait à s'en écorcher les mains; il criait : « Encore! » à la fin de chaque scene, même quand les trois actes de la pièce furent terminés; et la mère de Barbe, dans son enthousiasme, frappa de son parapluie sur le plancher, au point d'user le bout jusqu'au coton.

Malgré cela, au milieu de ces tableaux magiques, les pensées de Barbe semblaient la ramener encore à ce que Kit avait dit au moment où on prenait le thé. En effet, tandis qu'ils revenaient du théâtre, elle demanda au jeune homme, avec un sourire tendre, si miss Nell était aussi jolie que la dame qui avait sauté par-dessus les rubans.

« Aussi jolie que celle-là! dit Kit. Deux fois plus jolie.

— Oh! Christophe, dit Barbe, je suis sûre que cette dame est la plus belle créature qu'il y ait au monde.

— Quelle bêtise! répliqua-t-il. Elle n'est pas mal, je ne le nie pas; mais songez comme elle était peinte et bien habillée, et quelle différence cela fait. Tenez, *vous*, Barbe, vous êtes beaucoup mieux qu'elle.

— Oh! Christophe!... murmura Barbe en baissant les yeux.

— Oui, vous êtes mieux que ça tous les jours, votre mère ussi. »

Pauvre Barbe!

Mais qu'est-ce que tout cela, oui, tout cela, en comparaison de la prodigalité folle de Kit, lorsqu'il entra dans une boutique d'huîtres avec autant d'aplomb que s'il y eût eu son domicile et, sans daigner regarder le comptoir ni l'homme qui y était assis, conduisit sa société dans un cabinet, un cabinet particulier, garni de rideaux rouges, d'une nappe et d'un porte-huilier complet, et qu'il ordonna à un gentleman qui avait des favoris et qui, en qualité de garçon, l'avait appelé lui Christophe Nubbles « Monsieur », d'apporter trois douzaines de ses plus grandes huîtres et de se dépêcher! Oui, Kit dit à ce gentleman de se dépêcher; et non-seulement le gentleman répondit qu'il allait se dépêcher, mais il le fit et revint en courant apporter les pains les plus tendres, le beurre le plus frais et les plus grandes huîtres qu'on eût jamais vues. Alors Kit dit à ce gentleman : « Un pot de bière! » juste sur le même ton; et le gentleman, au lieu de répondre :

« Monsieur, est-ce à moi que vous parlez? » se borna à dire :

« Pot de bière, monsieur? oui. monsieur, » et étant revenu l'apporter, il le plaça dans une sébile semblable à celle que les chiens d'aveugles tiennent à leur gueule par les rues pour y recevoir un sou; aussi, quand il sortit, la mère de Kit et la mère de Barbe déclarèrent d'une voix commune qu'elles n'avaient jamais vu un jeune homme plus avenant et plus gracieux.

On se mit alors à souper de bon appétit; et voilà que Barbe, cette petite folle de Barbe, dit qu'elle ne pourrait pas manger plus de deux huîtres; tout ce qu'on obtint d'elle avec des efforts incroyables, ce fut qu'elle en mangeât quatre. En revanche, sa mère et celle de Kit s'en acquittèrent à merveille : elles mangèrent, rirent et s'amusèrent si bien que Kit, rien qu'à les voir, se mit à rire et manger de même façon par la force de la sympathie. Mais ce qu'il y eut de plus prodigieux dans cette nuit de fête, ce fut le petit Jacob qui absorbait les huîtres comme s'il était né et venu au monde pour cela; il y versait le poivre et le vinaigre avec une dextérité au-dessus de son âge, et finit par bâtir une grotte sur la table avec les écailles. Il n'y eut pas jusqu'au poupon qui, de toute la soirée, ne ferma pas l'œil, restant là paisiblement assis, s'efforçant de fourrer dans sa bouche une grosse orange et regardant avec satisfaction la lumière du gaz. Vraiment, à le voir sur les genoux de sa mère, très-occupé de contempler le gaz qui ne le faisait point sourciller, et à égratigner son gentil visage avec une écaille d'huître, un cœur de fer n'eût pu s'empêcher d'être attendri et de l'aimer. En résumé, jamais il n'y eut plus charmant souper, et lorsque Kit eut demandé, pour finir, un verre de quelque chose de chaud et proposé qu'on bût à la ronde à la santé de M. et mistress Garland, nous pouvons dire qu'il n'y avait pas dans le monde entier six personnes plus heureuses.

Mais tout bonheur a son terme, ce qui en rend d'autant plus agréable le prochain retour ; et comme il commençait à se faire tard, on reconnut qu'il était temps de retourner au logis. Ainsi, après s'être un peu écartés de leur chemin pour conduire Barbe et sa mère jusqu'à la maison d'un ami chez qui elles devaient passer la nuit, Kit et mistress Nubbles les laissèrent à leur porte en se promettant de retourner ensemble à Finchley le lendemain matin de bonne heure et en échangeant bien des projets pour les plaisirs de la future sortie. Alors Kit prit sur son dos le petit Jacob, donna son bras à sa mère, un baiser au poupon, et tous quatre se mirent à trotter gaiement pour regagner leur domicile.

CHAPITRE III.

Plein de cette espèce d'ennui vague qui s'éveille d'ordinaire le lendemain des jours de fête, Kit se leva dès l'aurore et, un peu dégrisé des plaisirs de la soirée précédente par l'importune fraîcheur de la matinée et la nécessité de reprendre son service et ses travaux journaliers, il songea à aller chercher au rendez-vous convenu Barbe et sa mère. Mais il eut soin de ne point éveiller sa petite famille qui dormait encore, se reposant de ses fatigues inaccoutumées : aussi posa-t-il son argent sur la cheminée en traçant à la craie un avis pour appeler sur ce sujet l'attention de mistress Nubbles et lui apprendre que cet argent provenait de son fils dévoué ; puis il sortit, le cœur un peu plus lourd que les poches, mais malgré cela sans trop d'accablement.

Oh ! les jours de fête ! pourquoi nous laissent-ils un regret ? Pourquoi ne nous est-il pas permis de les refouler dans notre mémoire, ne fût-ce qu'une semaine ou deux, pour pouvoir en quelque sorte les mettre à la distance convenable où nous ne les verrions plus qu'avec une indifférence calme ou bien avec un doux souvenir ? Pourquoi nous laissent-ils un arrière-goût, comme le vin de la veille nous laisse le mal de tête et la fatigue, avec une foule de bonnes résolutions pour l'avenir qui devraient être éternelles, mais qui ne durent guère que jusqu'au dîner.... exclusivement.

Nul n'aura lieu de s'étonner si nous disons que Barbe avait mal à la tête, ou que la mère de Barbe ressentit de la lassitude ; qu'elle n'était plus tout à fait aussi enthousiaste du théâtre d'Astley et trouvait que le clown devait être décidement plus vieux qu'il ne leur avait paru la veille. Kit ne fut pas du tout surpris de ces critiques ; lui-même, il se disait tout bas que les acteurs de ce spectacle éblouissant n'étaient que des baladins qui avaient déjà rempli le même rôle l'avant-veille, et qu'ils le rempliraient encore ce soir et demain, et bien des semaines et des mois devant d'autres spectateurs. Voilà la différence du jour au lendemain. Nous allons tous à la comédie ou nous en revenons.

Cependant on sait que le soleil n'a que de faibles rayons lorsqu'il se lève et qu'il acquiert de la force et de l'énergie à mesure que le jour se développe. Ainsi par degrés les trois compagnons de route commencèrent à se rappeler diverses circonstances des plus agréables jusqu'à ce que, moitié causant, moitié marchant et riant, ils arrivèrent à Finchley en si bonnes dispositions que la mère de Barbe déclara ne s'être jamais trouvée moins fatiguée ni en meilleur état d'esprit, et que Kit en fit autant. Barbe, qui s'était tue durant toute la route, fit la même déclaration. Pauvre petite Barbe ! Elle était si douce et si gentille !

Il était de si bonne heure quand ils rentrèrent à la maison, que Kit avait étrillé le poney et l'avait rendu aussi brillant qu'un cheval de course avant que M. Garland fût descendu pour déjeuner. La vieille dame, le vieux monsieur et M. Abel lui firent hautement compliment de son exactitude et de son activité. A son heure accoutumée, ou plutôt à la minute, à la seconde, car il était la ponctualité en personne, M. Abel partit pour prendre la diligence de Londres, et Kit et le vieux gentleman allèrent travailler au jardin.

Ce n'était pas la moins agréable des fonctions de Kit; car lorsqu'il faisait beau, ils étaient absolument en famille : la vieille dame s'installait auprès d'eux avec son panier à travail posé sur une petite table ; le vieux gentleman bêchait, émondait, taillait avec une grande paire de ciseaux, ou aidait Kit avec beaucoup d'activité à diverses besognes; et Whisker, du fond du parc où il paissait, les regardait tous paisiblement. Ce jour-là, ils avaient à tailler la vigne en cordons : Kit monta jusqu'à la moitié d'une échelle courte et se mit à couper les bourgeons et à attacher les branches, à coups de marteau, tandis que le vieux gentleman, suivant avec attention tous ses mouvements, lui tendait les clous et les chiffons au fur et à mesure qu'il en avait besoin. La vieille dame et Whisker les regardaient comme à l'ordinaire.

« Eh bien, Christophe, dit M. Garland, vous avez donc acquis un nouvel ami ?

— Pardon, monsieur, je n'ai pas entendu, répondit Kit en abaissant les yeux vers le pied de l'échelle.

— Vous avez acquis un nouvel ami dans l'étude, à ce que m'a appris M. Abel.

— Oh ! oui, monsieur, oui. Il a agi très-généreusement avec moi, monsieur.

— J'en suis ravi, répliqua le vieux gentleman avec un sourire. Il est disposé à agir encore bien plus généreusement, Christophe.

— Vraiment, monsieur ! C'est trop de bonté de sa part, mais je n'en ai pas besoin, pour sûr, dit Kit frappant fortement un clou rebelle.

— Il désire beaucoup vous avoir à son service.... Prenez donc garde à ce que vous faites; sinon, vous allez tomber et vous blesser.

— M'avoir à son service, monsieur ! s'écria Kit qui s'était arrêté tout court dans sa besogne pour se retourner sur l'échelle avec l'agilite d'un faiseur de tours. Mais, monsieur, je pense bien qu'il n'a pas dit cela sérieusement.

— Au contraire, il l'a dit très-sérieusement, d'après sa conversation avec M. Abel.

— On n'a jamais vu ça, murmura Kit, regardant tristement son maître et sa maîtresse. Cela m'étonne bien de la part de ce monsieur; je ne le comprends pas.

— Vous voyez, Christophe, dit M. Garland, c'est une affaire d'importance pour vous, et vous ferez bien d'y réfléchir. Ce gentleman peut vous donner de meilleurs gages que moi; je ne dis pas vous traiter avec plus de douceur et de confiance: j'espère que vous n'avez pas à vous plaindre de vos maîtres : mais certainement il peut vous faire gagner plus d'argent.

— Après, monsieur?... dit Kit.

— Attendez un moment, interrompit M. Garland; ce n'est pas tout. Vous avez été un fidèle serviteur pour vos anciens maîtres, je le sais, et si le gentleman les retrouvait, comme il s'est proposé de le faire par tous les moyens possibles, je ne doute pas qu'étant à son service vous n'en fussiez bien récompensé. En outre, ajouta M. Garland avec plus de force, vous aurez le plaisir de vous trouver de nouveau en rapport avec des personnes auxquelles vous semblez porter un attachement si grand et si désintéressé. Songez à tout cela, Christophe, et ne vous pressez pas trop inconsidérément dans votre choix. »

Kit ressentit un coup violent à l'intérieur, au moment où ce dernier argument caressait doucement sa pensée et semblait réaliser toutes ses espérances, tous ses rêves d'autrefois. Mais cela ne dura qu'une minute, et son parti fut bien pris. Il répondit d'un ton ferme que le gentleman ferait bien de chercher ailleurs, et qu'il aurait aussi bien fait de commencer par là.

« Comment a-t-il pu s'imaginer, monsieur, que j'irais vous quitter pour m'en aller avec lui, dit Kit se retournant après avoir donné quelques coups de marteau. Il me prend donc pour un *imbécile?*

— C'est ce qui pourra bien arriver, Christophe, si vous repoussez son offre, dit gravement M. Garland.

— Eh bien! comme il voudra, monsieur. Que m'importe ce qu'il pensera? Pourquoi m'en embarasserais-je, monsieur, quand je sais que je serais un imbécile, et bien pis encore que ça, si je laissais là le meilleur maître, la meilleure maîtresse qu'il y ait jamais eu, qu'il puisse jamais y avoir; qui m'ont recueilli dans la rue quand j'étais pauvre, quand j'avais faim, quand peut-être j'étais plus pauvre et plus dénué que vous ne le croyez vous-même, monsieur. Et pourquoi? pour m'en aller avec ce gentleman ou tout autre? Si jamais miss Nell revenait, madame, ajouta Kit en se tournant tout à coup vers sa maîtresse, ah! ce serait autre chose. Et si par hasard *elle* avait besoin de moi, je vous prierais de temps en temps de me laisser travailler pour elle quand toute ma besogne serait finie à la maison. Mais si elle revient, je sais bien qu'elle sera riche, comme le répétait toujours mon vieux maître; et, une fois riche, elle n'aurait pas besoin de moi! Non, non, dit encore Kit secouant la tête d'un air chagrin, j'espère qu'elle n'aura jamais besoin de moi.... et cependant je serais bien heureux de la revoir! »

Ici Kit enfonça un clou dans la muraille; il l'enfonça très-fort, et même beaucoup plus avant qu'il n'était nécessaire : cela fait, il se retourna de nouveau.

« Et le poney, donc! et Whisker, madame, qui me reconnaît si bien quand je lui parle, qu'il commence a hennir dès qu'il m'entend; laisserait-il personne l'approcher comme je l'approche? Et le jardin, donc, monsieur; et M. Abel, madame. Est-ce que M. Abel consentirait à se séparer de moi, monsieur? Trouveriez-vous quelqu'un qui fût plus curieux du jardin que moi, madame? Cela briserait le cœur de ma mère, monsieur; et jusqu'au petit Jacob, qui comprendrait assez la chose pour pleurer toutes les larmes de ses yeux, madame, s'il pensait que M. Abel voulût sitôt se séparer de moi, quand il me disait encore l'autre jour qu'il espérait que nous resterions bien des années ensemble!... »

Nous n'essayerons pas de dire combien de temps Kit fût demeuré sur l'échelle, s'adressant tour à tour à son maître et à sa maîtresse, et généralement se tournant vers celui des deux auquel il ne parlait pas, si en ce moment Barbe n'était accourue annoncer qu'on était venu de l'étude apporter une lettre qu'elle remit entre les mains de son maître, tout en laissant paraître quelque étonnement à la vue de la pose d'orateur que Kit avait prise.

« Oh! dit le vieux gentleman après avoir lu la lettre; faites entrer le messager. »

Tandis que Barbe s'empressait d'exécuter cet ordre, M. Garland se tourna vers Kit pour lui dire que l'entretien en resterait là; et que si Kit éprouvait de la répugnance à se séparer d'eux, ils n'en éprouvaient pas moins à se séparer de lui. La vieille dame s'associa chaudement à ces paroles de son mari.

« Si pour le moment, Christophe, ajouta M. Garland en jetant un regard sur la lettre qu'il avait à la main, le gentleman désirait vous emprunter pour une heure ou deux, ou même pour un ou plusieurs jours, quelque temps enfin, nous devrions consentir, nous à vous prêter, vous à ce qu'on vous prêtât. Ah! ah! voici le jeune gentleman. Comment vous portez-vous, monsieur? »

Ce salut s'adressait à M. Chukster, qui, avec son chapeau tout à fait penché sur le côté et ses longs cheveux qui en debordaient, s'avançait d'un air fanfaron.

« J'espère que votre santé est bonne, monsieur, répondit celui-ci. J'espère que la vôtre est également bonne, madame. Une charmante petite bonbonnière, monsieur. Un délicieux pays, en vérité!

— Vous venez sans doute prendre Kit? demanda M. Garland.

— J'ai pour cela un cabriolet qui m'attend à votre porte, répondit le maître clerc. Il est attelé d'un vigoureux gris-pommelé; vous n'avez qu'à voir, si vous êtes connaisseur en chevaux, monsieur.... »

Tout en s'excusant d'aller examiner le vigoureux gris-pommelé et fondant son refus sur son peu de connaissances en semblable matière, M. Garland invita M. Chukster à prendre un morceau en manière de collation. Le gentleman y consentit très-volontiers; et quelques viandes froides, flanquées d'ale et de vin, furent bientôt disposées à son intention.

Pendant ce repas, M. Chukster déploya toutes ses ressources d'esprit pour charmer ses hôtes et les convaincre de la supériorité intellectuelle des citadins comme lui. En conséquence, il plaça la conversation sur le terrain des petits scandales du jour, matière dans laquelle ses amis lui reconnaissaient un merveilleux talent. Il était, par exemple, en position de fournir les détails exacts de la querelle qui avait éclaté entre le marquis de Mizzler et lord Bobby à propos d'une bouteille de vin de Champagne, et non d'un pâté aux pigeons, comme les journaux l'avaient rapporté par erreur. Lord Bobby n'avait nullement dit au marquis de Mizzler : « Mizzler, un de nous deux a menti, et ce n'est pas moi, » comme les mêmes journaux l'avaient prétendu à tort; mais bien : « Mizzler, vous savez où l'on peut me trouver, et, Dieu me damne! monsieur, vous me trouverez si vous avez à me parler ; » ce qui naturellement changeait entièrement l'aspect de cette intéressante question et la plaçait sous un jour tout différent. M. Chukster fit connaître aussi à M. et mistress Garland le chiffre exact de la rente assurée par le duc de Thigsberry à Violetta Stetta, de l'Opéra italien, rente payable par quartier, et non par semestre, comme on l'avait donné à entendre au public, non compris, ainsi qu'on avait eu l'impudence monstrueuse de le dire, des bijoux, des parfums, de la poudre à perruque pour cinq valets de pied, et deux paires de gants de chevreau par jour pour un page. Après avoir engagé ses auditeurs à être parfaitement convaincus de l'exactitude de ses assertions sur ces points importants, qu'il possédait à merveille, M. Chukster les entretint des bruits de coulisses et des nouvelles de la cour. Ce fut ainsi qu'il termina cette brillante et délicieuse conversation qu'il avait soutenue à lui seul, sans la moindre assistance, durant plus de trois quarts d'heure.

« Et maintenant que le cheval a repris haleine, dit M. Chukster se levant avec grâce, j'ai peur d'être forcé de filer. »

Ni M. Garland ni sa femme ne s'opposèrent le moins du monde à ce qu'il se retirât, jugeant sans doute qu'il serait fâcheux qu'un homme si bien informé fût arraché longtemps à sa sphère d'activité. En conséquence, au bout de quelques instants M. Chukster et Kit roulaient sur le chemin de Londres, Kit perché sur le siége, à côté du cocher, et M. Chukster assis dans un coin à l'intérieur de la voiture, les deux pieds perchés à chacune des portières.

En arrivant à la maison du notaire, Kit se rendit dans l'étude, où M. Abel l'invita à s'asseoir et à attendre, car le gentleman qui l'avait fait demander était sorti et ne rentrerait peut-être pas de sitôt. Ce n'était que trop vrai. Kit, en effet, avait eu le temps de dîner, de prendre son thé et de lire les plus brillantes pages de l'almanach des vingt-cinq mille adresses; plus d'une fois même il avait failli s'endormir avant que le gentleman fût de retour. Enfin ce dernier arriva en toute hâte.

Il commença par s'enfermer avec M. Witherden, et M. Abel fut invité à assister à la conférence, en attendant que Kit, fort en peine de savoir ce qu'on voulait de lui, fût appelé à son tour dans le cabinet du notaire.

« Christophe, dit le gentleman s'adressant à lui au moment où il entrait, j'ai retrouvé votre vieux maître et votre jeune maîtresse.

— Impossible, monsieur !... Comment ! vous les auriez retrouvés?... répondit Kit dont les yeux s'allumèrent de joie. Où sont-ils, monsieur? Dans quel état sont-ils, monsieur? Sont-ils.... sont-ils près d'ici?

— Loin d'ici, répliqua le gentleman secouant la tête. Mais je dois partir cette nuit pour les ramener, et j'ai besoin que vous m'accompagniez.

— Moi, monsieur? » s'écria Kit plein de satisfaction et de surprise.

Le gentleman dit en se tournant vers le notaire d'un air pénétré :

« Le lieu indiqué par l'homme aux chiens est.... à combien d'ici? vingt lieues, je crois?

— De vingt à vingt-trois lieues.

— Hum! si nous allons un bon train de poste toute la nuit, nous pourrons y arriver dès demain matin. Maintenant, voici la question : comme ils ne me connaissent pas, et comme l'enfant, que Dieu la bénisse! pourrait penser qu'un étranger qui court à sa recherche a des projets contre la liberté de son grand-père, puis-je faire rien de mieux que d'emmener ce garçon qu'ils connaissent assez bien tous deux pour le reconnaître tout de suite, afin de leur donner par là l'assurance de mes intentions amicales?

— Vous ne pouvez rien faire de mieux, répondit le notaire. Il faut absolument que vous preniez Christophe avec vous.

— Je vous demande pardon, dit Kit, qui avait prêté attentivement l'oreille à ces paroles; mais si c'est là votre raison, j'ai peur de vous être plus nuisible qu'utile. Pour miss Nelly, monsieur, *elle* me connaît bien, elle, et elle aurait confiance en moi, bien certainement; mais le vieux maître, je ne sais pourquoi, messieurs, ni moi ni personne, n'a plus voulu me voir depuis qu'il a été malade, et miss Nelly elle-même m'a dit que je ne devais plus approcher son grand-père, ni me montrer à lui désormais. Je craindrais donc de gâter tout ce que vous feriez. Je donnerais tout au monde pour vous suivre, mais vous ferez mieux de ne point me prendre avec vous, monsieur.

— Là! encore une difficulté! s'écria l'impétueux gentleman : y eut-il jamais un homme aussi embarrassé que moi? N'y a-t-il donc personne qui les ait connus, personne en qui ils aient confiance? La vie retirée qu'ils ont menée m'empêchera-t-elle donc de trouver quelqu'un pour servir mon dessein?

— N'y a-t-il personne, Christophe ? demanda le notaire.

— Personne, monsieur, répondit Kit. Ah ! mais si, pardon, il y a ma mère.

— Est-ce qu'ils la connaissent ? dit le gentleman.

— S'ils la connaissent, monsieur ! Elle allait et venait sans cesse chez eux. Ils étaient aussi bons pour elle que pour moi. Et tenez, monsieur, elle espérait toujours qu'ils reviendraient chez elle.

— Eh bien, alors, où diable est cette femme ? dit avec impatience le gentleman en prenant son chapeau. Pourquoi n'est-elle pas ici ? Pourquoi ne se trouve-t-elle jamais là où l'on a besoin d'elle ? »

En un mot, le gentleman allait s'élancer hors de l'étude, déterminé à s'emparer de force de la mère de Kit, à la jeter dans une chaise de poste et à l'enlever, quand M. Abel et le notaire réussirent par leurs efforts réunis à conjurer ce nouveau mode d'enlèvement : ils l'arrêtèrent par la puissance de leurs raisonnements et lui démontrèrent qu'il était plus convenable de sonder Kit pour savoir de lui si sa mère consentirait volontiers à entreprendre si précipitamment ce voyage.

A ce sujet, Kit exprima quelques doutes, le gentleman s'abandonna à de violentes démonstrations, et le notaire ainsi que M. Abel prononcèrent à l'envi des discours pour l'apaiser. Le résultat de la conférence fut que Kit, après avoir pesé dans son esprit et examiné soigneusement la question, promit, au nom de sa mère, qu'à deux heures de là elle serait prête pour l'expédition projetée et s'engagea à l'amener chez le notaire tout équipée pour le voyage, avant même que le terme indiqué fût expiré.

Ayant pris cet engagement assez téméraire, car il n'était pas sûr de pouvoir le tenir, Kit ne perdit pas de temps pour sortir et aviser aux mesures d'où dépendait l'accomplissement immédiat de sa parole.

CHAPITRE IV.

Kit se fraya un chemin à travers la foule qui encombrait les rues, divisant ce courant de flots humains, s'engageant d'un pas rapide le long des trottoirs, passant au travers des allées et des ruelles, et ne s'arrêtant ni ne se détournant de sa route jusqu'à ce qu'il fût arrivé près de la boutique d'antiquités : là il fit une pause, moitié par habitude, moitié pour reprendre haleine.

C'était par une sombre soirée d'automne, et jamais ce lieu ne lui avait paru plus triste que dans l'ombre lugubre du crépuscule. Les fenêtres brisées, les châssis détraqués craquant dans leurs cadres, cette maison déserte qui formait une sorte d'interruption sinistre dans la lumière et le mouvement de la rue qu'elle coupait en deux longues lignes séparées, au milieu desquelles elle s'élevait froide, ténébreuse et vide, tout cela présentait un tableau de désolation qui traversait péniblement les rêves brillants que le jeune homme avait conçus pour les derniers habitants de cette maison; il ne voyait partout que désenchantement et malheur. Ah! qu'il eût aimé à voir un bon feu ronfler dans les cheminées glacées, des flambeaux illuminer les croisées, des figures aller et venir derrière les vitres, à entendre le bruit d'une conversation animée, quelque chose enfin qui fût à l'unisson des espérances nouvelles qu'il avait senties s'agiter dans son cœur! Il ne s'était pas attendu à trouver à la maison un aspect différent, car il savait bien que c'était impossible; mais ce spectacle de deuil tombant au milieu de ses pensées ardentes et de ses souhaits impatients, en arrêtait brusquement le cours pour y jeter une ombre pleine de deuil et de tristesse.

Cependant, bien heureusement pour lui, il n'avait ni assez de savoir, ni assez de poésie contemplative dans l'esprit pour en concevoir de fâcheux présages d'avenir; et grâce à ce qu'il lui manquait ces lunettes mentales pour éclaircir sa vision, il ne vit rien autre chose qu'une maison en ruine qui formait un fâcheux désaccord avec ses pensées précédentes. Ainsi, tout en regrettant d'être obligé de passer outre sans se rendre compte de son impression, il reprit sa course et redoubla de célérité pour regagner les quelques moments qu'il avait perdus.

« Et maintenant, se dit-il, à mesure qu'il approchait du pauvre logis de sa mère, si elle était sortie, si je ne pouvais pas la trouver, cet impatient gentleman me recevrait joliment! Ce qu'il y a de sûr, c'est que je ne vois pas de lumière et que la porte est fermée. Dieu me pardonne, s'il y a là dedans du Petit-

Béthel, je voudrais que le Petit-Béthel fût au.... fût bien loin d'ici ! » dit Kit, corrigeant à temps sa malédiction contre le Petit-Béthel, et frappant à la porte.

Il frappa une seconde fois sans obtenir de réponse ; mais une voisine sortit de chez elle, au bruit qu'il faisait :

« Qui est-ce qui demande mistress Nubbles ? dit-elle.

— C'est moi, dit Kit. Elle est au.... au Petit-Béthel, je suppose? »

Il prononça avec quelque répugnance le nom de ce conventicule qui lui déplaisait, et appuya sur les mots avec une emphase dédaigneuse.

La voisine fit un signe de tête affirmatif

« Eh bien, je vous prie, dites-moi où c'est, car je suis venu pour affaire pressée, et il faut que j'emmène ma mère sur-le-cha . . quand bien même elle serait dans la chaire. »

Ce n'était pas chose aisée que d'obtenir des renseignements sur le bercail en qu tion ; en effet, aucun des voisins n'appartenait au troupeau qui le fréquentait ; et la plupart d'entre eux ne le connaissaient que de nom. Enfin, une commère qui avait accompagné mistress Nubbles à la chapelle une ou deux fois, aux jours solennels, les jours où une bonne tasse de thé devait précéder les exercices de dévotion, fournit à Kit les informations nécessaires. Il ne les eut pas plutôt obtenues, qu'il partit comme un trait.

Si le Petit-Béthel avait été plus près, si l'on avait pu s'y rendre par un chemin plus direct, le révérend gentleman qui présidait la congrégation eût perdu son allusion favorite aux rues tortueuses qui y conduisaient, et qui lui permettaient de le comparer au paradis même, en opposition aux églises de paroisse et aux larges rues qui y mènent. Enfin, et non sans peine, Kit réussit à le découvrir ; il s'arrêta un moment à la porte pour respirer et se présenter décemment, puis il entra dans la chapelle.

A certain égard, ce lieu n'était pas mal nommé, car c'était vraiment un petit Béthel, un Béthel de dimensions exiguës, avec un petit nombre de petits bancs et une petite chaire dans laquelle un petit gentleman cordonnier par état et prophète par vocation, était en train de débiter d'une toute petite voix un tout petit sermon approprié à l'état moral de l'auditoire qui, s'il était petit par le nombre, était moindre encore par l'attention, la majorité étant parfaitement endormie.

Au nombre des derniers, se trouvait la mère de Kit. La pauvre femme, après les fatigues de la nuit précédente, avait bien de la peine à tenir les yeux ouverts ; et comme les arguments du prédicant ne secondaient que trop leur inclination, mistress Nubbles avait fini par céder à la puissance de l'assoupissement et tomber en plein sommeil ; son sommeil n'était pas cependant si profond qu'il l'empêchât d'émettre de temps en temps un léger et presque inintelligible murmure comme un assentiment donné aux doctrines de l'orateur. Le poupon qu'elle tenait dans ses bras s'était endormi aussi vite qu'elle ; quant au petit Jacob, à qui sa jeunesse ne permettait pas de trouver dans cette copieuse nourriture spirituelle la moitié du plaisir que lui avaient causé les huîtres, tour à tour on le voyait dormir tout à fait ou s'éveiller en sursaut, selon qu'il était vaincu par le doux attrait du sommeil ou dominé par la crainte d'une allusion personnelle dans le sermon.

« M'y voici donc ! pensa Kit, se glissant vers le banc vide le plus rapproché en face de celui de sa mère, de l'autre côté de la petite nef ; mais comment faire pour arriver jusqu'à elle ou pour la déterminer à sortir ? Autant vaudrait être à vingt milles d'ici. Jamais elle ne s'éveillera que tout ne soit fini, et l'heure marche pendant ce temps ! Si cet homme pouvait seulement s'arrêter une minute, ou bien s'ils se mettaient tous à chanter ! »

Malheureusement, il n'y avait guère lieu d'espérer l'une ou l'autre chose avant deux heures. Le prédicant venait d'annoncer à ses auditeurs qu'il se proposait de ne pas finir avant de les avoir convaincus, et il était clair que s'il tenait à réaliser seulement la moitié de sa promesse, deux heures ne seraient pas de trop pour une telle entreprise.

Dans son agitation et son désespoir, Kit promenait ses regards tout autour de la chapelle ; les ayant laissés tomber sur un petit siége placé devant la chaire, il eut peine à en croire le témoignage de ses yeux qui lui faisaient voir.... Quilp !

Il eut beau se les frotter deux ou trois fois, toujours ils s'obstinaient à lui persuader que Quip était là. Oui, c'était bien lui assis, les mains appuyées sur ses genoux et son chapeau posé entre ses jambes, sur un petit escabeau ; c'était lui, avec cette grimace habituelle imprimée sur sa laide figure ; son regard était attaché au plafond. Assurément, il n'avait pris garde ni à Kit ni à sa mère, et il ne paraissait pas le moins du monde se douter de leur présence ; cependant, Kit ne put s'empêcher de penser que l'attention du méchant nain était fixée sur eux, et sur eux seulement.

Sous le coup de la stupéfaction qu'il avait éprouvée à cette vue et de la crainte que ce ne fût le signe avant-coureur de quelque échec, de quelque chagrin, il comprit toutefois la nécessité de ne pas bayer aux corneilles et de prendre des mesures énergiques pour emmener sa mère ; car l'ombre du soir descendait et la situation devenait grave. En conséquence, dès que le petit Jacob s'éveilla, Kit s'arrangea de manière à attirer son attention mobile, et cela ne fut pas difficile, un éternument suffit ; Kit alors lui fit signe d'éveiller leur mère.

Le malheur voulut que précisément en ce moment même le prédicant, dans le développement impétueux d'un des points de son sermon, s'avança tellement par-dessus le bord de sa chaire, que ses jambes seules restèrent au dedans ; tandis qu'appuyé sur sa main gauche il faisait de la droite des gestes véhéments, il regarda fixement ou du moins parut regarder le petit Jacob dans les yeux, le menaçant de l'œil et du geste (l'enfant du moins le crut) de tomber sur lui, littéralement et non au figuré, s'il osait remuer seulement un muscle de sa face. Au milieu de cet effrayant état de choses, distrait par l'apparition soudaine de Kit, et fasciné par les yeux flamboyants du prédicant, le malheureux Jacob était doublement tenu en arrêt, entièrement hors d'état de remuer, fort disposé à pleurer, s'il l'avait osé, et répondant au regard de son pasteur par un regard si flamboyant, que ses yeux écarquillés semblaient près de sortir de leurs orbites.

« Ma foi ! s'il faut agir ouvertement, pensa Kit, eh bien ! en avant ! »

Il sortit donc tout doucement de son banc et se glissa jusqu'à celui de sa mère ; et comme M. Swiveller n'eût pas manqué de le dire, s'il eût été là, il « prit au collet » le poupon sans prononcer une seule parole.

— Chut ! ma mère ! murmura-t-il ensuite. Sortez avec moi ; j'ai quelque chose à vous communiquer.

— Où suis-je ? dit mistress Nubbles.

— Dans ce bienheureux Petit-Béthel, répondit son fils avec une certaine amertume.

— Bienheureux, en effet, s'écria mistress Nubbles saisissant le mot. Oh ! Christophe, combien j'ai été édifiée ce soir !

— Oui, oui, je le sais, dit vivement Kit; mais venez, ma mère, tout le monde nous regarde. Ne faites pas de bruit, emmenez Jacob, c'est bien.

— Arrête, satan, arrête! cria de nouveau le prédicant. Ne tente point la femme qui te prête l'oreille, mais écoute la voix de celui qui te parle. Il emporte un agneau du troupeau, ajouta-t-il, en élevant de plus en plus sa voix perçante, et désignant le poupon, il emporte un agneau, un précieux agneau! Il rôde ici comme un loup aux heures de la nuit pour enlever les tendres agneaux! »

Kit était bien le garçon le plus modéré qu'il y eût au monde; mais ce langage violent, ainsi que les circonstances critiques où il se trouvait. le mirent hors de lui; il fit face à la chaire avec le poupon dans les bras et répondit à haute voix :

« Pas du tout : c'est mon frère.

— C'est le mien, c'est *mon* frère à moi! cria le prédicant.

— Ce n'est pas vrai! répliqua Kit avec indignation. Pouvez-vous bien dire chose pareille?... Et surtout pas de sottises, s'il vous plaît. Quel mal ai-je fait? Je ne serais certainement pas venu ici pour les emmener si je n'y avais été forcé, vous pouvez en être sûr; je voulais le faire sans bruit, mais vous, vous en voulez. Maintenant ayez la bonté de garder vos injures pour Satan et compagnie si cela vous convient, monsieur, mais laissez-moi tranquille, s'il vous plaît. »

En même temps, Kit sortit de la chapelle, suivi de sa mère et du petit Jacob, et se trouva en plein air avec un vague souvenir d'avoir vu l'auditoire s'éveiller et le regarder tout surpris; il se rappelait également que Quilp, durant cette scène d'interruption, avait gardé la même attitude sans détacher ses yeux du plafond ni paraître prendre le moindre intérêt à ce qui se passait.

« O Kit! dit la mère en portant son mouchoir à ses yeux, qu'avez-vous fait! Jamais je ne pourrai plus revenir ici, jamais!

— J'en suis enchanté, ma mère. Vous aviez donc bien du repentir de la petite part de plaisir que vous avez prise la nuit dernière, que vous avez cru devoir en faire pénitence ce soir? Voilà pourtant comme vous faites toujours! s'il vous arrive d'avoir un moment de bonheur ou de gaieté, vous venez ici, devant cet homme-là, dire que vous en êtes bien fâchée. Vraiment, ma mère, si vous n'étiez pas ma mère, je vous en ferais honte.

— Silence! mon cher enfant, s'écria mistress Nubbles, je sais bien que vous ne pensez pas ce que vous dites; mais c'est égal, vous parlez là comme un pécheur.

— Je ne pense pas ce que je dis! repartit Kit. Certainement que je le pense! Je ne puis croire, ma mère, que l'innocente gaieté et que la bonne humeur soient considérées dans le ciel comme de plus grands péchés que des cols de chemise, et ces gens-là ne montrent ni raison ni bon sens en voulant supprimer les derniers, ou en interdisant le reste; certainement si, je le pense. Mais, je n'ajouterai pas un mot de plus sur ce sujet, si vous me promettez de ne plus pleurer; ce sera tout. Prenez le poupon, qui est plus léger, et donnez-moi le petit Jacob. Tout en marchant, et tâchons que ce soit le plus vite possible, je vous communiquerai les nouvelles que j'apporte et qui vous surprendront un peu, je vous en avertis. Là, c'est bien. Maintenant, vous voilà comme si vous n'aviez vu de toute votre vie le Petit-Béthel, et j'espère bien que vous ne le reverrez plus. Voilà aussi le poupon, très-bien. Petit Jacob, montez sur mon dos à califourchon et tenez mon cou bien serré; et si par hasard le ministre du Petit-Béthel vous appelle un précieux agneau, vous ou votre frère, vous pourrez bien dire que c'est la plus grande vérité qui lui soit sortie de la bouche depuis un an, et que s'il voulait bien ne pas assaisonner son agneau à la sauce au poivre, il n'en vaudrait que mieux, pour être moins piquant et moins aigre. Jacob, vous pouvez lui dire ça de ma part. »

C'est ainsi que moitié gaiement, moitié sérieusement, déterminé à se montrer de bonne humeur, pour en donner aussi à sa mère et aux enfants, Kit les mena d'un bon pas. Chemin faisant, il raconta ce qui s'était passé chez le notaire, et exposa le but pour lequel il était venu se jeter au travers des solennités du Petit-Béthel.

La mère ne fut pas médiocrement effrayée en apprenant le service qu'on attendait d'elle : elle tomba tout d'abord dans un chaos d'idées, où ce qu'elle voyait de plus clair, c'est que de voyager en chaise de poste, ce serait sans doute pour elle un grand honneur, une grande distinction, mais qu'il était moralement impossible de laisser là ses enfants. Et combien d'autres objections à faire encore ! Par exemple, certains articles de toilette étaient au blanchissage, d'autres n'existaient point dans sa garde-robe. Mais Kit, à ces objections diverses, opposait victorieusement une réponse unique, irrésistible, le plaisir de retrouver Nell, la joie de la ramener en triomphe.

« Nous n'avons plus que dix minutes à nous, mère, dit Kit lorsqu'ils eurent atteint le logis. Voici un carton, jetez-y tout ce dont vous aurez besoin, et dépêchez-vous de partir. »

Dire comment Kit entassa dans la boîte toutes sortes de choses qui lui semblaient de l'usage le plus immédiat, et laissa de côté tout ce qu'il jugea le moins utile; comment une voisine consentit à venir surveiller les enfants; comment ceux-ci pleurèrent d'abord tristement, puis rirent de bon cœur à la promesse d'une foule de jouets impossibles, imaginaires; comment la mère de Kit ne pouvait se lasser de les embrasser, ni Kit se résoudre à la gronder de perdre ainsi son temps, tout cela ne nous avancerait guère, ni vous ni moi. Laissant donc de côté ces détails, bornons-nous à dire que, peu de minutes après l'expiration des deux heures fixées, Kit et sa mère arrivaient devant la porte du notaire où une chaise de poste attendait déjà.

« Une voiture à quatre chevaux, ce me semble ! dit Kit stupéfait de ces préparatifs. Vous arrivez juste à temps, ma mère.... La voici, monsieur. Voici ma mère. Elle est toute prête, monsieur.

— Fort bien, répondit le gentleman. N'ayez aucune crainte, madame; on aura grand soin de vous. Où est la boîte avec les vêtements neufs et les nécessaires de voyage ?

— La voici, dit le notaire. Christophe, mettez-la dans la voiture.

— C'est fini, monsieur, dit Kit, tout est prêt, monsieur.

— Alors partons, » dit le gentleman.

Là-dessus, il donna le bras à la mère de Kit, la fit monter dans la voiture aussi poliment que si c'était une grande dame, et prit place à côté d'elle.

Le marchepied est relevé, la portière se ferme avec bruit, les roues commencent à tourner, tandis que la mère de Kit, penchée et comme suspendue hors d'une des vitres, agitait un mouchoir de poche humide de ses larmes et jetait de loin mille recommandations pour le petit Jacob et le poupon, sans que personne pût en entendre un mot

Kit était resté immobile au milieu de la rue ; il les suivit du regard. Lui aussi il avait les larmes aux yeux, mais ces larmes n'étaient point causées par le départ dont il venait d'être témoin, elles coulaient à l'idée du retour qu'il prévoyait déjà.

« Ils se sont éloignés à pied, pensait-il, et personne n'était là pour leur parler, pour leur adresser un adieu amical : ils reviendront traînés par quatre chevaux, avec ce riche gentleman pour compagnon et pour ami, laissant derrière eux tous leurs soucis ! Elle oubliera peut-être que c'est elle qui m'a appris à écrire.... »

Je ne sais pas tout ce que Kit s'avisa de penser là-dessus, mais ce qu'il y a de sûr, c'est qu'il y mit le temps : en effet, notre garçon resta à contempler les lignes brillantes des réverbères, bien après que la chaise de poste eut disparu ; et quand il rentra enfin dans la maison, le notaire et M. Abel, qui étaient eux-mêmes restés sur le seuil de la porte jusqu'à ce que le bruit des roues se fût complétement éteint dans l'éloignement, s'étaient déjà demandé plusieurs fois avec étonnement quel motif pouvait le retenir encore.

CHAPITRE V.

Il convient maintenant que nous laissions pendant quelque temps Kit pensif, et plein d'impatience, pour suivre les aventures de la petite Nelly ; nous allons reprendre le fil de notre récit là où nous l'avons quitté plusieurs chapitres d'intervalle.

Dans une de ses promenades du soir, tandis que Nelly, suivant les deux sœurs à distance respectueuse, trouvait dans sa sympathie pour elles, et dans la contemplation de leurs peines qui offraient une ressemblance fraternelle avec son propre isolement, une sorte de soulagement et de calme remplis d'un bonheur momentané, mais profond, bien que ce doux plaisir qu'elle avait à les voir fût de ceux qui naissent et s'éteignent dans les larmes ; dans une de ses promenades, disons-nous, à l'heure paisible du crépuscule, lorsque le ciel, la terre, l'air, l'eau courante, le son des cloches éloignées, tout était en harmonie avec les émotions de l'enfant solitaire, et faisait naître en elle des pensées consolantes, mais qui n'appartenaient pas au monde où vivent les enfants, ni à ses joies faciles; dans une de ces excursions qui étaient devenues son unique satisfaction, sa seule consolation, la lumière du jour s'était éteinte sous l'ombre du soir qui s'avançait de plus en plus vers la nuit, et cependant la jeune créature continuait d'errer dans les ténèbres : elle trouvait une compagnie dans cette nature si sereine, si paisible, tandis qu'au contraire le bruit des paroles et l'éclat des lumières éblouissantes eussent été pour elle la solitude.

Les deux sœurs étaient retournées à leur logis, et Nelly était seule. Elle leva ses yeux vers les brillantes étoiles qui projètent une si douce clarté du haut des vastes espaces du ciel; à mesure qu'elle les contemplait, de nouvelles étoiles lui apparaissaient, puis d'autres au delà, puis d'autres encore, jusqu'à ce que toute l'étendue fût diamantée d'astres rayonnants de plus en plus élevés dans l'incommensurable infini, éternels dans leur multiplicité comme dans leur ordre immuable et indestructible. Nelly se pencha vers la rivière calme et limpide, et là elle vit les étoiles reluire dans leur même ordre, telles qu'au temps du déluge la colombe les vit se refléter dans les eaux débordées et profondes d'un million de lieues, bien au-dessus du sommet des montagnes, au-dessus du genre humain qui avait péri presque tout entier.

L'enfant s'assit en silence sous un arbre : la beauté de la nuit et toutes les merveilles qu'elle étale la frappaient d'une admiration muette. L'heure, le lieu éveillèrent ses réflexions: avec une espérance douce, moins d'espérance peut-être que de résignation, elle évoqua le passé, le présent et ce que l'avenir lui gardait en réserve. Entre elle et le vieillard il s'était opéré par degrés une séparation plus pénible à supporter qu'aucun des chagrins d'autrefois. Chaque soir, souvent même dans le jour, il s'absentait, il s'en allait seul; et bien que Nelly sût où il allait et pourquoi il s'absentait, car les yeux hagards de son grand-père et les appels constants qu'il faisait à sa pauvre bourse épuisée étaient de trop sûrs indices, cependant le vieillard évitait toute question, se renfermait dans une réserve entière et fuyait même la présence de sa petite-fille.

Nelly, assise à l'écart, méditait donc sur ce changement avec une tristesse empreinte de la teinte mélancolique que la nuit répandait autour d'elle, lorsqu'au loin l'horloge d'une église sonna neuf heures. Nelly se leva, se remit à marcher et se dirigea pensive vers la ville.

Elle avait atteint un petit pont de bois jeté au-dessus du courant, quand elle aperçut tout à coup, sur la prairie qu'elle devait prendre, une lumière rouge, et, regardant avec plus d'attention, reconnut qu'elle partait, selon toute apparence, d'un camp de bohémiens qui avaient allumé un feu à une petite distance du chemin, et s'étaient assis ou couchés tout autour. Trop pauvre pour avoir rien à craindre d'eux, Nelly continua son chemin. Il lui eût fallu d'ailleurs, pour en prendre un autre, allonger considérablement sa route; seulement elle ralentit son pas.

Quand elle fut proche du feu du bivouac, un mouvement de curiosité timide la poussa à y jeter un regard. Entre elle et le foyer il y avait une figure dont le contour se dessinait en courbe marquée vers le feu. A cette vue, Nelly s'arrêta brusquement; mais après avoir réfléchi et s'être dit, ou même s'être assurée, à ce qu'elle croyait, que ce n'était ni ne pouvait être la personne qu'elle avait supposée, elle passa outre.

Cependant l'entretien qui avait été entamé devant le feu des bohémiens reprit son cours; et Nelly, bien qu'elle ne pût distinguer les paroles, fut alors frappée du son de voix de celui qui parlait, une voix qui lui était aussi familière que la sienne même.

Elle se retourna et regarda derrière elle. La personne que cherchaient ses yeux venait de se lever, et, debout, le corps un peu incliné, elle s'appuyait sur un bâton qu'elle tenait à deux mains. Cette attitude n'était pas moins connue de Nelly que le son de la voix.

C'était son grand-père.

Le premier mouvement de l'enfant fut d'appeler le vieillard; le second, de se demander quels pouvaient être ses compagnons et dans quelle intention ils se trouvaient là réunis. Une crainte vague d'abord, puis le désir violent d'éclaircir ses doutes, rapprocha Nelly du groupe présent à ses yeux : toutefois elle eut soin de dissimuler ses pas, et de se glisser le long d'une haie.

Elle put de là arriver jusqu'à quelques pieds seulement du bivouac, et, cachée entre de jeunes arbres, voir et entendre à la fois sans craindre d'être aperçue.

Là il n'y avait ni femmes ni enfants, comme elle en avait remarqué dans d'autres camps de bohémiens devant lesquels elle avait passé avec son grand-père durant leur vie errante : ce qu'elle vit seulement, ce fut un gipsy d'une taille athlétique, qui se tenait à peu de distance les bras croisés, appuyé contre un arbre, et tantôt regardait le feu, tantôt fixait ses noires prunelles sur trois autres hommes qui entouraient le foyer et dont il suivait la conversation avec un intérêt constant mais déguisé. Parmi ces trois hommes était son grand-père : dans les deux autres, Nelly reconnut les joueurs de cartes qu'elle avait vus dans l'auberge pendant la trop mémorable nuit d'orage, celui qu'on appelait Isaac List, et son sinistre compagnon. Une de ces tentes basses et cintrées en usage chez les bohémiens était fixée non loin de là, mais elle était, ou du moins elle paraissait vide.

« Eh bien, partez-vous ? dit le gros homme, levant son regard de la place où il était étendu à l'aise, pour le fixer sur le visage du vieillard. Il n'y a qu'une minute, vous étiez si pressé ! Partez, si cela vous plaît. Vous en êtes bien maître, il me semble.

— Ne le tourmentez pas, répliqua Isaac List, qui était accroupi comme une grenouille de l'autre côté du feu, avec un regard louche et faux. Cet homme ne voulait pas vous insulter.

— Vous me ruinez, vous me dépouillez, et après cela vous vous faites un jeu de me railler, dit le vieillard s'adressant tour à tour à l'un et à l'autre. Vous voulez donc me rendre fou ? »

Le contraste qu'il y avait entre la prostration complète et la faiblesse d'esprit de cet enfant à tête grise, et les regards astucieux et pervers des hommes aux mains desquels il était tombé, frappa le cœur de la jeune créature qui était là aux écoutes. Mais elle se contint pour veiller à tout ce qui se passait sans perdre un regard, une parole.

« Que le diable vous emporte ! Qu'est-ce que vous entendez par là ? dit le gros homme, se soulevant un peu et s'appuyant sur un de ses coudes. On vous ruine ! vous nous ruineriez si vous le pouviez, n'est-il pas vrai ? Voilà ce que c'est que d'avoir affaire à de méchants petits joueurs qui ne savent que pleurnicher. Si vous perdez, vous êtes des martyrs ; mais quand vous gagnez, c'est différent On vous dépouille !.... ajouta-t-il en haussant la voix. Dieu me damne ! Qu'est-ce que vous entendez par ce mot de « dépouiller, » si peu convenable entre gentlemen, hein ? »

L'orateur se laissa tomber tout de son long par terre et appliqua vivement et violemment un ou deux coups de talon comme pour achever de témoigner de son honnête indignation. Il était évident qu'ils agissaient, lui en matamore, et son ami en conciliateur, dans quelque dessein particulier : il n'y avait que le faible vieillard qui pût s'y méprendre; car ils échangeaient presque ouvertement des clins d'œil tantôt de l'un à l'autre, tantôt avec le camarade accroupi, qui, en découvrant ses dents blanches, faisait une grimace d'approbation.

Le vieillard resta quelque temps tout abattu au milieu d'eux, puis il dit en se tournant vers celui qui l'avait maltraité :

« Vous-même, vous parliez de jeux où l'on dépouille les gens, vous le savez bien. Ne soyez donc pas si violent avec moi. N'avez-vous pas dit cela ?

— Je n'ai pas dit que ce fût dans cette compagnie ! C'est l'honneur.... l'honneur qui fait tout entre gentlemen, monsieur ! répliqua le gros homme qui sembla se retenir pour ne pas donner à sa phrase une conclusion plus rude.

— Jowl, ne le traitez pas trop durement, dit Isaac List. Il regrette, j'en suis sûr, de nous avoir offensés. Allons, brave homme, continuez ce que vous disiez, continuez.

— Il faut que je sois bête et doux comme un agneau, s'écria M. Jowl, de perdre le temps, à mon âge, à donner des conseils quand je sais qu'ils seront mal reçus, et que je n'en retirerai que des injures pour la peine. Mais je n'en fais pas d'autres depuis que je suis au monde. L'expérience aurait pourtant bien dû refroidir ces élans de mon bon cœur.

— Je vous répète, dit Isaac List, qu'il regrette ce qui s'est passé et qu'il désire que vous continuiez.

— Est-ce bien vrai ? demanda l'autre.

— Oui, grommela le vieillard en s'asseyant et se balançant à droite et à gauche, continuez, continuez ! à quoi servirait-il de vous contrarier là-dessus ? Continuez.

— Je reprends donc, dit Jowl, où j'en étais quand vous vous êtes levé si brusquement. Si vous êtes persuadé que le temps est venu où la chance doit tourner, et ce n'est que trop sûr ; et si vous trouvez que vous ne possédez pas les moyens suffisants pour la tenter, au moins pour un coup, car vous savez bien que vous n'aurez jamais les fonds nécessaires pour tenir toute une soirée, que n'acceptez-vous l'occasion qui semble tout exprès s'offrir à vous ? Empruntez, je vous dis, et vous rendrez quand vous le pourrez.

— Certainement, ajouta Isaac List avec une intention marquée ; si cette bonne dame qui montre les figures de cire a de l'argent et qu'elle le mette dans une boîte d'étain quand elle va se coucher, sans fermer sa porte à clef, de peur du feu, il me semble que la chose serait facile. Je dirais presque que c'est un coup de la Providence si je n'avais pas été élevé dans des principes religieux.

— Vous comprenez, Isaac, dit son ami d'un ton plus animé et en se rapprochant du vieillard, tandis qu'il faisait signe au bohémien de ne point intervenir ; vous comprenez, Isaac ; à toute heure il y a des étrangers qui vont et viennent par là ; eh bien ! un de ces étrangers aura pu se glisser sous le lit de la bonne dame ou se fourrer dans l'armoire, rien de plus vraisemblable ; les soupçons auront le champ large, et il n'y a pas de danger qu'on se doute de la vérité.... Moi, je *lui* donnerais sa revanche jusqu'au dernier farthing qu'il apporterait, quel que fût le montant de la somme.

— Mais le pourriez-vous ? demanda Isaac List. Votre banque est-elle assez forte pour cela ?

— Assez forte ! répondit l'autre avec un dédain simulé. Monsieur, voulez-vous bien me tirer cette boîte de la paille ? »

Cette invitation s'adressait au bohémien, qui se glissa à quatre pattes dans sa tente basse et étroite, et après quelques recherches, quelques fouilles en apparence laborieuses, revint avec une cassette que Jowl ouvrit au moyen d'une clef qu'il portait sur lui.

« Voyez-vous ceci ? dit-il ramassant l'argent dans sa main et le laissant retomber en pluie à travers ses doigts. Entendez-vous ceci ? Connaissez-vous le son de l'or ? Tenez, emportez cette cassette. Et vous, Isaac, ne parlez plus des banques que lorsque vous en aurez gagné une. »

Isaac List, avec une grande apparence d'humilité, affirma qu'il n'avait jamais mis en doute la parole d'un gentleman aussi honorablement connu pour sa loyauté que M. Jowl, et que s'il avait laissé exhiber la cassette, ce n'était pas pour éclaircir ses doutes, car il n'en avait aucun, mais pour se régaler de la vue de tant de richesses, ce qui pouvait paraître à d'autres une jouissance vaine et purement imaginaire, mais n'en était pas moins pour lui une source de plaisir infini, le plus grand de tous les plaisirs, après celui d'avoir à soi cet argent dans sa propre poche.

Bien que M. List et M. Jowl eussent l'air de s'adresser mutuellement l'un à l'autre, il était à remarquer qu'ils épiaient le vieillard qui, les yeux fixés sur le feu, se tenait assis dans l'attitude de la méditation. On pouvait juger de l'intérêt qu'il prenait à leur conversation par un certain mouvement de tête involontaire, ou par une contraction de ses traits à chaque mot qui sortait de leur bouche.

« Le conseil que je lui donne là, dit Jowl en se recouchant à plat ventre, est bien simple.... un vrai conseil d'ami. Pourquoi donc procurerais-je à un individu le moyen de me gagner peut-être tout ce que je possède, si ce n'est parce que je le considère comme mon ami? C'est une folie de se donner tant de mal pour les autres, bien sûr, mais c'est mon caractère, et je ne puis pas m'en empêcher; ainsi il ne faut pas m'en vouloir, mon cher Isaac List.

— Moi, vous en vouloir! répliqua Isaac; je ne vous en veux pas le moins du monde, monsieur Jowl. Je voudrais bien être à même de me montrer aussi généreux que vous; et, d'ailleurs, comme vous dites, il *rendra*, s'il gagne; mais s'il perd....

— Ça, c'est la moindre des choses, dit Jowl. Car, enfin, supposez qu'il perde, et rien n'est moins vraisemblable d'après ce que je connais des chances du sort, eh bien! il vaut toujours mieux, il me semble, perdre l'argent des autres que le sien.

— Ah! s'écria vivement Isaac List, quel plaisir de gagner! Quel plaisir de ramasser de l'argent, de brillants, de beaux petits jaunets, et de les plonger dans sa poche! Quel délice de triompher à la fin, de penser qu'on n'a pas été obligé de s'arrêter tout court et de tourner le dos à la fortune! qu'on a fait, au contraire, bravement la moitié du chemin pour la rencontrer! Mais vous ne partez pas, mon vieux monsieur?

— Pardon, il faut que je parte, dit le vieillard qui s'était levé et qui avait fait déjà deux ou trois pas à la hâte, lorsqu'il revint non moins précipitamment: « J'aurai l'argent, tout, jusqu'au dernier sou.

— A la bonne heure, c'est bien, ça! s'écria Isaac en sautant et le frappant sur l'épaule; j'estime en vous ce reste de jeune sang.

Ah! ah! ah! Joe Jowl regrette presque de vous avoir donné des conseils. Comme nous allons rire à ses dépens! Ah! ah! ah!

— Il m'a promis ma revanche, vous savez, dit le vieillard montrant Jowl avec un mouvement violent de sa main ridée; vous savez, il m'a promis écu pour écu, jusqu'au fond de la bourse, qu'il y ait beaucoup ou qu'il y ait peu. Rappelez-vous ça.

— Je suis votre témoin, répondit Isaac, et j'aurai soin que tout s'exécute loyalement.

— J'ai engagé ma parole, dit Jowl avec une feinte répugnance, et je la tiendrai. Quand aura lieu cette joute? Je souhaite que ce soit le plus tôt possible. Sera-ce cette nuit?

— Il faut d'abord que j'aie l'argent, dit le vieillard; je l'aurai demain....

— Pourquoi pas cette nuit? dit Jowl en insistant.

— Il est tard; je serais obligé de trop me presser. Il faut agir avec prudence. Non, non, ce sera pour demain soir.

— Demain, soit! dit Jowl. Buvons une goutte de reconfort. Bonne chance au plus vaillant! Remplissez les verres. »

Le bohémien apporta trois gobelets d'étain qu'il remplit d'eau-de-vie jusqu'au bord. Le vieillard se détourna en se disant à lui-même quelques mots avant de boire. Celle qui l'écoutait entendit prononcer son propre nom, joint à des souhaits si fervents, qu'ils semblaient adressés au ciel comme une prière pleine d'angoisses.

« Que Dieu ait pitié de nous! s'écria en elle-même la pauvre enfant. Que Dieu nous assiste à cette heure d'épreuve!... Oh! que faire pour le sauver?... »

Le reste de la conversation s'acheva assez brièvement sur un ton plus bas; c'étaient de bons avis sur l'exécution du projet et sur les précautions à prendre pour écarter les soupçons. Alors le vieillard échangea une poignée de main avec ses tentateurs, puis il se retira.

Ils le suivirent des yeux tandis qu'il marchait lentement, incliné et le dos voûté; et chaque fois que le vieillard tournait la tête pour regarder en arrière, ce qui lui arrivait souvent, ils agitaient la main ou lui jetaient de loin un cri d'encouragement. Ce ne fut qu'après l'avoir vu graduellement diminuer et se perdre comme un point dans le lointain, qu'ils se retournèrent l'un vers l'autre et se hasardèrent à pousser de grands éclats de rire.

« Ainsi, dit Jowl chauffant ses mains au feu, voilà qui est fait, enfin. Il a fallu, pour le convaincre, plus d'efforts que je ne l'aurais cru. Savez-vous qu'il n'y a pas moins de trois semaines que nous avons commencé à chauffer ça. Qu'est-ce qu'il apportera, à votre idée?

— Quoi qu'il apporte, part à deux, » répondit Isaac List.

L'autre secoua la tête et dit :

« Il faudra aller vite en besogne et lui brûler la politesse ; autrement, nous serions soupçonnés, et ce n'est pas une plaisanterie. »

List et le bohémien donnèrent leur assentiment à ces paroles. Après s'être divertis quelque temps aux dépens de la crédulité de leur victime, les trois hommes laissèrent là ce sujet comme épuisé, et se mirent à causer dans un argot que l'enfant ne pouvait comprendre. Cependant, comme ils paraissaient s'entretenir de choses qui les intéressaient vivement, Nelly jugea que le moment était opportun pour s'enfuir sans être aperçue ; elle se glissa d'un pas lent et discret, suivant l'ombre des haies et franchissant les fossés jusqu'à ce qu'elle eût gagné la route et fût assez loin d'eux pour se croire en sûreté. Alors elle courut de toutes ses forces vers le logis, déchirée et ensanglantée par les ronces et les épines, mais le cœur bien autrement meurtri ; enfin elle se jeta tout accablée sur son lit.

La première idée qui se présenta à son esprit, ce fut la fuite, une fuite immédiate ; ce fut d'entraîner le vieillard et de mourir plutôt de faim au bord de la route que de laisser son grand-père en butte à de si terribles tentations. Nelly se souvint alors que le crime ne devait pas être commis avant la nuit suivante : elle avait donc le temps nécessaire pour réfléchir et pour aviser à ce qu'il fallait faire. Mais une horrible crainte s'empara d'elle : si en cet instant même le crime allait être commis !... Elle tremblait d'entendre des cris inarticulés et des gémissements rompre le silence de la nuit ; elle songeait en frémissant à ce que son grand-père pourrait être conduit à faire, s'il venait à être surpris au milieu du vol, n'ayant à lutter que contre une femme. Supporter une pareille torture, c'était impossible. Nelly se glissa jusqu'à la chambre où se trouvait l'argent ; elle ouvrit la porte et regarda. Dieu soit loué ! le vieillard n'était pas là.... et mistress Jarley dormait paisiblement !

L'enfant revint à sa propre chambre pour se mettre au lit.

Mais le sommeil était-il possible? le sommeil! mais le repos même était-il possible au sein de pareilles terreurs toujours croissantes? A demi habillée, les cheveux en désordre, elle courut au lit du vieillard, qu'elle saisit par le poignet en l'arrachant au sommeil.

« Qu'est-ce qu'il y a? s'écria-t-il, tressaillant dans son lit et fixant ses yeux sur cette figure de fantôme.

— J'ai fait un rêve effrayant, dit l'enfant avec une énergie qui ne pouvait naître que de l'excès de sa terreur. Un rêve effrayant, horrible! Ce n'est pas la première fois. Dans ce rêve il y a des hommes aux cheveux gris comme vous; ces hommes sont au milieu d'une chambre obscurcie par la nuit, et ils volent l'or de ceux qui dorment. Debout! debout!... »

Le vieillard trembla de tous ses membres et joignit les mains dans l'attitude de la prière.

« Si ce n'est pour moi, dit l'enfant, si ce n'est pour moi, au nom du ciel! debout, pour nous soustraire à de telles extrémités. Ce rêve n'est que trop réel. Je ne puis dormir, je ne puis demeurer ici, je ne puis vous laisser seul dans une maison où il se fait de ces rêves-là. Debout! il faut fuir! »

Il la contemplait comme un spectre, et elle en avait toute l'apparence; elle avait l'air d'une déterrée, et le vieillard éprouvait un tremblement redoublé.

« Il n'y a pas de temps à perdre, dit l'enfant, pas une minute. Debout! venez avec moi!

— Quoi! cette nuit? murmura le vieillard.

— Oui, cette nuit. Demain soir il serait trop tard. Le rêve reviendrait. La fuite seule peut nous sauver. Debout! »

Le vieillard sortit de son lit, le front humide, couvert d'une froide sueur, la sueur de l'épouvante, et, se courbant devant l'enfant, comme si c'était un ange envoyé en mission pour le conduire à sa volonté, il fut bientôt prêt à la suivre. Elle le prit par la main et l'emmena. Au moment où ils passaient devant la porte de la chambre où le vieillard s'était proposé de commettre le vol, Nelly frissonna et regarda son grand-père en face. Qu'il était pâle! et quel regard il rencontra dans les yeux de l'enfant!

Elle le conduisit à sa propre chambre, et le tenant toujours par la main, comme si elle craignait de le perdre un instant de vue, elle rassembla son modeste bagage et suspendit son panier à son bras. Le vieillard reçut d'elle son bissac qu'il jeta sur son dos, son bâton qu'elle avait apporté, puis Nelly le fit sortir.

Ils traversèrent des rues resserrées, des ruelles étroites; leur pas était à la fois timide et rapide. Ils gravirent aussi, toujours courant, la colline escarpée, couronnée par le vieux château noir, sans s'être seulement retournés pour jeter un regard derrière eux.

Mais comme ils approchaient des murs en ruine, la lune se leva dans tout son éclat; et alors, du pied de ce monument garni de lierre, de mousse et d'herbes grimpantes, l'enfant contempla la ville endormie, couchée dans l'ombre de la vallée; puis plus loin la rivière avec ses sillages mouvants de lumière, puis encore les collines lointaines; et pendant ce temps elle pressait moins fortement la main du vieillard, quand tout à coup, fondant en larmes, elle se jeta au cou de son grand-père.

CHAPITRE VI.

Cette faiblesse momentanée une fois passée, l'enfant évoqua de nouveau la résolution qui l'avait soutenue jusqu'alors; et ne perdant pas de vue cette idée salutaire, que c'était le crime des hommes qui précipitait sa fuite, que de sa seule fermeté dépendait le salut de son grand-père, sans qu'elle eût pour s'aider l'appui d'un bon conseil ou d'une main secourable, elle pressa le pas de son compagnon et s'interdit de regarder désormais en arrière.

Tandis que le vieillard, soumis et abattu, semblait se courber devant elle, se faire humble et petit comme s'il était en présence de quelque être supérieur, l'enfant éprouvait en elle-même un sentiment nouveau qui élevait sa nature et lui inspirait une énergie et une confiance qu'elle ne s'était jamais connues. Maintenant la responsabilité ne se divisait plus : le poids tout entier de leurs deux existences retombait sur Nelly, et désormais c'était elle qui devait penser et agir pour deux.

« C'est moi qui l'ai sauvé, pensait-elle. Dans tous les dangers, dans toutes les épreuves, je saurai m'en souvenir. »

En tout autre temps, l'idée d'avoir abandonné sans un mot d'explication l'amie qui leur avait montré une bienveillance si franche, l'idée qu'elle et son grand-père seraient coupables, au moins en apparence, de trahison et d'ingratitude; joint à cela, le regret d'avoir dû s'éloigner des deux sœurs, l'eussent remplie de chagrin. Mais maintenant toute autre considération s'effaçait devant les incertitudes, les anxiétés de leur vie sauvage et errante; et dans le désespoir même de leur situation Nelly puisait plus d'élévation et de force.

Aux pâles lueurs du clair de lune qui ajoutaient à la blancheur mate de son teint, ce visage délicat sur lequel la pensée soucieuse s'unissait à la grâce charmante et à la douceur de la jeunesse, ces yeux brillants, cette tête tout intellectuelle, ces lèvres qui se pressaient avec tant de résolution et de courage, ces contours fins, ce mélange de tant d'énergie et de tant de faiblesse, tout cela disait dans un silence éloquent l'histoire de Nelly et de son grand-père: mais cette histoire, elle n'était recueillie que par le vent qui l'emportait pour jeter peut-être au chevet de quelque mère le rêve pénible d'une enfant se fanant dans sa fleur et s'endormant de ce sommeil qui ne connaît point de réveil.

La nuit commença à disparaître, la lune à s'effacer, les étoiles pâlir et à s'obscurcir: le matin, froid comme ces astres sans lumière, se montra lentement. Alors de derrière une colline le soleil se leva majestueux, poussant devant lui les brouillards comme de noirs fantômes, et purgeant la terre de ces ombres sépulcrales jusqu'à ce que les ténèbres fussent dissipées. Quand il eut monté plus haut sur l'horizon, et que ses rayons bienfaisants eurent repris leur chaleur, l'enfant et le vieillard se couchèrent pour dormir sur une berge, tout près d'un cours d'eau.

Cependant Nelly laissa sa main posée sur le bras du vieillard; et longtemps après qu'il se fut endormi profondément, elle le contemplait encore d'un œil fixe. Enfin, la lassitude s'empara d'elle; sa main se détendit, se roidit de nouveau, se détendit encore, et les deux compagnons sommeillèrent l'un auprès de l'autre.

Un bruit confus de voix, mêlé à ses rêves, éveilla Nelly. Vers elle et le vieillard, était penché un homme à l'extérieur rude et grossier; deux de ses compagnons regardaient également, du haut d'un grand bateau pesamment chargé qui avait été amarré à la berge, tandis que nos voyageurs dormaient. Le bateau n'avait ni rames, ni voiles; mais il était tiré par une couple de chevaux qui, en ce moment, stationnaient sur le chemin de halage, pendant que la corde qui les retenait était détendue et traînait dans l'eau.

« Holà! dit brusquement l'homme; qu'est-ce que c'est, hein?...

— Nous étions simplement endormis, monsieur, répondit Nell. Nous avons marché toute la nuit....

— Voilà deux étranges voyageurs pour marcher toute la nuit, fit observer l'homme qui les avait accostés d'abord. L'un de vous est un bonhomme trop vieux pour cette sorte de besogne, et l'autre est une petite créature trop jeune. Où allez-vous? »

Nell hésita, et à tout hasard elle montra l'ouest. Là-dessus, l'homme lui demanda si elle voulait désigner certaine ville qu'il nomma. Pour éviter de nouvelles questions, Nell répondit :

« Oui, c'est cela.

— D'où venez-vous? » demanda-t-il ensuite; et comme il était plus facile de répondre à cette question qu'à la précédente, Nell prononça le nom du village qu'habitait leur ami le maître d'école, pensant bien que ces hommes ne le connaîtraient pas et renonceraient à pousser plus loin leurs questions.

« Je croyais d'abord qu'on pouvait vous avoir volée ou maltraitée, reprit l'homme. C'est tout. Bonjour. »

Lui ayant rendu son salut et grandement soulagée en le voyant s'éloigner, Nell le suivit de l'œil tandis qu'il montait sur un des chevaux et que le bateau s'éloignait. L'équipage n'avait pas fait encore grand chemin, quand il s'arrêta de nouveau; l'enfant vit l'homme lui adresser des signes.

« Est-ce que vous m'appelez? dit Nell se dirigeant vers les bateliers.

— Vous pouvez venir avec nous si cela vous convient, répliqua l'un d'eux. Nous allons au même endroit que vous. »

L'enfant hésita un moment. Mais elle pensa, comme elle l'avait fait déjà plus d'une fois avec terreur, que les misérables qu'elle avait surpris avec son grand-père pourraient, dans leur ardeur pour le gain, suivre les traces des fugitifs, ressaisir leur influence sur le vieillard et mettre la sienne à néant; elle se dit qu'au contraire s'en aller avec ces bateliers c'était supprimer tout indice de leur itinéraire. En conséquence, elle se décida à accepter l'offre. Le bateau se rapprocha de la rive; et, avant que Nelly eût eu le temps de se livrer à un examen plus approfondi de la question, son grand-père et elle étaient à bord et glissaient doucement sur le canal.

Le soleil dardait ses feux brillants sur le miroir de l'eau qu'ombrageaient de temps en temps des arbres, ou qui parfois se développait sur la large étendue d'une campagne coupée de ruisseaux d'eau vive, et où l'on pouvait admirer un riche ensemble de collines boisées, de terres cultivées et de fermes bien encadrées de verdure. Çà et là, un village, avec la modeste flèche de son église, avec ses toits de chaume et ses pignons, sortait du sein des arbres; plus d'une fois apparaissait une ville éloignée, avec le mirage des grandes tours de ses églises se détachant dans une atmosphère de fumée, avec ses hautes fabriques qui sortaient du pêle-mêle des maisons confuses. Ils avaient le temps de les considérer d'avance, car ils marchaient lentement. Le plus souvent ils côtoyaient des prairies basses et des plaines tout ouvertes: et à part ces paysages placés à une certaine distance, à part quelques hommes qui travaillaient aux champs ou s'arrêtaient sur les ponts au-dessous desquels passait le bateau, afin de le suivre du regard dans sa marche, rien ne venait rompre la monotonie et l'isolement de ce voyage.

A une heure assez avancée de l'après-midi on s'arrêta à une espèce de débarcadère. Nell apprit avec découragement, par un des bateliers, que ceux-ci ne comptaient pas atteindre le but de leur course avant le lendemain, et que, si elle n'avait pas de provisions, elle ferait bien de s'en procurer en cet endroit. Elle ne possédait que quelques sous, sur lesquels elle avait dû déjà acheter du pain: il lui fallait ménager précieusement ce petit pécule, au moment où elle se dirigeait avec son grand-père vers une ville entièrement inconnue pour eux, et qui ne leur offrirait aucune ressource. Un peu de pain, un morceau de fromage, ce furent là toutes ses emplettes. Munie de ces provisions modestes, elle remonta dans le bateau. Au bout d'une demi-heure de halte employée par les mariniers à boire au cabaret, on se mit en marche.

Ces hommes avaient emporté à bord de la bière et de l'eau-de-vie; et grâce aux larges libations qu'ils avaient faites précédemment ou qu'ils firent ensuite, ils furent bientôt en bon train de devenir ivres et querelleurs. Nell, évitant de se tenir dans la petite cabine qui était aussi obscure que malpropre, et résistant aux offres réitérées et pressantes que les hommes leur faisaient à ce sujet, alla s'asseoir à l'air libre avec le vieillard à côté d'elle. Elle entendait, le cœur palpitant, les discussions violentes de ces êtres grossiers. Ah! combien elle eût préféré pouvoir mettre pied à terre, lui fallût-il marcher toute la nuit!

Les bateliers étaient bien, en effet, des hommes rudes, bruyants, et qui se traitaient l'un l'autre avec une extrême brutalité, bien qu'ils fussent assez polis à l'égard de leurs deux passagers. Une querelle s'éleva dans la cabine entre le marinier chargé de tenir la barre du gouvernail et son camarade, sur la question de savoir lequel des deux avait le premier émis l'avis d'offrir de la bière à Nell; cette querelle dégénéra en un combat à coups de poing qui fut ardemment engagé et soutenu des deux côtés à l'inexprimable terreur de l'enfant: cependant, ni l'un ni l'autre des combattants n'eut l'idée de faire retomber sa colère sur elle, mais chacun d'eux se contenta de la décharger sur son adversaire auquel, outre les coups, il prodigua une variété de compliments qui, par bonheur, étaient débités en une langue entièrement inintelligible pour Nell. A la fin la lutte se termina, quand l'homme qui s'était élancé hors de la cabine y eut jeté l'autre la tête la première; après quoi, il s'empara de la barre sans laisser voir la moindre trace d'émotion, pas plus qu'il n'y en avait sur le visage du camarade qui, doué d'une constitution robuste et parfaitement endurci à ces petites bagatelles, se mit aussitôt à dormir dans la position même où il était tombé, les pieds en l'air, la tête en bas, et au bout de deux minutes ronflait tout à l'aise.

Cependant, la nuit était venue tout à fait. Bien que l'enfant ressentît l'impression du froid, pauvrement vêtue comme elle l'était, elle détournait cependant ses pénibles pensées de sa propre souffrance, de ses propres privations, et les portait tout entières sur les moyens à trouver pour assurer leur existence. Le même esprit qui l'avait soutenue durant la nuit précédente la soutenait encore en ce moment. Elle voyait son grand-père endormi tranquillement auprès d'elle et pur du crime auquel il avait été poussé par la folie. C'était une grande consolation pour Nelly.

Comme toutes les aventures de sa vie, si courte encore et

pourtant déjà si pleine, traversaient son esprit tandis qu'elle poursuivait son voyage ! Des incidents sans importance en apparence, auxquels elle n'avait pas songé, et que jusqu'alors elle ne se rappelait pas; des figures entrevues et oubliées depuis; des paroles qu'elle avait alors entendues, sans y faire aucune attention; des épisodes d'un an de date et d'autres de la veille, se mêlant, s'enchaînant les uns aux autres; des endroits connus paraissant dans l'ombre se détacher à mesure que les voyageurs avançaient, des choses même qui y étaient le plus opposées, le plus étrangères; parfois une confusion bizarre qui s'établissait dans l'esprit de Nelly, quand elle se demandait comment elle était là, où elle allait, avec quels gens elle se trouvait. Son imagination lui suggérait des remarques et des questions si présentes à ses oreilles, que Nelly tressaillait et se retournait, comme tentée de répondre : en un mot, toutes les fantaisies, toutes les contradictions si communes dans l'état de veille, d'excitation et de continuel changement de place, assiégeaient l'enfant.

Pendant qu'elle s'abandonnait ainsi à ses pensées, il arriva qu'elle rencontra le regard de l'homme qui était sur le pont. Chez celui-ci, la phase sentimentale de l'ivresse avait succédé à la phase de violence; aussi notre homme, ôtant de sa bouche une courte pipe soigneusement recouverte de ficelle pour la garantir de tout accident, pria-t-il Nelly de vouloir bien le gratifier d'une chanson.

« Vous possédez, dit ce gentleman, une très-jolie voix, un œil très-doux et une excellente mémoire. Quant à la voix et à l'œil, c'est évident; pour la mémoire, c'est une idée que j'ai. Je ne me trompe jamais. Permettez-moi de vous entendre à l'instant même.

— Je ne crois pas savoir une seule chanson, monsieur, répondit Nell.

— Vous en savez quarante-sept, dit l'homme avec un aplomb qui ne permettait pas de réplique. Oui, quarante-sept ni plus ni moins. Faites-m'en entendre une, la meilleure. Allons, une chanson à l'instant. »

Craignant les conséquences d'un refus, qui irriterait son *ami*, et tremblante à cette idée, la pauvre Nell lui dit une chansonnette qu'elle avait apprise dans un temps plus heureux. L'homme en fut tellement charmé, qu'à la fin de la chansonnette il de manda de la même façon péremptoire la faveur d'en entendre une autre, qu'il voulut bien accompagner en chœur d'un hurlement sans paroles et sans mesure, mais dans lequel et mesure et paroles étaient largement compensées par une prodigieuse énergie. Le bruit de cet intermède musical éveilla l'autre homme qui, venant sur le pont et secouant la main de son adversaire, jura que le chant était sa passion, sa joie, sa plus grande jouissance, et qu'il n'aimait rien tant que ce délassement. Un nouvel appel, plus impérieux encore que les deux autres, obligea Nelly d'obéir, et en même temps le chœur fut exécuté, non-seulement par les deux mariniers, mais aussi par le troisième compagnon, monté sur son cheval de halage. Ce dernier, à qui sa position ne permettait guère de participer directement aux plaisirs de la nuit, hurlait à l'unisson de ses compagnons et estropiait l'air. C'est ainsi, presque sans relâche et en répétant successivement les mêmes chansons, que l'enfant, épuisée et hors d'haleine, réussit à les tenir de bonne humeur toute la nuit; et plus d'un habitant de la campagne, tiré de son plus profond sommeil par le chœur discordant que lui apportait le vent, s'enfonça la tête sous ses couvertures, tout tremblant d'un tel tintamarre.

Enfin, le matin parut. Il ne fit pas plutôt clair, qu'une forte pluie commença à tomber. Comme Nelly ne pouvait supporter l'odeur malsaine de la cabine, les mariniers, pour la récompenser de ses chants, la couvrirent avec quelques morceaux de toile à voile et des bouts de prélart, ce qui suffit pour la tenir à peu près à sec et abriter même le grand-père. A mesure que le jour avançait, la pluie redoublait de violence. Vers midi, elle prit un caractère d'intensité qui ne permettait pas d'espérer qu'elle pût cesser ou diminuer de toute la journée.

Peu à peu le bateau approchait du lieu de sa destination. L'eau devenait plus profonde et plus trouble; d'autres bateaux venant de la ville se rencontraient souvent avec nos voyageurs. Les chemins couverts de cendre de charbon et les baraques de brique éclatante indiquaient le voisinage d'une grande ville manufacturière; il était facile de voir qu'on était déjà dans les faubourgs, à en juger par les rues et les maisons semées çà et là, et par la fumée qui s'échappait des fourneaux lointains. Puis les toits amoncelés, les masses de bâtiments tremblant sous l'effort laborieux des machines, dont les craquements retentissaient à l'intérieur avec un grand bruit; les hautes cheminées vomissant une noire vapeur qui se condensait en un épais nuage suspendu au-dessus des maisons et remplissant l'air d'obscurité; le cliquetis des marteaux tombant sur le fer; le tumulte des rues et le bruit de mille gens affairés augmentant par degrés jusqu'au moment où tous les sons, tous les bruits, toutes les clameurs se confondirent sans qu'il fût possible de distinguer rien de particulier dans cet ensemble, tels étaient les signes certains qui annonçaient la fin du voyage.

Le bateau fut amarré dans la partie du port à laquelle il était destiné. Les mariniers étaient fort occupés. L'enfant et son grand-père, après avoir inutilement attendu pour les remercier ou pour leur demander quelques renseignements sur le chemin à prendre, allèrent par une ruelle sombre jusqu'à une rue pleine de monde; là ils restèrent au milieu du bruit et de l'agitation sous des flots de pluie, aussi étranges dans leur attitude, aussi étourdis, aussi embarrassés que s'ils eussent vécu cent ans auparavant et que, tirés du sein des morts, ils eussent été amenés là par un miracle de résurrection.

CHAPITRE VII.

La multitude se précipitait en deux courants opposés et continus, sans repos et sans fin. Tous les passants étaient absorbés par le souci de leurs affaires; rien ne les détournait de leurs préoccupations intéressées, ni le bruit des cabriolets et des charrettes chargées de ballots qui s'entre-choquaient, ni le piétinement des chevaux sur le pavé humide et gras, ni le clapotement de la pluie qui fouettait les vitres et les parapluies, ni les coups de coude des piétons les plus impatients; en résumé, c'était le fracas et le tumulte d'une rue populeuse au moment du flux des affaires. Pendant ce temps, les deux pauvres étrangers, étourdis, éblouis par ce mouvement qu'ils apercevaient, sans y prendre part, le contemplaient avec tristesse. Ils trouvaient au milieu de la foule, une solitude d'une tristesse incomparable, semblables au marin naufragé qui, ballotté çà et là sur les vagues de l'immense océan, se sent les yeux rougis et aveuglés par la vue de l'eau qui l'environne de tous côtés, sans avoir une seule goutte pour rafraîchir sa langue brûlante.

Ils se retirèrent sous une porte basse et cintrée afin de s'y abriter contre la pluie, et, de là, se mirent à examiner la physionomie des passants, pour voir s'ils ne trouveraient pas sur quelque visage un rayon d'encouragement ou d'espérance. Les uns étaient refrognés, les autres souriants; d'autres se parlaient à eux-mêmes; d'autres faisaient des gestes saccadés comme s'ils devançaient la conversation qu'ils allaient bientôt engager; d'autres avaient le regard brillant de l'avidité du gain et de la fièvre des projets; d'autres paraissaient pleins d'anxiété et d'ardeur; d'autres allaient lentement et tristement; dans le maintien de ceux-là était écrit le mot : « Gain; » dans le maintien de ceux-ci le mot : « Perte. » Il suffisait, pour pénétrer le secret de tous ces hommes affairés, de se tenir debout et de s'arrêter à examiner leur visage à mesure qu'ils passaient. Dans les endroits dévolus aux affaires, là où chaque homme a son but, et sait que tous les autres ont aussi le leur, son caractère et ses projets sont écrits ouvertement sur sa figure. Dans les promenades publiques d'une ville, dans les centres d'élégante flânerie, on va pour voir et être vu; et là, sauf très-peu d'exceptions, une expression uniforme se répète sur tous les visages : mais celui des gens qui sont livrés à un travail quotidien est bien plus transparent et laisse bien mieux lire la vérité sur leurs traits.

Plongée dans cette espèce de rêverie, qu'une pareille solitude est bien propre à éveiller, l'enfant continua de tenir sur la foule qui passait ses yeux fixés avec un intérêt extraordinaire, qui lui faisait oublier un moment sa propre position. Mais en proie au froid, à la faim, trempée par la pluie, épuisée de fatigue, n'ayant pas une place pour y poser sa tête malade, bientôt elle reporta ses pensées vers le but dont elle s'était écartée, mais sans rencontrer personne qui semblât remarquer les deux infortunés ou à qui elle osât faire un appel. Au bout de quelque temps, ils quittèrent leur lieu de refuge et se mêlèrent à la foule.

Le soir arriva. L'enfant et le vieillard continuèrent d'errer çà et là, moins pressés par les passants, qui étaient devenus plus rares, mais avec le sentiment intérieur de leur solitude même, mais au milieu d'une égale indifférence de la part de ceux qui les entouraient. Les lumières des rues et des boutiques vinrent ajouter à leur désespoir; car il leur semblait que ces feux, en s'allumant sur une longue ligne, précipitaient encore la venue de la nuit et des ténèbres. Vaincue par le froid et l'humidité, malade de corps, malade de cœur jusqu'à la mort, l'enfant avait besoin de sa suprême fermeté, de sa suprême résolution même pour avancer de quelques pas.

Ah! pourquoi étaient-ils venus dans cette ville bruyante, lorsqu'il y avait tant de paisibles campagnes où la faim et la soif eussent été accompagnées pour eux de moins de souffrance que dans cette odieuse cité! Ils n'étaient là qu'un atome dans un immense amas de misère dont la vue venait encore abattre leur espoir et accroître leur terreur.

Non-seulement l'enfant avait à supporter les peines accumulées d'une position désolante, mais encore il lui fallait essuyer les reproches de son grand-père qui commençait à murmurer, à se plaindre qu'on lui eût fait quitter leur dernier séjour et à demander d'y retourner. Ne possédant pas un penny, sans secours, sans perspective même d'être assistés, ils se mirent à marcher de nouveau à travers les rues désertes et à retourner dans la direction du port, espérant retrouver le bateau qui les avait amenés, pour obtenir la permission de dormir à bord cette nuit. Mais là encore ils subirent un désappointement : car la porte du débarcadère était fermée; et quelques chiens féroces, aboyant à leur approche, les contraignirent à se retirer.

« Nous dormirons cette nuit en plein air, mon cher grand-papa, dit l'enfant d'une voix faible, au moment où ils s'éloignaient de ce dernier lieu de refuge; et demain nous nous ferons indiquer un endroit tranquille dans la campagne, où nous puissions essayer de gagner notre pain par un humble travail.

— Pourquoi m'avez-vous amené ici? répliqua le vieillard avec amertume; je ne puis plus supporter ces éternelles rues sans issue. Nous étions bien où nous étions; pourquoi m'avez-vous contraint de partir?

— Parce que j'y faisais ce rêve dont je vous ai parlé, voilà tout, dit l'enfant avec une fermeté passagère, qui bientôt finit par des larmes; parce que nous devons vivre parmi de pauvres gens, sinon, mon rêve me reviendra. Cher grand-papa, vous êtes âgé, vous êtes faible, je le sais; mais regardez-moi. Jamais je ne me plaindrai si vous ne vous plaignez pas, et cependant j'ai bien souffert aussi pour ma part.

— Ah! pauvre enfant errante, sans asile, sans mère! s'écria le vieillard joignant les mains et contemplant comme pour la première fois le visage de Nelly, contracté par la souffrance, ses vêtements de voyage tout tachés, ses pieds meurtris et gonflés, voilà donc où l'a conduite l'excès de ma tendresse! Moi qui étais si heureux autrefois! C'est donc pour en arriver là que j'ai perdu mon bonheur et tout ce que je possédais!

— Si nous étions maintenant dans la campagne, dit l'enfant, reprenant de la force tandis qu'ils marchaient et cherchaient des yeux un abri, nous trouverions quelque bon vieil arbre étendant ses bras ouverts comme un ami, agitant son vert feuillage et frémissant comme pour nous inviter à venir goûter le sommeil sous son toit protecteur d'où il veillerait sur nous. Plût à Dieu que nous y fussions bientôt, demain ou après-demain au plus tard, et en même temps croyons bien, ô cher père, que c'est une bonne chose que nous soyons venus ici : car nous sommes confondus au milieu du mouvement et du bruit de cette ville; et si des méchants nous poursuivaient, sûrement ils auraient perdu nos traces. C'est au moins une consolation. Tenez! voici une vieille porte renfoncée, très-sombre, mais sèche et chaude sans doute, car le vent n'arrive pas jusque-là. Ah! mon Dieu!...

Poussant un cri étouffé, elle recula devant une figure noire qui sortit tout à coup de l'endroit obscur dans lequel ils étaient prêts à chercher un refuge, et resta là à les regarder.

« Parlez encore, dit cette ombre; il me semble que je connais votre voix?

— Non, répondit timidement l'enfant; nous sommes des étrangers, et n'ayant pas de quoi payer notre logement pour la nuit, nous nous disposions à nous arrêter ici. »

Il y avait à quelque distance un quinquet peu lumineux, le seul qui éclairât l'espèce de cour carrée où ils étaient, mais il suffisait pour en montrer la nudité et l'état misérable. Le fantôme noir indiqua du geste cette lumière, et en même temps il s'en approcha, comme pour témoigner qu'il n'avait pas l'intention de se cacher ni de tendre un piége aux étrangers.

Ce fantôme était un homme misérablement vêtu, barbouillé de fumée, ce qui le faisait paraître plus pâle qu'il ne l'était peut-être par le contraste qu'elle offrait avec la couleur naturelle de son teint. Sa pâleur habituelle, son extérieur chétif, ressortaient suffisamment de ses joues creuses, de ses traits allongés, de ses yeux caves, non moins que d'un certain air de souffrance patiemment supportée. Sa voix était rude mais sans brutalité; et bien que son visage fût en partie couvert par une quantité de longs cheveux noirs, l'expression n'en était ni féroce ni cruelle.

« Comment en êtes-vous réduits à venir chercher ici un abri? demanda-t-il. Ou plutôt, ajouta cet homme en examinant plus attentivement l'enfant, comment se fait-il que vous cherchiez un abri à cette heure de nuit?

— Nos malheurs en sont la cause, répondit le grand-père.

— Vous ne savez donc pas, reprit l'homme dont le regard, en lui répondant, s'attachait de plus en plus sur Nelly, vous ne savez donc pas comme elle est mouillée! Vous ne savez donc pas que des rues humides ne sont pas un lieu convenable pour elle!

— Je le sais bien, par Dieu! répliqua le vieillard. Mais que puis-je y faire? »

L'homme regarda de nouveau Nelly et toucha doucement ses vêtements d'où la pluie coulait en petits ruisseaux.

« Tout ce que je puis faire pour vous, c'est de vous réchauffer, dit-il après une pause, mais rien de plus. Mon logis est dans cette maison; et il montra le passage voûté d'où il était sorti d'abord; cette enfant y sera bien mieux qu'ici. L'endroit où se trouve le feu n'est pas beau, mais vous pouvez y passer la nuit à votre aise, si du reste vous avez confiance en moi. Voyez-vous là-haut cette lumière rouge? »

Ils levèrent les yeux et aperçurent une lueur terne se détachant sur le fond obscur du ciel; c'était la pâle réverbération d'un feu éloigné.

« C'est près d'ici, dit l'homme. Voulez-vous que je vous y conduise? Vous alliez dormir sur des briques froides; je puis vous fournir un lit de cendres chaudes; rien de mieux. »

Sans attendre une réponse qu'il lisait d'ailleurs dans leurs regards, il prit Nell dans ses bras, et invita le vieillard à le suivre.

La portant avec autant de précaution et de facilité que si elle avait été un tout petit enfant, et montrant lui-même non moins de légèreté que de solidité dans son pas, il les conduisit à travers des bâtiments qui semblaient la partie la plus misérable et la plus délabrée de la ville, sans se détourner pour éviter les trous pleins d'eau ou les dégorgeoirs inondés, précipitant sa course, malgré ces obstacles parmi lesquels il s'avançait tout droit. Ils marchèrent ainsi en silence durant un quart d'heure; et ils avaient perdu de vue la lueur que l'homme avait indiquée, dans les sombres et étroites ruelles qu'ils avaient dû suivre, quand cette lueur leur apparut de nouveau, s'échappant de la haute cheminée d'un bâtiment qui s'élevait devant eux.

« Nous voilà arrivés, dit l'homme s'arrêtant devant une porte pour mettre Nelly à terre et lui prendre la main. N'ayez pas peur; il n'y a ici personne qui puisse vous faire du mal. »

Il fallait que l'enfant et son grand-père ajoutassent une grande confiance à cette assurance pour se déterminer à entrer, et ce qu'ils virent à l'intérieur n'était certes pas de nature à diminuer leurs appréhensions et leurs alarmes.

C'était un vaste et haut bâtiment soutenu par des piliers de fer, avec de grandes ouvertures noires au haut des murs par lesquelles pénétrait l'air extérieur. Jusqu'au toit retentissait l'écho du battement des marteaux et du mugissement des machines, mêlé au sifflement du fer rouge qu'on plongeait dans l'eau et à mille bruits étranges qu'on ne pouvait entendre que là. En ce lieu ténébreux, une quantité d'hommes, s'agitant comme des démons au sein de la flamme et de la fumée, à travers un voile obscur et nébuleux, avec la coloration ardente et sauvage que leur donnaient les feux embrasés, portaient d'énormes morceaux de métal dont un seul coup mal dirigé eût suffi pour briser le crâne d'un ouvrier; on aurait dit des géants au travail. D'autres, se reposant sur des tas de charbon ou de cendres, avec leur visage tourné vers la noire voûte, dormaient ou se délassaient de leur tâche. D'autres, ouvrant les portes des fournaises chauffées à blanc, jetaient du combustible sur les flammes qui s'élançaient en sifflant pour le recevoir et qui le lapaient comme de l'huile. D'autres enfin retiraient, avec un bruit retentissant sur le sol, de grandes barres d'acier bouillant qui rendaient une chaleur insupportable et projetaient une sorte de réverbération à la fois sombre et vive, comme celle qui s'échappe de la prunelle des bêtes fauves.

A travers ces objets extraordinaires et ces rumeurs assourdissantes, leur guide conduisit Nell et le vieillard jusqu'à un endroit plus reculé où une fournaise brûlait nuit et jour, ce qu'ils comprirent du moins au mouvement de ses lèvres, car ils ne pouvaient que le voir parler, sans l'entendre. L'homme qui avait veillé sur le feu et dont la besogne était terminée pour le moment, se retira d'un air satisfait et laissa les voyageurs avec leur ami. Celui-ci étendit le petit manteau de Nell sur un tas de cendres, et indiquant à l'enfant où elle pourrait pendre ses vêtements extérieurs pour les faire sécher, il l'invita, ainsi que le vieillard, à se coucher pour dormir. Quant à lui, il prit place sur une natte usée devant la porte de la fournaise, et, le menton appuyé sur ses mains, il se mit à veiller sur la flamme qui brillait à travers les crevasses du fer et sur les cendres blanches qui tombaient au-dessous dans leur tombeau ardent.

La chaleur de son lit, tout dur et tout grossier qu'il était, jointe à la grande fatigue que Nelly avait éprouvée, fit bientôt que, pour les oreilles de l'enfant, le tapage de l'usine dégénéra en un bruit plus doux, et que la pauvre petite ne fut pas longtemps avant de ressentir un appel au sommeil. Près d'elle était étendu le vieillard, et elle s'endormit ayant sa main appuyée sur le cou de son grand-père.

Cependant, lorsqu'elle s'éveilla, il était nuit encore, et elle ne put savoir si son sommeil avait été de longue ou courte durée. Mais elle trouva qu'elle était garantie, par quelques vêtements appartenant à des ouvriers, à la fois contre l'air froid qui eût pu s'introduire dans le bâtiment et contre la chaleur excessive. Regardant leur ami, elle remarqua qu'il était assis exactement dans la même attitude qu'auparavant, les yeux fixés sur le feu avec la même attention invariable, et conservant une telle immobilité, qu'il ne semblait pas respirer. Nelly resta dans cet état d'incertitude entre le sommeil et la veille, continuant si longtemps à contempler la figure inerte de cet homme, qu'enfin elle éprouva au plus haut degré la crainte qu'il ne fût mort à cette place même. Elle se leva donc, s'approcha doucement de lui et s'aventura à lui murmurer quelques mots à l'oreille.

Il fit un mouvement, promena son regard de Nelly à la place qu'elle avait occupée précédemment, comme pour s'assurer que c'était bien réellement l'enfant qu'il retrouvait si près de lui, et interrogea l'expression des traits de Nelly.

« Je craignais que vous ne fussiez malade, dit-elle. Les autres hommes ici sont tous en action, et vous seul vous êtes si tranquille !...

— Ils me laissent à moi-même, répondit-il. Ils connaissent mon caractère. Parfois ils me plaisantent, mais ils ne me tourmentent pas à cet égard. Voyez-vous là-haut, voilà *mon* ami à moi.

— Le feu? dit l'enfant.

— Il a vécu autant que moi. Nous parlons, nous pensons ensemble durant toute la nuit. »

L'enfant le regarda vivement avec surprise; mais l'homme avait tourné les yeux dans leur direction première, et repris sa méditation.

« C'est mon livre, le seul livre où j'aie jamais lu; il me raconte plus d'une vieille histoire. C'est ma musique, car je reconnaîtrais sa voix entre mille, quoiqu'il y ait bien des voix diverses dans son rugissement. Il a aussi ses tableaux variés. Vous ne pouvez savoir combien de dessins étranges, combien de scènes différentes je me retrace dans les charbons tout rouges. Ce feu, c'est ma mémoire, j'y trouve toute ma vie. »

Penchée en avant pour le mieux écouter, Nelly ne put s'empêcher de remarquer combien, tandis qu'il parlait et méditait, ses yeux avaient d'animation.

« Oui, reprit-il avec un sourire plein de douceur, ce feu était le même quand je n'étais encore qu'un tout petit enfant, et je rampais vers lui jusqu'au moment où je m'endormais. Alors c'était mon père qui le surveillait.

— N'aviez-vous pas de mère?

— Non, elle était morte. Les femmes travaillent dur dans notre condition. Elle est morte à la peine, à ce qu'on m'a dit, et le feu m'en parle toujours. Je crois bien que c'est vrai. Je n'en ai jamais douté.

— Vous avez donc été élevé ici?

— Été comme hiver. Secrètement d'abord; mais quand on le sut, on permit à mon père de m'y garder. Ainsi c'est le feu qui a bercé mon enfance, le même feu. Il n'a jamais cessé.

— Et vous l'aimiez?

— Naturellement. Mon père est mort devant. Je le vis tomber, juste à cet endroit où ces cendres se consument maintenant, et je me demandais avec étonnement, oh! je m'en souviens bien, comment le feu n'était pas venu au secours de son vieil ami.

— Depuis ce temps, êtes-vous toujours resté ici?

— Depuis, je suis toujours venu veiller sur le feu; mais il y avait loin, et il faisait un rude froid en chemin. Ça ne l'empêchait pas de brûler tout de même et de sauter et de gambader, à mon retour, comme moi, dans mes jours de fête. Vous pouvez deviner, en me regardant, quelle sorte d'enfant j'étais alors; et lorsque cette nuit je vous ai vue dans la rue, vous m'avez remis dans l'esprit ce que j'étais après la mort du père : c'est là ce qui m'a donné l'idée de vous conduire devant le vieux feu. J'ai pensé encore à tout cet ancien temps en vous voyant dormir ici. Vous pouvez dormir encore. Recouchez-vous, pauvre enfant, recouchez-vous. »

En achevant ces paroles, il mena Nelly jusqu'à son lit grossier, et l'ayant couverte avec les vêtements dont elle s'était, à son réveil, trouvée enveloppée, il retourna à sa place d'où il ne bougea point, si ce n'est pour alimenter le brasier, restant d'ailleurs immobile comme une statue. L'enfant continua de le contempler pendant quelque temps; mais bientôt elle céda à l'assoupissement qui pesait sur elle, et dans ce lieu étrange, sur un monceau de cendres, elle dormit aussi paisiblement que si cette chambre avait été un palais et ce lit un lit de duvet.

Lorsqu'elle s'éveilla de nouveau, le grand jour brillait à travers les ouvertures du haut des murailles, et glissant en rayons obliques jusqu'à la moitié seulement de l'édifice, il semblait le rendre plus sombre encore que la nuit. Le bruit et le tumulte continuaient de retentir, et les feux impitoyables brûlaient avec autant d'ardeur qu'auparavant : car il n'y avait pas de danger qu'il y eût là, jour ou nuit, un peu de cesse ou de repos.

Leur ami partagea son déjeuner, une petite ration de café et du pain grossier, avec l'enfant et son grand-père; puis il leur demanda où ils se proposaient d'aller. Nell répondit qu'ils avaient envie de gagner quelque campagne éloignée, tout à fait à l'écart des villes et même des villages, et d'une voix hésitante elle s'informa de la meilleure direction qu'ils auraient à prendre.

« Je connais peu la campagne, dit-il en secouant la tête; car passant toute notre vie devant les bouches de nos fournaises, je vais rarement respirer dehors. Mais il paraît qu'il y a là-bas des endroits comme ça.

— Et est-ce loin d'ici? dit Nelly.

— Oh ! sûrement oui. Comment pourraient-ils être près de nous, et rester verts et frais ? La route s'étend, à travers des milles et des milles, tout éclairée par des feux semblables aux nôtres, une singulière route, allez, toute noire, et qui vous ferait bien peur la nuit.

— Nous perdons notre temps ici, il faut partir, dit l'enfant avec force, car elle avait remarqué que le vieillard écoutait ces détails avec anxiété.

— De dures gens, des sentiers qui n'ont jamais été faits pour de petits pieds comme les vôtres, triste chemin sans lumière. N'allez pas par là, mon enfant !

— N'importe, s'écria Nell en insistant. Si vous pouvez nous renseigner, faites. Sinon, je vous prie de ne pas essayer de nous détourner de notre dessein. En vérité vous ne savez pas quel danger nous fuyons, et combien nous avons de raisons pour le fuir : autrement, vous ne chercheriez pas, j'en suis sûre, vous ne chercheriez pas à nous arrêter.

— Dieu m'en garde, s'il en est ainsi ! dit l'étrange protecteur en promenant son regard de l'enfant émue à son grand-père qui tenait la tête penchée et les yeux fixés sur la terre. Je vous enseignerai le mieux possible votre chemin, à partir de la porte. Je voudrais pouvoir faire davantage. »

Il leur indiqua alors la direction qu'ils auraient à prendre pour sortir de la ville, puis par où ils devraient aller quand ils seraient arrivés là. Il s'étendit tellement sur ces instructions, que l'enfant, tout en le remerciant avec chaleur, se mit en devoir de s'éloigner et partit afin de n'en pas entendre davantage.

Mais avant que nos voyageurs eussent atteint le coin de la ruelle, l'homme arriva courant après eux ; il serra la main de Nell et y laissa quelque chose, deux vieux sous usés et incrustés de noir de fumée. Qui sait si ces deux sous ne brillèrent pas autant aux yeux des anges que les dons fastueux qu'on a soin d'inscrire sur les tombes ?

Ce fut ainsi qu'ils se séparèrent : l'enfant pour conduire son dépôt sacré plus loin encore du crime et de la honte ; le chauffeur pour retrouver un intérêt de plus à la place où avaient dormi ses hôtes et lire de nouvelles histoires dans le feu de la fournaise.

CHAPITRE VIII.

Dans tout le cours de leur voyage, Nelly et le vieillard n'avaient jamais plus que maintenant désiré ardemment, appelé de leurs vœux, de leurs soupirs l'air libre et pur de la pleine campagne. Non, pas même dans cette mémorable matinée où, quittant leur vieille maison, ils s'abandonnèrent à la merci d'un monde inconnu et laissèrent derrière eux les objets muets et inanimés qu'ils avaient connus et aimés; pas même alors ils ne s'étaient sentis, comme maintenant, émus et entraînés vers les fraîches solitudes des bois, vers les pentes des collines, les champs enfin, à présent que le bruit, la saleté, la vapeur, ces exhalaisons de la grande cité manufacturière, en se joignant à la dernière misère, à la faiblesse et à l'inanition, les entouraient de tous côtés et semblaient leur interdire toute espérance, leur fermer et leur murer l'avenir.

« Deux jours et deux nuits! pensait l'enfant. Il a dit que nous aurions à passer deux jours et deux nuits au milieu de tableaux semblables à ceux-ci. Oh! si nous vivions assez pour gagner une fois encore la campagne, si nous pouvions échapper à cet affreux endroit, ne fût-ce que pour nous coucher et mourir, avec quel cœur reconnaissant je remercierais Dieu pour un si grand bienfait! »

C'est avec des pensées semblables, avec un vague projet d'aller à une grande distance par delà les fleuves et les montagnes, là où vivaient seulement des gens pauvres et simples de cœur, là où elle pourrait subsister avec le vieillard en portant leur humble part de travail dans les fermes et où ils seraient affranchis des terreurs qu'ils avaient fuies; c'est ainsi, disons-nous, que l'enfant, sans autre ressource que le don d'un pauvre homme, sans autre appui que celui qu'elle tirait de son cœur et du sentiment d'avoir agi selon son droit et son devoir, s'encourageait elle-même à ce dernier voyage et poursuivait courageusement sa tâche.

— Nous irons bien lentement, cher père, dit-elle, tandis qu'ils s'acheminaient péniblement à travers les rues; mes pieds sont écorchés, et la pluie d'hier m'a laissé des douleurs dans tous les membres. J'ai bien vu qu'il nous examinait et qu'il pensait à tout cela quand il a dit que nous serions si longtemps en route.

— Une route affreuse, a-t-il dit, répliqua tristement le grand-père. N'y en a-t-il pas d'autre? Ne voulez-vous pas que nous en prenions une autre?

— Il y a, dit l'enfant avec fermeté, des endroits où nous pourrons vivre en paix sans être tentés de rien faire de mal. Nous prendrons le chemin qui promet d'aboutir à ce but, et nous ne devons pas nous en détourner, fût-il pire cent fois que notre imagination ne nous le fait craindre. Nous ne devons pas, cher père, nous ne devons pas nous en détourner, n'est-il pas vrai?

— Non, répondit le vieillard changeant de voix comme d'attitude, non. Allons de ce côté. Je suis prêt. Je suis tout à fait prêt, Nelly. »

L'enfant marchait plus difficilement qu'elle ne l'avait donné à croire à son compagnon; car les douleurs qu'elle souffrait dans toutes ses articulations étaient des plus vives, et chaque mouvement venait les accroître. Mais elles ne lui arrachaient pas une plainte, rien qui annonçât la souffrance; et bien que les deux voyageurs marchassent très-lentement, ils avançaient; et, ayant avec le temps traversé la ville, ils commencèrent à s'apercevoir qu'ils étaient bien sur le chemin.

Après avoir suivi un long faubourg de maisons en brique rouge, dont quelques-unes avaient de petits jardins où la poussière du charbon et la fumée des fabriques avaient noirci les feuilles étiolées et les fleurs en désordre, où la végétation luttait et malgré ses efforts succombait sous l'ardente haleine du four et de la fournaise; un faubourg qui leur sembla plus sombre encore et plus malsain que la ville elle-même; un faubourg long, plat, tortueux, ils arrivèrent peu à peu à un lieu triste où l'on ne voyait pas poindre un seul brin d'herbe, où pas un bouton ne promettait une fleur pour le printemps, où pas une apparence de verdure ne pouvait exister à la surface des mares stagnantes qui çà et là s'étendaient à l'aise, à demi desséchées, sur le bord noirci de la route.

A mesure qu'ils pénétraient dans l'ombre de cet endroit lugubre, son influence pénible et accablante pesait davantage sur leur esprit qu'elle remplissait d'une cruelle mélancolie. De tous côtés, aussi loin que l'œil pouvait mesurer l'interminable étendue, de hautes cheminées, superposées les unes sur les autres et offrant la répétition invariable de la même forme triste et laide qui est le fond horrible des mauvais rêves, vomissaient leur fumée pestilentielle, obscurcissaient la lumière et salissaient l'air assombri. Au bord de la route, sur des remblais de cendres maintenus seulement par quelques mauvaises planches ou des débris de toits de poulaillers, d'étranges machines s'agitaient et se tordaient comme des malheureux à la torture, faisant retentir leurs chaînes de fer, criant de temps à autre dans leur rapide évolution comme dans un supplice insupportable, et faisant trembler le sol du bruit de cette espèce d'agonie. Des maisons délabrées apparaissaient çà et là, penchant vers la terre, étayées par les ruines de celles qui étaient déjà tombées, sans toit, sans fenêtres, noires, dévastées et cependant habitées encore. Des hommes, des femmes, des enfants, pâles et déguenillés, conduisaient les machines, entretenaient les feux, ou mendiaient sur la route, ou se précipitaient à demi nus hors de leurs maisons sans porte. Alors affluèrent de plus en plus des monstres menaçants, ou du moins on pouvait le croire à leur air farouche et sauvage, criant, tournant dans un cercle sans fin; et partout, devant, derrière, à droite, à gauche, la même perspective interminable de tours en briques, n'interrompant jamais leurs noires exhalaisons, détruisant tout être vivant, toute chose inanimée, absorbant la clarté du jour et étendant sur toutes ces horreurs un sombre et épais nuage.

Mais la nuit dans ce lieu épouvantable! la nuit, quand la fumée se changea en feu; quand toutes les cheminées vomirent leurs flammes; quand les bâtiments, dont la voûte avait été noire durant le jour, s'éclairèrent d'une lueur rouge avec des figures que, par les ouvertures flamboyantes, on voyait s'agiter çà et là, et qu'on entendait s'appeler mutuellement et échanger des cris sauvages; la nuit, quand le bruit de toutes les bizarres machines fut aggravé par l'obscurité; quand les gens qui les desservaient parurent plus farouches et plus sauvages encore; quand des troupes d'ouvriers sans ouvrage se répandirent sur les routes ou se groupèrent, à la lueur des torches, autour de leurs chefs qui, dans un langage rude, leur parlaient de leurs maux et les poussaient à jeter des cris violents, à proférer des menaces; quand des forcenés, armés de sabres et de tisons ardents, insensibles aux pleurs et aux supplications de leurs femmes qui s'efforçaient de les retenir, s'élançaient en messagers de terreur et de destruction pour porter partout une destruction qui les consolât de leur propre ruine ; la nuit, quand les corbillards roulaient avec un bruit sourd, tout remplis de misérables bières (car une contagion mortelle avait fait ample moisson de vivants) ; quand les orphelins se lamentaient, et que les femmes éperdues de douleur jetaient des cris perçants et faisaient la veille des morts ; la nuit, quand les uns demandaient du pain et les autres de quoi boire pour noyer leurs peines ; quand les uns avec des larmes, les autres en marchant d'un pas chancelant, d'autres enfin avec les yeux rouges allaient pensant à leur famille ; la nuit qui, bien différente de celle que Dieu envoie sur la terre, n'amenait avec elle ni paix, ni repos, ni doux sommeil; oh! qui dira les terreurs dont cette nuit devait accabler la jeune enfant errante !...

Et cependant elle se coucha sans qu'il y eût d'abri entre elle et le ciel ; et ne craignant rien pour elle-même, car elle était maintenant au-dessus de la peur, elle éleva une prière pour le pauvre vieillard. Toute faible, tout épuisée qu'elle était, elle se sentait si calme et si résignée, qu'elle ne songeait à rien souhaiter pour elle-même ; seulement elle suppliait Dieu de susciter pour *lui* un ami. Elle s'efforça de se rappeler le chemin qu'ils avaient fait et de découvrir la direction où brûlait le feu auprès duquel ils avaient dormi la nuit précédente. Elle avait oublié de demander son nom au pauvre homme qui s'était fait leur ami ; et, quand elle mêlait l'humble chauffeur à ses prières, il lui semblait qu'il y aurait de l'ingratitude à ne pas tourner un regard vers le lieu où il veillait.

Un pain d'un sou, c'était tout ce qu'ils avaient mangé dans la journée. C'était bien peu de chose assurément, mais la faim elle-même avait disparu pour Nelly au milieu de la tranquillité extraordinaire qui avait saisi tous ses sens. Elle se coucha donc doucement, et, avec un paisible sourire sur les traits, elle s'assoupit. Ce n'était pas tout à fait le sommeil ; ce dut être le sommeil cependant : sinon, pourquoi toute la nuit une suite de rêves agréables lui offrit-elle l'image du petit écolier?...

Le matin arriva. L'enfant se trouva beaucoup plus faible, beaucoup moins en état de voir et d'entendre, et pourtant elle ne se plaignit pas ; peut-être n'eût-elle articulé aucune plainte, quand bien même elle n'aurait pas eu, marchant à ses côtés, un motif pour garder le silence. Elle désespérait de se voir jamais délivrée avec son grand-père de ce pays misérable; elle éprouvait la cruelle conviction qu'elle était très-malade, mourante peut-être; mais avec tout cela ni crainte ni anxiété.

Ils dépensèrent leur dernier sou dans l'achat d'un second pain. Une aversion insurmontable pour toute nourriture qui s'était emparée de Nelly, à son insu, l'empêcha de partager ce pauvre repas. Le grand-père mangea de bon appétit le pain tout entier, et Nelly s'en réjouit.

Leur marche les conduisit à travers les mêmes tableaux que la veille : il n'y eut ni changement ni progrès. Toujours le même air épais, lourd à respirer; toujours le même terrain noir, la même perspective à perte de vue et d'espérance, la même misère, la même détresse. Les objets paraissaient plus sombres, le bruit plus sourd, le pavé plus raboteux, plus inégal; parfois Nelly chancelait et avait besoin de toute sa force morale pour ne point tomber. Pauvre enfant! c'étaient ses pieds épuisés de fatigue qui refusaient de la servir.

Vers l'après-midi, son grand-père se plaignit amèrement de la faim. Elle s'approcha d'une des baraques ruinées qui se trouvaient le long de la route et frappa à la porte avec sa main.

« Que demandez-vous ici? dit un homme décharné en ouvrant la porte.

— La charité. Un morceau de pain.

— Tenez! regardez ça?... répliqua l'homme d'une voix rauque en montrant une sorte de paquet déposé sur le sol. Ça, c'est un enfant mort. Depuis trois mois déjà, moi et cinq cents autres, nous sommes sans ouvrage. C'est mon troisième enfant qui est mort, et c'était le dernier. Pensez-vous que j'aie à faire la charité, que j'aie un morceau de pain à partager? »

Nelly se retira de la porte, qui se referma sur elle. Sous l'empire de l'inflexible nécessité, elle frappa, non loin de là, à une autre porte qui, cédant à la moindre pression de sa main, s'ouvrit toute grande.

Il semblait qu'une couple de familles pauvres vécût dans cette hutte; car deux femmes, entourées chacune de ses propres enfants, occupaient des parties distinctes dans la chambre. Au centre se trouvait un grave gentleman vêtu de noir, qui avait l'air d'être entré depuis quelques instants et qui tenait par le bras un jeune garçon.

« Femme, dit-il, voici votre sourd-et-muet de fils. Vous me devez des remercîments pour vous l'avoir rendu. Il a été conduit devant moi ce matin, chargé d'objets volés, et je vous assure que pour tout autre enfant l'affaire eût été rude. Mais comme j'avais compassion de son infirmité et que j'ai pu croire qu'il avait péché par ignorance, je me suis arrangé pour vous le ramener. A l'avenir, veillez mieux sur lui.

— Et moi, ne me rendrez-vous pas *mon* fils? dit l'autre femme se levant et s'avançant vers le gentleman. Monsieur, ne me rendrez-vouz pas *mon* fils qui a été transporté pour le même délit?

— *Celui-là* était-il sourd-et-muet? demanda rudement le gentleman.

— Est-ce qu'il ne l'était pas, monsieur?

— Vous savez bien qu'il ne l'était pas.

— Il l'était!... s'écria la femme. Il était bel et bien sourd, muet et aveugle depuis le berceau. Son enfant à elle a péché par ignorance! et le mien, comment pouvait-il en savoir davantage? Où l'aurait-il appris? Qui était là pour le mieux élever, et quel moyen de lui apprendre à mieux faire?

— Silence, femme! dit le gentleman. Votre fils possédait tous ses sens.

— Oui, il les possédait, s'écria la mère, et parce qu'il les possédait il n'en était que plus facile à égarer. Si vous faites grâce à cet enfant parce qu'il ne sait pas distinguer le bien du mal, pourquoi n'avez-vous pas épargné le mien à qui personne n'en avait jamais montré la différence? Vous, messieurs, vous aviez aussi bien le droit de punir son enfant que Dieu a tenu dans l'ignorance des sons et des mots, que vous l'avez eu de punir le mien tenu par vous-mêmes dans l'ignorance de toutes choses. Combien de jeunes filles et de jeunes garçons, ah! d'hommes et de femmes aussi, sont amenés devant vous sans que vous en ayez pitié, qui sont sourds-et-muets par l'esprit, et qui dans cet état font le mal, et qui dans cet état sont punis, corps et âme, tandis que vous autres messieurs vous êtes à discuter entre vous si on doit apprendre ceci ou cela! Soyez juste, monsieur, et rendez-moi mon fils.

— Votre désespoir vous égare, dit le gentleman puisant dans sa tabatière, j'en suis fâché pour vous.

— Mon désespoir ! répliqua la femme, mais c'est vous qui en êtes l'auteur. Rendez-moi mon fils, afin qu'il puisse travailler pour ses enfants sans protecteur. Soyez équitable, monsieur, et, pour l'amour du ciel, de même que vous avez eu pitié de cet enfant, rendez-moi mon fils ! »

Nelly en avait assez vu et entendu pour comprendre que ce n'était pas là qu'il fallait demander l'aumône. Elle tira doucement le vieillard hors de la porte, et ils continuèrent leur voyage.

Perdant de plus en plus l'espérance ou la force, à mesure qu'ils marchaient, mais gardant tout entière sa ferme résolution de ne témoigner par aucune parole, par aucun regard son état de souffrance aussi longtemps qu'elle conserverait assez d'énergie pour se mouvoir, Nelly, à travers le reste de ce jour cruel, se contraignit à marcher. Elle ne s'arrêtait même plus pour se reposer aussi fréquemment qu'auparavant, car elle voulait compenser jusqu'à un certain point la lenteur obligée de son pas.

Le soir s'avançait, mais la nuit n'était point encore descendue quand, passant toujours au milieu des mêmes objets repoussants, ils arrivèrent à une ville populeuse.

Faibles, abattus comme ils l'étaient, les rues de cette ville leur parurent insupportables. Après avoir humblement imploré du secours à un petit nombre de portes et s'être vus repoussés, ils se décidèrent à sortir de ce lieu le plus tôt possible, et à essayer si les habitants de quelque maison isolée auraient plus de compassion pour leur état d'épuisement.

Ils se traînaient le long de la dernière rue, et l'enfant sentait que le temps approchait où ses ressorts affaiblis ne pourraient plus la soutenir. En ce moment, apparut devant eux un voyageur à pied suivant la même direction. Il portait sur son dos sa valise attachée avec une courroie, s'appuyait sur un gros bâton et lisait dans un livre qu'il tenait de l'autre main.

Ce n'était pas chose aisée que de le rejoindre et de lui demander assistance, car il marchait rapidement, et il était à quelque distance en avant. Enfin, il s'arrêta pour lire avec plus d'attention un passage de son livre.

Animée d'un rayon d'espérance, l'enfant se mit à courir avec son grand-père, et étant arrivée près de l'étranger sans avoir éveillé son attention par le bruit de ses pas, elle commença à solliciter son assistance par quelques mots prononcés faiblement.

Il tourna la tête; l'enfant joignit les mains, poussa un cri perçant et tomba sans connaissance aux pieds de l'étranger.

CHAPITRE IX.

C'était le pauvre maître d'école; oui, le pauvre maître d'école en personne. A peine moins ému et moins surpris par la vue de l'enfant que celle-ci n'avait éprouvé de surprise et d'émotion en le reconnaissant, il garda un moment le silence, confondu par cette apparition inattendue, sans trouver même la présence d'esprit nécessaire pour relever Nelly étendue à terre.

Mais revenant bientôt à lui-même, il jeta livre et bâton; et s'agenouillant auprès de l'enfant, il essaya avec les simples moyens qu'il pouvait avoir en son pouvoir de lui rendre l'usage de ses sens, tandis que le grand-père, debout devant lui et incapable d'agir, se tordait les mains et suppliait sa petite-fille avec toutes les expressions de la plus vive tendresse de lui parler, ne fût-ce que pour lui dire un mot.

« Elle est presque épuisée de fatigue, dit le maître d'école, en examinant le visage de Nelly. Vous avez trop présumé de ses forces, mon ami.

— Elle se meurt de besoin ! répondit le vieillard. Jusqu'à ce moment je ne me doutais pas qu'elle fût si faible et si malade. »

Le maître d'école, jetant sur lui un regard moitié de reproche, moitié de compassion, prit l'enfant dans ses bras; puis invitant le vieillard à ramasser le petit panier et à le suivre, il emporta Nelly de son pas le plus rapide.

Il y avait en vue une modeste auberge, vers laquelle, selon toute apparence, l'instituteur se dirigeait quand il avait été surpris d'une manière si inattendue. Ce fut de ce côté qu'il courut avec son fardeau inerte; il entra à la hâte dans la cuisine, et invoquant pour l'amour de Dieu l'assistance des gens qui se trouvaient là, il déposa Nelly sur une chaise devant le feu.

La compagnie, qui s'était levée en désordre à l'approche du maître d'école, fit ce qu'on a l'habitude de faire en pareille circonstance. Chacun ou chacune indiquait son remède, que personne n'apportait ; chacun criait qu'il fallait donner plus d'air, et en même temps on avait soin de raréfier l'air qu'il y avait dans la salle en formant un cercle pressé autour de l'objet de cette sympathie, et tous s'étonnaient que personne n'eût fait ce que nul d'entre eux n'avait l'idée de faire.

Cependant l'hôtesse, plus alerte, plus active qu'aucun des assistants, et qui avait compris aussi plus vite les causes de l'accident, ne tarda pas à revenir avec un peu d'eau chaude mêlée d'eau-de-vie. Elle était suivie de sa servante qui portait du vinaigre, de la corne de cerf, des sels odorants et autres ingrédients propres à restaurer les forces. Ces secours, administrés à propos, mirent l'enfant en état de remercier d'une voix faible et de tendre sa main au pauvre maître d'école, qui se tenait tout près d'elle, l'anxiété peinte dans tous ses traits. Sans laisser Nelly prononcer un mot de plus ou remuer seulement un doigt, les femmes aussitôt la portèrent au lit; puis après l'avoir chaudement couverte, après lui avoir bassiné les pieds qu'elles enveloppèrent de flanelle, elles dépêchèrent un exprès chez le docteur.

Le docteur, gentleman au nez rubicond, porteur d'un gros paquet de breloques qui dansaient au-dessous de son gilet de satin noir à côtes, arriva en toute hâte, s'assit près du lit où était la pauvre Nelly, tira sa montre et tâta le pouls de la malade. Puis il regarda sa langue, tâta de nouveau son pouls, et après toutes ces formalités il jeta un coup d'œil comme au hasard sur le verre à moitié vidé.

« Je lui donnerais de temps en temps, dit-il enfin, une cuillerée d'eau-de-vie chaude mêlée avec de l'eau.

— Eh bien, c'est justement ce que nous avons fait, monsieur! dit l'hôtesse enchantée.

— Je voudrais aussi, dit d'un ton d'oracle le docteur, qui en montant l'escalier avait frôlé la bassinoire, je voudrais aussi qu'on lui fît prendre un bain de pieds, qu'ensuite on les lui enveloppât de flanelle. Je lui donnerais encore, ajouta-t-il avec une solennité croissante, quelque chose de léger pour son souper, une aile de poulet rôti, par exemple.

— Eh bien! monsieur, s'écria l'hôtesse, voilà qui se trouve à merveille; justement il y a un poulet qui rôtit en ce moment au feu de la cuisine. »

Et c'était vrai; c'était un poulet commandé par le maître

d'école; et il était présumable que le docteur, avant d'ordonner le poulet, en avait d'abord flairé l'odeur.

« Vous pourrez enfin, dit le docteur se levant avec gravité, lui donner un verre de vin de Porto chaud et épicé, si elle aime le vin.

— Et avec cela une rôtie? insinua l'hôtesse.

— Hum! dit le docteur, du ton d'un homme qui fait une grande concession.... Et une rôtie de pain. Mais ayez bien soin, madame, qu'elle soit de pain, s'il vous plaît. »

Le docteur partit sur cette dernière recommandation prononcée lentement et d'un accent très-solennel, laissant tous les gens de la maison dans l'admiration de cette science profonde qui s'accordait si bien avec leur première inspiration. Chacun disait que c'était un docteur habile, qui savait très-bien connaître le tempérament des malades; et, dans ce cas du moins, il faut admettre qu'il ne s'était peut-être pas trompé.

Tandis que son souper se préparait, l'enfant tomba dans un sommeil réparateur d'où l'on fut obligé de la tirer quand le repas fut prêt. Comme elle témoignait une grande anxiété en apprenant que son grand-père était en bas, et qu'elle était extrêmement troublée, à l'idée qu'il resterait séparé d'elle, le vieillard vint souper avec sa petite-fille. On fit encore, à sa demande, un lit au vieillard dans une chambre intérieure où il s'installa. Heureusement, cette chambre se trouvait communiquer avec celle de Nelly : l'enfant eut soin d'enfermer à clef son compagnon dès que l'hôtesse se fut retirée, et elle se mit au lit le cœur soulagé.

Le maître d'école resta longtemps à fumer sa pipe devant le feu de la cuisine. Chacun s'était retiré. Libre de méditer, il pensait, l'esprit rempli de satisfaction, à cette heureuse chance qui l'avait amené si à propos pour secourir l'enfant. Autant que possible, c'est-à-dire autant que le lui permettait sa simplicité naïve, il cherchait à échapper aux questions réitérées et subtiles de l'hôtesse, dont la curiosité n'était pas médiocrement éveillée à l'endroit de Nelly et de son histoire. Le pauvre maître d'école avait tellement le cœur sur la main, il était si peu au courant des subtilités et des feintes les plus vulgaires, que son interlocutrice n'eût pas manqué de réussir avec lui au bout de cinq minutes : mais il ignorait complétement ce que la bonne dame désirait connaître, et ne put par conséquent en dire davantage. Loin d'être satisfaite de cette réponse, qu'elle considérait comme un moyen ingénieux d'échapper à la question, l'hôtesse répliqua qu'il avait apparemment ses raisons pour se taire.

« Dieu me garde, dit-elle, de scruter les affaires de mes pratiques; ce ne sont pas mes affaires d'ailleurs, et j'en ai bien assez comme ça. C'est une simple question polie que je voulais faire, et certainement la question méritait une réponse polie. Ce n'est pas que je sois contrariée, oh! point du tout, mais j'eusse mieux aimé que vous m'eussiez dit tout de suite qu'il ne vous convenait pas d'être plus communicatif; au moins c'eût été clair et net. Cependant, je n'ai nullement sujet d'être blessée de votre réserve. Vous savez ce que vous avez à faire, et vous avez bien le droit de dire ce qu'il vous plaît, personne ne peut vous le contester, personne. Oh! mon Dieu, non.

— Je vous affirme, ma bonne dame, répondit le brave maître d'école, que je vous ai dit l'exacte vérité. Comme j'espère être sauvé dans l'autre monde, je vous ai dit la vérité.

— Eh bien alors, je crois que vous parlez sérieusement, dit l'hôtesse reprenant sa bonne humeur, et je regrette de vous avoir tourmenté. Mais, vous savez, la curiosité est le défaut de notre sexe. Voilà l'affaire. »

L'hôtelier se gratta la tête, comme s'il pensait que l'autre sexe n'était pas non plus à l'abri de ce défaut; mais il n'eut pas le temps de donner carrière à la sienne, le maître d'école ayant repris ainsi la parole :

« Vous m'interrogeriez durant six heures de suite, que je ne vous en voudrais pas pour cela, et je vous répondrais aussi patiemment que le mérite la bonté que vous avez montrée ce soir. En attendant, veuillez avoir bien soin d'elle demain matin, et faites-moi savoir de bonne heure comment elle va; il est entendu que je payerai pour nous trois. »

On se sépara donc en d'excellents termes, surtout d'après l'effet de ces dernières paroles; le maître d'école alla se mettre au lit, tandis que l'aubergiste et sa femme en faisaient autant.

Le rapport du matin fut que l'enfant allait mieux, mais qu'elle était extrêmement faible, qu'il lui faudrait au moins un jour de repos et une alimentation prudente avant qu'elle pût continuer son voyage. Le maître d'école reçut cette communication avec une parfaite tranquillité, disant qu'il avait bien un jour, deux jours même à consacrer a Nelly, et qu'il attendrait. Comme la malade devait se lever le soir, il se promit de lui faire visite dans sa chambre à une heure fixée, et, sortant avec son livre, il ne revint qu'à l'heure dite.

Nelly ne put s'empêcher de pleurer quand ils furent seuls ensemble. De son côté, à la vue de ce visage pâle, de ces traits bouleversés, le pauvre maître d'école versa lui-même quelques larmes tout en prouvant, par d'excellentes raisons tirées de la philosophie, que c'était un véritable enfantillage, et que rien n'était plus facile que de s'en empêcher, quand on voulait.

« Ce qui me rend malheureuse, même au milieu de vos bontés, dit l'enfant, c'est de penser que nous pouvons être une charge pour vous. Comment vous remercier? Si je ne vous avais pas rencontré si loin de votre maison, je serais morte; et *lui*, il serait resté seul.

— Ne parlons pas de mort, dit le maître d'école; et quant à une charge, sachez que j'ai fait fortune depuis la nuit que vous avez passée dans mon cottage.

— Vraiment? s'écria l'enfant avec joie.

— Oh! oui, répondit son ami. J'ai été nommé clerc et maître d'école d'un village loin d'ici, et bien plus loin encore de mon ancien séjour, comme vous pouvez le supposer; j'aurai huit cent soixante-quinze francs par an!... Huit cent soixante-quinze francs!

— Oh, que j'en suis contente! dit l'enfant; que j'en suis contente!

— Je me rends actuellement à ma nouvelle résidence, reprit le maître d'école. On m'a alloué des frais de diligence.... des frais de diligence sur l'impériale pour toute ma route. Dieu merci, l'on ne me refuse rien. Mais, comme l'époque où je suis attendu dans mon nouveau domicile me laisse un ample loisir, je me suis déterminé à faire le voyage à pied. Quel bonheur que j'aie eu cette idée!

— Et nous donc, quel bonheur pour nous!

— Oui, oui, dit le maître d'école qui ne tenait pas sur sa chaise, c'est la vérité. Mais vous, où alliez-vous ainsi? D'où venez-vous? Qu'avez-vous fait depuis que vous m'avez quitté? Qu'aviez-vous fait auparavant? Racontez-le-moi, voyons, racontez-le-moi. Je connais peu le monde; et peut-être seriez-vous plus en état de m'en apprendre là-dessus que moi de vous en rien dire; mais je suis la sincérité même, et j'ai des raisons, vous ne l'avez pas oublié, pour vous aimer. Depuis ce temps, il m'a semblé que mon amour pour celui qui est mort s'était transporté sur vous qui vous êtes tenue près de son lit. Si, ajouta-t-il en élevant son regard vers le ciel, c'est cette belle âme que j'ai tant pleurée, qui renaît en vous de ses cendres mortelles, puisse sa paix descendre sur moi en retour de ma tendresse et de ma compassion pour le pauvre enfant! »

La franche et loyale amitié de l'honnête maître d'école, l'affectueuse chaleur de ses paroles et de ses gestes, l'accent de vérité qui animait son langage et son regard, inspirèrent à Nelly une confiance en lui que n'eussent jamais pu faire naître chez elle les plus subtils artifices de tromperie et de dissimulation. Elle lui confessa tout : qu'ils n'avaient ni ami ni parent; qu'elle avait fui avec le vieillard pour le soustraire à la maison des fous et à toutes les tortures qu'il redoutait; que maintenant elle fuyait de nouveau pour le sauver de lui-même; et qu'elle cherchait un asile dans quelque pays écarté, aux mœurs primitives, où jamais ne se produisît la tentation devant laquelle il avait succombé, où les derniers chagrins, les amertumes qu'elle avait ressentis, ne pussent pas revenir l'éprouver encore.

Le maître d'école l'avait écoutée avec une profonde surprise. « Une enfant!... pensait-il. Une enfant! et avoir héroïquement persévéré à travers les épreuves et les périls, en butte à la misère et à la souffrance, soutenue qu'elle était seulement par une forte affection et par la conscience du devoir!.... Et cependant le monde est plein de ces traits d'héroïsme : ai-je besoin d'apprendre que les plus rudes comme les plus nobles épreuves sont celles que n'enregistre aucun souvenir humain, et qui sont supportées jour par jour avec une patience infatigable? Ah! je ne devrais pas être surpris d'entendre l'histoire de cette enfant! »

Mais ne nous occupons pas de ce qu'il put penser ou dire. Il fut convenu que Nell et son grand-père accompagneraient le maître d'école jusqu'au village où il était attendu, et que ce dernier tâcherait de leur trouver quelque humble occupation qui pût les faire subsister. « Nous sommes sûrs de réussir, dit gaiement le maître d'école. La cause est trop bonne pour n'être pas gagnée. »

Ils se disposèrent à continuer leur voyage le lendemain soir. Une diligence, qui suivait justement le même chemin; devait s'arrêter à l'auberge pour changer de chevaux; le cocher, moyennant une petite rétribution, donnerait à Nelly une place dans l'intérieur. Le marché fut promptement conclu à l'arrivée de la diligence; puis la voiture repartit avec l'enfant confortablement installée parmi les paquets les moins durs, le grand-père et le maître d'école se mirent à côté du conducteur, tandis que l'hôtesse et tous les braves gens de l'auberge jetaient au vent leurs adieux et leurs souhaits affectueux.

Quelle douce, fastueuse et commode façon de voyager, que d'être couché à l'intérieur de cette montagne mollement agitée; que d'ouïr le tintement des grelots des chevaux, le claquement du fouet que le cocher fait retentir de temps en temps, le grondement sourd des hautes et larges roues, le frôlement des harnais, l'affectueuse : *bonne nuit!* des piétons qui dépassent les chevaux, lorsque l'attelage va au petit pas! Le vague même des idées n'est pas sans charme sous l'épaisse toiture qui semble faite pour protéger la rêverie indolente du voyageur jusqu'au moment où il s'endort! Le sommeil aussi a ses charmes; la tête balancée sur le coussin, le voyageur garde l'idée confuse qu'il avance, qu'il est transporté sans trouble ni fatigue, et perçoit tous ces bruits divers comme la musique d'un rêve qui amuse ses sens. Vient-il à s'éveiller doucement? il se surprend à regarder à travers le rideau à moitié tiré et agité par le vent : son œil se lève vers le ciel brillant et froid où étincellent des étoiles innombrables, puis s'abaisse sur la lanterne du cocher, faible luminaire qui sautille et se balance, comme le feu follet des marais; sur les côtés de la route, il passe en revue les arbres noirs et sévères; en avant, c'est la route elle-même qui, longue et nue, s'étend, s'étend, s'étend, jusqu'à ce qu'elle soit arrêtée brusquement par une montée rapide et escarpée, comme si au delà il n'y avait plus de route, mais seulement l'horizon. Et la halte à l'auberge où l'on va se restaurer! Être bien accueilli, passer dans une bonne chambre où l'on trouve du feu et des lumières, bien clore ses yeux, et se rappeler, souvenir agréable, que la nuit était froide, se la figurer plus froide encore pour ajouter au bien-être qu'on éprouve à présent! Quel délicieux voyage qu'un voyage en diligence!

On repart : d'abord on est frais et alerte, puis on tombe d'assoupissement. On est tiré de son profond sommeil, lorsque la malle-poste vient à passer bruyamment, telle qu'une comète dans l'espace, avec ses lanternes brillantes, avec le galop sonore de ses chevaux, avec l'apparition du conducteur qui derrière se tient debout pour garder ses pieds chauds, et du gentleman au bonnet fourré qui ouvre ses yeux et jette autour de lui des regards d'étonnement. On s'arrête au tourniquet : précisément le gardien de la barrière s'est mis au lit. On frappe à la porte jusqu'à ce que l'homme ait répondu par un grognement sourd, du fond de ses couvertures dans sa petite chambre d'en haut où brûle une faible lumière, et qu'il descende, avec son bonnet de nuit et grelottant, ouvrir la barrière toute grande, en maudissant toutes les voitures qui se présentent autrement que pendant le jour. D'autres tableaux vont se succéder : c'est l'espace de temps rapide et froid qui sépare la nuit du matin ; c'est la bande lointaine de lumière qui s'élargit et s'étend sans cesse en tournant du gris au blanc, du blanc au jaune, et du jaune au rouge pourpre ; c'est la renaissance du jour avec sa gaieté, avec la vie qu'il répand ; ce sont les hommes et les chevaux à la charrue, les oiseaux dans les arbres et sur les haies, et, dans les champs déserts, les jeunes garçons effrayant les oiseaux avec leurs crécelles pour protéger les grains.

On arrive à une ville : là, c'est la foule affairée qui se presse au marché ; ce sont les petites charrettes et les voitures légères rangées tout autour d'une cour d'auberge ; des marchands debout sur le seuil de leur porte ; des maquignons qui font courir leurs chevaux d'un bout de la rue à l'autre pour tenter les chalands ; des porcs qui se vautrent en grognant dans le ruisseau, ou qui cheminent avec de longues cordes attachées à leurs pieds, se ruant contre les brillantes boutiques des apothicaires d'où ils sont chassés à coups de balai par les garçons ; la diligence, qui a roulé toute la nuit, changeant de chevaux au relais ; les voyageurs ennuyés, refroidis, laids, de mauvaise humeur, avec des cheveux qui semblent avoir pris en une nuit une crue de trois mois ; le conducteur au contraire, frais comme s'il sortait d'une boîte, et magnifique par comparaison.... Que d'agitation ! que de choses en mouvement ! quelle variété d'incidents dans un voyage aussi délicieux qu'un voyage en diligence !

De temps en temps, Nelly marchait l'espace d'un mille ou deux, après avoir fait monter son grand-père dans l'intérieur de la voiture ; parfois même elle obtenait du maître d'école qu'il prît sa place et se reposât. Elle continua de voyager ainsi heureusement, jusqu'à une grande ville où la diligence s'arrêta et où ils passèrent la nuit. Ils laissèrent de côté une vaste église. Les rues offraient grand nombre de maisons bâties en une espèce de terre ou de plâtre avec quantité de poutres noires qui se croisaient en tous sens : ces maisons donnaient à la ville un air d'antiquité remarquable. Les portes étaient basses et cintrées; quelques-unes même étaient des porches en chêne, garnis de bancs d'étrange forme, où jadis les habitants étaient venus se reposer par un soir d'été. Les croisées à losanges présentaient de tout petits carreaux de vitre taillés en diamant qui semblaient cligner de l'œil en regardant les passants, comme s'ils avaient la vue affaiblie. Depuis longtemps, ils étaient à l'abri de la fumée et de la vapeur des manufactures : à peine, en effet, y avait-il une ou deux fabriques dans des endroits écartés, dans les champs, par exemple, où une usine desséchait tout l'espace situé autour d'elle, comme une montagne de feu. Au sortir de cette ville, les voyageurs entrèrent de nouveau dans la campagne, et commencèrent à approcher du terme de leur course.

Le but n'était pas cependant si près, que Nelly et ses deux compagnons n'eussent à passer encore une nuit en route : ce n'était pas, il est vrai, rigoureusement indispensable; mais à quelques milles de son village, le maître d'école, tourmenté par le sentiment de la dignité de ses nouvelles fonctions de clerc, ne voulut pas faire son entrée avec des souliers poudreux et une toilette qui se ressentait du désordre d'un voyage.

Ce fut par une belle et lumineuse matinée d'automne qu'ils arrivèrent au lieu où le maître d'école était attendu. Ils s'arrêtèrent pour en contempler les beautés.

« Voyez! s'écria-t-il d'une voix émue et rempli de joie, voici l'église; et ce vieux bâtiment tout près de l'église est la maison d'école, je le parierais. Huit cent soixante-quinze francs par an dans ce charmant endroit! »

Ils admiraient le vieux porche à la teinte grise, les meneaux des fenêtres, les vénérables pierres sépulcrales qui se dessinaient sur la verdure du cimetière, l'ancienne tour, le coq qui la dominait; les toits de chaume bruni du cottage, de la grange et du château, sortant du sein des arbres; le cours d'eau qu'un moulin faisait bouillonner à quelque distance, et au loin les cimes bleuâtres des monts du pays de Galles. Quel but ravissant pour toutes les peines dans lesquelles l'enfant s'était consumée à traverser les fétides et noirs repaires du travail! Sur son lit de cendres et parmi tant d'horreurs infectes, c'était le mirage de ces campagnes, si beau qu'il fût dans son esprit, à peine égal à la douce réalité, qu'elle avait toujours eu présent à l'imagination. Ces visions avaient semblé se perdre ensuite dans une lointaine et sombre atmosphère, à mesure que l'espérance de les atteindre reculait aussi : mais plus elles semblaient reculer, plus Nelly était obstinée à les poursuivre de toute l'ardeur de ses désirs.

« Il faut que je vous laisse quelques minutes, dit le maître d'école rompant enfin le silence d'extase où les tenait leur joie. J'ai une lettre à présenter, des renseignements à demander, vous comprenez. Où vous retrouverai-je? A cette petite auberge que je vois là-bas?

— Permettez-nous d'attendre ici, dit Nell. La porte est ouverte. Nous nous asseyerons sous le porche de l'église jusqu'à ce que vous soyez de retour.

— C'est un excellent endroit, » dit le maître d'école en les y conduisant.

Il se débarrassa de sa valise, la plaça sur le banc de pierre et ajouta :

« Soyez sûrs que je reviendrai avec de bonnes nouvelles et que je ne serai pas longtemps absent. »

Là-dessus, l'heureux maître d'école tira une paire de gants tout battant neufs qu'il avait, durant le voyage, portés dans sa poche en un petit paquet, et il s'éloigna rapidement, plein d'ardeur et de vivacité.

Du porche où elle était restée, l'enfant le suivit des yeux jusqu'au moment où le feuillage l'eut dérobé à sa vue; et alors elle pénétra doucement dans le vieux cimetière, qui était si paisible et si grave, que le simple frôlement de la robe de Nelly sur les feuilles tombées qui jonchaient les allées et amortissaient le bruit des pas semblait une violation de son silence respectable. C'était un lieu antique et fait pour des histoires de revenants. Il y avait bien des siècles que l'église avait été construite; jadis elle dépendait d'un monastère y attenant; car des arcades en ruine, des restes de fenêtres ogivales et des fragments de murs noircis étaient encore debout, tandis que d'autres parties du vieux bâtiment qui avaient croulé, étaient maintenant confondues avec la terre du cimetière et recouvertes d'herbe comme si elles aussi réclamaient un tombeau et cherchaient à mêler leurs cendres à la poussière des hommes. Près de ces pierres tumulaires des années défuntes, au milieu de ces ruines, qu'on avait dans les derniers temps cherché à rendre habitables, on voyait deux petits corps de logis avec des croisées disjointes et des portes de chêne; ils étaient dans le plus mauvais état, vides et désolés.

C'est sur ces misérables débris que l'attention de l'enfant se fixa exclusivement. Elle ne savait pas elle-même pourquoi. L'église, les ruines, les tombes antiques avaient bien un droit au moins égal aux méditations d'une étrangère : mais du moment où ses yeux eurent d'abord aperçu ces maisons, Nelly ne vit plus autre chose. Même lorsqu'elle eut fait le tour de l'enceinte et que, revenue au porche, elle s'y assit pensive en attendant leur ami, même alors elle choisit une place d'où elle pût regarder encore les deux maisons, attirée en quelque sorte vers cet endroit par une fascination invincible.

CHAPITRE X.

Il faut maintenant nous élancer rapidement sur les traces de la mère de Kit et du gentleman, de peur qu'on n'adresse à cette histoire le reproche de manquer de suite et de laisser les personnages dans des situations douteuses et incertaines. La mère de Kit et le gentleman allaient grand train dans la chaise de poste à quatre chevaux, dont nous avons raconté le départ lorsqu'elle s'éloigna de la maison du notaire, ne tardant pas à laisser la ville derrière elle et à faire jaillir les étincelles du pavé de la grande route.

La bonne femme n'était pas médiocrement embarrassée de la nouveauté de sa situation. En outre, elle éprouvait certaines appréhensions maternelles à l'endroit du petit Jacob, ou du poupon, ou de tous deux peut-être. Elle craignait, par exemple, qu'ils ne tombassent dans le feu ou ne dégringolassent du haut de l'escalier, ou ne fussent pris entre les portes, ou qu'ils ne s'échauffassent la gorge en essayant de calmer leur soif au goulot des théières : ces préoccupations lui faisaient garder un silence pénible. Quand elle promenait ses regards à travers la glace sur les gardiens de barrière, les conducteurs d'omnibus et autres, elle éprouvait le sentiment de la dignité de sa nouvelle position, à peu près comme on voit dans les obsèques solennelles ces pleureurs qui, sans être autrement affligés de la perte du défunt, tout en saluant par la portière les gens de leur connaissance, se sentent en conscience obligés de conserver une gravité décente et un air d'indifférence pour tout ce qu'ils aperçoivent.

Au reste, pour demeurer calme en la compagnie du gentleman, il eût fallu être doué de nerfs d'acier. Avec cet homme toujours en mouvement, jamais la voiture n'était fermée, jamais les chevaux ne marchaient assez vite. Il ne pouvait rester dans la même position plus de deux minutes, il remuait continuellement ses bras et ses jambes, levant les châssis puis les laissant retomber avec violence, mettant la tête à la portière pour l'en retirer et l'y remettre un instant après. Il avait aussi dans sa poche une boîte à allumettes, de forme mystérieuse et inconnue; et pour s'assurer si la mère de Kit tenait les yeux fermés, cric, crac, cric, voilà que le gentleman consultait sa montre à la clarté d'une allumette, laissant les étincelles tomber sur la paille comme s'il n'eût pas songé au danger de brûler tout vif avec la bonne dame, avant que les postillons pussent arrêter les chevaux. Si l'on faisait halte pour le relais, aussitôt il s'élançait hors de la voiture sans qu'on eût le temps de baisser le marchepied, se ruait dans la cour de l'auberge comme un pétard enflammé, tirant sa montre sous le réverbère, oubliant de la consulter et la tirant de nouveau; en un mot, faisant tant d'extravagances, que la mère de Kit finissait presque par avoir peur de lui. Quand les chevaux étaient attelés, il se jetait dans la voiture avec l'agilité d'un arlequin, et avant que la chaise de poste eût parcouru un mille, sa montre et sa boîte à allumettes recommençaient leur train, si bien que la mère de Kit était éveillée encore une fois sans espoir de pouvoir fermer l'œil de tout ce relais.

« Comment vous trouvez-vous ? demandait le gentleman se tournant brusquement vers elle, après chacun de ces manéges répétés.

— Parfaitement bien, monsieur, je vous remercie.

— Ne vous manque-t-il rien? Avez-vous froid?

— Je suis un peu frileuse, monsieur, répondit la mère de Kit

— Je le savais! s'écria le gentleman baissant une des glaces de devant. Elle aurait besoin d'un petit grog! C'est bien naturel. Comment ai-je pu oublier cela? Hé! postillon, vous arrêterez à la plus prochaine auberge, et vous demanderez qu'on apporte un verre d'eau chaude et d'eau-de-vie. »

Vainement la mère de Kit s'épuisait à protester qu'elle n'avait aucun besoin de ce genre. Le gentleman était inexorable; et toutes les fois qu'il ne savait plus quel autre cours donner à sa pétulance, il finissait invariablement par se rappeler et par conclure que la mère de Kit avait besoin d'un petit grog.

Ce fut de cette manière qu'ils voyagèrent jusqu'à près de minuit. Ils s'arrêtèrent alors pour souper. A ce repas, le gentleman demanda tout ce qu'il y avait dans la maison; et parce que la mère de Kit ne pouvait manger de tout à la fois ni tout manger, il se mit en tête qu'elle devait être malade.

« Vous êtes triste, dit le gentleman qui ne faisait lui-même que se promener autour de la chambre. Je vois bien ce qui vous préoccupe, madame. Vous êtes triste.

— Vous êtes trop bon, monsieur; je ne suis pas triste.

— Je sais que vous l'êtes. J'en suis sûr. J'arrache brusquement cette pauvre femme du sein de sa famille, et je m'étonne de la voir devenir de plus en plus triste! Je suis gentil! Combien d'enfants avez-vous, madame?

— Deux, monsieur, sans compter Kit.

— Des garçons, madame?

— Oui, monsieur.

— Sont-ils baptisés?

— Jusqu'à présent ils n'ont été qu'ondoyés, monsieur.

— Je serai le parrain de l'un d'eux. Souvenez-vous-en, s'il vous plaît, madame. Vous auriez peut-être besoin de vin chaud, madame?

— Je n'en pourrais boire une goutte, monsieur.

— Vous en avez besoin, dit le gentleman. Je vois que vous en avez besoin. J'aurais dû y songer d'abord. »

Aussitôt courant à la sonnette et demandant du vin chaud avec autant de précipitation que si l'on eût appelé, à l'instant même, au secours d'une personne asphyxiée ou noyée, le gentleman fit avaler à la mère de Kit une rasade de ce breuvage à une si haute température, que mistress Nubbles en eut les larmes aux yeux; puis il l'entraîna de nouveau vers la chaise de poste, où, sans doute par l'effet de cet agréable sédatif, elle ne tarda pas à devenir insensible à l'agitation perpétuelle de son compagnon de voyage et s'endormit presque tout de suite. Les heureux effets du remède ne furent point de nature passagère; car, bien que la distance fût plus considérable, le voyage plus long que le gentleman ne l'avait prévu, la mère de Kit ne s'éveilla pas avant qu'il fît grand jour et que les roues de la voiture retentissent sur le pavé d'une ville.

« Nous voici arrivés!... cria le gentleman baissant toutes les glaces. Droit aux figures de cire, postillon. »

Le postillon qui était sur le cheval de brancard toucha le bord de son chapeau et fit jouer ses éperons de manière à imprimer à l'attelage une allure brillante. Les quatre chevaux partirent au grand galop, et parcoururent les rues avec un fracas qui attira aux portes et aux fenêtres les bonnes gens stupéfaits, et domina même le timbre des horloges publiques comme elles sonnaient huit heures et demie. La voiture s'arrêta devant une porte autour de laquelle une certaine quantité de personnes étaient réunies en groupe.

« Qu'est-ce que c'est?... dit le gentleman mettant sa tête hors de la portière. Qu'est-ce qu'il y a ici?

— Une noce, monsieur, une noce! crièrent plusieurs voix hourra! »

Le gentleman, tout hors de lui en se voyant au centre de ce rassemblement bruyant, descendit avec l'aide d'un des postillons, et présenta la main à la mère de Kit. A l'aspect de mistress Nubbles, la populace s'écria :

« Encore un mariage! » et se mit à hurler et à sauter de joie.

« Le monde est devenu fou, je pense, » dit le gentleman traversant le flot populaire avec celle qu'on lui prêtait pour fiancée. Il ajouta :

« Restez derrière, s'il vous plaît, et laissez-moi frapper. »

Tout ce qui fait du bruit a le don de plaire à la foule. Une vingtaine de mains sales se tendirent à l'envi et frappèrent pour le gentleman, rarement fut-il donné à un simple marteau de porte de produire un bruit aussi discordant que celui-ci. Après avoir rendu ces services volontaires, la foule se retira modestement un peu en arrière, préférant laisser au gentleman seul la responsabilité du tapage.

Un homme qui avait un gros bouquet blanc à sa boutonnière, ouvrit la porte et regarda d'un air impassible le gentleman en lui disant :

« Eh bien! monsieur, qu'est-ce que vous voulez?

— Qui est-ce qui se marie ici, mon ami? demanda le gentleman.

— C'est moi.

— Vous!... et qui diable épousez-vous?

— De quel droit me faites-vous cette question? répliqua le fiancé en le regardant de la tête aux pieds.

— De quel droit!... s'écria le gentleman pressant avec plus de force contre son bras celui de mistress Nubbles, car la bonne femme semblait ne songer qu'à s'échapper. D'un droit que vous ne soupçonnez guère. Songez-y bien, braves gens, si ce particulier a épousé une mineure....

— Fi! fi! cela ne peut avoir lieu.

— Où est l'enfant que vous avez ici, mon brave ami? Elle s'appelle Nelly; où est-elle? »

Comme il émettait cette question, à laquelle se joignit la mère de Kit, on entendit partir d'une chambre voisine une sorte de cri perçant, et aussitôt une grosse dame tout habillee de blanc accourut vers la porte et vint s'appuyer sur le bras de son fiancé.

« Où est-elle? dit la dame, m'apportez-vous de ses nouvelles? Qu'est-elle devenue? »

Le gentleman se retourna et considéra d'un air de sinistre appréhension, de désappointement et d'incrédulité les traits de l'ex-mistress Jarley, mariée de ce matin même au philosophe Georges. Jugez de l'éternelle rage et de l'irrémédiable desespoir de M. Slum, le poëte! Enfin le gentleman balbutia :

« C'est à vous qu'il faut demander où elle est? Qu'est-ce que vous voulez dire?

— Oh! monsieur, s'écria la fiancée, si vous venez ici avec l'intention de lui faire du bien, que n'êtes-vous venu il y a une semaine!

— Elle n'est pas.... morte? dit le gentleman qui était devenu très-pâle.

— Non, monsieur, oh! non, ce n'est pas ça.

— Dieu soit loué!... dit-il d'une voix étouffée. Permettez-moi d'entrer. »

Mistress Jarley et Georges s'écartèrent pour le recevoir chez eux. Quand le gentleman et la mère de Kit furent entrés, la porte se referma immédiatement.

« Vous voyez en moi, braves gens, dit le gentleman en se tournant vers le nouveau couple, un homme qui tient aux deux personnes qu'il cherche plus qu'à sa propre vie. Elles ne me reconnaîtraient pas. Mes traits leur sont étrangers; mais si elles sont ici, ou si l'une d'elles s'y trouve, prenez avec vous cette brave femme, et qu'elles puissent la voir d'abord, car elles la connaissent toutes deux. Si vous refusez de me les montrer par suite d'une fausse tendresse ou d'une crainte inutile, vous pourrez juger de mes intentions lorsqu'elle reconnaîtra cette femme pour une vieille amie, dévouée à leurs intérêts.

— Je l'avais toujours dit! s'écria la fiancée. Je savais bien que ce n'était pas une enfant ordinaire!... Hélas! monsieur, nous ne possédons aucun moyen de vous assister; car tout ce que nous pouvions faire nous l'avons vainement essayé déjà. »

En même temps Georges et mistress Jarley racontèrent au gentleman, dans les plus grands détails et sans la moindre réserve, tout ce qui était à leur connaissance au sujet de Nelly et de son grand-père, depuis leur première rencontre jusqu'au jour où ils avaient disparu subitement Ils ajoutèrent, et c'était l'exacte vérité :

« Nous avons fait tous les efforts possibles pour retrouver leurs traces, mais nous n'y avons pas réussi. D'abord, nous fûmes très-alarmés pour leur sûreté, de même que nous redoutions les soupçons auxquels pouvait les exposer leur brusque départ. Nous arrêtâmes notre pensée sur la faiblesse d'esprit du vieillard, sur l'inquiétude que l'enfant avait toujours témoignée quand son grand-père était absent, sur la société qu'on supposait qu'il recherchait, et sur la consomption qui peu à peu s'était emparée d'elle et qui la minait au physique comme au moral. Que dans la nuit elle ait perdu la trace du vieillard et que, sachant ou bien se doutant de quel côté il s'était dirigé, elle ait couru à sa poursuite, ou qu'ils aient quitté la maison ensemble, voilà ce qu'il nous est impossible de savoir au juste. Mais nous croyons pouvoir affirmer qu'il n'y a que peu d'espoir d'entendre jamais parler d'eux, et qu'il ne faut pas compter sur leur retour, que leur fuite soit venue du fait du vieillard ou de celui de l'enfant. »

Le gentleman avait écouté tous ces détails de l'air d'un homme accablé par le chagrin et trompé dans son attente. Des larmes lui vinrent aux yeux quand on parla du grand-père, et il parut éprouver une affliction profonde.

Pour ne pas trop étendre cette partie de notre récit, et afin d'abréger cette longue histoire, disons en peu de mots qu'avant la fin même de l'entrevue le gentleman parut comprendre qu'il en avait assez entendu pour être convaincu de la sincérité de ces renseignements, et qu'il s'efforça de faire agréer aux deux mariés une marque de sa reconnaissance pour la bienveillance qu'ils avaient témoignée à l'enfant sans ressources; mais l'un et l'autre refusèrent d'accepter ce présent. A la fin, l'heureux couple partit avec force cahots dans la caravane pour aller passer sa lune de miel en excursions champêtres, tandis que le gentleman et la mère de Kit se tenaient tristement devant la portière de leur voiture.

« Où allons-nous, monsieur ? demanda le postillon.

— Menez-moi, dit le gentleman, au D.... »

Il ne voulait certainement pas dire : « à l'auberge; » mais il substitua ce mot par respect pour la mère de Kit, et ils se rendirent à l'auberge.

Déjà le bruit s'était répandu au dehors que la petite jeune fille qui montrait les figures de cire était l'enfant d'une grande famille, à laquelle on l'avait soustraite dès son bas âge, et qui venait seulement de retrouver ses traces. L'opinion publique se divisait sur la question de savoir si c'était la fille d'un prince, ou d'un duc, ou d'un comte, ou d'un vicomte, ou d'un baron ; mais on était unanimement d'accord sur le fait principal, et l'on s'accordait à reconnaître le gentleman pour son père. Chacun s'avança pour jeter sur lui un regard, bien qu'on ne pût voir que le bout de son noble nez, pendant qu'il s'éloignait dans sa chaise de poste à quatre chevaux, accablé sous le poids de sa douleur

Que n'eût-il pas donné pour savoir (et que de chagrin cela ne lui eût-il pas épargné,) qu'en ce moment même l'enfant et son grand-père étaient assis sous le porche d'une vieille église, attendant patiemment le retour du maître d'école!

CHAPITRE XI.

Les rumeurs populaires au sujet du gentleman et de sa mission, en passant de bouche en bouche, et en prenant de plus en plus le caractère du merveilleux à mesure qu'elles circulaient de bouche en bouche, car les rumeurs populaires, à l'opposé de la pierre roulante du proverbe, amassent plus de mousse à proportion qu'on les colporte çà et là, attirèrent, comme à un spectacle agréable, attrayant, digne de la plus vive admiration, une foule considérable à la porte de l'auberge où descendit l'étranger. On vit se presser aussitôt en cet endroit quantité de flâneurs qui, trouvant, il est vrai, leur curiosité à bout d'emploi, par suite de la fermeture de l'exhibition des figures de cire et de l'achèvement des cérémonies nuptiales, considéraient l'arrivée du gentleman tout au moins comme un bienfait de la Providence, et la saluaient avec les démonstrations de la plus vive allégresse.

Bien loin de s'associer à la joie générale, le gentleman, au contraire, avec l'air triste et affaissé d'un homme qui ne veut que méditer en silence et à l'écart sur l'objet de son chagrin, mit pied à terre, et présenta la main à la mère de Kit avec une politesse sombre, qui fit une profonde impression sur les assistants. Puis il donna le bras à mistress Nubbles, et la conduisit dans la maison, tandis que plusieurs garçons s'empressaient de courir devant eux en éclaireurs, pour leur frayer le chemin et leur montrer la salle toute prête à les recevoir.

« Une chambre ! dit le gentleman. Près d'ici, s'il se peut.

— C'est tout près d'ici, monsieur; venez de ce côté, s'il vous plaît.

— Celle-ci convient-elle au gentleman ? dit une voix en même temps qu'une petite porte latérale contiguë à l'escalier du puits s'ouvrait vivement, et qu'une tête en sortait pour en faire les honneurs. Vous y serez très-bien. Vous y serez le bienvenu, comme les fleurs en mai, et, en hiver, la bûche de Noël. Voulez-vous accepter cette chambre, monsieur ? Faites-moi l'honneur d'y entrer. Accordez-moi cette faveur, je vous prie.

— C'est trop de bonté!... s'écria la mère de Kit toute confondue de surprise. Qui se serait attendu à cela? »

N'avait-elle pas, en effet, de justes motifs pour être étonnée, en voyant que la personne qui faisait cette gracieuse invitation n'était autre que Daniel Quilp? La petite porte par laquelle il avait passé sa tête attenait au garde-manger de l'auberge. Il était là à faire des courbettes avec une politesse grotesque, aussi à son aise que s'il eût fait les honneurs de sa propre maison; il empestait de sa présence les gigots de mouton et les poulets rôtis; on aurait dit le mauvais génie des caves sorti de dessous terre pour se livrer à quelque œuvre malfaisante.

« Voulez-vous me faire cet honneur? répéta Quilp.

— J'aime mieux être seul, répondit le gentleman.

— Oh! » dit Quilp.

Et, en même temps, il se rejeta dans la chambre d'un seul bond en refermant sur lui la porte comme les petits bonshommes des horloges flamandes, au moment où l'heure sonne.

« Comment se fait-il, monsieur, murmura la mère de Kit, que pas plus tard qu'hier au soir, je l'aie laissé au Petit-Béthel?...

— Vraiment!... dit le gentleman. Garçon, quand ce voyageur est-il arrivé ici?

— Ce matin, monsieur, par la voiture de nuit.

— Hum!... Et où va-t-il?

— Je ne pourrais pas vous le dire, monsieur. Quand la femme de chambre lui a demandé s'il désirait un lit, il a commencé par lui faire des grimaces, puis il a voulu l'embrasser.

— Dites-lui de venir ici. Avertissez-le que je serais bien aise d'échanger quelques mots avec lui. Priez-le de venir tout de suite, vous entendez? »

Le garçon ouvrit de grands yeux en recevant cet ordre; car, non-seulement le gentleman n'avait pas témoigné moins d'étonnement que la mère de Kit à la vue du nain; mais, comme il ne le craignait nullement, il ne s'était pas occupé le moins du monde de dissimuler le dégoût et la répugnance qu'il lui inspirait. Le garçon alla exécuter la commission, et reparut presque aussitôt, amenant le nain demandé.

« Votre serviteur, monsieur, dit Quilp. J'ai rencontré à mi-chemin votre messager. Je pensais bien que vous me permettriez de venir vous faire mes compliments. J'espère que vous allez bien. J'espère que vous allez très-bien. »

Ici il y eut une petite pause. Les yeux à demi fermés et le visage incliné, le nain attendait une réponse. Faute d'en recevoir une, il se tourna vers mistress Nubbles, qui était pour lui une plus ancienne et plus intime connaissance.

« La mère de Christophe! s'écria-t-il. Cette chère dame! cette digne femme, si heureusement bénie du ciel dans son honnête fils! Comment va la mère de Christophe? Le changement d'air et de lieu l'a-t-il fatiguée? Et la petite famille? et Christophe? sont-ils en bon état? sont-ils florissants? Deviennent-ils de bons citoyens, eh? »

Faisant gravir à sa voix une sorte d'échelle musicale à mesure qu'il posait ces questions, M. Quilp termina la gamme par un cri aigu, et reprit cet air essoufflé qui lui était habituel, et qui, feint ou naturel, avait également pour effet de bannir toute expression de son visage, et de le rendre parfaitement impassible, autant que cela pouvait lui être utile pour dissimuler sa pensée.

« Monsieur Quilp, » dit le gentleman.

Le nain porta la main à sa grande oreille pendante, pour témoigner, en apparence, la plus grande attention.

« Nous nous sommes déjà rencontrés tous deux?

— Certainement, s'écria Quilp en agitant la tête. Oh! certainement oui, monsieur. Un tel honneur!... Oui, deux fois, maman Christophe, deux fois. Un tel plaisir ne saurait s'oublier si vite, assurément!...

— Vous pouvez vous souvenir que le jour où, en arrivant à Londres, je trouvai vide et déserte la maison où je me rendais, je vous fus adressé par quelques voisins, et courus à votre recherche sans prendre le temps de me reposer ou de me rafraîchir.

— Oui, quelle précipitation, et cependant quelle allure ferme et vigoureuse! dit Quilp se parlant à lui-même, à l'instar de son ami M. Sampson Brass.

— Je vous trouvai, reprit le gentleman, je vous trouvai en pleine possession, de la manière la plus étrange, de tout ce qui avait appartenu si récemment encore à un autre; et cet autre, qui, jusqu'au moment où vous mîtes le pied chez lui, passait pour riche, avait été réduit tout à coup à la misère et expulsé de sa maison.

— Nous avons des témoins pour répondre de nos actes, mon

cher monsieur, dit Quilp. Nous avons nos témoins. Ne dites pas non plus qu'il a été expulsé. Il est parti de sa propre volonté, il a disparu dans la nuit, monsieur.

— Qu'importe! s'écria le gentleman avec emportement. Il était parti.

— Oui, il était parti, dit Quilp toujours avec son calme révoltant. Nul doute qu'il ne fût parti. La seule question, c'était de savoir pour quel endroit. Et c'est encore une question.

— Maintenant, dit le gentleman en le regardant d'un air sévère, que dois-je penser de vous qui, n'ayant voulu me donner aucun renseignement, bien plus, ayant su vous retourner si bien et vous abriter sous toutes sortes de ruses, de tromperies et de paroles évasives, venez aujourd'hui épier nos pas?

—Moi, vous épier! cria Quilp.

—Ne le faites-vous pas? répliqua le gentleman arrivé au plus haut point d'exaspération. N'étiez-vous pas, il y a quelques heures, à soixante milles d'ici, dans la chapelle où cette bonne femme a l'habitude de dire ses prières?

— Elle y était aussi, je pense, dit Quilp qui avait repris son sang-froid accoutumé. Je pourrais dire, moi, si je me laissais emporter aussi, que c'est vous qui épiez *mes* pas. Oui, j'étais dans la chapelle. Eh bien, après? J'ai lu dans les livres qu'il est d'usage pour les pèlerins d'aller à une chapelle avant de se mettre en voyage pour solliciter du ciel un heureux retour. Et cela fait honneur à leur sagesse! Les voyages sont trop périlleux, principalement sur l'impériale. Les roues se détachent, les chevaux prennent le mors aux dents, les conducteurs mènent trop vite, les diligences versent. Je vais toujours à la chapelle avant de me mettre en route. En pareille occasion, c'est toujours par là que je finis mes préparatifs; voilà la vérité. »

Il ne fallait pas une grande pénétration pour deviner que Quilp mentait de gaieté de cœur, quoique l'expression qu'il donnait à son visage, à sa voix et à ses gestes, eût pu faire croire à quelque innocent qu'il était prêt à défendre la vérité au péril de sa vie avec la fermeté calme d'un martyr.

« En vérité, il y a de quoi faire tourner la tête, dit le malheureux gentleman; voyons, dites-moi, n'avez-vous pas, pour un motif particulier, cherché à deviner mes projets? Ne savez-vous pas quel but m'attirait ici, et, si vous le savez, ne pouvez-vous pas me fournir quelque lumière?

— Vous me croyez donc sorcier, monsieur, dit Quilp en haussant les épaules; mais si je l'étais, je me dirais à moi-même ma bonne aventure pour faire fortune.

— Allons! c'est bon! nous nous sommes dit, je le vois, tout ce que nous avions à nous dire, répliqua le gentleman qui se jeta avec impatience sur un sofa. Je vous prie de nous laisser.

— Volontiers, répondit Quilp, très-volontiers. Maman Christophe, ma chère âme, portez-vous bien. Bon voyage, monsieur.... pour votre retour.... Hem! »

En achevant ces paroles d'adieu avec une grimace indescriptible et qui semblait composée de tout ce que l'homme et le singe peuvent imaginer de contorsions les plus hideuses, le nain battit lentement en retraite et ferma la porte derrière lui.

« Oh! oh! se dit-il quand il eut regagné sa chambre et qu'il se fut assis dans un fauteuil, les poings appuyés sur la hanche. Oh! oh! c'est donc comme cela, mon cher ami? En vé—ri—té? »

Poussant dans sa joie immodérée des éclats de rire étouffés et compensant la gêne qu'il avait dû s'imposer récemment par le déploiement de toutes les variétés possibles de laideur sur sa face, M. Quilp se tordit dans son fauteuil tout en frottant sa jambe gauche et tomba dans certaine méditation dont il est nécessaire de présenter ici la substance.

D'abord il passa en revue les circonstances qui l'avaient amené à se rendre en ce lieu. Peu de mots suffiront pour les exposer.

S'étant présenté la veille au soir à l'étude de M. Sampson Brass, en l'absence de ce gentleman et de sa docte sœur, il était tombé sur M. Swiveller qui, en ce moment, était occupé à arroser d'un verre de grog au gin l'aride poussière du droit qui lui desséchait le gosier et à détremper, comme on dit, son argile mortelle à longs traits. Mais comme en thèse générale l'argile, quand elle est trop mouillée, perd toute consistance et s'amollit tellement qu'elle n'est plus propre à recevoir aucune empreinte, et perd en même temps la force et la solidité de son caractère, ainsi l'argile de M. Swiveller, ayant absorbé une quantité considérable de liquide, était aussi arrivée à cet état de mollesse et d'inconsistance où les diverses idées qui venaient s'y imprimer ne tardaient pas à perdre leur contour distinct et à s'amalgamer les unes avec les autres; et, chose singulière quoique trop certaine, il n'est pas rare que dans cette situation l'argile humaine se prévale par-dessus tout de sa rare prudence et de sa sagacité. M. Swiveller, dans cette situation, se plaisait plus que personne à se reconnaître ces qualités. Il partit de là pour dire qu'il avait fait d'étranges découvertes sur le gentleman qui logeait au-dessus, découvertes qu'il avait résolu d'enfouir dans le plus profond de son cœur; ni tortures, ni caresses ne pourraient jamais le déterminer à les révéler.

M. Quilp approuva hautement cette résolution; en même temps, il s'était assis pour pousser M. Swiveller et lui soutirer d'autres renseignements. Il apprit bientôt de lui qu'on avait vu le gentleman en conférence avec Kit. Tel était le secret que jamais il ne devait divulguer.

Muni de ces renseignements, M. Quilp fut amené à supposer tout d'abord que ledit locataire devait être la même personne qui était venue le trouver déjà; et, s'étant assuré par d'autres questions que ce soupçon était fondé, il en conclut qu'en se mettant en rapport avec Kit, le gentleman avait pour but de retrouver les traces du vieillard et de l'enfant. Brûlant du désir curieux de savoir ce que tout cela voulait dire, il résolut de serrer de près la mère de Kit, qui lui semblait la personne la moins capable de résister à ses artifices et par conséquent la plus propre à se laisser dérober les révélations qu'il convoitait. Prenant donc brusquement congé de M. Swiveller, il courut chez mistress Nubbles. La bonne femme était absente. Il s'informa auprès d'un voisin, comme fit Kit lui-même peu de temps après; on lui enseigna la chapelle, où il se rendit aussitôt pour happer la mère de Kit à la fin du service.

Il n'y avait pas un quart d'heure qu'il était assis dans la chapelle où, les regards pieusement attachés au plafond, il jouissait intérieurement, comme d'une bonne plaisanterie, de sa présence en ce lieu, lorsque Kit lui-même apparut. Avec ses yeux de lynx, un instant suffit au nain pour reconnaître qu'il y avait anguille sous roche. Absorbé en apparence, comme nous l'avons dit, et feignant d'être plongé dans une méditation profonde, Quilp étudiait les moindres mouvements de Kit; et quand celui-ci se fut retiré avec sa famille, le nain sortit vivement après lui. Enfin, il suivit Kit et mistress Nubbles jusqu'à la maison du notaire, où il apprit d'un des postillons dans quelle ville devait se rendre la chaise de poste. Sachant qu'une diligence qui faisait rapidement le service de nuit partait pour cette même ville à l'heure même, et que le bureau n'était qu'à deux pas, il y courut sans autre cérémonie et s'installa sur l'impériale. Plusieurs fois, pendant la nuit, la diligence dépassa la chaise de poste, plusieurs fois aussi la chaise de poste dépassa la diligence, selon que leurs haltes étaient plus ou moins longues et leur vitesse moins régulière; finalement, les deux voitures entrèrent en ville au même moment. Quilp, sans perdre de vue la chaise de poste, se mêla à la foule : il apprit l'objet du voyage du gentleman et ses mécomptes ; une fois nanti de ces renseignements, il s'éloigna à la hâte et gagna l'auberge avant le gentleman; c'est là, qu'après avoir eu avec lui l'entretien que nous avons rapporté plus haut, il s'était enfermé dans sa petite chambre où il passait rapidement en revue toutes ces circonstances étranges.

« Ah ! c'est comme ça? mon ami, se dit-il en mordant avidement ses ongles. On me suspecte, on me met de côté ; et c'est Kit, n'est-ce pas? qui est l'agent confidentiel. En ce cas, je crains bien d'avoir à lui régler son compte. »

Il réfléchit un moment, puis ajouta :

« Si ce matin nous avions trouvé le vieux et l'enfant, j'étais prêt à faire valoir d'assez jolis titres. Quelle bonne aubaine c'eût été pour moi ! Sans ces cafards, ces hypocrites, ce garçon et sa mère, j'eusse aussi facilement enveloppé dans mon filet ce farouche gentleman que mon vieil ami, notre ami commun, ah ! ah ! ah ! et la potelée, la fraîche Nelly. Au pis aller, c'est encore une affaire d'or et qu'il ne faut pas perdre. Retrouvons d'abord les fugitifs, puis nous aviserons.... au moyen de vous débarrasser d'un peu du superflu de votre numéraire, mon cher monsieur, tant qu'il y aura des barreaux de prison, des verrous et des serrures pour tenir en sûreté votre ami, ou parent, n'importe. Je hais décidément tous ces gens vertueux ! s'écria le nain en avalant une gorgée d'eau-de-vie et faisant claquer ses lèvres. Oui ! je les hais tous en général et chacun en particulier !... »

Et ce n'étaient pas là des fanfaronnades creuses et vaines; c'était bien l'aveu réfléchi de ses sentiments réels. Car M. Quilp, qui n'aimait personne, en était venu peu à peu à détester tous ceux qui de près ou de loin tenaient à son client ruiné : le vieillard lui-même le premier, parce qu'il avait su le tromper et déjouer sa vigilance; l'enfant, parce qu'elle était l'objet de la commisération et des timides reproches de mistress Quilp; le gentleman, à cause de l'aversion qu'il lui témoignait ouvertement; Kit et sa mère, mortellement, pour les motifs déjà connus. Joignez-y ce sentiment général d'opposition, qui s'unissait étroitement à son désir dévorant de s'enrichir au milieu de ces circonstances équivoques, et voilà pourquoi Daniel Quilp les détestait tous en général et chacun en particulier.

Dans cette aimable disposition d'esprit, il soulagea son estomac et sa haine en buvant une assez notable quantité d'eau-de-vie; puis, changeant de quartier, il se retira dans un cabaret infime, d'où il établit dans l'ombre tous les moyens d'enquête possibles, afin d'arriver à la découverte du vieillard et de sa petite-fille. Mais tout effort resta inutile. Pas la moindre trace, pas le moindre indice qui pût le mettre sur la voie. Les fugitifs avaient quitté la ville pendant la nuit; personne ne les avait vus s'éloigner; nul ne les avait rencontrés sur leur chemin; pas un conducteur de diligence, de charrette ou de fourgon n'avait aperçu de voyageurs répondant à leur signalement; pas une âme en un mot qui eût passé près d'eux ni entendu parler d'eux. Convaincu que pour le moment toute tentative de ce genre était infructueuse, il confia le soin de son affaire à deux ou trois drôles auxquels il promit une forte récompense dans le cas où ils lui feraient parvenir quelque renseignement, et il s'en retourna à Londres par la diligence du lendemain.

En montant sur l'impériale, M. Quilp eut la satisfaction de voir que la mère de Kit était seule dans l'intérieur de la voiture. Durant tout le voyage, il mit à profit cette circonstance pour s'amuser et s'égayer, la situation d'isolement où se trouvait la pauvre femme permettant au malicieux nain de lui causer toutes sortes d'ennuis et d'épouvantes. Ainsi il se tenait penché, suspendu sur un des bords de la voiture au risque de se rompre le cou, et dardait à l'intérieur ses gros yeux à fleur de tête qui semblaient d'autant plus horribles à mistress Nubbles que Quilp avait la tête renversée. Si elle changeait de portière, il se transportait du même côté. Quand on s'arrêtait pour relayer, il sautait lestement à terre et présentait son visage à la glace en louchant affreusement. Cet ingénieux système de tortures produisit sur la victime un tel effet, que mistress Nubbless ne put s'empêcher de croire que M. Quilp, vrai représentant du diable, s'était incarné ce pouvoir de l'enfer si souvent et si vigoureusement attaqué dans les prêches du Petit-Béthel, et que c'était pour la punir du péché qu'elle avait commis le jour du théâtre d'Astley et des huîtres, qu'il s'amusait à la lutiner et à la tourmenter.

Instruit d'avance par une lettre du retour prochain de mistress Nubbles, Kit attendait sa mère au bureau de la diligence. Grande fut sa surprise quand il aperçut la figure bien connue de Quilp qui regardait par-dessus l'épaule du conducteur comme un démon familier, invisible à tout autre œil qu'au sien.

« Comment vous portez-vous, Christophe? croassa le nain du haut de son impériale. Tout va bien, Christophe. Votre mère est là dedans.

— Par quel hasard est-il là, ma mère? dit Kit à demi-voix.

— J'ignore pourquoi ni comment, mon cher enfant, répondit mistress Nubbles en descendant de voiture à l'aide du bras de son fils ; mais toute la sainte journée il n'a cessé de me terrifier à m'en faire perdre les sens.

— En vérité?... s'écria Kit.

— C'est au point que vous ne voudriez pas le croire, répliqua sa mère. Mais ne lui dites pas un mot; car réellement je ne sais pas si c'est un homme. Chut! ne vous tournez pas comme si je vous parlais de lui.... Justement, il vient de se mettre sous le plein rayon de la lanterne de la diligence pour me faire ses yeux louches et effrayants!... »

Nonobstant la prière maternelle, Kit se tourna vivement pour regarder.

Mais M. Quilp tenait déjà tranquillement ses yeux levés vers les étoiles, et paraissait absorbé par la contemplation des corps célestes.

« Oh! l'artificieuse créature!... s'écria mistress Nubbles. Mais venez. Pour tout au monde ne lui parlez pas.

— Si, ma mère, si, je veux lui parler. Quelle faiblesse!... Dites donc, monsieur.... »

M. Quilp affecta de tressaillir et de regarder autour de lui en souriant.

« Voulez-vous bien laisser ma mère tranquille, s'il vous plaît? dit Kit. Comment osez-vous tourmenter une pauvre femme seule comme elle, et la rendre triste et malheureuse, quand elle a déjà bien assez de motifs pour l'être sans vous!... N'êtes-vous pas honteux de votre conduite, petit monstre?...

— Monstre !... répéta Quilp avec un sourire et d'une voix de ventriloque. (Le nain le plus affreux qu'on ait jamais montré pour un sou à la foire.) Monstre !... ah !

— Si à l'avenir vous agissez envers elle avec cette impudence, reprit Kit en plaçant sur son dos le carton de sa mère, je vous le dis et vous le répète, monsieur Quilp, je ne le souffrirai pas. Vous n'avez pas le droit d'agir ainsi ; vous savez bien que nous ne vous avons jamais fait de mal. Ce n'est pas la première fois ; et si jamais vous la tourmentez ou l'effrayez encore, vous m'obligerez.... et j'en aurais regret à cause de votre taille.... vous m'obligerez à vous corriger. »

Quilp ne répliqua rien ; mais, s'approchant de Kit assez près pour lui darder un regard à deux ou trois pouces du visage, il le contempla fixement, recula à courte distance sans détourner les yeux, s'approcha de nouveau, recula encore, et renouvela ce manége une demi-douzaine de fois, comme les têtes qui apparaissent et disparaissent dans les expériences de fantasmagorie. Kit se tenait ferme, s'attendant à une prochaine attaque ; mais, voyant que toutes ces démonstrations n'aboutissaient à rien de sérieux, il fit claquer ses doigts et se retira, entraîné le plus vite possible par sa mère qui, même en écoutant les chères nouvelles du petit Jacob et du poupon, ne pouvait s'empêcher de tourner la tête avec anxiété pour voir si Quilp ne les suivait pas.

CHAPITRE XII.

La mère de Kit eût pu s'épargner la peine de regarder si souvent derrière elle ; car rien n'était plus loin de la pensée de M. Quilp que de songer à les poursuivre, elle et son fils, ou de renouveler la querelle sur laquelle ils s'étaient séparés.

Il s'en alla droit son chemin, sifflant de temps à autre quelque bribe de chansonnette ; et, avec un visage parfaitement tranquille et composé, il se dirigea allégrement vers son logis. En route il évoquait l'idée des inquiétudes, des terreurs de mistress Quilp qui, n'ayant pas reçu la moindre nouvelle de lui depuis trois grands jours et deux nuits, et n'ayant pas eu préalablement avis de son départ, était sans doute en ce moment dans une mortelle anxiété, en proie au plus vif chagrin.

Cette gracieuse perspective était si bien d'accord avec les goûts du nain, et si agréable pour lui, que, tout en marchant, il en riait à cœur joie jusqu'à en avoir les larmes aux yeux. De plus en plus joyeux, quand il atteignit la rue voisine de sa demeure, il exprima son plaisir par un cri rauque qui n'effraya pas médiocrement un passant paisible qui marchait devant lui sans s'attendre à cette surprise. Nouvelle jouissance pour Quilp, et qui augmenta d'autant sa satisfaction.

Telle était l'heureuse disposition d'esprit de M. Quilp lorsqu'il atteignit Tower-Hill. Là, s'étant arrêté à regarder la croisée de son logis, il la trouva plus splendidement éclairée qu'il n'est d'usage dans une maison en deuil. Il s'approcha plus près encore, écouta attentivement et put entendre plusieurs voix se livrant à une conversation animée, et dans le nombre il reconnut, outre celles de sa femme et de sa belle-mère, des organes masculins.

« Ah ! s'écria le nain jaloux, qu'est-ce que c'est que ça?... Est-ce qu'elles reçoivent des visites en mon absence ? »

Une toux étouffée qui venait de l'intérieur fut la réponse qu'il reçut.

M. Quilp chercha dans ses poches son passe-partout ; mais il l'avait oublié. Il n'avait d'autre ressource que de frapper à la porte.

« Il y a de la lumière dans le couloir, se dit-il en mettant son œil au trou de la serrure. Frappons un léger coup ; et avec votre permission, madame, je vais vous prendre à l'improviste. Holà !... »

Il appliqua à la porte un tout petit coup avec précaution : pas de réponse. Mais, ayant de nouveau fait jouer le marteau sans plus de bruit, il vit s'ouvrir tout doucement la porte et aperçut le jeune gardien de son débarcadère. D'une main, il le saisit au collet ; de l'autre, il le traîna jusqu'au milieu de la rue.

« Vous m'étranglez, maître, murmura le jeune garçon, lâchez-moi, s'il vous plaît.

— Qui est-ce qui est là-haut, chien que vous êtes ? dit Quilp sur le même ton. Parlez, et parlez bas, ou je vous étranglerai pour tout de bon. »

Le jeune garçon ne put qu'indiquer la fenêtre, et répondre

par un rire étouffé, mais qui exprimait si bien une gaieté folle, que M. Quilp furieux prit de nouveau le malheureux à la gorge, et il allait mettre sa menace à exécution ou peu s'en faut, si le eune garçon ne s'était adroitement débarrassé de l'étreinte du nain pour se jeter derrière le réverbère voisin : là M. Quilp, après de vains efforts pour l'attraper par les cheveux, fut obligé de parlementer.

« Voulez-vous bien me répondre? dit-il. Qu'est-ce qu'on fait là-haut?

— Vous ne me laissez pas parler! dit l'autre. Ils.... ah! ah! ah! pensent que vous.... êtes mort. Ah! ah! ah!

— Mort! s'écria Quilp avec un rire féroce. Oh! que non. Le pensent-ils en effet? Le pensent-ils réellement, chien que vous êtes!

— Ils pensent que vous êtes noyé, répondit le jeune garçon, dont la nature malicieuse avait une grande affinité avec celle de son maître. La dernière fois qu'on vous a vu, c'est au bord du débarcadère, et l'on pensait que vous étiez tombé à l'eau. Ah! ah! ah!

Le plaisir d'espionner son monde dans ce délicieux concours de circonstances et de causer un désappointement général en reparaissant vivant et très-vivant, procura à Quilp une sensation plus douce que n'eût pu le faire le meilleur coup de fortune. Il n'était pas moins réjoui maintenant que son joyeux compagnon : tous deux restèrent quelques instants à grimacer, à souffler comme des cachalots, à secouer la tête l'un en face de l'autre, de chaque côté du poteau, comme une incomparable paire de magots de la Chine.

« Pas un mot, dit Quilp s'avançant vers la porte sur la pointe du pied. Pas un son! même d'une planche qui crie ou d'un faux pas dans une toile d'araignée. Noyé!... eh! eh! mistress Quilp!... noyé! »

En parlant ainsi, il souffla la chandelle, défit ses souliers, et se mit en devoir de gravir l'escalier, laissant son jeune ami enchanté, tout entier au délice de faire ses culbutes dans la rue.

La chambre à coucher donnant sur l'escalier n'était pas fermée; M. Quilp se glissa dans cette pièce et s'établit derrière la porte qui la faisait communiquer au salon. Or, comme elle était entre-bâillée afin de laisser l'air circuler et qu'elle avait en outre une fente assez commode dont le nain s'était maintes fois servi utilement pour espionner et qu'il avait même élargie avec son couteau à cet effet, non-seulement il put tout entendre, mais il put voir distinctement tout ce qui se passait.

L'œil appliqué à cette fente propice, il vit M. Brass assis à une table où se trouvaient, outre plumes, encre et papier, la cave à liqueurs, sa propre cave avec son propre rhum de la Jamaïque réservé jusqu'ici pour lui seul! puis de l'eau chaude, d'odorants citrons, des morceaux de sucre, tout ce qu'il fallait enfin pour composer un grog délicieux. Avec tous ces matériaux de choix, maître Sampson, qui était loin de méconnaître leurs justes droits à son attention, avait composé un grand verre de punch aux vapeurs brûlantes; en ce moment même il était en train de délayer le breuvage avec une cuiller à thé et y attachait un regard dans lequel une faible expression de regret était dominée par un rayon de douce et agréable jouissance. A la même table et appuyée sur ses deux coudes se trouvait mistress Jiniwin : elle n'avait plus besoin de prélever en cachette quelques cuillerées sur le punch d'autrui; elle buvait à larges gorgées dans son verre à elle; tandis que sa fille, qui n'avait pas positivement de cendres sur la tête ni un sac de toile sur les épaules, mais bien une tenue décente et un certain air de chagrin, était à demi couchée dans un fauteuil et adoucissait sa peine en acceptant de temps à autre un peu de ce breuvage bienfaisant. Il y avait là encore deux bateliers-côtiers qui tenaient des dragues et autres instruments de leur métier : le plaisir qu'ils avaient à boire, leur nez naturellement rouge, leur face enluminée, leur air joyeux, leur présence en un mot, augmentaient, bien loin de le diminuer, l'air de gaieté et de confort qui faisait le vrai caractère de la réunion.

« Si je pouvais empoisonner le punch de cette chère vieille dame, se dit Quilp, je mourrais heureux!

— Ah! dit M. Brass rompant le silence et levant ses yeux au plafond avec un soupir, qui sait s'il ne nous regarde pas d'en haut! Qui sait s'il ne nous contemple pas de.... du lieu quelconque où il peut être, et s'il n'a pas les yeux fixés sur nous! O mon Dieu! »

Ici M. Brass fit une pause pour boire la moitié de son verre de punch; puis il reprit ainsi en secouant la tête avec un sourire triste, mais sans perdre de vue l'autre moitié de son verre :

« Il me semble en vérité que j'aperçois ses yeux qui étincellent dans le miroir de cette liqueur. Ah! quand pourrons-nous le revoir ainsi? Jamais, jamais! Ce que c'est que de nous! une minute avant, nous sommes ici, ajouta-t-il en élevant son grand verre à la hauteur de son visage; et la minute d'après, nous sommes là.... » Il goûta le contenu, puis, se frappant avec un geste emphatique un peu au-dessous de la poitrine, il s'écria : « Oui, nous sommes dans la tombe silencieuse. Et penser que me voilà ici à boire son rhum!... Tout cela me semble un rêve! »

Pour s'assurer sans doute de la réalité de sa position, M. Brass tendit, tout en parlant, son verre à mistress Jiniwin afin qu'elle l'emplît; et se tournant vers les deux bateliers :

« Alors les recherches ont été tout à fait infructueuses?

— Tout à fait, mon maître. Mais je crois bien que si son corps est porté quelque part, ça sera pour sûr du côté de Grinidge[1], à la marée basse.... Est-ce pas, camarade? »

L'autre gentleman fit un signe d'assentiment et ajouta que le corps était attendu à l'hôpital où quelques pensionnaires ne seraient point fâchés de le voir arriver.

« Alors il ne nous reste plus qu'à nous résigner, dit M. Brass, qu'à nous résigner. Ce serait une consolation que d'avoir son corps, une triste consolation.

— Oh! certainement oui, dit vivement mistress Jiniwin; si nous l'avions, au moins n'aurions-nous plus de doutes. »

Sampson Brass reprit sa plume.

« Occupons-nous, dit-il, de l'avis et du signalement à publier. Il y a pour nous un plaisir mélancolique à rappeler ses traits. Nous en étions restés aux jambes....

— Jambes torses, dit mistress Jiniwin.

— Pensez-vous qu'elles fussent torses? dit Brass d'un air confidentiel. Il me semble les voir encore marchant très-écartées dans la rue en pantalon de nankin un peu court sans sous-pieds. Ah! dans quelle vallée de larmes nous vivons! Décidément mettrons-nous *torses*?

— Je pense qu'elles l'étaient un peu, dit mistress Quilp avec un sanglot.

— *Jambes torses*, dit Brass écrivant et parlant à la fois, *la tête grosse*, *le buste court*, *les jambes torses*,

1. Pour Greenwich.

— Très-torses ! dit mistress Jiniwin.

— Non, madame, non, ne mettons pas « très-torses, » dit Brass avec l'expression d'un pieux respect. N'insistons pas sur les imperfections physiques du défunt. Il est en un lieu, madame, où il ne sera plus question de ses jambes. Contentons-nous de mettre *torses*, madame.

— Je m'imaginais que vous demandiez l'exacte vérité, dit la belle-mère. Voilà tout.

— Dieu vous bénisse comme je vous aime ! murmura Quilp. Allons, voilà qu'elle y retourne.... Toujours du punch !

— Le soin qui nous occupe, dit l'homme de loi posant sa plume et vidant son verre, me remet involontairement sous les yeux le fantôme du père d'Hamlet. Oui, je me figure voir le défunt avec le costume qu'il portait tous les jours, son habit, son gilet, ses souliers, ses bas, son pantalon, son chapeau, son esprit et sa verve, son éloquence et son parapluie ; tout cela se présente à moi comme autant d'images de ma jeunesse, son linge !... dit encore M. Brass avec un doux sourire qu'il adressa à la muraille, son linge qui toujours était d'une couleur particulière, car c'était un de ses caprices, une singulière fantaisie; ah ! comme il me semble le voir encore !

— Continuez donc le signalement, monsieur, dit mistress Jiniwin avec impatience; cela vaudrait bien mieux.

— C'est vrai, madame, c'est vrai, s'écria M. Brass. Le chagrin ne doit pas engourdir nos facultés, madame. Voulez-vous m'en verser encore une goutte, s'il vous plaît ? Nous en étions à son nez....

— Nez plat, dit mistress Jiniwin.

— Aquilin !... cria Quilp passant sa tête à travers la porte et touchant de sa main le bout de son nez. Aquilin, sorcière que vous êtes ! Le voyez-vous ? appelez-vous ça un nez plat ? Osez-vous l'appeler ainsi, hein ?

— Oh ! magnifique ! magnifique ! acclama le procureur par la simple force de l'habitude. Parfait !... Comme il est spirituel !... Quel homme remarquable ! quel homme extraordinaire ! et quel art il possède pour surprendre les gens ! »

Quilp ne prit point garde à ces compliments, ni à l'air décontenancé et terrifié que Brass montrait de plus en plus, ni aux cris que poussaient sa belle-mère qui se sauva hors de la chambre, et sa femme qui tomba évanouie. L'œil fixé sur Sampson

Brass, il alla droit vers la table; commençant par le verre du procureur, il en avala le contenu, puis il fit régulièrement le tour de la table jusqu'à ce qu'il eût bu les deux autres verres; ensuite il mit sous son bras sa cave à liqueurs sans cesser de dévisager Brass avec son regard étrange.

— Je ne suis pas encore mort, Sampson, dit-il. Non, pas encore!

— Oh! c'est charmant! s'écria Brass reprenant un peu d'aplomb. Ah! ah! ah! C'est charmant! Il n'y a pas un homme au monde qui se fût ainsi tiré d'affaire. C'était une position difficile. Mais il a un tel flux de bonne humeur, un flux si prodigieux!...

— Bonsoir, dit le nain avec un geste expressif.

— Bonsoir, monsieur, bonsoir, s'écria le procureur en se retirant à reculons. Quelle heureuse, oh! oui, quelle bienheureuse surprise! Ah! ah! ah! Délicieux! vraiment délicieux! »

Le nain attendit que le bruit des exclamations de M. Brass se perdît dans l'éloignement, car M. Brass n'avait pas cessé de les continuer à haute voix tout en descendant l'escalier. Il s'avança alors vers les deux bateliers qui étaient restés immobiles dans une sorte d'étonnement stupide.

« N'avez-vous pas, messieurs, dit-il en tenant avec une grande politesse la porte ouverte, sondé la rivière toute la journée?

— Oui monsieur, et hier aussi.

— Pardieu! vous vous êtes donné là bien de la peine. Je vous prie de considérer comme à vous tout ce que vous trouverez sur.... sur le corps du noyé. Bonsoir. »

Les deux hommes s'entre-regardèrent; mais sans s'amuser à discuter sur le point en litige, ils se glissèrent hors de la chambre. Après avoir fait si vite maison nette, Quilp ferma les portes; et tenant toujours précieusement sa cave à liqueurs, en levant les épaules et se croisant les bras, il resta à considérer sa femme évanouie, semblable à un cauchemar qui vient de peser sur la poitrine du patient endormi.

CHAPITRE XIII.

D'ordinaire, les discussions conjugales ont lieu entre les parties intéressées sous la forme d'un dialogue auquel la dame prend part au moins pour la moitié. Chez M. et mistress Quilp cependant il y avait, sous ce rapport, exception à la règle générale. Les observations réciproques se réduisaient à un long monologue du mari; peut-être la femme trouvait-elle à y introduire quelques courtes supplications, mais qui ne s'étendaient pas au delà d'une syllabe jetée à intervalles éloignés, d'une voix basse et soumise. Dans la circonstance présente, mistress Quilp dut attendre longtemps avant de risquer même cette humble défense; revenue de son évanouissement, elle s'assit en silence, et tout en pleurant écouta avec docilité les reproches de son seigneur et maître.

Ces reproches, M. Quilp les proférait avec tant de volubilité et de violence et en tordant tellement ses membres et sa figure, que sa femme, tout accoutumée qu'elle était à l'attitude de son mari dans ces scènes d'intérieur, se sentit épouvantée et presque hors d'elle. Mais le rhum de la Jamaïque et la satisfaction d'avoir causé un tel mécompte refroidirent par degrés l'emportement de M. Quilp; et du paroxysme ardent et sauvage auquel elle s'était élevée, sa fureur descendit lentement à un état goguenard de raillerie joviale où elle ne s'épargna pas.

« Ainsi, dit Quilp, vous pensiez que j'étais mort et parti pour toujours? Vous croyiez être veuve, hein?... Ah! ah! ah! coquine que vous êtes!

— Vraiment, Quilp, répondit-elle, je suis très-fâchée....

— Qui en doute? s'écria le nain. Vous très-fâchée! Assurément vous l'êtes. Qui doute que vous soyez *très*-fâchée?

— Je ne suis pas fâchée que vous soyez revenu à la maison, vivant et bien portant; mais je suis fâchée d'avoir été amenée à concevoir l'idée de votre mort. Je me réjouis de vous voir, Quilp; vrai, je m'en réjouis. »

En réalité, mistress Quilp semblait beaucoup plus contente de revoir son mari qu'on n'eût pu s'y attendre, et elle lui temoigna pour son heureux retour un intérêt sur lequel, tout bien considéré, il n'eût pas dû compter. Cependant Quilp ne s'en montra pas autrement ému, si ce n'est qu'il venait lui faire claquer ses doigts tout près des yeux avec des grimaces de triomphe et de dérision.

« Comment avez-vous pu aller si loin sans me dire un mot ou me donner de vos nouvelles? demanda la pauvre petite femme en sanglotant. Comment avez-vous pu être si cruel, Quilp?

— Comment j'ai pu être si cruel, si cruel? s'écria le nain. Parce que c'était mon idée. C'est encore mon idée. Je serai cruel si cela me plaît. Je vais repartir.

— Oh! non.

— Si fait. Je vais repartir. Je sors d'ici à l'instant. Mon projet est de m'en aller vivre là où la fantaisie m'en prendra, à mon débarcadère, à mon comptoir, et de faire le garçon. Vous étiez veuve par anticipation.... Goddam! eh bien! moi, je vais, à partir d'aujourd'hui, me faire célibataire.

— Vous ne parlez pas sérieusement, Quilp!... dit la jeune femme en pleurant.

— Je vous dis, ajouta le nain s'exaltant à l'idée de son projet, que je vivrai en garçon, en vrai sans-souci; j'aurai à mon comptoir mon logement de garçon, et approchez-en si vous l'osez. Ne vous imaginez pas que je ne pourrai point fondre sur vous à des heures inattendues; car je vous épierai, j'irai et viendrai comme une taupe ou une belette. Tom Scott!... Où est-il, ce Tom Scott?

— Je suis ici, monsieur, cria le jeune garçon au moment où Quilp ouvrait la croisée.

— Attendez, chien que vous êtes!... Vous allez avoir à porter la valise d'un célibataire. Faites-moi ma malle, mistress Quilp. Frappez chez la chère vieille dame pour qu'elle vienne vous aider, frappez ferme. Holà! holà! »

En jetant ces exclamations, M. Quilp s'empara du tisonnier, et, courant vers la porte du cabinet où couchait la bonne dame, il y heurta violemment jusqu'à ce qu'elle s'éveillât dans une terreur inexprimable. Elle pensait pour le moins que son aimable gendre avait l'intention de la tuer, afin de lui faire expier la critique de ses jambes. Sous cette idée qui la dominait, elle ne fut pas plutôt éveillée, qu'elle se mit à jeter des cris perçants, et elle se fût précipitée par la fenêtre si sa fille ne s'était hâtée de la détromper en invoquant son assistance. Un peu rassurée en apprenant quel genre de service on attendait d'elle, mistress Jiniwin parut en camisole de flanelle. La mère et la fille, toutes deux tremblantes de peur et de froid, car la nuit était très-avancée, exécutèrent les ordres de M. Quilp en gardant un silence respectueux. L'excentrique gentleman eut soin de prolonger le plus possible ses préparatifs pour le plus grand bien des pauvres femmes; il surveillait l'arrangement de sa garde-robe; après y avoir ajouté, de ses propres mains, une assiette, un couteau, une fourchette, une cuiller, une tasse à thé avec la soucoupe et divers autres petits ustensiles de cette nature, il boucla les courroies de sa valise qu'il mit sur son épaule et sortit sans prononcer un mot, avec sa cave à liqueurs, qu'il n'avait pas déposée un seul instant, étroitement serrée sous son bras. En arrivant dans la rue, il remit le fardeau le plus lourd aux soins de Tom Scott, but une goutte à même la bouteille pour se donner du montant, et en ayant assené un bon coup sur la tête du jeune garçon comme pour lui donner un arrière-goût de la liqueur, le nain se rendit d'un pas rapide à son débarcadère, où il arriva entre trois et quatre heures du matin.

« Voilà un bon petit coin! dit Quilp lorsqu'il eut gagné à tâtons sa baraque de bois et ouvert la porte avec une clef qu'il avait sur lui; un bon petit coin!... Vous m'éveillerez à huit heures, chien que vous êtes! »

Sans autre adieu, sans autre explication, il saisit sa valise, ferma la porte sur son serviteur, grimpa sur son comptoir, et s'étant roulé comme un hérisson dans une vieille couverture de bateau, il ne tarda pas à s'endormir.

Le matin, à l'heure convenue, Tom Scott l'éveilla. Ce ne fut pas sans peine, après toutes les fatigues que le nain avait eues à supporter. Quilp lui ordonna de faire du feu sur la plage avec quelques débris de charpente vermoulue, et de lui préparer du café pour son déjeuner. En outre, afin de rendre son repas plus confortable, il remit au jeune garçon quelque menue monnaie pour servir à l'achat de petits pains chauds, de beurre, de sucre, de harengs de Yarmouth et autres articles de ménage; si bien qu'au bout de peu d'instants s'élevait la fumée d'un déjeuner savoureux. Grâce à ces mêts appétissants, le nain se régala à cœur joie; et enchanté de cette façon de vivre libre et bohémienne, à laquelle il avait songé souvent et qui lui offrait, partout où il voudrait la mener, une douce indépendance de tous devoirs conjugaux et un bon moyen pour tenir mistress Quilp et sa mère dans un état continuel d'agitation et d'alarme, il s'occupa d'arranger sa retraite et de se la rendre commode et agréable.

Dans cette pensée, il se rendit à un marché voisin où l'on vendait des équipements maritimes; il acheta un hamac d'occasion qu'il accrocha, comme l'eût fait un marin, au plafond du comptoir. Il fit placer aussi dans cette cabine moisie un vieux poêle de navire, avec un tuyau rouillé qui était destiné à conduire la fumée hors du toit; et lorsqu'enfin toutes ces dispositions furent terminées, il contempla cet aménagement avec un ineffable plaisir.

« Je me suis fait une habitation rustique, comme Robinson Crusoé, dit-il en lorgnant son œuvre; j'ai choisi un lieu solitaire, retiré, espèce d'île déserte où je pourrai être en quelque sorte seul quand j'en aurai besoin, et à l'abri des yeux et des oreilles de tout espion. Personne près de moi, si ce n'est des rats, et les rats sont de bons compagnons, bien discrets. Je vais être au milieu de ce monde-là aussi heureux que le poisson dans l'eau. Pourtant je vais voir si je ne trouve pas un rat qui ressemble à Christophe, celui-là je l'empoisonnerai. Ah! ah! ah! Mais songeons à nos affaires.... les affaires!... Il ne faut pas que le plaisir fasse oublier les affaires, et voilà déjà la matinée avancée!... »

Il ordonna ensuite à Tom Scott d'attendre son retour et de ne point s'amuser à se tenir sur la tête, ou à faire des culbutes, ou à marcher sur les mains, sous peine de recevoir une ample correction; puis il se jeta dans un bateau et traversa le fleuve. Arrivé à l'autre bord, il gagna à pied la maison de Bewis Marks, où M. Swiveller faisait son agréable résidence. Ce gentleman était justement seul à dîner dans son étude poudreuse.

« Dick, dit le nain en montrant sa tête à la porte, mon agneau, mon élève, la prunelle de mes yeux, holà! hé!

— Tiens, c'est vous? répondit M. Swiveller. Comment allez-vous?

— Et comment va Richard? comment va cette crème des clercs?

— Une crème bien sure, monsieur, et qui commence à tourner à l'aigre.

— Qu'est-ce que c'est? dit le nain en s'avançant. Sally aurait-elle été méchante? De toutes les jeunes égrillardes de sa force, je n'en connais pas une comme elle, hé, Dick!

— Certainement non, répliqua M. Swiveller, continuant son repas avec une grande gravité; elle n'a pas sa pareille. Sally est le sphinx de la vie domestique.

— Vous paraissez découragé? dit Quilp en s'asseyant. Voyons, qu'y a-t-il?

— Le droit ne me convient pas, répondit Richard. C'est trop aride; et puis on est trop tenu. J'ai pensé plus d'une fois à me sauver.

— Bah! dit le nain. Où iriez-vous, Dick?

— Je l'ignore. Du côté de Highgate, je suppose. Peut-être les cloches sonneraient-elles : « Viens, Swiveller, lord maire de Londres. » Le prénom de Wittington était Dick, comme le mien, vous savez? Seulement, je voudrais qu'on ne le donnât pas aussi à tous les chats. »

Quilp regarda son interlocuteur avec des yeux dilatés par une expression comique de curiosité, et il attendit patiemment que l'autre s'expliquât. Mais M. Swiveller ne paraissait nullement pressé de fournir des explications. Il dîna longuement en gardant un profond silence; puis enfin il repoussa son assiette, se rejeta en arrière sur le dossier de sa chaise, se croisa les bras et se mit à contempler tristement le feu, où quelques bouts de cigares fumaient tout seuls pour leur propre compte, répandant une forte odeur de tabac.

« Peut-être accepteriez-vous un morceau de gâteau? dit Richard se tournant enfin vers le nain. Il doit être de votre goût, puisque c'est votre œuvre.

— Que voulez-vous dire? » demanda Quilp.

M. Swiveller répondit en tirant de sa poche un petit paquet graisseux qu'il ouvrit avec précaution, et il exhiba du papier d'enveloppe un morceau de plum-pudding très-indigeste, à en juger par l'apparence, et bordé d'une croûte de sucre épaisse au moins d'un pouce et demi.

Qu'est-ce que vous dites de cela? demanda M. Swiveller.

— On dirait un gâteau de fiancée, répondit le nain en grimaçant.

— Et de qui croyez-vous que vienne ce gâteau? demanda M. Swiveller qui s'en frottait le nez avec un calme effrayant. De qui?

— Ne serait-ce pas....

— Oui, elle-même. Vous n'avez pas besoin de rappeler son nom. Ce nom, d'ailleurs, n'est plus le sien. Maintenant, son nom c'est Cheggs, Sophie Cheggs!... Cependant je l'aimais,

Comme on peut aimer quand on n'a pas une jambe de bois,

et mon cœur,

Mon cœur est brisé d'amour pour

Sophie Cheggs!... »

En adaptant ainsi selon sa fantaisie et pour les besoins de sa triste cause le refrain de la ballade populaire, il enveloppa de nouveau le morceau de gâteau, qu'il aplatit entre les paumes de ses mains, le remit dans sa poitrine, boutonna son habit pardessus, et croisa ses bras sur le tout.

« Maintenant, dit-il, j'espère que vous êtes content, monsieur; j'espère que Fred aussi doit être content. Vous avez joué votre jeu dans mon malheur, et j'espère que vous serez satisfaits. C'est donc là le triomphe que je devais obtenir? C'est comme dans la vieille contredanse, où il y a deux messieurs pour une dame seule. Vous savez, la dame choisit l'un et laisse l'autre, qui doit aller à cloche-pied faire tout seul la figure par derrière. Mais ce sont là les coups de la destinée, et la mienne ne fait que m'écraser sous ses pieds. »

Déguisant la joie secrète que lui causait la défaite de M. Swiveller, Daniel Quilp adopta le meilleur moyen de le calmer en tirant le cordon de la sonnette pour commander un extra de vin rosé (c'est-à-dire de ce qui représente ordinairement ce liquide). Il le versa gaiement et porta divers toasts dérisoires à Cheggs, et d'autres plus sérieux au bonheur des célibataires, en invitant M. Swiveller à lui faire raison. L'effet de ces toasts sur Richard, joint à la réflexion que nul homme ne peut lutter contre sa destinée, fut tel, qu'en très-peu de temps M. Swiveller sentit renaître son énergie et se trouva en état de donner au nain des détails sur la réception du gâteau qui, selon toute apparence, avait été apporté à Bewis Marks par les deux miss Wackles en personne, et remis à la porte de l'étude avec une foule de rires dont il ne partageait pas la joie.

« Ah! dit Quilp, ce sera bientôt notre tour de rire. A propos, vous me parliez du jeune Trent.... Où est-il? »

M. Swiveller lui apprit que son honorable ami avait dernièrement accepté une position d'agent responsable dans une banque de jeu ambulante, et qu'en ce moment il était en train de faire une tournée pour les besoins de sa profession parmi les esprits aventureux de la Grande-Bretagne.

« C'est fâcheux, dit le nain, car j'étais venu tout exprès pour m'informer de lui près de vous. J'avais une idée, Dick. Votre ami d'en haut....

— Quel ami?

— Celui du premier étage....

— Oui, eh bien?....

— Votre ami du premier étage, Dick, doit connaître Trent?

— Non, il ne le connaît pas, dit M. Swiveller en secouant la tête.

— Oui et non. Il est vrai qu'il ne l'a jamais vu, répliqua Daniel Quilp; mais si nous les mettions en rapport, qui sait, Dick, si Fred, étant convenablement présenté, ne servirait pas les desseins du locataire tout aussi bien pour le moins que la petite Nelly et son grand-père? Qui sait si la fortune de ce jeune homme, et par suite la vôtre, ne serait pas faite?

— Eh bien, dit M. Swiveller, la vérité est qu'ils *ont été* mis en présence l'un de l'autre.

— Ils l'ont été!... s'écria le nain attachant sur son interlocuteur un regard soupçonneux. Qui a fait cela?

— Moi, dit Richard avec un peu de confusion. Ne vous ai-je pas conté cela la dernière fois que vous m'avez appelé de la rue en passant?

— Vous savez bien que vous ne me l'avez pas conté.

— Je crois que vous avez raison, dit Richard. Non, je ne vous l'ai pas conté, je m'en souviens. Oh! oui, je les ai mis un jour en présence. Ce fut sur la demande de Fred.

— Et qu'arriva-t-il?

— Il arriva que mon ami, au lieu de fondre en larmes quand il apprit qui était Fred; au lieu de l'embrasser tendrement et de lui dire : « Je suis ton grand-père! » ou « ta grand'mère déguisée! » comme nous nous y attendions pleinement, tomba dans un accès de fureur terrible, lui lança toutes sortes d'injures, et finit par lui dire que, si la petite Nell et le vieux gentleman avaient été réduits à la misère, c'était par sa faute. Il ne nous a pas seulement offert de nous rafraîchir, et.... et, en un mot, il nous a mis à la porte de sa chambre plus vite que ça.

— C'est étrange, dit le nain réfléchissant.

— Oui, c'est ce que nous nous disions mutuellement, dit froidement M. Swiveller; mais c'est parfaitement exact. »

Quilp fut complétement ébranlé par cette confidence, sur laquelle il réfléchit quelque temps dans un silence mystérieux. Souvent il levait les yeux sur le visage de Richard, et, d'un regard pénétrant, il en étudiait l'expression. Cependant, comme il n'y lut rien qui lui promît de plus amples détails ou qui pût lui donner des soupçons sur sa véracité; et comme, d'autre part, M. Swiveller, livré à ses propres méditations, poussait de gros soupirs et s'enfonçait plus avant que jamais dans le triste chapitre du mariage de mistress Cheggs, le nain se hâta de rompre l'entretien et de s'éloigner, laissant à ses mélancoliques pensées le pauvre amant éconduit.

« Ils se sont vus! se dit le nain tandis qu'il marchait seul le long des rues. Mon ami Swiveller a voulu négocier cette affaire par-dessus ma tête. Peu importe au fond, puisqu'il en a été pour ses frais; mais c'est égal, l'intention y était. Je suis charmé qu'il ait perdu sa maîtresse. Ah! ah! ah! l'imbécile ne se soustraira plus à ma direction. Je suis sûr de lui dans la maison où je l'ai placé; je le trouverai toutes les fois que j'aurai besoin de lui pour mes desseins; et, d'ailleurs, il est, sans le savoir, le meilleur espion de Brass, et quand il a bu, il dit tout ce qu'il sait. Vous m'êtes utile, Dick, et vous ne me coûtez rien que quelques rafraîchissements par-ci par-là. Il serait bien possible, monsieur Richard, qu'il convînt à mes fins, pour me mettre en crédit auprès de l'étranger, de lui révéler avant peu vos projets sur l'enfant; mais pour le moment et avec votre permission, nous resterons les meilleurs amis du monde. »

Tout en poursuivant le cours de ces pensées et se livrant le long de sa route au rêve ardent de ses intérêts particuliers, M. Quilp traversa de nouveau la Tamise et s'enferma dans son palais de garçon. Le poêle, récemment posé en ce lieu et d'où la fumée, au lieu de sortir par le toit, s'était répandue dans la chambre, rendait ce séjour un peu moins agréable peut-être que ne l'eussent désiré des gens plus délicats. Mais un pareil inconvénient, loin de dégoûter le nain de sa nouvelle demeure, ne lui en plaisait que davantage. Ainsi, après un dîner splendide qu'il avait fait venir du restaurant, il alluma sa pipe et fuma près de son poêle jusqu'au moment où il disparut dans un brouillard qui ne laissait voir que sa paire d'yeux rouges et enflammés et tout au plus, par moments, sa vague et sombre face, quand dans un violent accès de toux il déchirait le nuage de fumée et écartait les tourbillons qui obscurcissaient ses traits. Au milieu de cette atmosphère qui eût infailliblement suffoqué tout autre homme, le nain passa une soirée délicieuse : il se partagea tout le temps entre le douceurs de la pipe et celles de la cave à liqueurs. Parfois il se donnait le plaisir de pousser, en manière de chant, un hurlement mélodieux, qui n'offrait pas, du reste, la moindre ressemblance avec aucun morceau de musique, soit vocale soit instrumentale, que jamais compositeur humain ait été tenté d'inventer. Ce fut ainsi qu'il se récréa jusqu'à près de minuit, où il se mit dans son hamac avec la plus complète satisfaction.

Le premier son qui, le matin, vint frapper ses oreilles, tandis qu'il avait encore les yeux à demi fermés et que, se trouvant d'une façon si inaccoutumée tout près du plafond, il éprouvait la vague idée qu'il pouvait bien avoir été métamorphosé en mouche à viande dans le cours de la nuit, le premier son qu'il entendit fut le bruit d'une personne qui se lamentait et sanglotait dans la chambre. Il se pencha avec curiosité vers le bord de son hamac et aperçut mistress Quilp. D'abord il la contempla quelques instants en silence, puis la fit tressaillir violemment par ce cri soudain :

« Holà !

— Ah ! Quilp, dit vivement la pauvre petite femme en levant ses yeux, quelle peur vous m'avez faite !

— Tant mieux, coquine que vous êtes ! répliqua le nain. Qu'est-ce que vous venez chercher ici ? Vous venez voir si je ne suis pas mort, n'est-il pas vrai ?

— Oh ! je vous en prie, revenez à la maison, revenez à la maison, dit mistress Quilp avec des sanglots ; nous ne le ferons plus jamais, Quilp ; et après tout, ce n'était qu'une méprise qui provenait de notre anxiété.

— De votre anxiété ! dit le nain en grimaçant. Oui, oui, je connais ça, vous voulez dire de votre impatience de me voir mort. Je reviendrai à la maison quand il me plaira, je vous le déclare. Je reviendrai à la maison et m'en irai quand il me plaira. Je serai comme un feu follet, tantôt ici, tantôt là, voltigeant toujours autour de vous, les yeux fixés sur vous au moment où vous m'attendrez le moins, et vous tenant dans un état continuel d'inquiétude et d'irritation. Voulez-vous bien sortir?... »

Mistress Quilp n'osa que faire un geste de supplication.

« Je vous dis que non, reprit le nain. Non! si vous vous permettez de venir ici de nouveau, à moins que ce ne soit sur mon invitation, je lâcherai dans mon terrain des chiens de garde qui hurleront après vous et vous mordront. Je dresserai des chausse-trappes adroitement dissimulées, des piéges à femmes. Je sèmerai des pièces d'artifice qui feront explosion quand vous poserez le pied sur les mèches et qui vous feront sauter en mille petits morceaux. Voulez-vous bien sortir?...

— Pardonnez-moi. Revenez à la maison, dit la jeune femme d'un accent pénétré.

— Non-on-on-on-on! hurla Quilp. Non, pas avant que ce soit mon bon plaisir; et alors je reviendrai aussi souvent que cela me conviendra, et je ne rendrai compte à personne de mes allées et venues. Vous voyez la porte?... Voulez-vous bien sortir! »

Ce dernier ordre, M. Quilp le prononça d'une voix si énergique et, en outre, il l'accompagna d'un geste si violent qui marquait son intention de s'élancer hors de son hamac, et, tout coiffé de nuit qu'il était, de reconduire sa femme chez elle à travers les rues, qu'elle s'enfuit rapide comme une flèche. Son digne seigneur et maître tendit le cou et les yeux jusqu'à ce qu'elle eût franchi le terrain du débarcadère; et alors, charmé d'avoir eu cette occasion d'établir son droit et de poser en fait l'inviolabilité de son manoir, il partit d'un immense éclat de rire, puis s'abandonna derechef au sommeil.

CHAPITRE XIV.

L'aimable et joyeux propriétaire du palais de garçon dormit au milieu de sa société favorite, à savoir : la pluie, la boue, la saleté, l'humidité, le brouillard et les rats, jusqu'à une heure assez avancée du jour. Appelant alors son valet de chambre, M. Tom Scott, et lui ayant ordonné de l'aider à se lever et de lui préparer son déjeuner, il quitta sa couche et fit sa toilette. Ce devoir accompli et le repas terminé, Quilp se rendit de nouveau dans Bewis Marks.

Cette visite n'était pas destinée à M. Swiveller, mais à l'ami et patron d'icelui, M. Sampson Brass. Ces deux gentlemen étaient absents l'un et l'autre; jusqu'à miss Sally, la vie et le flambeau de la loi, qui n'était pas à son poste. Leur absence à tous était signalée aux visiteurs par un bout de papier écrit de la main de M. Swiveller et attaché au cordon de la sonnette; sans faire connaître au lecteur à quel moment de la journée il avait été placé là, ce papier donnait seulement ce vague et trop discret avis : « On sera de retour dans une heure. »

« Il y a bien au moins une servante, je suppose, dit le nain en frappant à la porte de la maison. Voyons ça. »

Après un assez long intervalle de temps, la porte s'ouvrit et une voix grêle fit entendre ces mots :

« Voulez-vous me laisser votre carte ou une lettre?

— Hein? » murmura le nain en abaissant son regard (chose tout à fait contraire à ses habitudes) sur la petite servante.

Et la servante répondit, comme lors de sa première entrevue avec M. Swiveller :

« Voulez-vous me laisser votre carte ou une lettre?

— Je vais écrire un billet, dit le nain passant devant elle et entrant dans l'étude. Songez bien à le remettre à votre maître dès qu'il sera de retour. »

M. Quilp grimpa sur le haut d'un tabouret pour écrire, tandis que la petite servante, prémunie contre de pareils événements par les instructions qu'on lui avait données, attachait sur le nain de grands yeux, toute prête d'avance, s'il dérobait seulement un pain à cacheter, à se précipiter dans la rue pour appeler la garde.

Le billet fut promptement écrit; il était très-court. Tout en le pliant, M. Quilp rencontra le regard de la petite servante. Il examina longtemps et curieusement cette jeune fille.

« Comment vous trouvez-vous ici? » dit le nain en mâchant un pain à cacheter avec d'horribles grimaces.

La petite servante, effrayée peut-être par cet examen, ne put articuler une réponse intelligible; mais le mouvement de ses lèvres permettait de comprendre qu'elle répétait intérieurement sa même phrase au sujet d'une carte ou d'une lettre.

« Est-ce qu'on ne vous traite pas mal, ici? Votre maîtresse n'est-elle pas un vrai cosaque? » dit Quilp d'un ton caressant.

A cette dernière question, la petite servante, avec un regard très-fin mêlé de crainte, serra fortement sa bouche arrondie, et secoua vivement la tête.

Soit qu'il y eût dans cette vivacité de mouvement quelque chose qui plût à M. Quilp, ou que l'expression qu'avaient prise les traits de la petite servante fixât son attention pour un autre motif; soit tout simplement qu'il voulût s'amuser à lui faire perdre contenance, toujours est-il qu'il posa carrément ses coudes sur le pupitre, et, pressant ses joues entre ses mains, se mit à la dévisager.

« D'où venez-vous? dit-il après une longue pose en se caressant doucement le menton.

— Je ne sais pas.

— Quel est votre nom?

— Je n'en ai pas.

— Quelle bêtise!... Comment votre maîtresse vous appelle-t-elle quand elle a besoin de vous?

— Petit démon. »

Elle ajouta tout aussitôt, comme si elle craignait d'autres questions :

« Voulez-vous me laisser une carte ou une lettre? »

Ces réponses étranges étaient de nature à provoquer des questions nouvelles. Quilp, cependant, sans prononcer un mot de plus, détourna son regard de la petite servante, se frotta le menton d'un air plus préoccupé que jamais; mais se courbant sur le billet comme pour en écrire l'adresse avec plus de soin et d'exactitude scrupuleuse, il examina encore la servante du haut de ses épais sourcils, moins hardiment peut-être, mais fort attentivement. Le résultat de cette investigation secrète fut que notre nain, voilant son visage de ses mains, s'amusa de la jeune fille avec malice et sans bruit, jusqu'au moment où les veines de sa face furent près de se rompre dans un éclat de rire. Enfonçant alors son chapeau sur son front pour dissimuler cette gaieté, il lui jeta le billet et sortit à la hâte.

Une fois dans la rue, il ne put résister à un secret mouvement d'hilarité, et se mit à rire en se tenant les côtes, mais à rire de toutes ses forces, essayant de regarder à travers le grillage de la salle poudreuse, comme pour apercevoir encore la jeune fille;

il prolongea ce manége jusqu'à ce qu'il en fût fatigué. Enfin il se rendit au Désert, qui était situé à une portée de fusil de son palais de garçon; là, il commanda, pour le soir, un thé pour trois personnes dans le berceau du bosquet. En effet, sa course et son billet avaient eu pour but d'engager miss Sally Brass et son frère à venir goûter les jouissances qu'on savourait en ce lieu.

Ce n'était pas précisément la saison où l'on a l'habitude de prendre le thé dans les tavernes d'été, moins encore dans les tavernes d'été délabrées, qui dominent les bords vaseux d'un grand fleuve à la marée basse. Néanmoins, ce fut dans ce lieu choisi que M. Quilp ordonna qu'on servît une collation froide; et, à l'heure convenue, il recevait, sous le toit crevassé du berceau ruisselant d'humidité, M. Sampson avec sa sœur Sally.

« Vous aimez les beautés de la nature, dit Quilp avec une grimace. N'est-ce pas, Brass, que c'est charmant? N'est-ce pas que c'est nouveau, pur et primitif?

— C'est délicieux, en effet, monsieur, répondit le procureur.

— Un peu frais? dit Quilp.

— Non.... non, pas tout à fait, ce me semble, monsieur, répondit Brass, dont les dents claquaient de froid.

— Peut-être un peu humide et fiévreux? dit Quilp.

— Juste assez humide pour être agréable, répondit Brass; mais rien de plus, monsieur, rien de plus.

— Et Sally? ajouta le nain ravi de plaisir; aime-t-elle cet endroit?

— Elle l'aimera mieux, répondit la virago, quand elle y prendra le thé : faites-nous-le servir, et ne m'ennuyez pas davantage.

— Douce Sally! s'écria Quilp faisant un geste comme pour l'embrasser; gentille, charmante, ravissante Sally!

— C'est un homme vraiment remarquable! dit M. Brass dans un de ces aparté dont il avait l'habitude; c'est vraiment un troubadour! vous savez, un troubadour! »

Brass semblait laisser tomber ces compliments comme sans y songer, à son propre insu; mais le malheureux procureur, outre le froid terrible qu'il ressentait à la tête, avait été mouillé en chemin, et il eût volontiers consenti même à un sacrifice pécuniaire, pour échanger le lieu humide où il se trouvait contre une bonne chambre bien chaude, où il pût se sécher devant un bon feu. De son côté, Quilp, qui, indépendamment de sa malice démoniaque, n'était pas fâché de faire expier à Sampson la part qu'il avait prise dans la scène de deuil dont il avait été l'invisible témoin, du temps qu'il était noyé, observait ces signes de malaise avec un bonheur inexprimable; il n'aurait pas éprouvé plus de joie à s'asseoir au banquet le plus splendide.

Il convient aussi de faire remarquer, comme un petit trait du caractère de miss Sally Brass, que certainement, pour son propre compte, elle eût supporté de fort mauvaise grâce les désagréments du Désert, et qu'elle n'eût sans doute pas manqué de s'en aller avant l'apparition du thé; mais que, sitôt après avoir remarqué l'état pénible, la souffrance secrète de son frère, elle témoigna une satisfaction farouche, et se mit à s'amuser à sa manière. Quoique la pluie filtrât à travers les fentes du toit et mouillât leurs têtes, miss Brass ne faisait entendre aucune plainte, et présidait à la distribution du thé avec un calme imperturbable. Tandis que M. Quilp, dans sa bruyante hospitalité, installé sur une barrique vide, vantait ce lieu de plaisance comme le plus beau et le plus confortable des trois royaumes, et levait son verre pour boire à leur prochaine réunion de plaisir dans cet agréable endroit; tandis que M. Brass, avec la pluie qui inondait sa tasse, faisait de pénibles efforts pour se donner une contenance et paraître à l'aise; tandis que Tom Scott, qui attendait à la porte sous un vieux parapluie, se roidissait contre son mal, et s'efforçait de rire à gorge déployée, miss Sally Brass, sans songer à la pluie qui tombait sur ses charmes féminins et sur sa riche toilette, se tenait tranquillement assise devant le plateau, contemplant avec une jouissance intérieure la disgrâce de son frère, et satisfaite, dans son généreux oubli d'elle-même, de rester dans la taverne toute la nuit, en face des tourments qu'il éprouvait, et que son caractère avare et sordide ne lui permettait point de vouloir éviter. Et notez bien, car autrement le portrait ne serait pas complet, quoique ce ne soit qu'un trait, notez bien que miss Sally sympathisait au plus haut degré avec M. Brass, et qu'elle eût été hors d'elle si le procureur se fût permis de contrarier son client en quoi que ce fût.

Au plus fort de cette bruyante partie de plaisir, M. Quilp, ayant, sous un prétexte en l'air, renvoyé son serviteur aérien, reprit tout à coup ses manières habituelles, descendit de sa barrique, et posa une main sur la manche du procureur

« Un mot, dit le nain, avant d'aller plus loin. Sally, voulez-vous écouter une minute? »

Miss Sally se rapprocha, accoutumée qu'elle était à avoir avec leur hôte des conférences qui n'en valaient que mieux, pour être dissimulées sous un air d'indifférence.

« C'est une affaire, dit le nain promenant son regard du frère à la sœur, une affaire très-délicate. Réfléchissez-y bien de concert quand vous serez seuls.

— Certainement, monsieur, répondit Brass tirant de sa poche son agenda et son crayon. Je vais prendre note des points principaux, s'il vous plaît, monsieur. Des documents remarquables, ajouta le procureur en levant les yeux au plafond, des documents parfaits!... Il présente tout avec tant de lucidité, que c'est un plaisir de recueillir ses paroles! Je ne connais pas un acte du Parlement qui le vaille pour être clair.

— Si c'est un plaisir, je suis bien fâché d'être obligé de vous en priver, dit sèchement Quilp. Serrez votre livre. Nous n'avons pas besoin de notes. Voilà : il y a un garçon nommé Kit....»

Miss Sally fit un signe de tête pour témoigner qu'elle connaissait ce garçon.

« Kit? dit M. Sampson. Kit?... ah! oui, j'ai entendu ce nom-là; mais je ne me rappelle pas bien.... Je ne me rappelle pas bien....

— Vous êtes aussi lent qu'une tortue, et vous avez le crâne aussi épais qu'un rhinocéros! répliqua son gracieux client avec un geste d'impatience.

— Il est admirablement facétieux!... s'écria l'obséquieux Sampson. Ses connaissances en histoire naturelle sont prodigieuses. C'est un vrai *Bouffon!* »

Nul doute que M. Brass ne voulût faire un compliment à son hôte; et il est vraisemblable de penser qu'il avait eu l'intention de dire *Buffon*, mais qu'il avait laissé se glisser dans le mot une voyelle de trop. Quoi qu'il en soit, Quilp ne lui laissa pas le temps de se reprendre, mais il s'acquitta lui-même de ce soin en lui assenant sur la tête un coup du manche de son parapluie.

« Pas de querelle entre nous, dit miss Sally retenant la main de Quilp. Je vous ai dit que je connais ce garçon, et cela suffit.

— Elle est toujours dans la question! dit le nain en lui donnant une tape sur le dos et regardant Sampson avec dédain. Sally, je n'aime point ce Kit.

— Ni moi, répondit miss Brass.

— Ni moi, dit Sampson.

— Alors, ça va bien, s'écria Quilp. La moitié de notre besogne est déjà faite. C'est un de ces honnêtes gens, un de ces beaux caractères, un animal qui rôde pour surprendre les secrets, un hypocrite, un double masque, un lâche, un espion furtif, un chien couchant devant ceux qui le nourrissent et l'amadouent, mais pour tous les autres, c'est un dogue qui vient vous aboyer dans les jambes.

— Quelle terrible éloquence ! s'écria Brass en éternuant. C'est effrayant !

— Venons-en à l'affaire, dit miss Sally ; pas tant de discours !

— C'est juste, s'écria Quilp en laissant tomber un nouveau regard de dédain sur Sampson ; toujours elle est dans la question ! Je dis, Sally, que ce Kit est un dogue aboyeur et insolent pour tout le monde, mais surtout pour moi. En un mot, je lui garde rancune.

— Cela suffit, monsieur, dit Sampson.

— Non, cela ne suffit pas, monsieur, dit Quilp en ricanant; voulez-vous bien m'écouter jusqu'à la fin ? Outre que je lui garde rancune sur ce qu'il me contrecarre en ce moment et s'est placé comme une barrière entre moi et un résultat qui sans cela pourrait être une mine d'or pour nous tous; outre ce motif, je répète qu'il me déplaît, que je le hais. Maintenant, vous connaissez ce garçon, c'est à vous à deviner le reste. Trouvez entre vous quelque moyen de me débarrasser de lui, et mettez-le à exécution. Puis-je y compter ?

— Vous pouvez y compter, monsieur, dit Sampson.

— Alors donnez-moi la main, répliqua Quilp. Sally, ma belle enfant, donnez-moi la vôtre : je compte sur vous tout autant et même plus que sur lui. Voici justement Tom Scott qui revient. Holà ! de la lumière, des pipes, du grog encore ! du grog toujours !... et vive cette charmante soirée ! »

Pas un mot de plus ne fut prononcé, pas un regard de plus échangé qui eût le moindre rapport au sujet réel de cette réunion. Ce trio avait l'habitude d'agir de concert; les liens d'un intérêt mutuel les attachaient les uns aux autres; il n'était donc pas besoin de plus amples explications entre eux. Quilp, reprenant ses façons bruyantes aussi aisément qu'il les avait quittées, se montra au bout d'un instant le même tapageur, le même petit sans souci, le même viveur que quelques minutes auparavant. Il était dix heures précises quand l'aimable Sally sortit du Désert, soutenant son tendre et bien-aimé frère qui avait le plus grand besoin de l'appui fraternel que pouvait lui procurer ce corps délicat, son pas étant, pour une cause inconnue, fort loin d'être solide, et ses jambes ayant des dispositions à faire sans cesse des écarts et à se poser tout de travers.

Accablé, malgré les sommes prolongés qu'il avait faits, par les fatigues de ces jours derniers, le nain ne perdit pas de temps pour se rendre à sa riante demeure, où bientôt il rêva dans son hamac.

Abandonnons-le à ses rêves, auxquels ne sont peut-être pas étrangères les douces figures que nous avons laissées sous le porche de la vieille église, et allons rejoindre nos voyageurs qui sont assis à regarder devant eux.

CHAPITRE XV.

Après un assez long temps, le maître d'école reparut à la petite porte du cimetière. Il accourait vers ses amis tenant à la main un trousseau de clefs rouillées que le mouvement de sa marche faisait tinter les unes contre les autres. La précipitation et le plaisir qu'il éprouvait l'avaient mis presque hors d'haleine lorsqu'il atteignit le porche : il ne put d'abord que montrer du doigt le vieux bâtiment que l'enfant avait contemplé avec tant d'attention.

« Vous voyez ces deux vieilles maisons ? dit-il enfin.

— Oui, certainement, répondit Nell. Je n'ai guère regardé qu'elles pendant toute votre absence.

— Et sans doute vous les eussiez regardées plus curieusement encore si vous aviez deviné ce que j'ai à vous dire. L'une de ces maisons sera la mienne. »

Sans s'expliquer davantage ni laisser à l'enfant le loisir de répliquer, le maître d'école prit la main de Nelly, qu'il mena, le visage tout rayonnant de joie, jusqu'à l'endroit dont il lui avait parlé.

Ils s'arrêtèrent devant une porte basse et cintrée. Après avoir inutilement essayé plusieurs clefs, le maître d'école finit par en trouver une à laquelle céda l'épaisse serrure. La porte s'ouvrit, en criant sur ses gonds, et permit aux visiteurs d'entrer dans la maison.

La pièce dans laquelle ils pénétrèrent était une chambre voûtée, qui jadis avait été soigneusement décorée par d'habiles architectes, et qui conservait encore dans son beau plafond aux vives arêtes, aux riches broderies de pierre, des vestiges brillants de son ancienne splendeur. Le feuillage sculpté sur les murs et qui défiait l'œuvre même de la nature, était demeuré à sa place comme pour dire combien de fois les feuilles des arbres avaient repoussé et s'étaient flétries, tandis que celles-là avaient bravé le temps sans éprouver de changement. Les figures à demi brisées qui supportaient l'entablement de la cheminée, bien que mutilées, laissaient voir encore ce qu'elles avaient été autrefois avant d'être cachées sous la couche de poussière qui les recouvrait, et s'élevaient tristement aux deux côtés du foyer vide, comme des créatures qui auraient survécu à leur génération et s'affligeraient de ne pouvoir mourir comme elle.

A une époque éloignée, car le changement même était antique dans ce lieu plein de vétusté, une cloison de bois avait été construite dans une partie de la pièce pour former un cabinet qui pût servir de chambre à coucher : vers ce temps, la lumière y pénétrait par une croisée ou plutôt une lucarne grossièrement percée dans l'épaisse muraille. Les matériaux dont elle était formée, ainsi que deux siéges déposés dans la vaste cheminée, avaient, à une date oubliée, fait partie de l'église du couvent; car le chêne, approprié précipitamment à sa destination actuelle, avait été altéré dans sa forme première, mais n'en présentait pas moins une quantité de fragments de riches moulures empruntées aux stalles des religieux.

Une porte tout ouverte menait à une petite chambre ou cellule, où la lumière pénétrait à peine à travers un rideau de lierre, et qui complétait l'intérieur de cette partie des ruines. La maison n'était pas tout à fait dégarnie de meubles. Quelques siéges de forme antique, dont les bras et les pieds semblaient s'être affaissés avec l'âge; une table, ou plutôt un fantôme de table; un grand vieux coffre qui avait jadis contenu les registres de l'église; enfin, divers objets utiles servant aux usages domestiques, et une certaine quantité de bois à brûler pour la provision d'hiver; tout cela était rangé dans la chambre et fournissait autant de preuves certaines que la maison avait été habitée à une époque récente.

L'enfant tournait autour d'elle des regards empreints de ce sentiment de pieuse vénération avec lequel nous contemplons l'œuvre des siècles qui sont devenus comme autant de gouttes d'eau dans l'immense océan de l'éternité. Le vieillard les avait suivis. Tous trois restèrent quelque temps silencieux; ils retenaient leur souffle, comme s'ils avaient craint de troubler, même par le moindre bruit, le silence de ce lieu vénérable.

« Oh ! la belle maison!... dit enfin l'enfant à voix basse.

— J'avais peur qu'elle ne vous parût différente, répondit le maître d'école. Vous avez frissonné quand nous y sommes entrés, comme si vous l'aviez trouvée froide ou sombre.

— Ce n'était pas cela, répondit Nelly regardant autour d'elle avec un léger frémissement. En vérité, je ne saurais vous dire ce que c'était; mais j'ai éprouvé le même effet lorsque du porche de l'église j'ai contemplé l'extérieur de cette maison. Peut-être est-ce parce qu'elle est si vieille et si grise.

— C'est un endroit où il doit faire bon vivre, ne trouvez-vous pas ? dit son ami.

— Oh ! répondit l'enfant en joignant les mains avec ardeur; un endroit tranquille et heureux, un bon endroit pour vivre et pour apprendre à mourir ! »

Elle en eût dit davantage; mais dominée par l'énergie de ses pensées, sa voix se troubla, et les sons ne vinrent plus à ses lèvres qu'en soupirs confus.

— Un bon endroit pour vivre, et pour apprendre à vivre, pour acquérir la santé de l'esprit et du corps! dit le maître d'école. Car cette vieille maison sera la vôtre.

— La nôtre!.., s'écria l'enfant.

— Oui, répondit gaiement le maître d'école, et pour bien des années heureuses, j'espère. Je serai votre proche voisin, porte à porte. Voilà votre maison. »

Débarrassé maintenant du poids de la grande surprise qui leur était préparée, le maître d'école s'assit et fit placer Nell près de lui. Il lui raconta alors comment il avait appris que cet ancien bâtiment avait été occupé depuis fort longtemps par une vieille femme âgée de près de cent ans, qui gardait les clefs de l'église, l'ouvrait et la fermait pour les services et la montrait aux étrangers; comme quoi cette vieille femme était morte quelques semaines auparavant sans qu'on eût trouvé depuis quelqu'un à qui confier cet emploi; comme quoi, ayant appris ces circonstances dans une conversation avec le fossoyeur, qui était retenu au lit par un rhumatisme, il avait été amené à parler de sa compagne de voyage : ce qui avait été si favorablement accueilli par cette haute autorité, que, sur son conseil, il s'était déterminé à soumettre ce sujet au desservant. En un mot, le résultat de ses démarches était que Nell et son grand-père devaient être présentés, le lendemain, au ministre : il ne restait donc plus qu'une pure formalité. Mais ils étaient par le fait déjà nommés au poste vacant.

« Il y a, dit-il, aussi un petit traitement. Sans doute ce n'est pas grand'chose, mais c'est assez pour vivre dans cette retraite. En réunissant nos ressources nous serons à l'aise, n'ayez pas peur.

— Que Dieu vous bénisse et vous protége! dit l'enfant avec des larmes d'attendrissement.

— *Amen*, ma chère, répondit son ami d'un ton de douce gaieté; puisse le ciel me bénir toujours comme il l'a déjà fait en nous conduisant à travers les soucis et les fatigues jusqu'à cette vie tranquille. Mais à présent il s'agit de voir *ma* maison.... Allons, venez! »

Ils se rendirent à l'autre bâtiment. Il fallut chercher dans le trousseau des clefs rouillées; enfin, ils trouvèrent celle qu'il fallait et ouvrirent la porte vermoulue. Elle donnait sur une chambre voûtée et antique, semblable à celle qu'ils venaient de quitter, mais moins spacieuse et n'ayant pour dépendance qu'une autre petite pièce. Il n'était pas difficile de comprendre que la première maison était celle du maître d'école, et que l'excellent homme avait choisi la moins commode, dans son affection pleine d'égards pour ses amis. Ainsi que l'autre maison, celle-ci était garnie des meubles les plus nécessaires, et elle avait également sa provision de bois.

Maintenant ils avaient à s'occuper (occupation bien agréable), de rendre ces habitations aussi confortables que possible. Bientôt chacune des maisons eut son feu brûlant et petillant dans l'âtre, et colorant les murs vieux et blêmes d'une clarté vive et gaie. Nelly exerça activement son aiguille; elle répara les rideaux de croisée en lambeaux, rajusta les déchirures que le temps avait faites dans les morceaux usés de tapis qu'elle réunit pour leur donner un air décent. Le maître d'école nettoya et aplanit le terrain devant la porte, coupa l'herbe haute, arracha le lierre et les plantes rampantes qui laissaient pendre en désordre leurs tiges languissantes; il donna à l'extérieur des murs un air de propreté et presque de parure. Le vieillard, tantôt seul, tantôt avec l'enfant, les aidait tous deux, rendait patiemment quelques petits services, et se trouvait heureux. Les voisins aussi, au sortir du travail, vinrent les assister, ou bien leur envoyèrent par leurs enfants de petits présents et des objets de nécessité première pour des étrangers. La journée avait été bien remplie : quand la nuit arriva, elle les trouva tout étonnés qu'il y eût encore tant à faire et que l'ombre descendît sitôt.

Ils soupèrent ensemble dans la maison que nous appellerons désormais « la maison de l'enfant », et, le repas terminé, ils s'assirent en cercle devant l'âtre. Là, à demi-voix, car leur cœur était trop plein et trop satisfait pour leur permettre de parler à voix haute, ils s'entretinrent de leurs plans d'avenir. Avant qu'ils se séparassent, le maître d'école fit lecture de quelques prières; puis, remplis de bonheur et de reconnaissance envers Dieu, ils se quittèrent pour le reste de la nuit.

A cette heure silencieuse, tandis que le grand-père dormait paisiblement dans son lit et que tout se taisait, l'enfant demeura devant les cendres mourantes à évoquer le souvenir de ses aventures passées, comme si ce n'était qu'un rêve dont elle aimait à ranimer l'image confuse. La clarté du feu qui s'affaissait, réfléchie par les panneaux de chêne dont les saillies sculptées se découpaient en lignes sinistres sur l'obscurité du plafond; les murailles antiques, où d'étranges ombres allaient et venaient, suivant les vacillations de la flamme; l'aspect solennel du dépérissement qui finit par ronger aussi les objets inanimés et invisibles; partout enfin, autour d'elle, l'image de la mort; cet ensemble portait dans l'âme de Nelly de graves pensées, mais aucun sentiment de terreur ni d'alarme. Peu à peu une métamorphose s'était opérée en elle dans les jours de solitude et de chagrin : sa force avait diminué, mais son courage s'était fortifié ; son esprit avait grandi, son âme s'était épurée; dans son sein avaient germé ces saintes pensées et ces graves espérances qui n'appartiennent guère qu'aux faibles et aux languissants. Personne ne vit cette créature fragile lorsqu'elle s'éloigna doucement du feu et qu'elle alla s'appuyer pensive au bord de la petite fenêtre ouverte; nul, si ce n'est les étoiles, n'était là pour apercevoir son visage levé vers le ciel et y lire son histoire. La vieille cloche de l'église sonnait l'heure avec un timbre mélancolique, comme si elle ressentait quelque tristesse d'avoir de si longs entretiens avec les morts, et d'adresser tant d'avertissements inutiles aux vivants; les feuilles mortes bruissaient, l'herbe frémissait sur les tombes ; hors cela, tout était tranquille, tout dormait.

Quelques-uns de ces dormeurs sans rêves étaient couchés dans l'ombre de l'église, près des murs ; comme s'ils s'y attachaient pour y trouver protection et bien-être. D'autres avaient choisi leur asile sous l'ombrage mouvant des arbres ; d'autres sur le chemin où l'on pouvait passer près d'eux ; d'autres parmi les tombes des petits enfants. Il y en avait qui avaient préféré s'étendre sur le sol même qu'ils avaient foulé dans leurs pérégrinations du jour ; d'autres, là où le soleil couchant échaufferait leur petit lit; d'autres, là où ses premiers rayons les éclaireraient dès l'aube. Peut-être n'y avait-il aucune de ces âmes, emprisonnées maintenant dans la tombe, qui eût jamais de son vivant songé à se séparer de l'église, sa vieille compagne; ou si cette pensée avait jamais traversé son esprit, il avait conservé encore pour elle cet amour que l'on a vu des prisonniers garder à la cellule où ils avaient été longtemps confinés, et dont l'étroite enceinte, au moment du départ, les retenait encore par de chers et douloureux regrets.

Il s'écoula de longues heur es avant que l'enfant refermât la fenêtre et gagnât son lit. Elle éprouvait encore quelque chose de semblable aux sensations d'autrefois, un frisson involontaire, une sorte de frayeur momentanée, mais qui s'évanouit aussitôt sans laisser d'alarme après soi. Ses rêves lui montrèrent aussi de nouveau le petit écolier; le toit s'ouvrit, et toute une colonne de visages brillants montaient dans les hauteurs du ciel, comme elle en avait vu dans les vieilles gravures des saintes écritures. Chers anges! ils abaissaient leurs regards sur le lit où elle reposait. Quel doux et heureux songe! Au dehors, la tranquillité de la nature était restée la même, si ce n'est que l'air retentissait des accords d'une musique et du battement des ailes des séraphins. Au bout de quelque temps, miss Edwards et sa sœur lui apparurent, se tenant par la main, et se promenant parmi les tombes. Et alors le rêve devint confus et s'évanouit.

Avec l'éclat et la gaieté du matin, revint aussi la continuation des travaux de la veille, le retour de ses pensées agréables, un redoublement d'énergie, de tendresse et d'espérance. Ils travaillèrent activement tous trois jusqu'à midi à mettre en ordre et arranger leurs maisons; puis ils allèrent faire visite au desservant.

C'était un vieux gentleman au cœur simple, à l'esprit humble, modeste, ami de la retraite. Il connaissait peu le monde, qu'il avait quitté depuis bien des années pour venir s'établir en ce lieu. Sa femme était morte dans la maison même qu'il occupait encore, et il y avait longtemps qu'il s'était détaché des joies et des espérances de la terre.

1 reçut avec bonté les visiteurs et montra tout de suite de l'intérêt à Nelly. Il s'informa de son nom, de son âge, du lieu de sa naissance, des événements qui l'avaient conduite dans ce pays, et ainsi de suite. Déjà le maître d'école avait raconté l'histoire de l'enfant.

« Ils n'ont laissé, lui avait-il dit, aucun ami derrière eux: ils sont sans feu ni lieu. Ils sont venus ici partager mon sort. J'aime cette enfant comme si elle était à moi.

— Bien, bien, dit le desservant. Qu'il soit fait comme vous le désirez. Elle est bien jeune.

— Elle est plus vieille que son âge, mûrie trop tôt par l'épreuve de l'adversité, monsieur, répondit le maître d'école.

— Que Dieu l'assiste! Qu'elle se repose et qu'elle oublie tous ses malheurs! dit le vieux desservant. Mais une église antique est un lieu triste et sombre pour un être aussi jeune que vous, mon enfant.

— Oh! non, monsieur, répliqua Nelly. Je suis bien loin de penser ainsi, assurément.

— J'aimerais mieux la voir danser le soir sur le gazon, dit le desservant, en posant sa main sur la tête de Nelly et souriant avec mélancolie, que de la voir assise à l'ombre de nos arceaux poudreux. Songez à cela, et jugez si nos ruines solennelles ne pèseront pas sur son cœur. Votre demande vous est accordée, mon cher ami. »

Après quelques autres paroles d'un accueil cordial, les visiteurs se retirèrent et se rendirent à la maison de l'enfant. Ils y avaient entamé une conversation sur leur heureuse fortune, quand un autre ami parut.

C'était un petit vieillard qui vivait au presbytère où il s'était établi, comme le maître d'école et ses protégés ne tardèrent pas à l'apprendre, depuis la mort de la femme du desservant, qui remontait à une quinzaine d'années environ. Dès le collége, il avait été le meilleur ami du ministre, et depuis, en tout temps, son compagnon assidu. Dans les premiers moments de douleur il était accouru pour le consoler et le soutenir, et, à partir de cette époque, jamais ils ne s'étaient séparés. Le petit vieillard était l'âme du village, le conciliateur de tous les différends; c'était l'ordonnateur de toutes les fêtes, le dispensateur des libéralités de son ami, auxquelles il ajoutait beaucoup du sien; le médiateur universel, le consolateur de tous les affligés. Pas un des braves villageois n'avait songé à s'informer de son nom, ou, s'ils l'avaient appris, ils l'avaient oublié pour lui donner un autre titre. Peut-être d'après une vague rumeur des succès qu'il avait obtenus au collége et dont le bruit s'était répandu lors de son arrivée, peut-être aussi parce qu'il ne s'était pas marié et ne menait pas de famille à sa suite, on l'avait appelé « le vieux bachelier. » Ce nom lui plaisait, ou du moins lui convenait autant qu'un autre, et depuis ce temps il était resté pour tout le monde le vieux bachelier. Or, c'était le vieux bachelier, nous devons le dire, qui avait eu soin de faire apporter la provision de combustible trouvée par les voyageurs dans leur nouveau domicile.

Il souleva le loquet, montra un moment au seuil de la porte sa bonne petite face ronde, et entra dans la chambre en homme qui n'était pas étranger aux localités.

« Vous êtes monsieur Marton, le nouveau maître d'école? dit-il en saluant l'ami de Nell.

— Oui, monsieur.

— Vous arrivez ici avec d'excellentes recommandations et je suis charmé de vous voir. Je serais venu vous visiter dès hier, car j'attendais votre arrivée, mais j'ai été obligé d'aller dans le pays porter une lettre d'une mère malade à sa fille qui est en service à quelques milles d'ici; je ne fais que de revenir. N'est-ce pas là la jeune gardienne de notre église? Vous n'en êtes que davantage le bienvenu pour nous l'avoir amenée ainsi que ce vieillard. Et c'est de bon augure pour un maître que d'avoir commencé par apprendre lui-même à pratiquer l'humanité.

— Depuis quelque temps elle a bien souffert, dit le maître d'école, répondant ainsi au regard que le visiteur avait laissé tomber sur Nelly en l'embrassant sur la joue.

— Oui, oui, je vois bien qu'elle a souffert, dit le vieux bachelier. Ils ont cruellement souffert, et leur cœur aussi.

— En effet, monsieur, ce n'est que trop vrai. »

Tour à tour, le vieux bachelier promena son regard du grand-père à l'enfant, dont il prit tendrement la main. Il se leva.

« Vous serez plus heureux avec nous, dit-il; ou du moins nous ferons tout pour cela. Vous avez déjà fait bien des améliorations ici. Est-ce votre ouvrage, mon enfant?

— Oui, monsieur.

— Nous en ferons d'autres encore, qui ne vaudront certainement pas mieux, mais au moins avec plus de ressources. A présent, voyons, voyons un peu. »

Nell l'accompagna dans les autres petites chambres ainsi que dans le reste des deux maisons. Il fit la remarque qu'il manquait çà et là divers objets nécessaires et s'engagea à y pourvoir, grâce à une collection d'articles divers qu'il possédait chez lui, et ce devait être un magasin des plus variés et des plus hétérogènes. Tout cela arriva presque aussitôt : car une dizaine de minutes ne s'étaient pas écoulées, quand le petit gentleman qui venait de les quitter reparut chargé de vieilles planches, de morceaux de tapis, de couvertures et autres objets d'usage domestique; il était suivi d'un jeune homme qui portait un fardeau de même nature. On jeta le tout en un monceau sur le parquet; puis il fallut déployer une grande activité pour débrouiller, arranger, mettre en place les dons du vieux bachelier qui présidait au travail avec un plaisir extrême et y mettait la main lui-même avec une vivacité sans égale. Lorsqu'il ne resta plus rien à faire, il ordonna au jeune homme d'aller rassembler les enfants de l'école et de les amener devant leur nouveau maître, qui les passerait solennellement en revue.

« Une jolie collection d'élèves, mon cher Marton; vous serez content de les voir, dit-il, se tournant vers le maître d'école quand le jeune homme se fut éloigné. Mais je ne leur dis pas ce que je pense d'eux; cela gâterait tout. »

Le messager reparut bientôt à la tête d'une longue file de bambins, grands et petits, qui, reçus par le vieux bachelier à la porte de la maison, tombèrent dans une foule de convulsions de politesse, pour montrer leur civilité; tenant d'une main serrée leurs chapeaux et leurs bonnets réduits à leur plus simple expression et se livrant à toute sorte de saluts et de révérences : le vieux gentleman contemplait d'un œil ravi ces démonstrations de respect auxquelles il donnait son approbation par de fréquents signes de tête et des sourires réitérés. La vérité est que le plaisir qu'il avait à les voir n'était pas aussi scrupuleusement dissimulé qu'il avait bien voulu le faire croire au maître d'école; il ne pouvait s'empêcher de le manifester par des remarques confidentielles et des chuchotements prononcés assez haut pour que chacun des élèves l'entendît parfaitement.

« Ce premier enfant, mon cher maître d'école, dit le vieux bachelier, c'est John Owen; un garçon plein de moyens, monsieur, une nature franche et honnête; mais c'est trop irréfléchi, trop joueur, trop léger. Cet enfant, mon cher monsieur, se romprait le cou pour s'amuser et priverait ainsi ses parents de leur principale consolation; et entre nous, regardez-le bien quand il fera le lévrier en jouant à la chasse au lièvre, vous verrez comme il franchit haies et fossés et comme il glisse adroitement tout du long jusqu'au bas de la petite carrière. Vous verrez, vous verrez! Vraiment c'est magnifique. »

John Owen, après cette admonition terrible dont il n'avait rien perdu, fit place à un autre enfant également présenté par le vieux bachelier.

« Maintenant, monsieur, dit-il, regardez celui-ci. Vous le voyez? Il se nomme Richard Evans. Il a une facilité surprenante pour apprendre; il est doué d'une bonne mémoire et d'une intelligence ouverte; en outre, il possède une belle voix et une oreille juste pour chanter les psaumes, et sous ce rapport, personne ne le vaut ici. Cependant, monsieur, cet enfant finira mal; il mourra sur l'échafaud, j'en ai peur; croiriez-vous qu'à l'église monsieur s'endort toujours pendant le sermon? et tenez! pour vous avouer toute la vérité, monsieur Marton, je faisais de même à son âge, et je suis bien certain que cela tenait à ma constitution et que je ne pouvais m'en empêcher. »

L'élève plein d'avenir étant bien et dûment édifié par ce reproche effrayant, notre vieux garçon passa à un autre.

« Mais à propos d'exemples à éviter, dit-il, j'ai là des petits garçons qui semblent faits tout exprès pour servir d'avertissement et de fanal à tous leurs camarades. En voici un que vous n'épargnerez pas, j'espère. Ce gaillard que vous voyez là, avec des yeux bleus et des cheveux blond clair; c'est un nageur, monsieur, un plongeur, Dieu nous bénisse! c'est un garnement, monsieur, qui a eu la fantaisie de se jeter dans dix-huit pieds d'eau tout habillé pour repêcher un chien d'aveugle qui se noyait sous le poids de sa chaîne et de son collier, tandis que le maître de l'animal se tordait les mains sur le rivage, se lamentant sur la perte de son guide, de son meilleur ami. J'ai envoyé sous le voile de l'anonyme deux guinées à ce brave enfant pour la peine, aussitôt que j'ai su ce beau trait, ajouta le vieux bachelier avec ce ton de demi-voix qui lui était particulier; mais n'en soufflez mot, car il ne se doute pas le moins du monde que cet argent lui soit venu de moi. »

Après ce grand coupable, le vieux garçon passa à un autre, puis à un troisième, et ainsi de suite tout le long de la rangée, et pour mieux les retenir dans les bornes de la discipline, il ne manquait pas d'insister avec le même zèle sur celles de leurs qualités qui lui plaisaient le plus et se rapportaient le plus sans doute à ses préceptes et à son propre exemple. A la fin, craignant de les avoir affligés par son excessive sévérité, il les renvoya tous avec un petit présent, en les invitant à retourner paisiblement chez eux sans sauter, ni se battre, ni se détourner de leur chemin; ajoutant, toujours à demi-voix, mais de manière à être entendu de tous, que lorsqu'il était enfant il n'aurait jamais pu s'empêcher de désobéir à un ordre semblable, dût sa vie en dépendre.

A partir de ce moment, le maître d'école conçut bonne espérance pour lui-même de ces dispositions cordiales et bienveillantes du vieux bachelier. Il le quitta, le cœur léger, l'esprit joyeux, et s'estima l'homme le plus heureux de la terre. Cette nuit-là encore, les fenêtres des deux antiques maisons s'éclairèrent du reflet des bons feux qu'on entretenait à l'intérieur; et le vieux garçon, avec son ami le desservant, s'arrêtant pour contempler ces fenêtres au moment où ils revenaient de leur promenade du soir, s'entretinrent à voix basse de la charmante enfant, mais ils se retournèrent vers le cimetière avec un soupir.

CHAPITRE XVI.

Dès le matin, Nelly fut levée de bonne heure : après s'être acquittée d'abord des soins du ménage, après avoir tout apprêté pour le maître d'école, bien assurément contre le désir de cet excellent homme, car il eût voulu lui épargner cette peine, elle détacha d'un clou enfoncé près de la cheminée un petit trousseau de clefs que le vieux bachelier lui avait solennellement remis la veille, et elle sortit seule pour aller visiter l'église.

Le ciel était serein et brillant, l'air transparent, parfumé de la fraîche senteur des feuilles récemment tombées, et vivifiant pour les sens. Le cours d'eau voisin étincelait et coulait avec un murmure mélodieux; la rosée scintillait sur les tertres verts, comme des larmes versées sur les morts par les esprits bienfaisants.

Quelques jeunes enfants, aux figures épanouies, jouaient à cache-cache parmi les tombes. Ils avaient avec eux un petit poupon qu'ils avaient posé tout endormi sur la sépulture d'un enfant dans un lit de feuilles sèches. Cette sépulture était toute récente; peut-être en ce lieu gisait une petite créature qui, douce et patiente dans sa maladie, s'était souvent mise là sur son séant pour regarder ces heureux joueurs, avant de se reposer tout à fait à la même place.

Nelly s'arrêta près de la troupe mutine et demanda à l'un des enfants :

« De qui est-ce là le tombeau?

— Ce n'est pas un tombeau, répondit celui-ci; c'est un jardin.... le jardin de mon frère. Il est plus vert que les autres jardins, et les oiseaux l'aiment bien, parce que mon frère avait l'habitude de donner à manger aux oiseaux. »

Tout en parlant, l'enfant considérait Nelly avec un sourire. Il s'agenouilla, s'étendit un moment en appuyant sa joue contre le gazon, puis se releva et s'enfuit gaiement en quelques bonds rapides.

Nelly dépassa l'église, dont elle contempla la tour gothique, franchit la porte guichetée du cimetière, et pénétra dans le village. Le vieux fossoyeur, appuyé sur une béquille, prenait l'air devant la porte de sa chaumière et il souhaita le bonjour à Nelly.

« Allez-vous mieux? dit Nelly s'arrêtant pour causer avec lui.

— Oui, certainement, répondit le vieillard. Je vous remercie beaucoup; infiniment mieux.

— Avant peu, vous serez tout à fait bien.

— Avec la permission de Dieu et un peu de patience. Mais entrez, entrez. »

Le vieux fossoyeur la précéda en boitant.

« Prenez garde; il y a, dit-il, un pas à descendre. »

Ayant lui-même descendu ce pas, non sans une grande difficulté, il introduisit Nelly dans sa modeste habitation.

« Vous voyez, dit-il, il n'y a qu'une chambre. Il y en a bien une autre là-haut, mais depuis quelques années elle ne me sert pas, parce que l'escalier est devenu trop rude à monter. Toutefois, je pense bien que je la reprendrai l'été prochain. »

Nelly s'étonna qu'une tête grise comme cet homme, surtout exerçant une pareille profession, pût parler aussi à l'aise du temps à venir. Il s'aperçut que son regard se promenait sur les outils accrochés le long de la muraille, et il sourit.

« Je parie, dit-il, savoir ce que vous pensez.

— Eh bien?

— Vous pensez que je me sers de tous ces outils pour creuser les tombes.

— En effet, je m'étonnais de ce que vous aviez besoin d'en employer tant.

— Et vous aviez bien raison. C'est que, voyez-vous, je suis jardinier. Je bêche le terrain pour y planter des choses destinées à vivre et à croître. Il ne faut pas croire que mes œuvres doivent toutes moisir et pourrir en terre. Voyez-vous au milieu cette bêche?

— Qui est si vieille, si ébréchée, si usée?... Oui.

— C'est la bêche du fossoyeur, et vous voyez qu'elle a du service. On se porte bien dans ce pays-ci, et cependant elle a fait joliment du travail. Si elle pouvait parler, cette bêche, elle vous parlerait de plus d'une besogne inattendue qu'elle et moi nous avons accomplie ensemble; mais j'oublie tout à présent, je n'ai plus qu'une pauvre mémoire. Ce n'est pas bien nouveau ce que je vous dis là, ajouta-t-il avec empressement; cela a toujours été et sera toujours.

— Voilà des fleurs et des arbustes pour témoigner de votre autre besogne, dit l'enfant.

— Oh! oui, et aussi de grands arbres.... Et ceux-ci ne sont pas étrangers aux travaux du fossoyeur, comme vous pourriez le croire.

— Non?...

— Non, c'est-à-dire dans mon esprit, dans mon souvenir. Souvent ils ont aidé ma mémoire; car ils me disent que j'ai planté tel arbre pour la naissance de tel homme. L'arbre reste pour me rappeler que l'homme est mort. Quand je contemple son ombre large, et me souviens de ce qu'était cet arbre au temps de cet homme, cela me remet juste à la pensée l'âge de mon autre besogne, et alors je puis vous préciser l'époque où je creusai sa tombe.

— Mais il y en a qui peuvent vous faire souvenir aussi de quelqu'un de vivant?

— De vingt morts pour un vivant, tant femmes que maris, pères et mères, frères, sœurs, enfants, amis, oh! oui, une vingtaine pour le moins. Voilà ce qui fait que la bêche du fossoyeur est devenue tout usée, tout ébréchée. Il m'en faudra une neuve l'été prochain. »

L'enfant le regarda vivement; elle s'imaginait que ce vieillard voulait plaisanter avec son âge et ses infirmités; mais le fossoyeur qui ne se doutait nullement de sa surprise parlait très-sérieusement.

« Ah! dit-il après un court silence, les hommes n'apprennent rien.... Non, ils n'apprennent rien. Il n'y a que nous, nous qui retournons cette terre où rien ne pousse et où tout meurt, qui pensions à ces choses; je dis, comme il faut y penser.... Vous avez été à l'église?

— J'y vais en ce moment, répondit Nell.

— Il y a là, dit le fossoyeur, un vieux puits, juste sous le beffroi, un puits profond, noir et sonore. Durant quarante ans, vous n'avez qu'à laisser glisser le seau jusqu'à ce que le premier nœud de la corde soit dégagé du treuil, et alors vous l'entendez clapoter dans l'eau froide et sombre. Peu à peu l'eau se retire; de sorte qu'au bout de dix ans il faut plonger jusqu'au second nœud, dérouler beaucoup plus de corde, sinon le seau se balance tendu et vide. Dix ans après, l'eau s'est retirée encore; cela va jusqu'au troisième nœud. Dix ans de plus, et le puits s'est desséché; et alors si vous descendez le seau jusqu'à ce que vos bras soient épuisés de fatigue et que vous ayez employé à peu près toute la corde, vous entendrez sur le sol au-dessous un cliquetis et un bruissement soudain, un son qui vous paraîtra si prolongé et si lointain, qu'il vous fera manquer le cœur, et que vous serez entraînée en avant comme si vous alliez tomber dans le puits.

— Quel endroit terrible pour y aller la nuit!... s'écria l'enfant qui avait suivi si attentivement les regards et les paroles du fossoyeur, qu'elle se croyait au bord de l'abîme.

— Qu'est-ce que ce puits? Un tombeau!... reprit-il. Quoi de plus? Tous nos vieillards le savent, et cependant lequel d'entre eux y songe, quand leur printemps s'est évanoui, quand la force leur manque, quand leur vie va déclinant? pas un seul!

— N'êtes-vous pas très-âgé vous-même? demanda involontairement l'enfant.

— J'aurai soixante-dix-neuf ans l'été prochain.

— Vous travaillez encore, quand vous êtes mieux portant?

— Travailler! certainement. Vous verrez près d'ici mes jardins. C'est moi qui ai arrangé, disposé en entier de mes mains tout le terrain. L'année prochaine, ce sera à peine si je pourrai apercevoir le ciel, tant mon feuillage sera devenu épais. Et puis j'ai ma besogne d'hiver aussi, le soir. »

En parlant ainsi, il ouvrit un buffet près duquel il était assis et il en tira quelques petites boîtes de vieux bois grossièrement sculptées.

« Des gentilshommes qui sont épris des temps anciens et de ce qui s'y rattache, dit-il, achètent volontiers ces échantillons de notre église et de nos ruines. Parfois je confectionne ces boîtes avec des débris de chêne que je trouve çà et là, parfois avec des restes de cercueils que les voûtes ont préservés longtemps de la destruction. Voyez ceci; c'est un petit coffret de cette dernière matière, il est garni aux arêtes de fragments de plaques de cuivre sur lesquelles ont été gravées autrefois des inscriptions funèbres qu'on lirait bien difficilement aujourd'hui. A cette époque de l'année, je n'ai pas pour le moment beaucoup de ce bois, mais j'en aurai abondamment l'été prochain. »

L'enfant lui fit compliment de ces jolis ouvrages; puis bientôt après elle s'éloigna. Tout en marchant, elle pensait combien il était étrange que ce vieillard qui tirait une triste morale de ses travaux et de tous les objets dont il était entouré, ne s'en fût jamais fait l'application à lui-même; et que, tout en s'appesantissant sur l'incertitude de la vie humaine, il semblât, dans ses paroles comme dans ses actions, se croire immortel. Mais ses réflexions ne s'arrêtèrent pas sur ce sujet; car elle avait assez de raison pour comprendre que dans les desseins de bonté et de charité de la Providence la nature humaine doit être ainsi, et que le vieux fossoyeur, avec ses plans pour l'été suivant, n'était que le type de l'humanité tout entière.

Ce fut au sein de ces méditations qu'elle atteignit l'église. Il lui fut facile de trouver la clef qui ouvrait la porte extérieure, car à chacune des clefs était attachée une étiquette de parchemin jauni. Le cliquetis de la serrure éveilla un bruit sourd; et quand Nelly entra dans l'église d'un pas chancelant, l'écho qui y retentit la fit tressaillir.

Tout ce qui se produit dans notre vie, soit en bien, soit en mal, nous frappe par le contraste. Si le calme d'un simple village avait ému l'enfant d'autant plus vivement qu'elle avait été obligée, pour y arriver, de traverser, sous le poids de la fatigue et du chagrin, des chemins noirs et rudes, quelle ne fut pas son impression lorsqu'elle se trouva seule au milieu de ce monument solennel! La lumière même, en passant par les fenêtres surbaissées, semblait vieille et grise; l'air, pénétré de miasmes de terre et de moisissure, était comme chargé d'un principe de mort dont le temps avait dégagé les parties les plus impures, et il soupirait à travers les arcades, les nefs et les faisceaux de piliers, comme le souffle des siècles écoulés! Le pavé était tout brisé, tout usé par les pieds des fidèles, comme si le Temps, venant à la suite des pèlerins, avait effacé leurs traces pour ne laisser que des dalles qui s'en allaient en miettes. Les poutres étaient rompues, les arcades affaissées; les murailles sapées tombaient en poussière; la terre avait perdu son niveau; sur les tombes fastueuses, pas une épitaphe n'était restée : tout enfin, marbre, pierre, fer, bois et poussière, n'était plus qu'un monument de ruine commune. Les œuvres les plus belles comme les plus vulgaires, les plus simples comme les plus riches, les plus magnifiques comme les moins imposantes, les œuvres du ciel aussi bien que celles de l'homme, avaient toutes subi le même sort et présentaient le même aspect.

Une partie de l'édifice avait servi de chapelle baronniale; on y voyait les images des guerriers couchés sur leurs lits de pierre, les mains jointes, les jambes croisées. Ces chevaliers qui avaient combattu en Palestine, étaient encore ceints de leur épée et couverts de leur armure comme de leur vivant. Les armes de quelques-uns, leur casque, leur cotte de mailles étaient suspendus près d'eux, à la muraille, à des crochets rouillés. Tout brisés et mutilés qu'étaient ces débris, ils conservaient encore leur ancienne forme et une partie de leur antique splendeur. Ainsi les traces de la violence survivent à l'homme sur la terre, et les vestiges de la guerre et du carnage se mêlent aux emblèmes funéraires, longtemps après que ceux qui répandirent la désolation sont devenus des atomes de poussière.

L'enfant s'assit dans ce lieu vénérable et silencieux, parmi les figures roides et immobiles des tombes qui, pour Nelly, donnaient à ce côté de l'église encore plus de tranquillité et de majesté; promenant autour d'elle des regards pleins d'un respect craintif mélangé d'un plaisir calme, elle se trouva heureuse: elle sentit qu'elle jouissait du repos. Elle prit une Bible sur un banc et se mit à lire; puis, posant le livre, elle s'abandonna à la pensée des jours d'été, du brillant printemps qui reviendrait; des rayons de soleil qui tomberaient obliquement sur la nature endormie; des feuilles qui trembleraient à la fenêtre et projetteraient sur le pavé leur ombre lumineuse; des chants d'oiseaux; des boutons et des fleurs s'épanouissant autour des portes; de la douce brise qui se jouerait dans l'espace et ferait flotter les bannières déchirées. Peu importait que ce lieu éveillât des idées de mort! Quand on mourrait, il resterait toujours le même; ces objets, ces sons se présenteraient avec le même charme; il n'y avait rien de pénible à penser qu'on dormirait au milieu d'eux.

Nelly quitta la chapelle, lentement et se retournant souvent pour regarder en arrière. Elle arriva à une porte basse qui donnait sur la tour, l'ouvrit, gravit dans l'ombre l'escalier tournant; parfois seulement elle apercevait, par le demi-jour d'étroites meurtrières, les degrés qu'elle venait de quitter, ou entrevoyait le reflet métallique des cloches chargées de poussière. Enfin, elle termina son ascension et atteignit le sommet de la tour.

Oh! quelle explosion éclatante et soudaine de lumière! La

fraîcheur des plaines et des bois qui s'étendaient au loin de tous côtés, jusqu'à la limite azurée de l'horizon; les troupeaux qui paissaient dans les pâturages ; la fumée qui, s'élevant par-dessus les arbres, semblait sortir de la terre; les enfants qui près des l'église se livraient à leurs joyeux ébats, tout était beau, tout était heureux ! C'était comme une transition de la mort à la vie, comme un vol vers le ciel.

Les écoliers passèrent au moment où Nelly arrivait au porche et refermait la porte de l'église. En longeant l'école, elle put entendre un bourdonnement de voix. Ce jour-là seulement, son ami avait commencé ses classes. Le bruit augmenta ; Nelly se retourna et vit les enfants sortir en troupe et se disperser avec des cris joyeux et des gambades. « Je suis bien contente, pensa-t-elle, qu'ils passent devant l'église. » Et elle eut la fantaisie de s'arrêter pour voir quel effet produisait ce bruit, et comme l'écho en serait agréable en venant expirer dans ses oreilles.

Ce même jour, par deux fois encore, Nelly visita la vieille chapelle, lut à la même place le même livre, et se laissa aller au même cours de pensées tranquilles. Lorsque le crépuscule du soir fut tombé, quand les ombres de la nuit qui descendait rendirent l'édifice plus grave et plus sévère encore, Nelly resta comme rivée au sol, sans rien craindre ni sans songer à s'éloigner.

Ses amis, qui la cherchaient, la trouvèrent enfin en ce lieu et la ramenèrent à la maison. Elle était pâle, mais paraissait heureuse jusqu'au moment où, avant de se séparer, on échangea le bonsoir. Alors, comme le pauvre maître d'école se penchait pour baiser la joue de Nelly, il crut sentir une larme tomber sur son visage.

CHAPITRE XVII.

Parmi ses occupations diverses, le vieux bachelier trouvait dans l'antique église une source inépuisable d'intérêt et d'agrément. Il en était devenu fier, comme la plupart des hommes le sont des merveilles du petit monde où ils se meuvent; il en avait fait une étude particulière ; il en avait appris l'histoire;

plus d'un jour d'été le trouva dans l'intérieur de l'église, plus d'une soirée d'hiver le vit au coin du feu du desservant, méditant sur ce sujet favori et ajoutant quelque richesse nouvelle à son petit trésor de traditions et de légendes.

Comme il n'était pas de ces esprits farouches qui voudraient mettre à nu la Vérité, en la dépouillant du peu de voiles et de vêtements que le temps et la féconde imagination des poëtes aiment à lui prêter, des agréments qui la décorent et servent, comme les eaux de son puits, à donner des grâces de plus aux charmes qu'ils cachent et montrent à moitié, à éveiller l'intérêt et la curiosité plutôt qu'à faire naître la langueur et l'indifférence; comme, loin de ressembler à ces censeurs moroses et endurcis, le vieux bachelier aimait à voir la déesse couronnée de ces guirlandes de fleurs sauvages que la tradition a tressées pour lui en faire une brillante parure, et qui souvent ont d'autant plus de fraîcheur qu'elles ont plus de simplicité; il marchait d'un pas léger et posait une main légère sur la poussière des siècles. Il aurait été bien fâché de soulever aucune des nobles pierres qu'on y avait élevées sur les tombes, pour voir s'il était vrai qu'il y eût là-dessous quelque cœur honnête et loyal. Ainsi, par exemple, il y avait un vieux cénotaphe de pierre grossière qui, depuis longues générations, passait pour contenir les ossements d'un certain baron, lequel, après avoir porté le ravage, le pillage et le meurtre en pays étranger, était revenu plein de repentir et de douleur faire pénitence et mourir dans sa patrie. Or, de doctes antiquaires avaient récemment découvert que cette tradition n'était nullement fondée, et que le baron en question était mort, à les en croire, les armes à la main sur un champ de bataille, en grinçant des dents et proférant des malédictions jusqu'à son dernier soupir. Le vieux bachelier soutint haut et ferme que la tradition seule était véridique; que le baron, repentant de ses crimes, avait fait de grandes charités et rendu doucement son âme à Dieu; et que, si jamais baron monta au ciel, celui-ci y était assurément bien tranquille. Autre exemple : lorsque les mêmes archéologues prétendirent prouver qu'un certain caveau secret ne contenait nullement la tombe d'une vieille dame qui avait été pendue, traînée sur la claie et écartelée par les ordres de la glorieuse reine Élisabeth, pour avoir secouru un malheureux prêtre qui se mourait de faim et de soif à sa porte, le vieux garçon soutint solennellement, envers et contre tous, que l'église était sanctifiée par la présence des cendres de la pauvre dame ; il démontra que les restes de la victime avaient été recueillis pendant la nuit aux quatre coins de la ville, apportés en secret dans l'église, et déposés dans le caveau. Il y a plus : le vieux bachelier, dans l'excès de son patriotisme local, alla jusqu'à nier la gloire de la reine Élisabeth et à dire tout haut qu'il mettait bien au-dessus d'une pareille gloire celle de la plus humble femme du royaume qui avait au cœur de la tendresse et de la piété. Quant à la tradition d'après laquelle la pierre plate posée près de la port n'était point le tombeau du misérable qui avait déshérité son fils unique et légué à l'église une somme d'argent pour établir un carillon, le vieux bachelier s'empressa de l'admettre ; il disait qu'il était impossible que le pays eût jamais produit un tel monstre. En un mot, il voulait bien que toute pierre ou toute plaque de cuivre fût le monument des actions seules dont la mémoire était digne de survivre, mais pour les autres, elles ne méritaient que l'oubli. Qu'ils eussent été ensevelis dans la terre consacrée, à la bonne heure, mais il les y laissait enfouis profondément, pour ne jamais revoir le jour.

Ce fut par les soins d'un si bon maître que l'enfant apprit facilement sa tâche. Déjà fortement émue par le monument silencieux et la paisible beauté du site au sein duquel il élevait sa majestueuse vieillesse entourée d une jeunesse perpétuelle, il semblait à Nelly, lorsqu'elle entendait ces récits, que cette église était le sanctuaire de toute bonté, de toute vertu. C'était comme un autre monde, où jamais le péché ni le chagrin n'étaient apparus, un lieu de repos inaltérable, où le mal n'osait mettre le pied.

Après lui avoir raconté, au sujet de presque toutes les tombes et les pierres sépulcrales, l'histoire qui s'y rattachait, il la conduisit dans la vieille crypte, maintenant un simple caveau noir, et lui montra comment elle était éclairée au temps des moines ; comment, parmi les lampes qui pendaient du plafond, et les encensoirs qui, en se balançant, exhalaient les parfums de la myrrhe, et les chapes brillantes d'or et d'argent, et les peintures, et les étoffes précieuses, et les joyaux tout rayonnants, tout étincelants sur les arcades profondes, le chant des voix de vieillards avait retenti plus d'une fois à minuit dans les siècles reculés, tandis que des ombres dont le visage se cachait sous un capuchon étaient agenouillées tout autour à prier en défilant les grains de leur rosaire. De là, il la ramena dans l'église et lui fit remarquer, au haut des vieilles murailles, de petites galeries le long desquelles les nonnes avaient coutume de passer, à peine visibles de si loin dans leur costume sombre, s'y arrêtant parfois comme de tristes fantômes pour écouter les cantiques. Il lui apprenait aussi comment les guerriers, dont les images étaient couchées sur les tombes, avaient autrefois porté ces armes maintenant brisées; comme quoi ceci avait été un heaume, ceci un bouclier, ceci un gantelet; comme quoi ils avaient tenu l'épée à deux mains et assené sur l'ennemi les coups terribles de leur masse de fer. Tout ce qu'il disait, l'enfant le recueillait précieusement dans son esprit. Que de fois, la nuit, elle s'éveilla d'un rêve du temps passé et sortit de son lit pour aller regarder au dehors la vieille église, souhaitant avec ardeur de voir les croisées s'éclairer et d'entendre le son de l'orgue et les chants apportés sur l'aile du vent!

Le vieux fossoyeur ne tarda pas à aller mieux. Quand il fut sur pied, il apprit à l'enfant bien d'autres choses, quoique de nature différente. Il n'était pas encore en état de travailler; mais un jour qu'il y avait une fosse à creuser, il alla surveiller l'homme chargé de ce soin. Il était justement ce jour-là d'une humeur communicative; et l'enfant, d'abord debout à côté de lui, puis assise à ses pieds sur l'herbe, tournant vers lui son visage pensif, commença à causer avec le vieillard.

L'homme qui servait d'aide au fossoyeur était un peu plus âgé que lui, quoique beaucoup plus actif. Mais il était sourd, et lorsque le fossoyeur, qui par parenthèse eût fait à grand'peine un mille de chemin en une demi-journée, échangeait une observation avec lui au sujet de son ouvrage, l'enfant ne pouvait s'empêcher de remarquer qu'il y mettait une sorte de pitié impatiente pour l'infirmité de cet homme, comme s'il eût été lui-même la plus forte et la plus alerte des créatures vivantes.

« Je suis fâchée de vous voir faire cette besogne, dit l'enfant en s'approchant. Je n'avais pas entendu dire qu'il y eût quelqu'un de mort.

— Elle habitait un autre hameau, ma chère, répondit le fossoyeur, à trois milles d'ici.

— Était-elle jeune?

— Oui.... oui; pas plus de soixante-quatre ans, je pense. David, avait-elle plus de soixante-quatre ans? »

David, qui bêchait ferme, n'entendit pas un mot de cette question. Le fossoyeur, qui ne pouvait réussir à l'atteindre avec sa béquille et qui était aussi trop infirme pour se lever sans assistance, appela son attention en lui jetant sur son bonnet de coton rouge une motte de terre.

« Qu'est-ce qu'il y a? dit David en le regardant.

— Quel âge avait Becky Morgan? demanda le fossoyeur.

— Becky Morgan? répéta David.

— Oui, répliqua le fossoyeur; ajoutant d'un ton à moitié compatissant et à moitié grondeur, mais sans être entendu de son vieux compagnon : Vous devenez bien sourd, Davy, terriblement sourd. »

Ce dernier, interrompant sa besogne, se mit à nettoyer sa bêche avec un morceau d'ardoise qu'il avait sous la main à cet effet, et grattant dans son opération l'essence d'autant de Becky Morgans que le ciel seul peut en connaître, il se mit à réfléchir sur cette matière.

« Laissez-moi y penser, dit-il ensuite. J'ai vu, la nuit dernière, qu'on avait écrit sur le cercueil.... N'était-ce pas soixante-dix-neuf ans?

— Non, non!

— Ah! oui, c'était cela, reprit le vieillard avec un soupir. Car je me souviens d'avoir pensé qu'elle était à peu près du même âge que nous. Oui, c'était soixante-dix-neuf ans.

— Êtes-vous sûr de n'avoir pas mal lu, Davy? demanda le fossoyeur, laissant voir sur ses traits une certaine émotion.

— Hein?... dit l'autre; répétez-moi cela.

— Il est très-sourd! Il est tout à fait sourd! s'écria vivement le fossoyeur. Êtes-vous sûr d'avoir bien lu?

— Oh! oui. Pourquoi pas?

— Il est tout à fait sourd, murmura le fossoyeur; et puis je crois qu'il tombe en enfance. »

Nelly se demandait avec quelque étonnement quelle raison le fossoyeur pouvait avoir de parler ainsi, quand, à dire vrai, son assistant n'avait pas moins d'intelligence que lui et était infiniment plus robuste. Mais le fossoyeur n'ayant rien ajouté de plus, Nelly ne donna pas suite à cette réflexion.

« Vous m'avez parlé, dit-elle, de vos travaux de jardinage. Est-ce que vous plantez quelque chose ici?

— Dans le cimetière?... Non, je n'y mets rien.

— J'y ai vu des fleurs et des arbustes. Tenez, en voici là-bas. Je m'imaginais qu'ils avaient poussé par vos soins, quoiqu'ils soient bien chétifs.

— Ils poussent à la grâce de Dieu, et Dieu sans doute a ses raisons pour qu'ils ne se montrent pas ici dans tout leur éclat.

— Je ne vous comprends pas.

— Eh bien ! écoutez. Ces arbustes marquent les tombes de ceux qui avaient des amis tendres et dévoués.

— J'en étais sûre !... s'écria l'enfant. Ils ont bien fait, vraiment : cela me fait plaisir à penser.

— Oui, répliqua le fossoyeur; mais attendez. Regardez-les, ces arbustes; voyez comme ils penchent leur tête, comme ils sont languissants, comme ils dépérissent. En devinez-vous la cause?

— Non, répondit l'enfant.

— C'est que la mémoire de ceux qui sont couchés en ce lieu périt si vite ! D'abord on vient soigner ces fleurs le matin, vers midi et le soir; bientôt les visites sont moins fréquentes; une fois par jour, une fois par semaine; d'une fois par semaine, elles arrivent à ne plus avoir lieu qu'une fois par mois; puis les intervalles sont éloignés et incertains; et enfin l'on ne vient plus du tout. Il est rare que ces marques de souvenir fleurissent longtemps. J'ai vu les fleurs d'été les plus passagères leur survivre presque toujours.

— Ce que vous m'apprenez là m'afflige extrêmement.

— Ah ! répondit le vieillard en hochant la tête, c'est ainsi que s'expriment les braves gens qui entrent ici pour parcourir notre cimetière; mais moi je pense tout autrement. « C'est, me disent-ils, une louable habitude que vous avez dans ce pays de cultiver la terre autour des tombes, mais il est triste de voir toutes ces plantes s'étioler ou mourir. » Je leur demande pardon en leur répondant que, selon moi, c'est bon signe pour le bonheur de ceux qui survivent. C'est comme ça; la nature le veut.

— Peut-être cela vient-il de ce que les parents qui les pleurent s'habituent à regarder dans le jour le ciel bleu, et pendant la nuit les étoiles, et à penser que les morts habitent là et non dans leurs tombeaux. »

L'enfant avait prononcé ces paroles avec chaleur. Ce fut d'un accent de doute que le vieillard lui répondit :

« Oui, peut-être. Ce n'est pas impossible.

— Qu'il en soit ainsi ou non, pensa Nelly, je ferai de cet endroit mon jardin. Ce ne sera pas déjà si rude d'y donner un petit coup de bêche, et je suis certaine que j'y trouverai du plaisir. »

Le fossoyeur ne remarqua ni la coloration de ses joues brûlantes ni les larmes qui humectaient ses yeux. Il s'était tourné vers David qu'il appela par son nom. Bien évidemment la question de l'âge de Becky Morgan le troublait encore, quoique l'enfant eût peine à comprendre pourquoi.

Le deuxième ou troisième appel fait par son nom attira enfin l'attention du vieux compagnon, qui interrompit sa tâche, s'appuya sur sa bêche et posa sa main contre son oreille dure.

« Est-ce que vous m'appelez ? dit-il.

— J'aurais cru, Davy, répondit le fossoyeur, que Becky Morgan.... et il montra la tombe, était bien plus âgée que vous ou moi.

— Soixante-dix-neuf ans, répondit le vieillard avec un triste balancement de tête. Je vous dis que je l'ai vu.

— Vous l'avez vu?... Oui ; mais, Davy, les femmes n'avouent pas toujours leur âge.

— C'est possible tout de même, s'écria le compagnon, dont les yeux brillèrent tout à coup. Elle pouvait bien être plus âgée.

— J'en suis sûr. Songez donc seulement comme elle paraissait vieille. Vous et moi nous n'avions l'air que d'enfants auprès d'elle.

— Elle paraissait vieille, répéta David. Vous avez raison ; elle paraissait vieille.

— Rappelez-vous, dit le fossoyeur, combien depuis longues, longues années, elle paraissait vieille; comment voulez-vous qu'elle n'eût que soixante-dix-neuf ans, notre âge seulement?

— Elle devait avoir pour le moins cinq ans de plus que nous! s'écria l'autre.

— Cinq ans!... repartit le fossoyeur; dites plutôt dix. Elle avait bien quatre-vingt-neuf ans. Rappelez-vous l'époque à laquelle sa fille mourut. Certainement elle avait quatre-vingt-neuf ans comme un jour, et la voilà qui veut se donner dix ans de moins!... O vanité humaine!... »

En fait de réflexions morales sur ce thème abondant, le compagnon ne resta pas en arrière, et tous deux ensemble y ajoutèrent des commentaires nombreux, d'après l'autorité desquels il eût été permis de se demander, non pas si la défunte avait bien l'âge qu'on lui supposait, mais si elle n'avait pas parfaitement atteint la limite patriarcale de la centaine. Lorsqu'ils eurent décidé la question à leur satisfaction mutuelle, le fossoyeur, avec l'aide de son ami, se leva pour partir.

« Il fait froid à rester assis à cette place, dit-il, et il faut que je prenne des ménagements jusqu'à l'été prochain.

— Qu'est-ce ? demanda David.

— Il est très-sourd, le pauvre diable !... Bonjour.

— Ah ! dit David le suivant du regard, il baisse considérablement. Comme il vieillit tous les jours ! »

Ce fut ainsi qu'ils se séparèrent, chacun de son côté, persuadé que l'autre avait moins de temps à vivre que lui ; tous deux grandement consolés et rassurés par la petite fiction dont ils étaient tombés d'accord sur l'âge de Becky Morgan, car, grâce à cet expédient, la mort n'était plus pour eux un précédent de fâcheux augure, puisqu'elle leur promettait au moins une dizaine d'années à vivre encore.

L'enfant resta quelques minutes à considérer le vieux sourd, comme il rejetait la terre avec sa pelle, s'arrêtant souvent pour tousser et reprendre haleine, et se répétant entre les dents, avec une sorte de joie grave, que le fossoyeur baissait rapidement. A la fin elle s'éloigna et, traversant toute pensive le cimetière, elle rencontra sans s'y attendre le maître d'école qui était assis au soleil sur un tertre vert et lisait.

« Nell ici !... dit-il amicalement, tandis qu'il fermait son livre. Il m'est bien agréable de vous voir respirer en plein air, en pleine lumiere. Je craignais que vous ne fussiez encore dans l'église où vous vous tenez si souvent.

— Vous le craigniez !... dit l'enfant en s'asseyant auprès de lui. N'est-ce pas un lieu convenable ?

— Sans doute, sans doute. Mais il faut être gaie quelquefois. Allons, ne secouez pas la tête et ne souriez pas si tristement.

— Non, si vous lisiez dans mon cœur, vous n'y verriez pas de tristesse. Ne me regardez donc pas ainsi, comme si vous me supposiez du chagrin. Il n'y a pas sur la terre une créature plus heureuse que je ne le suis maintenant. »

Pleine de reconnaissance et de tendresse, l'enfant prit la main du maître d'école et la pressa entre les siennes.

Ils gardèrent un silence de quelques moments; puis Nelly murmura :

« C'est la volonté du ciel !

— Quoi donc ?

— Tout ça, tout ce qui nous concerne. Mais lequel de nous est triste maintenant ? Ce n'est pas moi toujours, vous voyez que je souris.

— Et moi aussi, dit-il, je souris à l'idée que nous rirons encore plus d'une fois ici. Ne causiez-vous pas avec quelqu'un là-bas ?

— Oui.

— De quelque chose qui vous aura rendue triste ?... »

Ici il y eut un long silence.

« Qu'est-ce que c'était ? demanda tendrement le maître d'école. Allons, dites-moi ce que c'était.

— Je m'affligeais, dit l'enfant fondant en larmes, je m'affligeais de penser que ceux qui meurent parmi nous sont bientôt oubliés.

— Et pensez-vous, dit le maître d'école, remarquant le regard qu'elle avait promené autour d'elle, qu'un tombeau sans visiteurs, un arbre languissant, une fleur ou deux fanées soient des preuves d'oubli ou de froide négligence ? Pensez-vous qu'il n'y ait pas, en dehors des fleurs ou des arbustes, des pensées en action, des souvenirs vivants pour perpétuer la mémoire des morts ? Nell, Nell, il y a peut-être dans le monde en ce moment bien des gens occupés au travail, dont les bonnes actions et les bonnes pensées n'ont d'autre source que ces tombeaux en apparence si négligés.

— Ne m'en dites pas davantage, s'écria l'enfant. Ne m'en dites pas davantage. Je sens, je comprends cela. Comment ai-je pu l'oublier ? je n'avais pourtant qu'à penser à vous.

— Il n'est rien, dit vivement son ami, non, rien d'innocent et de bon qui puisse mourir et être oublié. Si nous ne croyons pas à cela, ne croyons plus à rien. Un petit enfant, un enfant bégayant à peine qui meurt au berceau, revivra dans les plus doux souvenirs de ceux qui l'aimèrent, et remplira là-haut son rôle en rachetant les péchés du monde, bien que son corps puisse être réduit en cendres ou enseveli dans les profondeurs de l'Océan. Il n'y a pas un petit ange dont se recrute l'armée du ciel, qui ne fasse sur la terre son œuvre sainte en faveur de ceux qui l'ont chéri ici-bas. Oublié! oh! si l'on pouvait fouiller à leur source les bonnes actions des créatures humaines, combien la mort elle-même paraîtrait belle! et comme on trouverait que la charité, la mansuétude, la pure affection ont pris souvent naissance dans la poussière des tombes!

— Oui, dit Nelly, c'est la vérité; je le sais. Qui peut mieux que moi en reconnaître la force, moi pour qui votre petit écolier est toujours vivant!... Cher, cher bon ami, si vous saviez tout le bien que vous me faites! »

Le pauvre maître d'école se pencha vers elle sans rien répondre, car son cœur était plein.

Ils étaient encore assis au même endroit quand le grand-père arriva. Avant qu'ils eussent pu échanger une parole, l'horloge de l'église sonna l'heure de la classe, et le maître d'école se retira.

« Un brave homme, dit le grand-père le suivant des yeux; un excellent homme. Sûrement ce n'est pas *lui* qui nous fera jamais du mal. Nous sommes en sûreté ici enfin, n'est-ce pas? Nous ne nous en irons jamais d'ici? »

L'enfant inclina la tête et sourit.

« Elle a besoin de repos, reprit le vieillard en lui caressant la joue. Trop pâle! trop pâle! Elle n'est plus ce qu'elle était...

— Quand? demanda Nelly.

— Ah! oui.... quand? Combien y a-t-il de semaines? Pourrais-je les compter sur mes doigts?... Mais il vaut mieux les oublier; heureusement elles sont passées.

— Heureusement, cher grand-papa, répondit l'enfant. Oui, nous les oublierons; oui, si jamais elles reviennent à notre souvenir, ce sera seulement comme un mauvais rêve qui se sera évanoui.

— Chut! dit le vieillard la poussant vivement avec sa main et regardant par-dessus son épaule. Ne parle plus de ce rêve ni de toutes les souffrances qu'il a causées. Ici il n'y a pas de rêves. C'est un lieu paisible; les rêves se sont éloignés. N'y pensons jamais, de peur qu'ils ne reviennent nous poursuivre. Les yeux fatigués et les joues creuses, la pluie, le froid et la faim, et avant cela des horreurs pires encore, voilà ce qu'il nous faut oublier si nous voulons vivre tranquilles ici.

— Merci, ô mon Dieu! s'écria intérieurement Nelly, pour cet heureux changement!

— Je serai patient, dit le vieillard, je serai humble, plein de reconnaissance et de soumission si tu veux bien me garder. Mais ne t'éloigne pas de moi, ne pars point seule; laisse-moi demeurer auprès de Nell, je serai tout à fait sincère et docile.

— Que je parte! que je m'en aille seule! répliqua l'enfant avec une gaieté feinte; en vérité, ce serait une drôle de plaisanterie. Voyez, mon cher grand-papa, nous ferons de cet endroit notre jardin. Pourquoi pas? La place est excellente. Demain nous commencerons et travaillerons ensemble, l'un près de l'autre.

— C'est une bonne idée! s'écria le grand-père. Eh bien! c'est cela, ma mignonne, nous commencerons demain. »

Rien d'égal au plaisir du vieillard, lorsque le lendemain ils entreprirent leur travail. Rien d'égal à son insouciance pour les images funèbres que rappelait ce lieu. Ils arrachèrent des tombes les longues herbes et les orties, éclaircirent les pauvres arbustes, extirpèrent les racines, nettoyèrent le gazon doux en le débarrassant des feuilles mortes et des mauvaises herbes. Ils étaient encore dans toute l'ardeur de leurs opérations quand l'enfant, levant sa tête qui était penchée vers le sol, remarqua que le vieux bachelier était assis sur une barrière voisine à les observer.

« C'est très-bien, très-bien, dit le petit gentleman adressant un signe d'amitié à Nell qui le saluait. Est-ce que vous avez fait tout cela ce matin? »

Nelly répondit en baissant les yeux :

« C'est peu de chose, monsieur, en comparaison de ce que nous voulons faire.

— Un bon ouvrage, un bon ouvrage, dit le vieux garçon. Mais ne vous occuperez-vous que des tombes des enfants et des jeunes gens?

— Nous en viendrons bientôt aux autres, monsieur, » répondit Nell en détournant la tête et parlant bas.

Ce n'était là qu'un petit incident; cette préférence marquée pouvait être volontaire ou bien due au hasard, ou tenir à la sympathie que Nelly éprouvait pour la jeunesse sans en avoir conscience elle-même. Mais ce fait, qu'il n'avait pas remarqué d'abord, parut produire une impression sur le vieillard. Il jeta un regard rapide sur les tombes, puis contempla avec anxiété son enfant qu'il attira contre lui et à qui il ordonna de se reposer. Quelque chose qui depuis longtemps avait échappé à sa mémoire sembla s'agiter péniblement dans son esprit. Il ne pouvait l'en effacer, comme il avait fait d'autres sujets plus graves; mais l'impression grandit, grandit encore, se reproduisit plusieurs fois ce même jour, et souvent dans la suite. Une fois, tandis qu'ils étaient à l'œuvre, l'enfant, voyant que son grand-père se retournait fréquemment et la regardait avec inquiétude comme s'il s'efforçait de résoudre quelques doutes cruels ou de réunir quelques pensées dispersées, le pressa de s'expliquer à ce sujet. « Ce n'est rien, dit-il, rien! » Et posant sur son bras la tête de Nelly, il lui caressa la joue avec sa main et murmura :

« Chaque jour elle devient plus forte. Ce sera bientôt une femme. »

CHAPITRE XVIII.

A partir de ce temps, il s'éleva dans le cœur du vieillard, à l'égard de l'enfant, une sollicitude vigilante qui ne le quittait plus. Il y a dans le cœur humain des cordes étranges, variées, qui ne vibrent que par accident : elles resteront muettes et sourdes aux appels les plus passionnés, les plus ardents, et puis un jour enfin elles répondront au contact le plus léger et le plus fortuit. Dans les esprits les plus insensibles ou les plus enfantins, il y a un certain fonds de réflexion que l'art suscite rarement et que toute l'habileté du monde ne pourrait inspirer : il se révèle par hasard comme se sont révélées la plupart des grandes vérités, quand celui qui les découvrait n'avait en vue que le but le plus simple.

Du jour où s'était passée cette scène intime, le vieillard n'oublia plus un seul moment la faiblesse et le dévouement de l'enfant. A partir de ce petit incident, lui qui l'avait vue traverser, à ses côtés, tant d'obstacles et de souffrances, sans l'envisager autrement que comme la compagne naturelle des misères qu'il ressentait si cruellement lui-même et qu'il déplorait aussi bien pour lui que pour elle, il sentit intérieurement s'éveiller l'intelligence de sa dette envers Nelly et de l'état où ces misères l'avaient réduite. Depuis cette époque jusqu'à la fin, jamais, non, jamais, même dans un moment d'oubli, il ne se préoccupa plus de sa propre personne; jamais aucune pensée, aucune considération d'intérêt particulier ne vint le distraire de la contemplation du gracieux objet de son amour.

Il la suivait partout pour guetter l'instant où elle serait fatiguée et sentirait le besoin de s'appuyer sur son bras; il s'asseyait en face d'elle au coin de la cheminée, heureux de veiller sur elle et de la regarder, jusqu'à ce qu'elle relevât la tête et lui sourît comme autrefois; il lui épargnait avec empressement les soins domestiques qui eussent pu excéder la mesure de ses forces; pendant les sombres et froides nuits, il se levait pour écouter le souffle de son enfant endormie, et parfois il restait penché des heures entières au chevet de son lit rien que pour avoir le plaisir de toucher sa main. Celui qui sait tout peut seul savoir combien d'espérances, combien de craintes, combien de pensées d'affection profonde se croisaient dans ce cœur déchiré, et quel changement s'était opéré chez le pauvre vieillard.

Quelquefois (bien des semaines s'étaient écoulées déjà) l'enfant, épuisée même au bout de peu d'efforts, passait toute la soirée sur un lit de repos devant le feu. Alors le maître d'école apportait des livres et lui faisait la lecture à haute voix; mais rarement la soirée s'écoulait sans que le vieux bachelier vînt aussi et se mît à lire à son tour. Le grand-père restait assis à écouter, il n'écoutait guère, mais il tenait ses yeux fixés sur l'enfant; et si elle souriait, si elle s'animait au récit qu'elle entendait, le vieillard disait que ce récit était plein d'intérêt, et il se prenait à aimer le livre. Lorsque, dans la causerie de la soirée, le vieux bachelier racontait quelque histoire qui plaisait à Nelly, et les histoires du vieux bachelier ne manquaient jamais de lui plaire, le vieillard s'efforçait, bien qu'à grand'peine, de la graver dans son esprit; de plus, quand le vieux bachelier prenait congé d'eux, parfois le vieillard courait après lui et le priait humblement de vouloir bien lui redire quelque partie de son histoire qu'il désirait apprendre pour obtenir un sourire de Nelly.

Mais ces circonstances ne se produisaient par bonheur que rarement : car l'enfant n'aimait qu'à être dehors et à se promener dans son jardin solennel. Bien des personnes aussi venaient visiter l'église; et comme ceux qui étaient venus parlaient de l'enfant à leurs amis, il s'en présentait beaucoup d'autres : si bien que, même à cette époque de l'année, il y avait foule de visiteurs. Le vieillard les suivait à quelque distance le long l'église, écoutant la voix si chère à son cœur; et quand les étrangers avaient quitté Nelly et s'éloignaient, il se mêlait à eux pour saisir quelques lambeaux de leur conversation; ou bien dans ce but, il restait à la porte, la tête découverte, guettant le moment où ils passeraient. Ceux-ci vantaient toujours l'esprit et la beauté de l'enfant, et le vieillard était fier de les entendre! Mais qu'ajoutaient donc si souvent ces visiteurs, pour que le cœur du vieillard fût torturé et pour que le pauvre homme allât tout seul gémir et sangloter dans un coin sombre? Hélas! qu'ils étaient indifférents à ses yeux, ceux qui n'éprouvaient pour elle que le faible intérêt du moment, ceux qui s'en allaient oublier dès la semaine suivante l'existence d'un être si charmant, même après l'avoir vu, même après en avoir eu pitié, même après avoir adressé au grand-père un adieu plein de compassion et chuchoté entre eux, en passant, d'un air mystérieux!

Parmi les gens du village aussi il n'y en avait pas un qui ne ressentît de l'affection pour la pauvre Nelly : tous éprouvaient le même sentiment ; tous avaient non-seulement de la tendresse pour elle, mais une pitié qui croissait chaque jour. Les écoliers eux-mêmes, tout légers et insouciants qu'ils étaient, aimaient Nelly. Le plus hébété d'entre eux eût été bien fâché de ne pas l'avoir aperçue à sa place accoutumée lorsqu'il se rendait à la classe, et il se fût volontiers détourné de son chemin pour aller demander de ses nouvelles à la fenêtre garnie de barreaux. Si elle était assise dans l'église, les écoliers y hasardaient tout doucement un regard à travers la porte entre-bâillée, mais ils ne s'avisaient point de lui parler, à moins qu'elle ne se levât et ne vînt leur adresser la parole. Ils lui reconnaissaient quelque chose de supérieur qui l'élevait au-dessus d'eux.

Quand le dimanche revenait, il n'y avait dans l'église que de pauvres gens; car le château où avaient vécu les anciens seigneurs du pays n'était plus qu'une ruine abandonnée; et, à sept milles à la ronde, il n'existait que d'humbles cultivateurs. En ce jour consacré à la prière et jusque dans le lieu saint l'on témoignait à Nelly le même intérêt que partout ailleurs. On se réunissait autour d'elle sous le porche, avant et après le service. Les tout petits enfants s'attachaient à sa jupe; les vieillards et les femmes interrompaient leurs commérages pour lui adresser un salut affectueux. Plusieurs qui étaient venus d'une distance de trois à quatre milles, lui apportaient leur modeste présent; et les plus pauvres, les plus infimes avaient au moins pour elle des vœux sortis du cœur.

Elle avait voué une tendresse toute particulière aux jeunes enfants qu'elle avait vus pour la première fois jouant dans le cimetière. L'un d'eux, celui qui avait parlé de son frère, était son petit favori, son ami; souvent, à l'église, il se tenait assis auprès d'elle, ou bien il montait avec elle jusqu'au sommet de la tour. Il était heureux de la soutenir, ou de s'imaginer du moins qu'il lui prêtait appui, et bientôt ils devinrent inséparables.

Il advint qu'un jour, comme Nelly était seule, dans le vieux cimetière, occupée à lire, le jeune garçon y accourut, les yeux pleins de larmes, et après l'avoir tenue un moment à quelque distance de lui en la contemplant fixement, jeta avec une ardeur passionnée ses petits bras autour du cou de sa jeune amie.

« Qu'est-ce donc? dit Nelly cherchant à le calmer. Qu'y-a-t-il?

— Elle n'en est pas encore *un!*... s'écria l'enfant l'embrassant plus étroitement encore. Non, non!... Elle n'en est pas *un!*... »

Elle le regarda avec surprise, et lui débarrassant le front des cheveux qui le couvraient, elle demanda en l'embrassant au petit homme ce qu'il voulait dire.

« Chère Nell, s'écria-t-il, il ne faut pas que vous en soyez *un!*... Nous ne les revoyons plus. Jamais ils ne viennent jouer avec nous, jamais ils ne viennent nous parler. Restez telle que vous êtes. Vous êtes bien mieux comme ça.

— Je ne vous comprends pas.... Expliquez-vous.

— Eh bien, ils disent, reprit le petit garçon en la regardant en face, ils disent que vous serez un ange avant que les oiseaux aient recommencé à chanter. Mais vous ne le voulez pas, n'est-il pas vrai? Nell, ne nous quittez pas, quoique le ciel soit bien brillant. Ne nous quittez pas!... »

Nelly baissa la tête, et couvrit son visage de ses mains.

« C'est bon, c'est bon, elle ne veut pas! s'écria le petit garçon, se réjouissant à travers ses larmes. N'est-ce pas que vous n'irez pas au ciel? Vous savez combien ça nous ferait de peine. Chère Nell, dites-moi que vous resterez avec nous. Oh! je vou en prie, je vous en prie, dites-moi que vous le voulez! »

Le petit garçon joignit les mains et s'agenouilla devant Nelly.

« Regardez-moi seulement, Nell, reprit-il, et dites-moi que vous resterez, et alors je verrai bien qu'ils se trompaient, et je ne pleurerai plus. Nell, ne me direz-vous pas oui ? »

Nelly continuait de baisser la tête et de se voiler le visage ; ses sanglots troublaient seuls le silence morne qu'elle gardait toujours

« Au bout de quelque temps, poursuivit le petit garçon en s'efforçant de lui prendre une de ses mains, les bons anges seront satisfaits de penser que vous n'êtes point parmi eux et que vous êtes restée ici pour être avec nous. Willy est allé les rejoindre ; mais s'il avait su combien il allait me manquer, la nuit, dans notre petit lit, sûrement il ne m'aurait pas quitté. »

Nelly ne put pas encore lui répondre, elle sanglotait comme si son cœur était prêt à se briser.

« Pourquoi partiriez-vous, chère Nelly ? Je sais que vous ne seriez pas heureuse si vous appreniez que nous pleurons à cause de votre perte. Ils disent que Willy est maintenant dans le ciel, où l'été dure toujours, et cependant je suis sûr qu'il s'afflige, quand je me couche sur son lit de gazon, de ne pouvoir revenir m'embrasser. »

Il ajouta en la caressant et en pressant son visage contre celui de Nelly :

« Mais si vous voulez absolument partir, au moins aimez bien Willy, pour l'amour de moi. Dites-lui combien je l'aime encore, combien je l'aimais ; et quand je songerai que vous êtes tous deux ensemble, tous deux heureux, je tâcherai de supporter cela et jamais je ne vous causerai de peine en faisant quelque chose de mal. Oh ! jamais, jamais !... »

Nelly laissa le petit garçon lui prendre les mains et se les mettre autour du cou. Il y eut alors un silence mêlé de larmes ; mais il s'écoula peu de temps avant que Nelly regardât son petit ami avec un sourire et lui promît, d'une voix douce et calme, qu'elle resterait, et qu'il serait son ami tant que le ciel la laisserait sur terre. Il se frotta les mains avec joie et la remercia nombre de fois. Elle le pria de ne rien dire à personne de ce qui s'était passé entre eux, et il l'assura d'un accent chaleureux qu'il n'en dirait jamais rien.

En effet, Nelly n'entendit jamais dire qu'il en eût parlé : désormais il était de moitié dans ses promenades comme dans ses méditations, et jamais cependant il ne toucha un seul mot du sujet qu'il savait lui avoir fait de la peine, bien qu'il ne se rendît pas compte de la cause de ce chagrin. Il y avait encore en lui un certain sentiment de défiance : souvent, en effet, il venait même dans les soirées sombres, et d'une voix timide, s'informer, à travers la porte, si Nelly allait bien : quand on lui ré pondait que oui et qu'on l'invitait à entrer, il s'asseyait aux pieds de Nelly sur un petit tabouret et restait ainsi patiemment jusqu'à ce qu'on vînt le chercher pour le ramener chez lui. Dès le matin, il ne manquait pas de rôder autour de la maison pour demander des nouvelles de Nelly ; et soit le matin, soit dans la journée, soit enfin dans la soirée, il laissait là le jeu et ses compagnons de plaisir pour la suivre partout où elle allait.

Une fois le vieux fossoyeur dit à Nelly :

« C'est un bon petit garçon, tout de même. Quand son frère aîné mourut,... frère aîné, c'est cela qui est drôle, un frère aîné de sept ans, je me rappelle qu'il en fut frappé jusqu'au fond du cœur. »

Nelly songea à ce que le maître d'école lui avait dit de l'oubli où tombaient les morts, et elle jugea que son petit ami donnait un démenti à ce préjugé.

« Quoique ça, je pense qu'il s'est remis l'esprit en repos ; car il est assez gai parfois. Je parierais bien que vous et lui vous avez été écouter le vieux puits.

— Vraiment non, répliqua Nelly. J'aurais eu trop peur d'aller auprès.... Je ne vais pas souvent dans cette partie basse de l'église ; je ne connais même pas l'endroit.

— Venez-y avec moi, dit le fossoyeur. Je n'étais encore qu'un enfant que je le connaissais déjà. Venez !... »

Ils descendirent les marches étroites qui menaient à la crypte et s'arrêtèrent parmi les arcades sombres, dans un endroit plein de ténèbres et de tristesse.

« C'est ici, dit le vieillard. Donnez-moi la main pendant que vous relèverez le couvercle, de peur que vous ne veniez à trébucher et à tomber dans le puits. Je suis trop vieux et trop chargé de rhumatismes pour pouvoir me pencher moi-même.

— Est-ce noir et effrayant !... s'écria l'enfant.

— Regardez au fond, » dit le vieillard en montrant du doigt l'orifice du puits.

L'enfant obéit et plongea son regard dans l'abîme.

« Ce puits ne ressemble-t-il pas à un tombeau? dit le vieillard.

— Oui, il ressemble à un tombeau, répéta l'enfant.

— Souvent je me suis imaginé, dit le fossoyeur, qu'on avait dû le creuser dans l'origine pour rendre la vieille église plus lugubre, et les moines plus pieux et plus austères. On a l'intention de le fermer et de le murer, à ce qu'ils disent. »

L'enfant était encore à contempler pensive le souterrain.

« Mais bah! nous verrons, dit le fossoyeur, bien des jeunes têtes ensevelies dans l'autre terre, avant qu'on bouche ce jour-là. Dieu le sait! Soi-disant c'est pour le printemps prochain.

— Les oiseaux recommenceront à chanter, au printemps, pensa l'enfant le soir, pendant qu'elle était appuyée à sa petite fenêtre et contemplait le soleil couchant. Le printemps!... la belle et heureuse saison! »

CHAPITRE XIX.

Un jour ou deux après le thé donné par Quilp au Désert, M. Swiveller se rendit, à l'heure accoutumée, à l'étude de Sampson Brass. Se trouvant seul dans ce temple de la probité, il posa son chapeau sur le pupitre; puis, tirant de sa poche une étroite bande de crêpe noir, il se mit à l'appliquer autour de sa coiffure, et à l'y fixer avec des épingles, en signe de deuil. Quand il eut terminé l'arrangement de cet appendice, il contempla son œuvre avec une complaisance toute paternelle, et replaça son chapeau sur sa tête, très-penché sur un œil pour en rendre l'effet plus lugubre. Tout étant disposé de façon à le satisfaire complétement, il enfonça ses mains dans ses poches et arpenta l'étude de long en large à pas comptés.

« Toujours il en fut ainsi pour moi, dit M. Swiveller, toujours. Oui, toujours il en fut ainsi, depuis ma première enfance où j'ai vu s'écrouler mes plus chères espérances; jamais je n'ai aimé un arbre ou une fleur sans voir l'arbre dépérir et la fleur se faner la première entre toutes. J'avais élevé une gentille gazelle pour me rejouir dans la contemplation de ses doux yeux noirs : mais quand elle en vint à me bien connaître et à m'aimer, il a fallu que ce fût pour épouser un jardinier-fleuriste ! »

Accablé par ces réflexions, il s'arrêta court devant le fauteuil des clients, et se jeta dans les bras qu'il semblait lui tendre pour le consoler.

« Et voilà, reprit-il avec une sorte d'amertume railleuse, voilà la vie, sans doute. Oh ! certainement. Pourquoi pas ? C'est bon : je ne veux plus me plaindre. »

Puis, retirant son chapeau de sa tête et le contemplant avec férocité, comme si des considérations pécuniaires l'empêchaient seules de le fouler aux pieds, il poursuivit ainsi :

« Je porterai cet emblème de la perfidie d'une femme, en mémoire de celle avec qui je ne suivrai plus les détours du labyrinthe, de celle à qui je n'adresserai plus de toast avec le vin rosé, de celle qui jusqu'à la fin empoisonnera le baume de ma courte existence !... Ah ! ah ! ah ! »

Ici il peut être nécessaire de faire observer, de peur que la fin de ce monologue ne paraisse peu convenable, que M. Swiveller ne se fût pas élevé à ce diapason de fou rire si fort en opposition assurément avec ses réflexions solennelles, n'était que se trouvant en humeur théâtrale, il accomplissait seulement ce jeu de scène qu'on appelle dans le mélodrame : « *Rire infernal.* » En effet il paraîtrait que dans les enfers, ces diables-là rient toujours par syllabes, et toujours en trois syllabes, jamais plus jamais moins, ce qui est chez cette race un trait de caractère fort remarquable et tout à fait digne d'attention.

L'écho des imprécations sinistres était à peine éteint et M. Swiveller se tenait encore assis avec tous les signes du désespoir dans le fauteuil des clients, quand vint à retentir la sonnette, ou, pour mieux accommoder le mot à l'humeur actuelle de l'infortuné, le glas funèbre de la cloche de l'étude. Il ouvrit vivement la porte et aperçut la tête expressive de M. Chukster. Ils échangèrent un bonjour fraternel.

« Vous voilà diablement de bonne heure dans ce vieux et pestilentiel abattoir, dit le gentleman, se posant sur une jambe tandis qu'il balançait l'autre avec une aisance parfaite.

— Mais oui, un peu, répondit Richard.

— Un peu ! répéta M. Chukster avec cet air de gracieux badinage qui lui allait si bien. Parbleu ! je le crois. Savez-vous, mon bon, quelle heure il est ? Neuf heures et demie passées du matin !

— Est-ce que vous n'entrez pas? dit Richard. Je suis tout seul. Vous savez, Swiveller, *solus : « C'est l'heure du sabbat....*

— *Où le cimetière s'ouvre....*

— *Et où les tombeaux rendent leurs morts....* »

En terminant cette citation intercalée dans l'entretien familier, chacun des deux gentlemen prit la pose de rigueur; puis revenant aussitôt à la vile prose, ils entrèrent dans l'étude. Ces tirades lyriques étaient familières aux glorieux Apollinistes, c'étaient comme les chaînons qui les liaient les uns aux autres et les élevaient au-dessus de la froide et terne humanité.

« Eh bien! comment cela va-t-il, mon gaillard? dit M. Chukster en prenant un tabouret. J'ai été obligé de me rendre dans la Cité pour certaines petites affaires qui me concernent, et je n'ai pu passer devant le coin de cette rue sans voir si vous étiez arrivé; mais sur mon âme, je ne m'attendais pas à vous rencontrer. Il est si prodigieusement de bonne heure! »

M. Swiveller lui exprima ses remercîments; et comme la suite de la conversation témoigna qu'il se portait bien et que M. Chukster était également dans cette condition désirable, ces deux messieurs, d'accord en cela avec la coutume antique et solennelle de la Société fraternelle à laquelle ils appartenaient, unirent leurs voix dans un passage du duo populaire de : « Tout va bien! » en faisant un long trille sur la finale.

« Et quoi de neuf? dit Richard.

— La ville est aussi plate, mon cher ami, répondit M. Chukster, que la surface d'un four hollandais. Pas de nouvelles. Par parenthèse, votre locataire est bien le plus singulier original. Il échappe à la perspicacité la plus vigoureuse. Jamais on ne vit d'homme semblable!

— Qu'est-ce qu'il a donc fait encore?

— Par Jupiter! monsieur, répondit M. Chukster en tirant une tabatière oblongue, dont le couvercle était orné d'une tête de renard en cuivre curieusement ciselée, cet homme est impénétrable. Monsieur, cet homme s'est lié par un commerce d'amitié avec notre apprenti clerc. Celui-ci n'est pas méchant, mais il est extraordinairement lourd et doucereux. S'il avait besoin d'un ami, ne pouvait-il pas en choisir un qui sût dire deux mots, le charmer par ses manières et sa conversation? J'ai mes défauts, monsieur....

— Nullement, nullement.

— Si, si, j'ai mes défauts; personne ne connaît ses défauts mieux que moi. Mais je ne suis pas doucereux. Mes plus grands ennemis, tout homme a ses ennemis, monsieur, et j'ai les miens, ne m'ont jamais accusé d'être doucereux. Et je vous le dis, monsieur, si je ne possédais pas plus de ces qualités, qui d'ordinaire attachent l'homme à ses semblables, que n'en possède notre apprenti clerc, j'irais plutôt prendre un fromage de Chester et me l'attacher au cou pour me noyer. Je mourrais dégradé comme j'aurais vécu. Je le ferais, sur mon honneur ! »

M. Chukster s'arrêta après cette période, frotta la tête du renard juste sur le bout du nez avec la phalangette de l'index, prit une pincée de tabac et regarda fixement M. Swiveller, comme pour lui dire que, s'il s'imaginait qu'il allait éternuer, il se trompait bien.

« Non content, monsieur, continua-t-il, de s'être lié avec Abel, il a cultivé la connaissance du père et de la mère. Depuis qu'il est revenu de cette chasse aux oies sauvages, il a toujours été fourré chez ces gens-là : en ce moment même il y est encore. Il protége en outre ce jeune *snob*, vous savez; vous pourrez le voir, monsieur, constamment en route, soit pour aller à notre maison soit pour en revenir; et cependant, moi, monsieur, sauf quelques formes banales de politesse, je ne suppose pas qu'il ait jamais échangé plus d'une demi-douzaine de mots avec *moi*. Maintenant, sur mon âme ! vous me connaissez, ajouta M. Chukster secouant gravement la tête, comme on a l'habitude de le faire quand on juge que les choses vont un peu trop loin ; c'est une affaire si humiliante que, si je n'éprouvais quelque sympathie pour le patron et ne savais pas qu'il ne pourrait jamais marcher sans moi, je serais forcé de rompre nos relations. En vérité, je n'aurais pas d'autre alternative. »

M. Swiveller, qui était assis sur un autre tabouret en face de son ami, ranima le feu dans un excès de sympathie, mais sans prononcer une parole.

« Quant au jeune *snob*, monsieur, poursuivit M. Chukster avec un regard prophétique, vous verrez qu'il tournera mal. Notre profession nous permet de connaître quelques-uns des replis du cœur humain; croyez-en ma parole, ce garçon-là, qui était revenu soi-disant pour achever de gagner son schelling, se révélera un de ces jours sous ses couleurs véritables. C'est un fripon, monsieur. Il faut que ce soit un fripon. »

M. Chukster s'étant levé eût probablement continué sur le même sujet et avec plus d'emphase encore, mais un coup appliqué à la porte et qui semblait annoncer l'arrivée de quelque client, l'obligea de prendre un air de calme qui ne s'accordait guère avec la violence de ses dernières paroles. En entendant ce même bruit, M. Swiveller imprima à son tabouret un mouvement rapide de rotation sur un des pieds et le fit tourner en face du pupitre, où il fourra le tisonnier que, dans le trouble de ses esprits, il avait oublié de déposer à sa place légitime, en criant :

« Entrez ! »

Or, qui est-ce qui se présenta? Précisément ce même Kit qui venait d'être le thème des injures de M. Chukster ! Jamais homme ne reprit si vivement courage et ne parut plus féroce que M. Chukster lorsqu'il vit le nouveau venu. Quant à M. Swiveller, il considéra un moment Kit; puis sautant à bas de son tabouret et retirant le tisonnier de l'endroit où il l'avait caché, il s'en servit pour exécuter avec une sorte de frénésie toutes les passes et les parades de l'escrime à l'espadon.

« Le gentleman est-il chez lui? » dit Kit passablement étonné de cette réception peu ordinaire.

Avant que M. Swiveller eût pu répondre, M. Chukster saisit l'occasion pour protester du ton d'un homme indigné contre cette manière de demander les gens, manière irrespectueuse, dit-il, et digne d'un *snob*.

« Lorsque vous voyez deux gentlemen ici présents, comment osez-vous dire *le* gentleman? Ne pouviez-vous dire au moins l'*autre* gentleman? ou plutôt, car il n'est pas impossible que celui que vous demandez soit de qualité inférieure, pourquoi n'avez-vous pas dit son nom tout court, laissant à ceux qui vous entendent le soin de lui donner eux-mêmes sa qualité? J'ai quelque raison de croire que c'est une insulte personnelle que vous avez voulu me faire; je ne suis pas homme à permettre que l'on s'avise de badiner avec moi, comme certains *snobs* que je ne veux point nommer pourraient bien l'apprendre à leurs dépens.

— Je demande le gentleman de là-haut, dit Kit se tournant vers Richard Swiveller. Est-il chez lui?

— Pourquoi? répondit Richard.

— Parce que s'il y est, j'ai une lettre pour lui

— De quelle part?

— De la part de M. Garland.

— Oh!... murmura Richard avec une extrême politesse. Vous pouvez alors me la remettre, monsieur. Et si vous attendez une réponse, monsieur, vous pouvez l'attendre, monsieur, dans le couloir, qui est un appartement spacieux et bien aéré, monsieur.

— Je vous remercie, répondit Kit. Mais je ne dois donner cette lettre qu'au gentleman, s'il vous plaît. »

L'audace excessive de cette réplique mit tellement M. Chukster hors de lui-même et excita à un si haut degré sa fibre sensible à l'endroit de la dignité de son ami, que le maître clerc déclara que, s'il n'était retenu par des considérations officielles, il anéantirait Kit sur place; quand l'affront était aggravé par les circonstances extraordinaires qui l'accompagnaient, le juste châtiment qui en eût résulté ne pouvait manquer de recevoir, selon lui, la sanction, l'approbation d'un jury anglais, qui ne ferait aucune difficulté de rapporter un verdict d'homicide justifiable et d'y joindre un haut témoignage en faveur de la moralité et du caractère du vengeur de l'affront. Loin de s'enflammer ainsi sur ce sujet, M. Swiveller éprouva un peu de honte de l'emportement de son ami, surtout en face du sang-froid et de l'air calme de Kit, et il ne savait trop que faire quand on entendit le gentleman appeler à haute voix sur l'escalier.

« Hé! cria-t-il, n'ai-je pas vu venir quelqu'un pour moi?

— Oui, monsieur, répondit Richard. Certainement, monsieur.

— Alors, où est-il?

— Ici, monsieur, répliqua M. Swiveller. Allons, jeune homme, n'entendez-vous pas qu'on vous appelle? Êtes-vous sourd? »

Kit n'eut pas l'air d'avoir la moindre envie de poursuivre le débat, mais il se précipita vers l'escalier et laissa les glorieux Apollinistes se regarder l'un l'autre en silence.

« Qu'est-ce que je vous disais? s'écria M. Chukster. Que pensez-vous de cela? »

M. Swiveller était au fond ce qu'on appelle un bon enfant. Comme il ne voyait rien dans la conduite de Kit de répréhensible ni de blâmable, il se trouva assez embarrassé pour répondre. Il fut tiré de peine cependant par l'arrivée de M. Brass et de sa sœur Sally, dont l'aspect fit fuir précipitamment M. Chukster.

Le procureur et son aimable compagne avaient l'air d'avoir tenu une consultation après leur frugal déjeuner, sur quelque sujet d'un grand intérêt et d'une haute importance. Quand avaient lieu de semblables conférences, Brass et Sally apparaissaient généralement à l'étude une demi-heure plus tard que de coutume et avec un air souriant, comme si les plans qu'ils venaient de tramer avaient tranquillisé leurs esprits et jeté un rayon de lumière sur leurs doutes pénibles. En ce moment, par exemple, ils semblaient plus gais encore que d'habitude; miss Sally avait quelque chose d'onctueux, et M. Brass se frottait les mains comme un homme qui se sent l'humeur joyeuse et l'esprit libre de tout souci.

« Eh bien, monsieur Richard!... dit le procureur, comment allons-nous ce matin? Sommes-nous dispos et content, monsieur?... Hein, monsieur Richard?

— Très-bien, monsieur, répondit Swiveller.

— A merveille. Ah! ah! soyons gais comme des pinsons, monsieur Richard, pourquoi pas? C'est un monde charmant que le monde où nous vivons, monsieur. Il s'y trouve de mauvaises gens, monsieur Richard; mais s'il n'y avait pas de mauvaises gens, il n'y aurait pas de bons procureurs. Ah! ah! est-il venu quelque lettre par la poste ce matin, monsieur Richard? »

M. Swiveller répondit négativement.

« Ah! reprit Brass, ça ne fait rien. S'il y a peu de besogne aujourd'hui, il y en aura davantage demain. Un cœur satisfait, monsieur Richard, c'est la douceur de l'existence. Il n'est venu personne, monsieur?

— Mon ami seulement, répondit M. Richard. « Puissions-nous ne jamais manquer d'un....

— D'un ami, » continua vivement Brass, « ou d'une bouteille à lui offrir. » Ah! ah! C'est ainsi que dit la chanson, n'est-il pas vrai? Une jolie chanson, monsieur Richard, une jolie chanson. J'en aime le sentiment. Ah! ah! Votre ami est, je pense, le jeune homme de l'étude de Witherden? Oui. « Puissions-nous ne jamais manquer d'un.... » Il n'y a rien d'ailleurs, monsieur Richard?

— Quelqu'un seulement chez le locataire.

— En vérité? Quelqu'un chez le locataire, ah! ah!... « Puissions-nous ne jamais manquer d'un ami ou d'une.... » Quelqu'un chez le locataire, disiez-vous, monsieur Richard?

— Oui, dit celui-ci un peu surpris du décousu des paroles de son patron. Ils sont ensemble en ce moment.

— Ensemble!... s'écria Brass. Ah! ah! Qu'ils y restent, joyeux et libres, tirelirelire!... N'est-ce pas, monsieur Richard? Ah! ah!

— Certainement.

— Et, dit Brass en fouillant dans ses papiers, quel est ce visiteur? Ce n'est pas, j'espère, une dame, monsieur Richard? Vous savez qu'à Bevis-Marks on tient à la morale, monsieur! « *Quand femme jolie se livre à la folie....* » et cetera. Vous dites donc, monsieur Richard?

— C'est un autre jeune homme qui appartient aussi à Witherden ou à peu près, un nommé Kit.

— Kit!... répéta Brass. Singulier nom!... Le nom d'une pochette de maître à danser[1]!... Ah! ah! Ce Kit est ici? »

Richard regarda miss Sally, s'étonnant tout bas qu'elle ne gourmandât point cette exubérance d'esprit extraordinaire chez M. Brass. Mais comme elle n'essayait nullement de la réprimer, et qu'au contraire même elle semblait y donner un acquiescement tacite, Richard conclut de ce bon accord qu'ils venaient sans doute de perpétrer ensemble quelque fourberie, dont ils avaient déjà reçu le salaire.

— Voulez-vous avoir la bonté, monsieur Richard, dit Sampson en tirant une lettre de son pupitre, d'aller porter ceci à Peckham Rye? Il n'y a pas de réponse; mais la lettre est particulière et doit être remise en main propre. Vous mettrez votre voiture à la charge de l'étude, vous comprenez? Ne ménagez pas l'étude; tirez-en tout ce que vous pourrez. C'est la devise d'un clerc. N'est-ce pas, monsieur Richard? ah! ah! »

M. Swiveller retira solennellement sa veste de canotier, endossa son habit, prit son chapeau au crochet, mit la lettre dans sa poche, et partit. Sitôt qu'il fut dehors, miss Sally Brass se leva, et adressant un aimable sourire à son frère, qui fit un signe de tête et se frotta le nez en manière de réponse, elle se retira également.

Sampson Brass ne fut pas plutôt seul, qu'il ouvrit toute grande la porte de l'étude, et s'établit à son pupitre qui était juste en face. De cette façon, il ne pouvait manquer de voir les gens qui

1. *Kit*, [illegible] de poche.

descendraient l'escalier ou qui franchiraient la porte de la rue il commença à écrire avec beaucoup d'ardeur et de suite, chantant entre ses dents, d'une voix qui n'était rien moins que musicale, certains refrains qui semblaient se rapporter à l'union de l'Église et de l'État; car c'était une espèce de salmigondis de l'hymne du matin et du *God save the King*.

Le procureur de Bevis-Marks resta donc assis pendant longtemps, écrivant et fredonnant à la fois : parfois, cependant, il s'arrêtait et se mettait à écouter avec une physionomie pleine d'astuce; n'entendant rien, il reprenait plus vivement sa chanson, et plus lentement sa copie. Enfin, dans un de ces moments d'arrêt, il entendit la porte de son locataire s'ouvrir, puis se fermer, et le bruit d'un pas qui retentissait sur l'escalier. Alors M. Brass cessa tout à fait d'écrire, et, sa plume à la main, il chanta plus fort que jamais, battant la mesure avec sa tête, comme un homme dont l'âme tout entière s'abandonne aux voluptés de la musique, avec un sourire de séraphin.

L'escalier et les accents mélodieux guidèrent Kit jusqu'à ce doux spectacle. A l'instant où le jeune homme arrivait juste en face de sa porte, M. Brass interrompit son chant sans interrompre son sourire; il fit un signe de tête affable, et, du bout de sa plume, adressa un appel à Kit.

« Comment ça va-t-il, Kit ? » dit M. Brass, de l'air du monde le plus aimable.

Kit, qui se méfiait passablement de cet ami, fit une réponse convenable, et déjà il avait posé la main sur le bouton de la porte de la rue, quand M. Brass l'appela d'un accent doucereux.

« Ne vous en allez pas, s'il vous plaît, Kit, dit le procureur d'un air mystérieux et affairé. Restez un peu, s'il vous plaît. Mon Dieu ! mon Dieu ! Quand je vous regarde, ajouta Sampson quittant son tabouret et s'adossant au feu, je me rappelle la plus ravissante petite figure que jamais mes yeux aient contemplée.. Je me souviens que vous êtes venu trois ou quatre fois dans la maison du bonhomme, pendant que nous en prenions possession légale. Ah ! Kit, mon cher ami, dans notre profession, nous avons à accomplir des devoirs si pénibles, qu'on ne doit point nous en vouloir; non, l'on ne doit point nous en vouloir !

— Je ne vous en veux pas non plus, monsieur, dit Kit; ce n'est pas d'ailleurs à moi à juger de ça.

— Notre unique consolation, Kit, poursuivit le procureur en le regardant d'un air pensif et absorbé, c'est que, si nous ne pouvons détourner l'orage, du moins nous pouvons l'adoucir. à brebis tondue, vous savez, les procureurs mesurent le vent.

— Oui, tondue, et bien tondue, pensa Kit sans le dire.

— Dans cette occasion, Kit, dans cette circonstance à laquelle je viens de faire allusion, j'eus un rude assaut à soutenir contre M. Quilp, car M. Quilp n'est pas un homme commode, afin d'obtenir en faveur du vieillard et de l'enfant les égards qu'ils ont obtenus. Cela pouvait me faire perdre un client. Mais la cause de la vertu souffrante me donnait du courage, et j'ai fini par l'emporter.

— Tiens! il n'est pas si méchant après tout, pensa l'honnête Kit, tandis que le procureur serrait ses lèvres de l'air d'un homme obligé de réprimer ses bons sentiments.

— Vous, Kit, je vous estime, dit Brass avec émotion. Je vous ai suffisamment vu à l'œuvre dans ce temps-là pour vous estimer, bien que votre condition soit humble et votre fortune modeste. Ce n'est pas à la veste que je regarde, c'est au cœur. Les bigarrures de la veste ne sont que les barreaux de la cage: mais le cœur est l'oiseau. Ah! combien de petits oiseaux comme ça qui consument leur vie captive à passer leur bec à travers les barreaux, pour essayer de fraterniser avec l'humanité! »

Cette image poétique, que le jeune homme prit pour une allusion directe à son gilet rayé, triompha de tous ses doutes. La voix et l'attitude de M. Brass n'ajoutaient pas médiocrement à l'effet de ces paroles fleuries; car le procureur parlait avec l'austérité affable d'un ermite, et il ne lui manquait que le cordon de Saint-François à la ceinture par-dessus sa grosse redingote, et un crâne posé sur la cheminée, pour compléter l'illusion, et le transformer en un anachorète de profession.

« C'est bel et bon, dit-il, souriant comme sourit un brave homme qui compatit à ses peines ou à celles des personnes qu'il aime; mais voici quelque chose de plus solide. Prenez cela, s'il vous plaît. »

Tout en parlant, il lui montra une couple d'écus posés sur le pupitre.

Kit regarda les pièces, puis le procureur, avec une hésitation.

« C'est pour vous, dit Brass.

— De quelle part?

— Peu importe de quelle part. Dites-moi seulement si vous voulez les accepter. Nous avons là-haut des amis excentriques, mon cher Kit; il ne faut pas leur faire trop de questions ni trop parler, vous comprenez? Prenez, voilà tout; et, entre nous, je ne crois pas que ces deux écus soient les derniers que vous aurez à recevoir de la même main. J'espère que non. Bonjour, Kit, bonjour! »

Le jeune homme prit l'argent avec force remercîments, et, tout en se faisant à lui-même des demi-reproches pour avoir, sur de légères apparences, suspecté la bonne foi d'un homme qui, dès leur première conversation, se montrait si différent de ce qu'il avait supposé, il s'achemina d'un pas pressé vers la maison de ses maîtres. M. Brass était resté devant son feu, et il avait repris tout à la fois ses exercices de vocalise et son sourire de séraphin.

« Puis-je entrer? dit miss Sally hasardant un regard dans l'étude.

— Oui, oui, vous pouvez entrer, lui répondit son frère.

— Eh bien?... fit-elle avec une forte toux.

— Oui, répondit Sampson, le tour est fait. »

CHAPITRE XX.

L'indignation de M. Chukster n'était pas dénuée de quelque fondement. L'amitié qui s'était établie entre le gentleman et M. Garland, loin de se refroidir, avait fait de rapides progrès; on peut dire qu'elle était devenue florissante. Ces deux messieurs n'avaient par tardé à nouer entre eux de fréquents rapports; ils avaient fini par se voir continuellement. Vers cette époque, le gentleman eut une maladie peu grave, à la vérité, et qui, sans doute, provenait de l'excitation d'esprit causée par le désappointement de ses démarches infructueuses. Cette circonstance avait donné lieu à des relations plus étroites encore. Il ne se passait pas un jour sans qu'un des habitants d'Abel-Cottage, à Finckley, vînt visiter Bevis-Marks.

Comme le poney avait jeté le masque, et que, sans prendre la peine de pallier désormais la chose ou de tourner autour du pot, il refusait obstinément de se laisser conduire par tout autre que Kit, il arrivait généralement que, si le vieux M. Garland ou M. Abel venait à Bevis-Marks, Kit était de la partie. En vertu de sa position, Kit était le porteur de tous les messages, de toutes les lettres. Aussi, tant que dura l'indisposition du gentleman, Kit fit-il, chaque matin, le voyage de Bevis-Marks avec presque autant de régularité que la grande poste.

M. Sampson Brass, qui, sans doute, avait ses raisons pour l'épier attentivement, apprit bientôt à distinguer le trot du poney et le bruit que faisait la petite chaise en tournant le coin de la rue. Dès que le premier son arrivait à ses oreilles, il déposait immédiatement sa plume pour se frotter les mains en témoignant la plus grande joie.

« Ah ! ah ! s'écriait-il. Voici encore le poney. Un bon poney, monsieur Richard, et si docile ! N'est-ce pas, monsieur ? »

Richard faisait une réponse en l'air ; quant à M. Brass, grimpé sur le haut de son tabouret, comme pour jeter un coup d'œil dans la rue à travers le haut de sa fenêtre opaque, il se mettait à l'affût afin d'observer les visiteurs.

« Encore le vieux gentleman !... s'écriait-il, un vieux gentleman, de l'abord le plus prévenant, monsieur Richard, une charmante tournure, monsieur, quelque chose de calme, une bienveillance parfaite dans toute la physionomie, monsieur. Il réalise complétement pour moi le type du roi Lear, tel qu'il était lorsqu'il possédait encore son royaume, monsieur Richard. C'est la même affabilité, c'est la même chevelure blanche sur une tête à demi chauve, c'est la même facilité à se laisser attraper. Ah ! quel beau coup d'œil, monsieur, quel beau coup d'œil ! »

Puis, dès que M. Garland avait mis pied à terre et gravi l'escalier, Sampson adressait, de sa croisée, un signe de tête et un sourire à Kit ; il sortait ensuite dans la rue pour le saluer, et entamait avec lui une conversation à peu près en ces termes :

« Voilà une bête admirablement pansée, Kit ! »

M. Brass caresse le poney.

« Il vous fait honneur ; le poil lisse et brillant. Il a littéralement l'air d'avoir été passé au vernis de la tête aux pieds. »

Kit touche le bord de son chapeau, sourit, caresse lui-même

le poney et exprime sa conviction « qu'en effet, M. Brass en trouverait peu comme cela.

— Un magnifique animal !... s'écrie M. Brass, et si intelligent!

— Dieu me perdonne ! répond Kit, il comprend tout ce qu'on lui dit comme un chrétien.

— Vraiment !... s'écria M. Brass, qui ne pouvait revenir de son étonnement quoiqu'il eût entendu la même chose, à la même place, de la même personne, dans les mêmes termes, une douzaine de fois.

— La première fois que je le vis, dit Kit flatté du profond intérêt que le procureur témoigne à son favori, je ne m'attendais guère à devenir aussi intime avec lui que je le suis à présent.

— Ah! réplique M. Brass, chez qui les préceptes de morale et d'amour de la vertu coulaient à pleins bords, c'est un charmant sujet de réflexion pour vous, un charmant sujet; un sujet d'orgueil et de joie, Christophe. La probité est la meilleure politique. Je l'ai toujours éprouvé par moi-même. Ce matin même, j'ai perdu quarante-sept livres dix schellings par pure probité. Mais pour moi ce n'est pas une perte, c'est un gain véritable. »

M. Brass frotte vivement son nez avec sa plume et regarde Kit avec des larmes dans les yeux. Kit pense que si jamais brave homme donna un démenti à son extérieur, c'est bien Sampson Brass.

« Un homme, dit le procureur, qui dans une seule matinée perd par probité quarante-sept livres dix schellings est un homme à faire plutôt envie que pitié. Si la somme avait été de quatre-vingts livres, la plénitude de mon cœur ne connaîtrait plus de bornes. Pour chaque livre perdue, j'eusse gagné cent pour cent de bonheur. Il y a là en moi, Christophe, ajoute Brass avec un sourire et en se frappant sur la poitrine, une petite voix de conscience qui me chante des chansons si douces, que c'est toute joie et tout plaisir. »

Kit est tellement frappé de ces paroles; il trouve ces sentiments si complétement à l'unisson des siens, qu'il en est à se demander ce qu'il répondra, quand M. Garland reparaît. M. Sampson Brass aide avec de grandes démonstrations de politesse le vieux gentleman à remonter dans sa chaise; et le poney, après avoir secoué la tête plusieurs fois et être resté trois à quatre minutes avec ses quatre pieds plantés fixement sur le sol comme s'il était déterminé à ne pas quitter la place, à la vie et à la mort, part tout d'un coup sans être touché le moins du monde, et court à une vitesse de douze milles anglais à l'heure. Alors M. Brass et sa sœur, qui est venue le rejoindre à la porte, échangent un sourire bizarre qui n'est pas des plus avenants, et retournent auprès de M. Richard Swiveller qui, durant leur absence, s'est régalé de diverses attitudes de pantomime, et se laisse surprendre, à son pupitre, dans un état d'agitation et de rougeur qui le trahit, grattant vivement rien du tout avec son canif ébréché

Quand il arrivait que Kit venait seul et sans la *chaise*, toujours aussi il se trouvait que Sampson Brass, se rappelant une commission, avait à envoyer M. Swiveller, sinon de nouveau à Peckam Rye, du moins à quelque endroit assez éloigné pour que le clerc ne pût pas être de retour avant deux ou trois heures, ce gentleman n'étant pas d'ailleurs, à dire vrai, renommé pour sa diligence dans les courses, car il avait plutôt l'habitude de prolonger et d'étendre jusqu'aux dernières limites du possible le temps qui lui était accordé. Sitôt M. Swiveller sorti, miss Sally s'éclipsait. Alors M. Brass ouvrait toute grande la porte de l'étude, se mettait gaiement à entonner sa vieille chanson et reprenait son sourire séraphique. En arrivant à l'escalier, Kit ne manquait pas de s'entendre appeler : le procureur engageait avec lui une conversation morale et amusante ; parfois il le priait de veiller un instant sur l'étude parce qu'il avait à faire une petite course, et, en revenant, il le gratifiait d'un écu ou deux. Ces rémunérations se reproduisirent si souvent, que Kit, ne doutant nullement qu'elles vinssent du gentleman déjà si généreux avec mistress Nubbles, ne pouvait assez admirer tant de libéralité, et il achetait tant de bagatelles à bon marché, soit pour sa mère, soit pour le petit Jacob, soit pour le poupon, soit enfin pour Barbe, que chaque jour l'un ou l'autre avait son nouveau cadeau.

Tandis que ces faits et gestes se manigançaient tant chez Sampson Brass qu'au dehors, Richard Swiveller, souvent laissé seul dans l'étude, commença à trouver que le temps lui pesait. En conséquence, pour se maintenir en belle humeur et pour empêcher ses facultés de se rouiller, il fit l'emplette d'un *cribbage*[1] et d'un jeu de cartes, et s'habitua à jouer au cribbage

1. Sorte de jeu de cartes particulier aux Anglais.

avec un mort, en supposant des mises de vingt, trente et quelquefois cinquante livres de chaque côté, sans compter les paris hasardeux qui s'élevaient à un chiffre fabuleux.

Tandis que le jeu se poursuivait dans le plus grand silence, malgré l'importance des intérêts qui y étaient attachés, M. Swiveller en vint à penser que les soirs où M. et miss Brass étaient dehors, et maintenant cela leur arrivait souvent, il entendait une sorte de ronflement ou de respiration difficile dans la direction de la porte : après réflexion, il avisa que ce bruit pourrait bien provenir de la petite servante qui avait un rhume perpétuel causé par l'humidité de sa résidence. Un soir donc, regardant avec attention de ce côté, il aperçut distinctement un œil qui brillait au trou de la serrure ; ne doutant plus de la justesse de ses soupçons, il se glissa doucement jusqu'à la porte, et fondit à l'improviste sur la petite curieuse.

« Oh ! je ne voulais pas faire de mal. Sur ma parole, je ne voulais pas faire de mal, s'écria la petite servante, se débattant avec une vigueur qui n'était pas de sa taille. La cuisine en bas est si triste ! Je vous en prie, n'en dites rien ; je vous en prie, ne le dites pas.

— Et pourquoi donc le dirais-je ?... N'était-ce pas pour chercher compagnie que vous regardiez à travers le trou de la serrure !

— Oui, ce n'est que pour ça, ma parole.

— Y a-t-il longtemps que vous vous amusez à vous glacer l'œil à cet exercice ? demanda Richard.

— Oh ! depuis que vous avez commencé pour la première fois à jouer aux cartes, et même longtemps avant. »

Le vague souvenir de divers amusements fantastiques auxquels il s'était livré pour se rafraîchir des fatigues du travail, et dont sans doute la petite servante avait été témoin, déconcerta passablement M. Swiveller : mais il n'était pas assez sensible à cet égard pour ne point se remettre promptement.

« C'est bien, venez, dit-il après un moment de réflexion ; venez ici, asseyez-vous. Je vous apprendrai à jouer.

— Oh ! je n'oserais pas, répondit la petite servante. Miss Sally me tuerait si elle savait que je suis entrée ici.

— Avez-vous du feu en bas ? demanda Richard.

— Un tantinet.

— Ma foi ! miss Sally ne me tuera pas, moi, si elle vient à savoir que j'y suis descendu. J'y vais donc, dit Richard mettant les cartes dans sa poche. Dieu! que vous êtes maigre! Pourquoi donc ça?

— Ce n'est pas ma faute.

— Est-ce que vous ne mangeriez pas bien du pain et de la viande? dit Richard décrochant son chapeau. Oui? Ah! je le pensais bien. Avez-vous jamais goûté de la bière?

— J'en ai bu une fois un petit coup.

— Quel état de choses! s'écria M. Swiveller levant ses yeux au plafond. Elle n'en a *jamais* goûté!... Car ce n'est pas en goûter que d'en boire un petit coup. Quel âge avez-vous?

— Je ne sais pas. »

M. Swiveller ouvrit de grands yeux et parut quelques moments pensif; alors ordonnant à la jeune fille de veiller à la porte jusqu'à ce qu'il fût de retour, il s'éloigna vivement.

Il ne tarda pas à revenir, suivi d'un garçon de taverne qui portait d'une main une assiettée de pain et de bœuf, et de l'autre un grand pot rempli d'une boisson très-odorante et d'un fumet agréable; espèce de bière d'absinthe supérieure, faite d'après une recette particulière que M. Swiveller avait enseignée au maître de l'établissement, à l'époque où il était fort endetté chez lui et où il lui importait de se concilier son amitié. A la porte, il déchargea le garçon de son fardeau qu'il remit à sa petite compagne en la pressant de l'emporter, de peur de surprise, à sa cuisine où il la suivit.

« Là! dit-il, en posant l'assiette devant elle. Avant tout, nettoyez-moi ça; et nous verrons après. »

La petite servante ne se le fit pas dire deux fois, et l'assiette fut bientôt vide.

« Maintenant, dit Richard lui tendant le pot, empoignez-moi ça; mais modérez vos transports, vous savez! car vous n'avez pas l'habitude de la chose. Eh bien! est-ce bon?

— Oh! oui, n'est-ce pas? » dit la petite servante.

M. Swiveller parut enchanté au delà de toute expression par cette réponse. Il absorba lui-même un bon coup du précieux liquide, tout en regardant fixement sa compagne. Après ces préliminaires, il se mit à enseigner le jeu à la petite servante qui ne fut pas longtemps à l'apprendre d'une manière passable, car elle avait l'esprit subtil et délié.

« Maintenant, dit M. Swiveller, mettant deux pièces de sixpence dans une saucière et ajustant la mauvaise chandelle, les cartes une fois battues et coupées, maintenant voici les enjeux. Si vous gagnez, vous aurez tout; si je gagne, ce sera pour moi. Pour rendre le jeu plus amusant et plus comique, je vous appellerai la Marquise, entendez-vous ? »

La petite servante fit un signe de tête.

« Allons, marquise, dit Swiviller, feu! »

La marquise, tenant ses cartes très-serrées dans ses deux mains, examina laquelle elle jetterait; et M. Swiveller, prenant l'attitude joviale et fashionable qui convenait à une semblable compagnie, s'ingurgita une nouvelle gorgée de bière à l'absinthe, en attendant que la petite servante eût joué.

CHAPITRE XXI.

M. Swiveller et sa partenaire jouèrent plusieurs parties avec des succès variés, jusqu'à ce que la perte de trois pièces de sixpence, l'absorption graduelle de la bière et le son des horloges, qui annoncèrent dix heures du soir, rappelèrent à ce gentleman la fuite rapide du temps et la nécessité pour lui de se retirer avant le retour de M. Sampson et de miss Sally Brass.

« Marquise, dit-il d'un ton de gravité, en présence de ces circonstances impérieuses, je demanderai à Votre Seigneurie la permission de mettre le jeu dans ma poche, et de vous quitter maintenant que j'ai achevé ce pot; vous faisant seulement observer, marquise, que, si la vie coule comme un fleuve, je ne m'alarme pas de la voir couler si vite, madame, puisqu'une pareille absinthe croît sur ses bords, et que de tels yeux éclairent ses ondes pendant qu'elles suivent leur cours. Marquise, à votre santé! Excusez-moi de garder mon chapeau; mais le palais est humide, et le pavé de marbre est, pardon de l'expression, fangeux. »

Comme précaution contre ce dernier inconvénient, M. Swiveller était resté, durant tout le temps, assis avec les pieds en l'air posés contre la plaque de la cheminée, position qu'il gardait encore lorsqu'il donna cours à ces observations apologétiques, tandis qu'il savourait lentement les dernières gouttes du nectar.

« Le baron Sampsono Brasso et sa charmante sœur sont, me dites-vous, au spectacle? » dit M. Swiveller, appuyant d'aplomb son bras gauche sur la table et élevant sa voix avec sa jambe droite, à la manière des bandits de théâtre.

La marquise fit un signe de tête.

« Ah! dit M. Swiveller avec un majestueux froncement de sourcils, c'est bien, marquise! Mais que nous importe!... Du vin, holà! »

Comme accompagnement à ces déclamations mélodramatiques il se présenta le vidrecome avec beauconp de respect et fit claquer ses lèvres avec une satisfaction farouche.

La petite servante, qui était loin de posséder aussi bien qu. M. Swiveller le secret des *ficelles* théâtrales, n'ayant jamais vu une comédie ni entendu parler de rien de semblable, à moins que ce ne fût par hasard, à travers les fentes des portes ou en tout autre endroit défendu, fut passablement alarmée de ces démonstrations si nouvelles pour elle; et ses regards témoignèrent si manifestement de son trouble, que M. Swiveller jugea qu'il devait, par charité, échanger sa pose de brigand contre une attitude plus conforme à la vie habituelle.

« Est-ce qu'ils vous laissent souvent ici pour voler où la gloire les appelle? demanda-t-il.

— Oh! oui, je crois bien! répondit la petite servante, Miss Sally est si *gagneuse!*

— Si...?

— Si *gagneuse!* » répéta la marquise.

Après un moment de réflexion, M. Swiveller se détermina à ne plus se préoccuper de rectifier le langage de la jeune fille et à la laisser babiller à l'aise : il était évident que sa langue était déliée par la bière à l'absinthe; et d'ailleurs, elle n'était pas assez souvent en humeur de discourir pour qu'il dût perdre le temps à discuter un petit barbarisme de plus ou de moins.

« Ils vont quelquefois voir M. Quilp, dit la petite servante avec un regard fûté; ils vont bien aussi ailleurs, Dieu merci.

— Est-ce que M. Brass est aussi un *gagneur?*... demanda Dick.

— Pas la moitié autant que miss Sally, pour sûr, répondit la petite servante en secouant la tête. Dieu merci! il ne ferait rien de rien sans elle.

— Vrai, il ne ferait rien?

— Miss Sally l'a si bien mis au pas, dit la petite servante, qu'il lui demande toujours son avis; quelquefois même il en profite. Bonté divine! je crois bien qu'il ne le laisse pas tomber par terre.

— Je suppose, dit Richard, qu'ils se consultent souvent et qu'ils ont l'occasion de parler de beaucoup de gens, de moi par exemple, hein! marquise? »

La marquise remua la tête d'une manière très-prononcée.

« Est-ce en bien? » demanda M. Swiveller.

La marquise changea le mouvement de sa tête, qui, sans cesser cependant de remuer, commença tout à coup à tourner de droite à gauche et de gauche à droite avec une vivacité négative qui pouvait faire craindre que le cou ne se disloquât, par occasion.

— Hum! murmura Richard. Marquise, serait-ce trop exiger de votre confiance que de vous prier de m'apprendre ce qu'ils disent du très-humble individu qui a en ce moment l'honneur de...?

— Miss Sally dit que vous êtes un garçon sans cervelle.

— Très-bien, marquise; ceci n'est pas un mauvais compliment. La gaieté, marquise, n'est point une qualité basse. Le vieux roi Cole était lui-même un joyeux compère, si nous devons ajouter foi à l'histoire.

— Mais elle dit, poursuivit sa compagne, qu'il n'y a pas à se fier à vous.

— Eh bien! au fait, marquise, dit M. Swiveller d'un air pensif, plusieurs dames et messieurs, non pas positivement des personnes d'une profession libérale, mais des gens du commerce, madame, oui, du commerce, ont fait à mon sujet la même remarque. L'obscur citoyen, qui tient un hôtel dans cette rue. penchait fortement ce soir vers cette opinion quand je lui ai commandé de préparer le festin. C'est un préjugé populaire, marquise; et pourtant je ne sais vraiment sur quoi il est fondé, car j'ai dans le temps obtenu crédit pour un chiffre considérable, et je puis dire que jamais je n'ai manqué au crédit. C'est plutôt lui qui m'a manqué; mais moi, jamais.... M. Brass partage l'opinion de sa sœur, à ce que je suppose? »

Son amie fit un nouveau signe de tête, mais affirmatif cette fois, en y joignant pourtant un regard malin qui semblait donner à supposer que les opinions de M. Brass à cet égard étaient encore plus prononcées que celles de sa sœur; puis, par un retour sur elle-même, elle ajouta d'un ton suppliant :

« Surtout n'en dites rien, car je serais battue à mort.

— Marquise, dit M. Swiveller en se levant, la parole d'un gentleman a autant de valeur que son billet, quelquefois même elle en a davantage; dans le cas présent, par exemple, où son billet pourrait rencontrer du doute et de la méfiance. Je suis votre ami, et j'espère que nous pourrons jouer encore plusieurs parties liées dans ce même salon. Mais, à propos, marquise, ajouta Richard s'arrêtant dans son trajet vers la porte et décrivant lentement un cercle autour de la petite servante qui le suivait avec la chandelle à la main, il est évident pour moi que vous devez avoir l'habitude constante de faire prendre l'air à votre œil par le trou de la serrure pour en savoir si long.

— C'était seulement parce que je voulais savoir, répondit en tremblant la marquise, où était cachée la clef du garde-manger, voilà tout; et si je l'avais trouvée, je n'aurais pas pris grand'-chose, seulement de quoi apaiser ma faim.

— Alors vous ne l'avez pas trouvée; car vous seriez plus grasse. Bonsoir, marquise. Porte-toi bien, et si je te quitte pour jamais, à jamais porte-toi bien. Tends la chaîne de la porte, marquise, de crainte d'accident. »

Sur ces dernières recommandations, M. Swiveller sortit de la maison; et, trouvant qu'il avait bu tout autant qu'il convenait à sa constitution (la bière à l'absinthe est un breuvage si capiteux!) il se détermina sagement à se rendre chez lui et à se mettre au lit. Il gagna donc *ses* appartements, car il avait conservé la fiction du pluriel; et, comme ses appartements n'étaient qu'à une courte distance de l'étude, bientôt Richard se trouva dans sa chambre à coucher où, ayant ôté une botte et oublié l'autre à son pied, il se laissa aller à une profonde méditation.

« Cette marquise, se dit-il en croisant ses bras, est une personne tout à fait extraordinaire. Le mystère l'entoure. Elle ignore le goût de la bière. Elle ne connaît pas son nom (ce qui est moins étonnant), et elle n'a pris quelques notions bornées de la société qu'à travers les trous des serrures. Tout cela était-il écrit dans sa destinée, ou bien quelque créancier inconnu a-t-il mis l'embargo sur les décrets du sort? Mystère profond et terrible! »

Ses réflexions étant arrivées à cette conclusion satisfaisante, Richard se souvint de la botte qui était restée à son pied ; il se mit en devoir de la retirer avec une rare solennité, secouant tout le temps sa tête d'un air grave, et soupirant profondément.

Il dit ensuite, en mettant son bonnet de nuit juste de la même manière qu'il posait son chapeau, sur le coin de l'œil :

« Ces parties liées me rappellent le foyer conjugal. La femme de Cheggs joue au cribbage, à l'impériale, peut-être. Elle fait sauter la banque en ce moment. On l'entraîne de plaisir en plaisir, pour dissiper ses regrets ; mais c'est égal, ils la suivent partout. Aujourd'hui, je puis le dire, ajouta Richard en posant de profil sa joue gauche et regardant avec complaisance au miroir la réflexion d'une très-petite ligne de favoris, aujourd'hui, je puis le dire, le fer a pénétré dans son cœur. C'est bien fait !... »

Tombant ensuite de ce sentiment farouche et féroce dans une pensée tendre et pathétique, M. Swiveller poussa un gémissement, arpenta sa chambre d'un air égaré, fit mine de se tirer une poignée de cheveux, mais jugea à propos de s'en tenir à la démonstration, et se contenta d'arracher le gland de son bonnet de coton. Enfin se déshabillant avec une sombre résolution, il se mit au lit.

Dans cette triste position, d'autres eussent eu recours à la boisson ; mais, comme M. Swiveller en avait usé précédemment, il recourut seulement à sa flûte, en face de cette pensée affreuse et trop certaine que Sophie Wackles était à jamais perdue pour lui. Après mûres considérations, il pensa que c'était là une bonne, sonore et lugubre occupation, non-seulement en harmonie avec la tristesse de ses propres idées, mais capable d'éveiller chez les voisins de la sympathie pour le jeune célibataire. En conséquence, il poussa une petite table près de son chevet, et, disposant de son mieux la lumière et son cahier de musique, il tira la flûte de sa boîte et commença à jouer de la façon la plus funèbre.

C'était l'air *Toujours avec mélancolie*, air qui, lorsqu'on le joue au lit très-lentement sur la flûte, et lorsqu'en outre il a l'inconvénient d'être joué par un gentleman peu au fait de l'instrument et qui est forcé de donner plusieurs fois la même note avant de trouver la suivante, ne produit pas un effet très-saisissant. Cependant, durant la moitié de la nuit et même davantage, M. Swiveller, tantôt étendu sur le dos avec les yeux fixés au plafond, sortant du lit à moitié pour mieux lire son cahier de musique, joua vingt fois de suite cet air infortuné, ne s'arrêtant guère qu'une ou deux minutes pour respirer et faire des monologues sur le compte de la marquise; après quoi, il recommençait à jouer avec un redoublement de vigueur. Ce ne fut qu'après avoir épuisé ses divers sujets de méditation, et avoir soufflé dans sa flûte jusqu'à la lie l'essence de la bière à l'absinthe; ce ne fut qu'après avoir mis la tête à l'envers à tous les gens de la maison et des maisons voisines, peut-être de toute la rue, qu'il ferma son cahier, éteignit sa chandelle, et, se trouvant enfin l'esprit dispos et soulagé, se tourna contre le mur et s'endormit.

Le matin, au réveil, son moral était parfaitement rétabli. Il prit encore une demi-heure d'exercice sur sa flûte. Après avoir gracieusement reçu congé de la maîtresse de la maison, qui, pour lui intimer l'ordre de déguerpir, l'attendait sur l'escalier depuis le point du jour, il se rendit à Bevis-Marks. Là, la belle Sally était déjà à son poste, et son visage offrait le doux rayonnement qui brille au front de la chaste Diane.

M. Swiveller lui adressa un signe de tête et échangea son habit contre sa veste aquatique, ce qui lui prenait un certain temps, car les manches en étaient si justes, que c'était toujours une opération difficile et laborieuse. Cette difficulté vaincue, Richard s'assit devant le pupitre, à sa place accoutumée.

Miss Brass rompit brusquement le silence.

« N'avez-vous pas trouvé ce matin un portecrayon en argent, dites?

— J'en ai peu rencontré dans la rue, répondit M. Swiveller. J'en ai vu un cependant, un gros portecrayon, d'air très-respectable; mais, comme il était en compagnie d'un vieux canif et d'un jeune cure-dent, avec lesquels il paraissait en conversation réglée, je me serais fait conscience de le déranger.

— Voyons! pas de bêtise, avez-vous notre portecrayon? répliqua miss Brass sérieusement; oui ou non?

— Il faut donc que vous soyez enragée pour m'adresser sérieusement une pareille question? s'écria M. Swiveller. Est-ce que vous ne voyez pas que je ne fais que d'arriver?

— A la bonne heure; mais tout ce que je sais, dit-elle, c'est qu'on ne peut pas le retrouver, et qu'il a disparu, cette semaine un jour où je l'avais laissé sur ce pupitre

— Holà ! pensa Richard ; j'espère que la marquise n'aura pas travaillé de ce côté.

— Il y avait aussi, dit miss Sally, un couteau de même modèle. Ces deux objets m'avaient été donnés par mon père, il y a bien des années, et tous deux ont disparu. N'avez-vous rien perdu vous-même ? »

M Swiveller porta involontairement la main à sa veste pour s'assurer que c'était bien une veste et non un habit à basques ; et, s'étant convaincu bien vite que ce vêtement, l'unique effet mobilier qu'il possédât dans Bevis-Marks, était en parfaite sûreté, il fit une réponse négative.

« C'est fort désagréable, Dick, reprit miss Brass en ouvrant sa boîte d'étain et se rafraîchissant avec une pincée de tabac ; mais, entre nous, entre nous qui sommes des amis, car si Sammy venait à le savoir, ça n'en finirait pas, il y a aussi de l'argent de l'étude qu'on avait laissé traîner et qui a disparu de même. Pour ma part, j'ai perdu en trois fois trois écus.

— Vous n'y pensez pas ! s'écria Richard. Prenez garde à ce que vous dites, mon vieux ; car c'est chose sérieuse. Êtes-vous bien sûre de votre fait ? N'y a-t-il pas quelque erreur ?

— C'est très-réel, répondit miss Brass avec énergie, et il ne peut y avoir aucune erreur.

— Alors, par Jupiter ! pensa Richard en posant sa plume, j'ai bien peur que ce ne soit la marquise qui ait fait le coup ! »

Plus il retournait ce sujet dans son esprit, plus il ne pouvait s'empêcher de croire que très-probablemenf la misérable petite servante était la coupable. Quand il considérait à quelle chétive nourriture elle était réduite, dans quel état d'abandon et d'ignorance elle vivait, et combien sa malice naturelle avait dû être aiguisée par la nécessité et les privations, il n'en faisait pas l'ombre d'un doute. Et cependant elle lui inspirait tant de pitié ; il était tellement pénible pour Richard de voir une cause si grave troubler l'originalité de leur connaissance, qu'il se disait en lui-même, et très-sincèrement, que si on lui offrait d'une part cinquante livres sterling et de l'autre la preuve de l'innocence de la marquise, il n'hésiterait pas à repousser l'argent.

Tandis qu'il était plongé dans ces profondes et tristes méditations, miss Sally s'assit en secouant la tête d'un air de grand mystère et d'inquiétude sérieuse : on venait d'entendre dans le couloir la voix de Sampson chantant un gai refrain, et bientôt le gentleman lui-même apparut tout rayonnant de son sourire vertueux.

« Bonjour, monsieur Richard. Eh bien! monsieur, voici que nous commençons une nouvelle journée, le corps fortifié par le sommeil et le déjeuner, l'esprit frais et dispos. Nous voici, monsieur Richard, levés avec le soleil pour suivre notre petit train comme lui, notre petit train de devoirs journaliers, monsieur, et pour accomplir comme lui notre travail de la journée avec profit pour nous-mêmes et pour nos semblables. Quelle réflexion charmante, monsieur! Quelle charmante réflexion! »

Tout en adressant ces paroles à son clerc, M. Brass s'était mis avec une certaine affectation à examiner soigneusement du côté du jour un billet de banque de cinq livres qu'il tenait à la main.

Mais M. Richard ne témoignant aucun enthousiasme à ce discours, son patron tourna les yeux vers lui et remarqua tout haut qu'il paraissait troublé.

« Vous êtes agité, monsieur, dit-il. Monsieur Richard, nous nous attendions à vous trouver gaiement à l'ouvrage et non pas dans un état d'abattement. Il est juste, monsieur Richard, que.... »

Ici la chaste Sarah poussa un gros soupir.

« O ciel! dit M. Sampson, vous aussi!... Qu'y a-t-il donc? monsieur Richard.... »

Et regardant miss Sally, Richard comprit qu'elle lui faisait signe d'instruire son frère du sujet de leur conversation récente. Comme sa propre position n'était pas très-agréable jusqu'à ce que la question eût été vidée de manière ou d'autre, il obéit, et miss Brass, roulant entre ses doigts sa tabatière d'une façon désordonnée, confirma le rapport de M Swiveller.

Sampson perdit contenance, et l'anxiété se peignit sur ses traits. Au lieu de déplorer amèrement la perte de son argent, comme miss Sally s'y attendait, il alla sur la pointe du pied jusqu'à la porte, l'ouvrit, regarda dehors, referma la porte tout doucement, revint sur la pointe du pied et dit à voix basse :

« C'est une circonstance extraordinaire et pénible, monsieur Richard, c'est une circonstance très-pénible. Le fait est que moi-même j'ai perdu récemment plusieurs petites sommes que j'avais laissées sur mon pupitre ; je m'étais donné de garde d'en parler, espérant que le hasard ferait découvrir le coupable ; mais non, je n'ai rien pu découvrir. Sally, monsieur Richard, c'est une très-malheureuse affaire! »

Tout en parlant, Sampson posa le billet de banque sur son pupitre parmi d'autres papiers, comme par mégarde, et mit ses mains dans ses poches. Richard Swiveller lui montra le billet et l'avertit de le reprendre.

« Non, monsieur Richard, dit Brass avec émotion; non, je ne le reprendrai pas. Je le laisserai en cet endroit, monsieur. Le reprendre, monsieur Richard, ce serait jeter un doute sur vous, et j'ai en vous, monsieur, une confiance illimitée. Nous laisserons là ce billet, monsieur, s'il vous plaît; pour rien au monde, je ne voudrais le reprendre. »

Et, ce disant, M. Brass lui frappa deux ou trois fois sur l'épaule, de la façon la plus amicale.

« Soyez certain, ajouta-t-il, que je n'ai pas moins confiance en votre probité qu'en la mienne. »

En tout autre temps, M. Swivaller eût attaché médiocrement d'importance à ce compliment; mais vu les circonstances présentes, il éprouva un grand soulagement de cette assurance qu'on ne lui faisait point l'injure de le soupçonner. Il répondit convenablement. Alors M. Brass le prit par la main et parut s'abandonner à une sombre méditation; il en fut de même de miss Sally. Richard aussi s'était plongé dans ses pensées. A tout moment, il craignait d'entendre accuser la marquise, car il ne pouvait s'empêcher de la croire coupable.

Durant quelques minutes, ils restèrent tous trois dans cette attitude.

Soudain miss Sally donna un grand coup sur le pupitre avec son poing fermé en s'écriant :

« Je le tiens. »

En effet, elle tenait le pupitre, et elle avait touché juste; car elle en fit voler un morceau de son poing mignon; mais ce n'était pas là le sens de ses paroles.

« Eh bien ! dit Brass avec impatience. Expliquez-vous!

— Eh bien! répliqua la sœur, d'un air de triomphe, depuis ces trois ou quatre dernières semaines n'y a-t-il pas pas eu quelqu'un qui rôdait dans l'étude et dehors? Cette personne n'a-t-elle pas été laissée seule quelquefois dans l'étude, grâce à votre confiance? et me soutiendrez-vous que ce n'est pas là le voleur?

— Quelle personne?... cria Brass.

— Attendez donc, comment l'appelez-vous?... Kit!

— Le domestique de M. Garland?

— Certainement.

— Jamais! s'écria Brass, jamais! Ne me parlez pas de ça. Pas un mot de plus! »

Et il secouait la tête, et il agitait ses deux mains comme s'il eût voulu détruire dix mille toiles d'araignée.

« Jamais je ne croirai cela de lui; jamais!

— Eh bien! moi, je parie, répéta miss Brass en humant une nouvelle prise de tabac, je parie que c'est notre voleur.

— Eh bien! moi, je parie, répliqua Sampson avec violence, que ce n'est pas lui. Qu'est-ce que c'est que cela? Comment osez-vous l'accuser? Des caractères comme celui-là doivent-ils être en butte à des insinuations pareilles? Savez-vous bien que c'est le garçon le plus honnête et le plus fidèle qui ait jamais existé, et qu'il a une réputation sans tache?... Entrez, entrez. »

Ces derniers mots ne s'adressaient pas à miss Sally, quoiqu'ils eussent été prononcés sur le même ton que les chaleureuses remontrances qui avaient précédé, mais à une personne qui venait de frapper à la porte de l'étude; et à peine M. Brass les eut-il fait entendre, que Kit lui-même parut et dit :

« Le gentleman d'en haut est-il chez lui, monsieur, s'il vous plaît?

— Oui, Kit, dit Brass encore enflammé d'une vertueuse indignation et regardant sa sœur avec des yeux pleins de courroux et les sourcils froncés; oui, Kit, il y est. Je suis charmé de vous voir, Kit; je me réjouis de vous voir. Passez par ici, Kit, en redescendant. »

Et quand le jeune homme se fut retiré :

« Ce garçon-là un voleur! s'écria Brass; lui un voleur, avec cette physionomie franche et ouverte!... Je lui confierais de l'or sans le compter. Monsieur Richard, ayez la bonté de vous rendre immédiatement chez Wrasp et Compagnie, dans Broad-Street, et d'y demander s'ils ont eu des instructions pour paraître dans l'affaire Karmen et Painter. Ce garçon-là un voleur! reprit Sampson en ricanant de colère. Suis-je donc aveugle, sourd, imbécile? Est-ce que je ne sais pas juger la nature humaine d'un coup d'œil? Kit un voleur! Bah! »

Jetant à miss Sally cette interjection finale avec un incommensurable dédain, Sampson Brass plongea la tête dans son pupitre comme pour se soustraire à la vue des misères et des bassesses de ce monde, et jeter un dernier défi à la médisance, à l'abri du couvercle à demi clos.

CHAPITRE XXII.

M. Sampson Brass était seul dans l'étude, au moment où Kit, ayant rempli sa commission, sortit de chez le gentleman et descendit l'escalier, environ un quart d'heure après être monté. Le procureur ne chantait point comme à l'ordinaire. Il n'était pas non plus assis à son pupitre. La porte, toute grande ouverte, laissa voir M. Brass adossé au feu et ayant un air si étrange, que Kit s'imagina qu'il lui avait pris quelque indisposition subite.

« Qu'y a-t-il donc, monsieur? dit Kit.

— Ce qu'il y a!... répondit vivement Brass. Rien. Pourquoi y aurait-il quelque chose?

— Vous êtes tellement pâle, que je vous aurais à peine reconnu.

— Bah! bah! pure imagination, cria Brass en se penchant pour relever les cendres; jamais je n'ai été mieux, Kit; jamais de ma vie je ne me suis mieux porté. Je suis même très-gai. Ah! ah! Comment va notre ami d'en haut?

— Beaucoup mieux.

— J'en suis ravi; mille remercîments. Un parfait gentleman! honnête, libéral, généreux, ne donnant aucun embarras; un admirable locataire. Ah! ah! M. Garland se porte bien, j'espère, Kit? Et mon ami le poney, mon ami intime, vous savez? Ah! ah! »

Kit donna des nouvelles satisfaisantes de tout le petit monde d'Abel-Cottage. M. Brass, qui semblait distrait et impatient, se plaça sur son tabouret, et invita Kit à s'approcher en le prenant par la boutonnière.

« J'ai pensé, Kit, dit le procureur, que je pourrais faire gagner à votre mère quelques petits émoluments. Vous avez votre mère, je crois? Si j'ai bonne mémoire, vous m'avez raconté que....

— Oh! oui, monsieur, oui, certainement.

— Une veuve, n'est-ce pas? une veuve laborieuse?

— La femme la plus dure à la besogne et la meilleure mère qui ait jamais existé, monsieur.

— Ah! s'écria Brass, c'est touchant, très-touchant. Une pauvre veuve luttant pour tenir ses orphelins dans un état décent et confortable. C'est un délicieux tableau de vertu humaine. Déposez votre chapeau, Kit.

— Merci, monsieur, il faut que je m'en aille tout de suite.

— Posez-le toujours, pendant que vous êtes là, dit Brass, qui lui prit son chapeau des mains et mit quelque désordre dans les papiers en lui cherchant une place sur le pupitre. Je pensais, Kit, que très-souvent nous avons à louer des maisons pour les personnes de notre clientèle, etc. Or, vous savez que nous sommes obligés de mettre du monde dans ces maisons pour les surveiller, et malheureusement ce sont trop souvent des gens à qui nous ne pouvons nous fier. Qui nous empêcherait d'avoir une personne en qui nous pussions avoir une confiance absolue, en même temps que nous nous donnerions la douceur de faire une bonne action? Je m'explique : qui nous empêcherait d'employer cette digne femme, votre mère, tantôt à une besogne, tantôt à une autre? Elle aurait le logement, et un bon logement, à peu près toute l'année, sans impositions, en outre une allocation hebdomadaire; tout cela donnerait à votre famille bien des avantages dont elle ne saurait jouir dans sa condition présente. Qu'est-ce que vous en pensez? Y voyez-vous quelque objection? Je n'ai pas en cela d'autre désir que de vous rendre service, Kit; ainsi ne vous gênez pas, expliquez-vous librement. »

En parlant ainsi, Brass remua deux ou trois fois le chapeau qu'il glissa de nouveau parmi les papiers, avec l'air de chercher quelque chose.

« Quelle objection pourrais-je faire à une proposition aussi bienveillante que la vôtre, monsieur? répondit Kit d'un accent pénétré. Je ne sais vraiment, monsieur, comment vous remercier.

— Eh bien! alors, » dit Brass se tournant tout à coup vers lui et approchant son visage de celui de Kit, avec un sourire si repoussant que le jeune homme, même dans toute la plénitude de sa reconnaissance, recula presque effrayé, « eh! bien, alors *c'est fait!* »

Kit le regarda d'un air de trouble.

« C'est fait, dis-je, reprit Sampson se frottant les mains et reprenant ses manières doucereuses. Ah! ah! vous verrez, Kit, vous verrez. Mais, bon Dieu! que M. Richard tarde à revenir! Quel ennuyeux flâneur!... Voulez-vous bien veiller sur l'étude une minute, le temps seulement de monter là-haut? une minute seulement. Je ne vous tiendrai pas un instant de plus, Kit. »

En même temps, M. Brass s'élança hors de l'étude où il revint presque aussitôt. M. Swiveller rentra; et comme Kit sortait en toute hâte de la chambre pour regagner le temps perdu, miss Brass elle-même le rencontra au seuil de la porte.

« Oh! dit ironiquement Sally, qui en entrant le suivit de l'œil, voici votre favori qui s'en va, Sammy!

— Oui, il s'en va, répondit Brass. Mon favori, tant que vous voudrez. Un honnête garçon, monsieur Richard, un digne jeune homme.

— Hem! fit miss Brass avec une petite toux provoquante.

— Je vous dis, drôlesse, s'écria Sampson avec colère, que je donnerais ma vie en gage de sa probité. Est-ce que ça ne finira pas? Serai-je toujours harcelé, obsédé par vos honteux soupçons? N'avez-vous aucun respect pour le vrai mérite, méchant garnement que vous êtes? Tenez, si vous voulez que je vous le dise, je suspecterais plutôt votre honnêteté que la sienne! »

Miss Sally tira sa tabatière d'étain et huma longuement et lentement une prise de tabac, tout en attachant sur son frère un regard fixe et ferme.

« Elle me rendra fou de rage, monsieur Richard, dit Brass; elle m'exaspère au delà de toute mesure. Je suis enflammé, je suis outré, monsieur. Ce ne sont pas là les manières, ce n'est pas là la tenue d'un homme qui est dans les affaires; mais elle me met hors de moi!

— Pourquoi ne le laissez-vous pas tranquille? dit Richard à miss Sally.

— Parce que c'est plus fort qu'elle, monsieur, répliqua Sampson; parce que c'est un besoin de sa nature que de m'irriter et de me vexer; je crois que sans cela elle tomberait malade. Mais n'importe, n'importe; j'ai fait ce que je voulais. J'ai montré ma confiance en ce jeune homme. Aujourd'hui encore, il a gardé l'étude. Ah! ah!... Fi! vilaine vipère! »

La belle vierge huma une nouvelle prise de tabac et mit dans sa poche sa boîte d'étain, tout en continuant de contempler son frère avec un sang-froid parfait.

« Aujourd'hui encore il vient de garder l'étude, répéta Brass d'un ton triomphant; je lui ai donné cette nouvelle preuve de ma confiance, et je ne m'en tiendrai pas là. Eh bien! où donc est le?...

— Qu'avez-vous perdu? demanda M. Swiveller.

— O ciel!..., s'écria Brass, tâtant toutes ses poches l'une après l'autre, regardant dans le pupitre, dessus, dessous, et bouleversant d'une main fébrile les papiers voisins; le billet, monsieur Richard! le billet de banque de cinq livres, qu'est-il devenu? Je l'avais laissé ici.... Dieu me pardonne!

— Allons!... s'écria à son tour miss Sally, tressaillant, frappant ses mains et semant les papiers sur le plancher. Disparu!... Qui est-ce qui avait raison?... Qui est-ce qui l'a pris?... Ce n'est pas pour les cinq livres!... Qu'est-ce que c'est que cela, cinq livres?... Mais ce garçon est honnête, vous savez, très-honnête. Ce serait une indignité de le soupçonner. Ne courez pas après lui. Non, non, pour rien au monde!...

— Sur ma parole, monsieur Richard, répliqua le procureur, qui n'avait cessé de fouiller ses poches avec tous les signes de la plus vive agitation, je crains que ce ne soit une vilaine affaire. Certainement le billet de banque a disparu, monsieur; que faut-il faire?

— Ne courez pas après lui, dit miss Sally, se bourrant de plus en plus le nez de tabac. Non, non, gardez-vous-en bien. Laissez-lui le temps de se débarrasser du billet. Ce serait trop cruel de le surprendre en flagrant délit! »

M. Swiveller et Sampson Brass se regardèrent mutuellement après avoir regardé miss Brass; l'un et l'autre étaient bouleversés. Soudain, par une même impulsion, ils saisirent leurs chapeaux et s'élancèrent dans la rue dont ils prirent le milieu, renversant tout sur leur passage, comme s'ils couraient pour échapper à la mort.

Or, justement Kit avait couru aussi, bien qu'un peu moins vite, et comme il était parti depuis quelques minutes, il avait sur eux une assez grande avance. Cependant, comme ils connaissaient bien son itinéraire, du train dont ils allaient, ils l'eurent bientôt rattrapé, au moment où il venait de reprendre haleine pour recommencer à courir.

« Arrêtez !... cria Sampson lui posant une main sur l'épaule, tandis que M. Swiveller le happait de l'autre côté. Pas si vite, monsieur. Vous êtes donc bien pressé ?

— Oui, je le suis, dit Kit les regardant tous deux avec une vive surprise.

— Il.... il.... m'est pénible de vous soupçonner, dit Sampson d'une voix haletante; mais un objet de quelque valeur vient de disparaître de l'étude. J'espère que vous ne savez pas ce que c'est.

— Savoir quoi ! bon Dieu, monsieur Brass ! s'écria Kit tremblant de la tête aux pieds. Vous ne supposez pas....

— Non, non, dit vivement Brass. Je ne suppose rien. Ce n'est pas moi qui vous accuse. Vous allez me suivre tranquillement chez moi, j'espère ?

— Volontiers. Pourquoi pas ?

— Certainement ! dit Brass. Pourquoi pas ? J'ai bien peur que la chose ne finisse pas par un « pourquoi pas. » Si vous saviez quels assauts j'ai eus à supporter ce matin pour vous défendre, Christophe, vous en seriez peiné.

— Et moi, je suis sûr que vous regretterez, monsieur, de m'avoir soupçonné. Allons, revenons vite chez vous.

— Oui, oui ! s'écria Brass. Le plus tôt sera le mieux. Monsieur Richard, ayez la bonté de prendre ce bras; moi, je vais prendre celui-ci. Il n'est pas facile de marcher trois de front; mais dans les circonstances où nous nous trouvons, c'est indispensable; il n'y a pas d'autre moyen. »

Kit passa du blanc au rouge et du rouge au blanc lorsqu'ils s'assurèrent ainsi de sa personne, et un moment il parut disposé à résister. Mais, faisant un prompt retour sur lui-même, et songeant que s'il engageait une lutte, il pourrait être traîné par le collet à travers les rues, il se borna à répéter d'un accent plein de sincérité et avec des larmes dans les yeux, qu'ils auraient bien du regret de ce qu'ils faisaient là, et se laissa emmener. Tandis qu'ils reprenaient le chemin de l'étude, M. Swiveller, à qui ses fonctions présentes répugnaient extrêmement, saisit un instant propice pour souffler à l'oreille de Kit que, s'il consentait à avouer sa faute, fût-ce par un simple mouvement de tête, et qu'il lui promît de ne plus recommencer à l'avenir, il l'autorisait à donner un croc-en-jambe à Sampson Brass pour se sauver; mais Kit ayant repoussé cette offre avec indignation, il ne resta plus d'autre parti à Swiveller que de le tenir ferme jusqu'à ce qu'ils eussent atteint Bevis-Marks, où on le mit en présence de la charmante Sarah, qui prit aussitôt la précaution de fermer la porte à clef.

« Maintenant, dit Brass, vous savez, Christophe, l'innocence ne saurait mieux ressortir que d'un examen minutieux qui satisfasse pleinement toutes les parties. En conséquence, si vous voulez bien permettre qu'on vous fouille, ce sera pour tout le monde un grand soulagement. »

Il accompagna ces paroles d'une démonstration qui indiquait le genre d'enquête à pratiquer, autrement dit, il retourna la coiffe de son chapeau.

Fouillez-moi, dit fièrement Kit en croisant ses bras. Mais songez-y bien, monsieur, vous en aurez du regret jusqu'à la fin de vos jours.

— C'est assurément une circonstance très-pénible, dit Brass avec un soupir, comme il plongeait sa main dans une des poches de Kit et en retirait une collection variée de menus objets, c'est une circonstance très-pénible. Il n'y a rien là dedans, monsieur Richard; parfait, parfait. Rien non plus ici, monsieur Rien dans la veste, monsieur Richard; rien dans les basques de l'habit. Vraiment j'en suis ravi. »

Richard Swiveller, tenant à la main le chapeau de Kit, suivait l'opération avec le plus vif intérêt, et dissimulait du mieux possible un léger sourire, tandis que Brass, fermant un œil, sondait avec l'autre l'intérieur d'une des manches du pauvre jeune homme comme il eût regardé dans un télescope. Soudain Sampson, se retournant vivement vers son clerc, lui ordonna de fouiller le chapeau.

« Il y a un mouchoir, dit Richard.

— Nul mal à cela, monsieur, répondit Brass appliquant son œil à l'autre manche et parlant du ton d'un homme qui aperçoit devant lui une perspective illimitée. Un mouchoir, c'est très-innocent. Quoique pourtant la Faculté ne considère point, je pense, monsieur Richard, l'habitude de porter un mouchoir dans un chapeau comme très-favorable à la santé. J'ai entendu dire que cela tient la tête trop chaude. Mais à tout autre point de vue, l'examen est satisfaisant, très-satisfaisant. »

Une triple exclamation jetée à la fois par Richard Swiveller, miss Sally et Kit lui-même, arrêta net le procureur. Sampson tourna la tête et vit Richard le billet de banque à la main.

« Dans le chapeau?.... s'écria Brass avec une sorte de glapissement.

— Sous le mouchoir, et caché dans la doublure, » dit Richard, frappé d'horreur à cette découverte.

M. Brass regarda successivement Richard, miss Sally, les murs, le plafond et le plancher, tout enfin, excepté Kit qui était demeuré stupéfié et incapable de faire un mouvement.

« Et voilà, s'écria Brass en joignant ses mains, voilà donc ce que c'est que ce monde qui tourne sur son axe, soumis aux influences de la lune et aux révolutions qui s'opèrent autour des corps célestes et ainsi de suite!... Voilà donc la nature humaine!... O nature, nature!... Voilà le malheureux que je voulais faire profiter des ressources de ma petite industrie, et pour qui, même en ce moment encore, j'éprouve une compassion telle, que je le laisserais volontiers partir!.. Mais, ajouta M. Brass d'un accent plus ferme, avant tout je suis homme de loi, et par conséquent mon devoir est de donner l'exemple en mettant à exécution les lois de mon heureuse patrie. Pardonnez-moi, ma chère Sally, et tenez-le ferme de l'autre côté. Monsieur Richard, ayez la bonté de courir chercher un constable. Le temps de la faiblesse est passé, monsieur; la force morale est revenue. Un constable, monsieur, s'il vous plaît! »

CHAPITRE XXIII.

Kit était comme plongé dans un sommeil léthargique, les yeux tout grands ouverts et fixés sur le sol, sans prendre garde à la main tremblante de M. Brass qui le tenait par un des bouts de sa cravate, ni à la serre beaucoup plus solide de miss Sally qui en avait étreint l'autre bout; cependant les précautions de la vieille fille n'étaient pas pour lui sans inconvénient: car miss Sally, cette femme enchanteresse, outre qu'elle lui enfonçait de temps en temps les phalanges de ses doigts dans la gorge un peu plus qu'il ne fallait, avait dès le premier moment appréhendé si fortement ce malheureux, que même dans le désordre et l'égarement de ses pensées, il ne pouvait s'empêcher de se sentir suffoqué. Il resta dans cette posture, entre le frère et la sœur, passif et n'opposant aucune résistance, jusqu'au moment où M. Swiveller revint suivi d'un constable.

Ce fonctionnaire était sans doute familiarisé avec des scènes de cette nature; les vols qui chaque jour défilaient sous ses yeux, depuis le minime larcin jusqu'à l'effraction dans les maisons habitées, ou les aventures de grand chemin, n'étaient pour lui qu'une affaire comme une autre; il ne voyait dans les individus coupables de ces méfaits qu'autant de pratiques qui venaient se faire servir au magasin de loi criminelle en gros et en détail dont il tenait le comptoir; aussi reçut-il de M. Brass le rapport de ce qui s'était passé à peu près avec autant d'intérêt et de surprise qu'en pourrait montrer un entrepreneur de pompes funèbres, s'il lui fallait écouter dans les plus minutieux détails le récit de la dernière maladie du mort auquel il vient rendre par profession les devoirs suprêmes. Ce fut donc avec une parfaite indifférence qu'il arrêta Kit.

« Nous ferons bien, dit ce ministre subalterne de la police, de le conduire au bureau du magistrat, tandis que celui-ci y est encore. Je vous prierai, monsieur Brass, de venir avec nous, ainsi que.... »

Il regarda miss Sally d'un air d'hésitation et de doute, comme s'il ne savait comment qualifier une personne qui pouvait être prise aussi raisonnablement pour un griffon ou tout autre monstre mythologique.

« Madame, hein? dit Sampson.

— Ah! oui.... madame, répliqua le constable. Le jeune homme qui a découvert le billet est nécessaire également.

— Monsieur Richard, monsieur, dit Brass d'une voix dolente Quelle triste nécessité!... Mais l'autel de la patrie, monsieur....

— Vous prendrez un fiacre, je suppose? interrompit le constable saisissant avec peu de précaution par le bras, au-dessus du coude, Kit que ses gardiens avaient relâché. Veuillez en envoyer chercher un.

— Mais permettez-moi de dire un mot, s'écria Kit levant ses yeux et regardant autour de lui d'un air de supplication. Un mot seulement! Je suis aussi innocent que pas un de vous. Sur mon âme, je ne suis pas coupable. Moi, un voleur! Ah! monsieur Brass, vous ne le croyez pas, j'en suis sûr. C'est bien mal de votre part.

— Je vous donne ma parole, constable.... » dit Brass.

Mais ici le constable l'interrompit, en vertu de ce principe constitutionnel : « Les paroles volent, » faisant observer que les paroles ne sont que de la bouillie pour les chats, mais que les serments en justice sont la nourriture des hommes forts.

« Parfaitement juste, constable, dit Brass toujours sur le même ton dolent ; c'est d'une exactitude rigoureuse. Constable, je fais devant vous le serment qu'il y a quelques minutes à peine, avant d'avoir fait cette fatale découverte, j'avais encore tant d'estime pour ce jeune homme, que je lui eusse confié.... Un fiacre, monsieur Richard ! Vous tardez bien, monsieur !...

— Vous ne trouverez personne, s'écria Kit, pour peu qu'il me connaisse, qui n'ait confiance en moi. Qu'on demande à qui que ce soit si jamais l'on a douté de ma probité, si jamais j'ai fait tort d'un farthing à personne. Autrefois, quand j'étais pauvre, quand j'avais faim, ai-je jamais été pris en faute, et peut-on supposer que je commencerais à l'être aujourd'hui ?... Oh ! réfléchissez à ce que vous faites. Comment, avec cette affreuse accusation qui pèse sur moi, oserais-je jamais revoir les meilleurs amis qu'il y ait au monde ? »

M. Brass répondit que le prisonnier aurait bien fait de penser à tout cela plus tôt ; et il était en train de lui adresser d'autres observations d'une nature aussi peu consolante, quand on entendit le locataire demander, du haut de l'escalier, ce qu'il y avait et pourquoi tout ce tapage et ce bruit de pas qui remplissaient la maison.

Involontairement, Kit fit un mouvement pour s'élancer vers la porte, dans son désir de répondre lui-même ; mais il fut vivement retenu par le constable, et il eut la douleur de voir M. Sampson Brass sortir seul pour aller raconter les faits à sa manière.

Quand M. Brass fut de retour, il dit, au sujet du gentleman :

« Il est comme nous tous : il ne voulait pas y croire. Que ne puis-je moi-même mettre en doute le témoignage de mes sens ! Mais malheureusement ce témoignage est irréfragable. Mes yeux n'ont pas besoin de subir un débat contradictoire, et, en disant cela avec véhémence, il clignotait et frottait ses yeux, ils sont bien obligés de s'en tenir à leur impression première. Allons, Sarah ! j'entends le fiacre qui roule dans Bevis-Marks ; mettez votre chapeau; nous partirons immédiatement. Triste commission! Il me semble que je vais à l'enterrement.

— Monsieur Brass, dit Kit, accordez-moi une faveur. Conduisez-moi d'abord chez M. Witherden. »

Sampson secoua la tête d'un air d'irrésolution.

« Je vous en prie, dit le jeune homme. Mon maître y est. Au nom du ciel, conduisez-moi là d'abord.

— En vérité, je ne sais pas.... balbutia le procureur, qui peut-être avait ses raisons secrètes pour désirer de se présenter sous le jour le plus favorable aux yeux du notaire. Constable, combien de temps avons-nous? »

Le constable, qui, durant toute cette scène, avait mâchonné une paille avec la plus grande philosophie, répondit que, si l'on partait tout de suite, on aurait bien le temps; mais que, si l'on s'amusait à lanterner, il faudrait aller tout droit à Mansion-House; et finalement, il déclara que ça lui était bien égal, qu'on en ferait ce qu'on voudrait.

M. Richard Swiveller, que le fiacre avait amené, était resté incrusté dans le meilleur coin sur la banquette de derrière. M. Brass invita le constable à faire avancer le prisonnier, et se déclara prêt à partir. En conséquence, le constable, tenant toujours Kit de la même manière et le poussant un peu devant lui, à la distance réglementaire d'environ trois quarts de bras, le fit monter dans la voiture où il le suivit. Miss Sally grimpa ensuite. La voiture se trouvant remplie par les quatre personnes qui l'occupaient, M. Sampson Brass se jucha sur le siége et fit partir le cocher.

Encore étourdi complétement par le changement soudain et terrible qui s'était opéré dans son sort, Kit était assis tristement, promenant son regard à travers la glace de la portière. Il appelait de tous ses vœux l'apparition dans la rue de quelque phénomène monstrueux qui pût lui donner lieu de croire avec raison qu'il faisait un rêve. Hélas! tous les objets qu'il apercevait n'étaient que trop réels et trop connus; c'était la même succession de détours de rue, c'étaient les mêmes maisons, les mêmes flots de gens courant sur le trottoir, les uns près des autres, dans diverses directions; le même mouvement de charrettes et de voitures sur la chaussée; les mêmes étalages bien connus à la porte des boutiques : une régularité dans le bruit et le tumulte, telle que jamais rêve n'en a possédé. Toute fantastique qu'elle semblait être, la situation n'en était donc pas moins réelle. Kit était arrêté sous une accusation de vol; le billet de banque avait été trouvé sur lui, bien qu'il fût innocent en pensée comme en action, et on l'emmenait prisonnier!

Absorbé par ces cruelles idées, songeant dans l'affliction de son cœur à sa mère et au petit Jacob, se disant que la conscience même de son innocence ne suffirait pas pour soutenir sa fermeté en face de ses amis, si ces derniers le croyaient coupable; perdant de plus en plus l'espérance et le courage à mesure qu'on approchait de la maison du notaire, le pauvre Kit continuait de regarder fixement sans rien voir à travers la glace, quand tout à coup, comme si le nain avait été évoqué par une conjuration magique, la hideuse face de Quilp lui apparut.

Quel rayonnement de joie il y avait sur cette face!

Quilp était à la fenêtre d'une taverne d'où il promenait ses regards dans la rue; et il se penchait si fort en avant, les coudes appuyés sur le rebord de la croisée et la tête posée entre ses deux mains, que cette attitude, ainsi que ses efforts pour comprimer un éclat de rire, le faisaient paraître tout bouffi, tout gonflé et deux fois plus gros et plus large que de coutume. En le reconnaissant, M. Brass fit immédiatement arrêter la voiture juste en face de l'endroit où était le nain. Celui-ci ôta son chapeau et salua les voyageurs avec une hideuse et grotesque politesse.

— Ohé! cria-t-il. Où allez-vous ainsi, Brass? Où allez-vous? Quoi! Sally est aussi avec vous? Douce Sally! Et Richard? Aimable Richard! Et Kit? Honnête Kit!

— Il est tout à fait jovial!... dit Brass au cocher. Ah! monsieur, une triste affaire!... Ne croyez jamais à la probité, monsieur.

— Pourquoi pas? répliqua le nain. Pourquoi pas, coquin de procureur?

— Un billet de banque se perd dans notre étude, monsieur, dit Brass en secouant la tête, et il se retrouve dans son chapeau. Je l'avais laissé seul un moment auparavant. Pas moyen de se faire illusion, monsieur. Une kyrielle de preuves. Rien n'y manque.

— Eh! quoi, s'écria le nain, avançant son corps à moitié hors de la fenêtre, Kit un voleur! Kit un voleur! Ah! ah! ah! Eh bien, c'est le voleur le plus laid qu'on puisse montrer pour un penny. Ohé, Kit! Ah! ah! ah! Comment? vous avez fait arrêter ce pauvre Kit avant qu'il ait eu seulement le temps de me rosser. Est-ce malheureux! Ohé, Kit! »

Et en même temps, il fit entendre une explosion de rire qui fit trembler le cocher sur son siége, montrant du doigt la perche d'un teinturier voisin, d'où pendaient diverses étoffes, qui figuraient, par analogie, un homme accroché au gibet.

« Ah! voilà comme ça finit, Kit?... cria-t-il en se frottant rudement les mains. Ah! ah! ah! Quel chagrin pour le petit Jacob et pour son aimable mère!... Brass, envoyez-lui le ministre du Petit-Béthel, pour qu'il l'assiste et le console. Holà, Kit, holà! En avant, marche, cocher. Bonjour, bonjour, Kit; bonne chance; bon courage; toutes mes amitiés aux Garland, à la bonne chère dame et au gentleman. Dites-leur, je vous prie, que j'ai demandé de leurs nouvelles. Bien des vœux pour eux, pour vous, pour tout le monde, Kit, pour tout le monde! »

Ces vœux et ces adieux coulaient comme un torrent, et le flot en durait encore lorsque la voiture fut hors de vue. Bien sûr enfin de ne plus apercevoir le fiacre, Quilp releva la tête et se roula sur le parquet dans un accès de joie furibonde.

On arriva chez le notaire, ce qui ne fut pas long, car on avait rencontré le nain dans une rue voisine, à très-peu de distance de la maison de M. Witherden. Brass descendit; et ouvrant d'un air triste la portière du fiacre, il invita sa sœur à l'accompagner dans l'étude, pour préparer les excellentes personnes qui se trouvaient dans la maison à la fâcheuse nouvelle qu'on leur apportait. Il requit également l'assistance de M. Swiveller. Tous trois entrèrent dans l'étude, M. Sampson donnant le bras à sa sœur, et M. Swiveller seul, derrière eux.

Le notaire était assis devant le feu, au fond de l'étude; il causait avec M. Abel et M. Garland; M. Chukster, assis à son pupitre, attrapait comme il pouvait à la volée quelques lambeaux de leur conversation. Tout en tournant le bouton, M. Brass observa, à travers le vitrage de la porte, cette disposition locale; et voyant que le notaire l'avait reconnu, il commença à secouer la tête et à soupirer profondément, tout le long de la cloison qui les séparait encore.

« Monsieur, dit Sampson, retirant son chapeau et portant à ses lèvres les deux premiers doigts du gant de castor de sa main droite, je me nomme Brass Brass de Bevis-Marks, monsieur.

J'ai eu l'honneur et le plaisir, monsieur, de soutenir contre vous quelques petites affaires testamentaires. Comment va votre santé, monsieur?

— Mon clerc est là pour s'entendre avec vous, monsieur Brass, sur l'affaire qui vous amène, dit le notaire, l'éloignant par un geste.

— Je vous remercie, monsieur, je vous remercie certainement. Permettez-moi, monsieur, de vous présenter ma sœur; presque un de nos collègues, monsieur, malgré la faiblesse de son sexe; une femme qui m'est précieuse, monsieur, dans mes travaux. Monsieur Richard, ayez la bonté d'approcher, s'il vous plaît. Non réellement, dit Brass, faisant quelques pas entre le notaire et son cabinet, vers lequel celui-ci avait commencé à battre en retraite, et parlant du ton d'un homme offensé, réellement, monsieur, avec votre permission je requiers de vous personnellement un mot ou deux d'entretien.

— Monsieur Brass, répondit avec vivacité le notaire, je suis occupé. Vous voyez bien que je suis occupé avec monsieur. Si vous voulez communiquer votre affaire à M. Chukster que voici là-bas, vous pouvez compter de sa part sur toute l'attention qu'elle mérite.

— Messieurs, dit Brass, portant sa main droite le long de son gilet et regardant avec un sourire affable les deux Garland père et fils, messieurs, j'en appelle à vous; veuillez considérer que je m'adresse à vous. J'appartiens à la justice. Je suis qualifié « gentleman » par acte du parlement. Mon titre, je le maintiens en vertu d'une patente annuelle de douze livres sterling pour mon diplôme. Je ne suis pas de vos musiciens, de vos acteurs, de vos faiseurs de livres, de vos peintres, tous gens qui prennent un état sans garantie du gouvernement. Je ne suis pas de vos bohémiens ou vagabonds. Quiconque m'intente une poursuite, est obligé de m'appeler gentleman; sinon, son action est nulle et de nul effet. Eh bien! je vous le demande, est-ce comme ça qu'on doit me recevoir? En effet, messieurs....

— Bien, bien, interrompit le notaire. Ayez la bonté d'exposer votre affaire, monsieur Brass.

— M'y voici, monsieur. Ah! monsieur Witberden! vous êtes loin de vous douter de.... Mais je ne me laisserai pas aller aux digressions. Je pense que le nom d'un de ces messieurs est Garland.

— De tous deux, dit le notaire.

— Vraiment!... dit Brass avec le salut le plus humble. J'eusse dû le penser, d'après la ressemblance qui est prodigieuse. Enchanté d'avoir l'honneur d'être présenté à deux gentlemen de leur distinction, quoique la circonstance qui me vaut cette faveur soit bien pénible. Un de vous, messieurs, a un domestique appelé Kit?

— Tous deux, répondit le notaire.

— Deux Kit!... dit Brass en souriant. Bon Dieu!

— Un Kit, monsieur, répliqua M. Witherden avec impatience; un Kit qui est au service de ces deux messieurs. Eh bien, qu'y a-t-il?

— Ce qu'il y a, monsieur!... répondit Brass en baissant la voix de manière à faire impression sur l'auditoire. Ce jeune homme, monsieur, en qui j'avais une confiance entière et sans limites; que j'avais toujours traité comme s'il était mon égal; ce jeune homme a ce matin commis un vol dans mon étude, et il a été saisi en flagrant délit.

— C'est quelque fausseté! s'écria le notaire.

— Ce n'est pas possible, dit M. Abel.

— Je n'en crois pas un mot, » dit le vieux gentleman.

M. Brass promena sur eux un regard calme et répondit avec le même sang-froid :

« Monsieur Witherden, vos paroles sont de celles qu'on peut actionner; et si j'étais un homme de bas étage, qui ne pût supporter bravement la calomnie, je vous poursuivrais en dommages. Mais dans ma position, je me borne à mépriser de pareilles expressions. Je respecte la chaleureuse indignation de l'autre gentleman, et je regrette sincèrement d'être le messager d'aussi mauvaises nouvelles. Je ne me fusse certainement pas exposé à une commission si pénible, n'était que le jeune homme a demandé d'être conduit ici d'abord et que j'ai cédé à ses prières. Monsieur Chukster, voulez-vous avoir la bonté de frapper à la fenêtre pour avertir le constable qui attend dans le fiacre? »

A ces mots, les trois gentlemen s'entre-regardèrent avec consternation. M. Chukster, exécutant la prière qui lui était adressée et quittant son tabouret avec l'ardeur d'un prophète qui voit l'accomplissement de ses prédictions à jour fixe, tint la porte ouverte pour laisser entrer le malheureux prisonnier.

Quelle scène lorsque le pauvre Kit entra! Jetant les accents à la fois éloquents et rudes que lui dictait la vérité, il appela le ciel en témoignage de son innocence, et déclara devant Dieu qu'il ne savait pas comment le billet avait pu être trouvé sur lui! Quelle confusion de langues, avant que tous les détails fussent relatés et les preuves énoncées! Quel morne silence quand tout eut été dit, et quels regards de doute et de surprise furent échangés par les trois amis!

« N'est-il pas possible, dit M. Witherden après une longue pause, que ce billet soit tombé accidentellement dans le chapeau, par exemple, quand on a écarté les papiers qui se trouvaient sur le pupitre? »

Mais on lui fit comprendre clairement que c'était impossible. M. Swiveller, bien qu'il ne voulût pas être un témoin à charge, ne put s'empêcher de démontrer, d'après la place qu'occupait le billet dans le chapeau, qu'on devait l'y avoir caché tout exprès.

« Je suis désolé, dit Brass, affreusement désolé. Lorsqu'il sera mis en jugement, je m'estimerai heureux de le recommander à l'indulgence du tribunal en raison de ses bons antécédents. J'avais déjà perdu de l'argent, mais il ne s'ensuit pas positivement que ce soit ce garçon qui l'ait pris. La présomption est contre lui, elle est très-forte; mais, après tout, nous sommes des chrétiens.

— Je suppose, dit le constable en promenant son regard en demi-cercle, que personne ne peut fournir de témoignage sur tout l'argent dont il a pu disposer dans ces derniers temps. En savez-vous quelque chose, monsieur? »

M. Garland, à qui la question avait été posée, répondit :

« Il avait de l'argent de temps en temps. Mais l'argent dont vous parlez lui était donné, m'a-t-il dit, par M. Brass lui-même

— Oui certainement, s'écria vivement Kit. Ne pouvez-vous pas me justifier en cela, monsieur?

— Hein? murmura Brass, dont les yeux se portèrent de visage en visage avec une expression d'étonnement stupide.

— Vous savez, cet argent, ces petits écus que vous me donniez de la part du locataire.

— O ciel! s'écria Brass en secouant la tête et en fronçant les sourcils, vilaine affaire! vilaine affaire!

— Eh! quoi, ne lui avez-vous pas donné de l'argent, de la part de quelqu'un, monsieur? demanda M. Garland avec la plus grande anxiété.

— *Moi?* je lui ai donné de l'argent, monsieur! répondit Sampson. Oh! par exemple, c'est trop d'effronterie. Constable, mon cher ami, nous ferons mieux de partir.

— Comment!... dit Kit d'une voix déchirante, ose-t-il nier qu'il m'ait donné cet argent?... Demandez-le-lui, je vous en supplie. Demandez-lui de déclarer, oui ou non, si ce n'est pas vrai.

— Est-ce vrai, monsieur? dit le notaire.

— Messieurs, répondit Brass de l'accent le plus grave, je vous déclare qu'il ne fera que gâter encore son affaire par un pareil détour. Si réellement il vous inspire de l'intérêt, donnez-lui plutôt le conseil de changer de tactique. Vous me demandez si c'est vrai, monsieur? Certainement non, ce n'est pas vrai.

— Messieurs, s'écria Kit, éclairé tout à coup par un rayon de lumière, mon maître, monsieur Abel, monsieur Witherden, vous tous, je vous ai dit la vérité!... Comment ai-je pu m'attirer sa haine, je l'ignore; mais tout ceci n'est qu'un complot tramé pour ma ruine. Soyez-en sûrs, messieurs, c'est un complot; et quoi qu'il arrive, jusqu'à mon dernier soupir je dirai que c'est lui, lui-même, qui a mis le billet dans mon chapeau. Regardez-le, messieurs. Voyez comme il change de couleur. Lequel de nous deux a l'air d'être le coupable, de lui ou de moi?

— Vous l'entendez, messieurs, dit Brass en souriant, vous l'entendez. Maintenant, n'êtes-vous pas frappés de l'idée que cette affaire prend une sombre tournure? Est-ce un acte de haute trahison ou bien un simple délit ordinaire? Peut-être, messieurs, s'il n'avait pas dit cela en votre présence et si je vous l'avais rapporté, vous n'eussiez pas voulu le croire, mais vous voyez. »

Grâce à ces observations pacifiques et railleuses, M. Brass avait réussi à dissiper la répugnance invincible qu'inspirait son caractère. Mais la vertueuse Sarah, obéissant à l'impulsion de sentiments plus violents, et peut-être aussi plus jalouse de l'honneur de la famille, s'élança d'auprès de son frère sans que rien eût pu faire soupçonner son dessein, et se rua furieuse sur le prisonnier. Le visage de Kit se fût probablement trouvé mal de cette attaque, si le constable, devinant les projets de miss Sally, n'eût poussé Kit de côté dans ce moment critique. Ce fut M. Chukster qui paya pour lui : car ce gentleman, se trouvant juste auprès de l'objet du ressentiment de miss Brass, et la rage étant aveugle comme l'amour et la fortune, il fut appréhendé au corps par la belle guerrière; son faux-col fut arraché jusqu'en ses fondements et sa chevelure mise dans le plus grand désordre avant que les efforts réunis des assistants fussent parvenus à faire comprendre à miss Sally son erreur.

Le constable, averti par cette attaque désespérée et pensant probablement qu'il serait mieux dans les vues de la justice que le prisonnier fût conduit sain et sauf devant le magistrat avant d'être mis en pièces, emmena Kit sans plus de façons vers le fiacre. Là, il insista pour que miss Brass montât en lapin auprès du cocher. Ce ne fut pas sans une violente discussion que cette charmante créature voulut bien obtempérer à cette proposition. Pourtant elle finit par prendre sur le siége la place occupée précédemment par son frère Sampson, qui après quelque résistance se mit sur la banquette à la place de Sarah. Ces arrangements une fois terminés, prisonnier, constable et témoins se rendirent en toute hâte chez le magistrat, suivis par le notaire et ses deux amis dans une autre voiture. M. Chukster seul fut laissé en arrière, à sa grande indignation : car il considérait comme si matériellement concluantes, et comme des indices si frappants du caractère hypocrite et astucieux de Kit, les preuves qu'il eût pu fournir sur la manière dont ce jeune homme était revenu pour achever de gagner son schelling, qu'il ne pouvait voir dans la suppression forcée de son témoignage qu'un compromis véritable avec le crime.

A la salle de justice, ils trouvèrent le locataire qui s'y était rendu directement et les attendait dans une impatience indicible. Mais cinquante locataires ensemble n'eussent pu prêter assistance au pauvre Kit. Au bout d'une demi-heure, il était renvoyé aux prochaines assises. Tandis qu'il était conduit en prison, un charitable agent de la justice l'avertit de ne point se laisser abattre, car la session devait s'ouvrir bientôt ; sa petite affaire y serait, selon toute vraisemblance, jugée très-promptement, et en moins d'une quinzaine il pourrait être confortablement embarqué pour se voir transporter à Botany-Bay.

CHAPITRE XXIV.

Les moralistes et les philosophes diront tout ce qu'ils voudront, il est permis de se demander si un coupable eût éprouvé la moitié au moins de l'angoisse que Kit, malgré son innocence, ressentit cette première nuit. Le monde, rempli comme il l'est d'une foule énorme d'injustices, est un peu trop enclin à se décharger de toute responsabilité, grâce à cet axiome, que, si la victime de sa fausseté et de sa malice a la conscience nette, elle ne pourra manquer de se tirer d'affaire, et que, de manière ou d'autre, le bon droit triomphera à la fin; auquel cas ceux-là mêmes qui ont plongé le malheureux dans l'embarras, en sont quittes pour dire : « A coup sûr, nous ne nous y attendions pas, mais nous en sommes bien heureux. » Le monde, au contraire, devrait songer que, de toutes les iniquités sociales, l'injustice est pour une âme généreuse et élevée la plus insupportable, celle peut-être qui inflige le plus de tortures ; et qu'il n'en faut pas davantage pour avoir égaré plus d'une conscience, et brisé plus d'un noble cœur : car le sentiment de leur innocence ne pouvait qu'aggraver leur souffrance et leur en rendre le poids doublement douloureux.

Cependant il n'y avait rien ici à imputer aux erreurs du monde; Kit était innocent, mais son innocence même et l'idée que ses meilleurs amis ne l'en jugeaient pas moins coupable; que M. et mistress Garland le regarderaient comme un monstre d'ingratitude; que Barbe le confondrait avec tout ce qu'il y avait de plus méchant et de plus criminel; que le poney se croirait abandonné par son ami; que sa mère elle-même pourrait se laisser aller à la force des apparences qui s'élevaient contre lui et lui imputer sérieusement la faute qu'il semblait avoir commise; tout cela le plongea d'abord dans un accablement d'esprit inexprimable. Il était presque fou de chagrin, et il arpentait en tous sens la petite cellule dans laquelle on l'avait enfermé pour la nuit.

Même quand la violence de ces émotions premières se fut un peu apaisée; quand le prisonnier eut commencé à devenir plus calme, une angoisse nouvelle s'empara de son esprit, et celle-là était à peine moins cruelle que le reste. L'*enfant*, cette brillante étoile qui avait rayonné sur son humble existence; l'enfant, qui toujours se représentait à son souvenir comme un beau rêve; l'enfant qui avait fait, de la partie de sa vie la plus pauvre et la plus misérable, la plus heureuse et la meilleure; que penserait-elle si elle venait à apprendre cet événement!... Quand cette idée vint se présenter à son esprit, les murs de la prison semblèrent s'écrouler pour faire place à la vieille boutique d'autrefois, telle qu'elle était par les nuits d'hiver, avec le foyer, avec le souper sur la petite table, avec le chapeau, l'habit et la canne du vieillard, avec cette porte demi-close qui menait à la chambrette de l'enfant : tout revivait dans son souvenir, tout était à sa place. Nell y était, et lui aussi, tous deux riant de bon cœur comme ils avaient fait souvent; et après s'être égaré dans ces douces visions, Kit ne put aller plus loin; il se jeta sur sa misérable couchette pour s'abandonner à ses larmes.

Qu'elle fut longue cette nuit-là! longue à n'en plus finir! Cependant Kit s'endormit et rêva. Il se voyait toujours en liberté et cheminant tantôt avec une personne, tantôt avec une autre; mais une vague crainte d'être remis en prison traversait constamment ces rêves : ce n'était pas cette prison même qui s'offrait à son imagination, mais bien plutôt une idée lugubre, l'image sombre sinon d'un cachot, du moins de la tristesse et de la peine, l'image d'un événement accablant, image toujours présente, quoique toujours indéfinissable.

L'aube apparut enfin, et avec elle la réalité froide, noire, effrayante, la réalité en un mot. Mais Kit eut la consolation d'être laissé seul à lui-même. On lui permit de se promener, à une certaine heure, dans une petite cour pavée : le guichetier qui était venu lui ouvrir son cachot et lui montrer où il devait se laver, lui apprit qu'il y avait pour les visites faites aux prisonniers un espace de temps déterminé, et que, si quelqu'un de ses amis se présentait afin de le voir, on le ferait descendre au guichet. Après lui avoir donné ces informations ainsi qu'une écuelle d'étain contenant son déjeuner, le guichetier le verrouilla de nouveau; puis cet homme s'en alla bruyamment le long du couloir de pierre, ouvrant et fermant tour à tour un grand nombre d'autres portes et faisant retentir des échos sonores qui se prolongeaient et se répétaient dans l'étendue du bâtiment, comme si les échos mêmes étaient aussi sous les verrous sans pouvoir s'échapper de leurs prisons.

Le geôlier lui avait donné à entendre qu'il était, ainsi que plusieurs autres détenus, logé à part de la masse des prisonniers, parce qu'on ne le supposait pas complétement dépravé ni tout à fait incorrigible, et que jamais il n'avait encore occupé d'appartements dans ce palais. Kit se sentit reconnaissant de cette mesure d'indulgence : il s'assit et se mit à lire très-attentivement le catéchisme, bien qu'il le sût par cœur depuis sa plus tendre enfance, jusqu'au moment où il entendit la clef tourner dans la serrure et vit le geôlier entrer de nouveau.

« Allons, dit celui-ci, suivez-moi.

— Où, monsieur? » demanda Kit.

L'homme se borna à répondre brièvement : « Des visiteurs, » et prenant Kit par le bras juste comme le constable l'avait pris la veille, il le mena à travers des corridors tortueux et en ouvrant successivement plusieurs portes épaisses, jusqu'à un couloir où il le mit derrière un grillage; après quoi, il tourna les talons. Au delà de cette grille, à une distance de quatre ou cinq pieds environ, il y en avait une autre, exactement semblable à la première. Dans l'intervalle laissé entre les deux grilles était assis un guichetier qui lisait un journal; et au delà de l'autre grille, Kit aperçut, le cœur tout palpitant, sa mère avec le petit enfant dans les bras; la mère de Barbe avec son inséparable parapluie, et le pauvre petit Jacob regardant de son mieux, comme pour voir un oiseau en cage ou plutôt une bête féroce dans sa loge, s'imaginant qu'il ne se trouvait là des hommes que par pur accident; que pouvaient-ils avoir de commun avec des barreaux?

Mais voici que le petit Jacob vit son frère, et passa ses bras entre les grilles pour l'étreindre; puis, comprenant qu'il ne pouvait arriver jusqu'à lui, il posa la tête, de désespoir, contre le bras qu'il venait d'appuyer le long d'un barreau, et commença à se lamenter : là-dessus, la mère de Kit et la mère de Barbe, qui s'étaient contenues jusque-là, se mirent à leur tour à pleurer, à sangloter. Le pauvre Kit ne put s'empêcher de joindre ses larmes à leurs larmes; aucun d'eux n'était en état de prononcer un seul mot.

Pendant cet intervalle de tristesse muette, le guichetier lisait son journal avec un air jovial; sans doute il était tombé sur quelque article facétieux. Ayant détourné un instant les yeux de ce passage, comme s'il voulait savourer à son aise l'excellente plaisanterie qui le faisait rire aux larmes, il s'avisa pour la première fois qu'on pleurait auprès de lui.

Mesdames, mesdames, dit-il en se retournant avec surprise, je vous engage à ne pas perdre le temps comme ça. Il vous est rationné, vous savez, et puis ne laissez pas cet enfant faire tant de bruit, c'est contre le règlement.

— Ah! monsieur, c'est moi qui suis sa malheureuse mère, dit avec des sanglots mistress Nubbles en saluant humblement; et cet enfant est son frère, monsieur. O mon Dieu! mon Dieu!

— Eh bien! dit le guichetier, étendant son journal sur ses genoux comme pour se mieux préparer à lire le haut de la colonne suivante, je ne peux rien faire à ça, vous savez. Il n'est pas le premier qui soit dans cette position. Il n'y a pas de quoi faire tant de tapage. »

Cela dit, il reprit sa lecture. Cet homme n'était naturellement ni dur ni cruel. Il en était venu seulement à considérer le vol comme une sorte de maladie, telle que la fièvre scarlatine ou l'érysipèle : les uns avaient attrapé ce mal, les autres ne l'attrapaient pas, au petit bonheur!

« O mon cher Kit! dit mistress Nubbles que la mère de Barbe avait charitablement débarrassée de son petit enfant; devais-je vous voir ici, mon pauvre fils!

— Vous ne pensez pas, j'espère, que je sois coupable de ce dont on m'accuse, ma chère mère? s'écria Kit, d'une voix animée.

— Moi le penser! s'écria la pauvre femme; moi, qui sais que jamais vous n'avez menti ni commis une mauvaise action depuis votre naissance! moi à qui jamais vous n'avez causé un moment de chagrin, si ce n'est de vous avoir servi de si maigres repas, que vous preniez encore avec tant de bonne humeur et de satisfaction, que je me consolais de ne pouvoir vous mieux traiter, en vous voyant si aimant et si raisonnable, bien que vous ne fussiez qu'un petit enfant!... Moi penser cela d'un fils qui, depuis qu'il est au monde, a été jusqu'à ce jour ma consolation et ne m'a jamais fait passer une nuit d'insomnie!.. Moi penser cela de vous, Kit!...

— Alors, Dieu soit loué! dit le jeune homme saisissant les barreaux avec une vivacité qui les ébranla; je pourrai supporter cette épreuve, ma chère mère. Quoi qu'il arrive, une goutte de bonheur me restera dans le cœur en songeant que vous m'estimez toujours. »

A ces mots, la pauvre femme et la mère de Barbe se remirent à pleurer. Et le petit Jacob, dont pendant ce temps les impressions vagues s'étaient résumées dans cette idée unique et distincte que Kit ne pouvait pas se promener s'il le désirait, et que derrière ces barreaux il n'y avait ni oiseaux, ni lions, ni tigres, ni autres curiosités, mais bien un frère mis en cage, Jacob joignit à petit bruit ses larmes à celles qui coulaient autour de lui.

La mère de Kit, essuyant ses yeux sans pouvoir les sécher, la pauvre âme, prit à terre un petit panier, et, d'une voix humble, elle pria le guichetier de vouloir bien l'écouter une minute. Le guichetier, qui était dans un paroxysme de gaieté folle, lui fit signe de la main de le laisser encore un instant tranquille, et conserva sa main dans cette position, comme un commandement perpétuel de ne pas l'interrompre avant qu'il eût achevé la lecture de l'alinéa : puis il la suspendit quelques secondes, en montrant sur son visage un sourire qui voulait dire : « Farceur de journaliste, va ! chien de farceur ! » puis il demanda à mistress Nubbles :

« Que désirez-vous ?

— Je lui ai apporté quelque chose à manger, dit la bonne femme. S'il vous plaît, monsieur, peut-il l'avoir ?

— Oui, il peut l'avoir. Le règlement ne le défend pas. Donnez-moi votre paquet quand vous vous en irez ; j'aurai soin qu'il lui soit remis.

— Non, mais s'il vous plaît, monsieur.... Ne vous fâchez pas, monsieur, vous avez eu une mère.... Si je pouvais le voir manger seulement un petit morceau, je partirais bien plus sûre qu'il est un peu moins malheureux. »

Et de nouveau coulèrent les pleurs de la mère de Kit, de la mère de Barbe et du petit Jacob. Quant au poupon, il criait et riait à cœur joie, s'imaginant sans doute que tout ce spectacle avait été monté et mis en scène pour son divertissement particulier.

Le guichetier parut trouver la requête étrange et tout à fait insolite ; néanmoins il déposa son journal, et, venant du côté de mistress Nubbles, il prit le panier qu'elle lui présentait ;

après en avoir examiné le contenu, il le tendit à Kit, puis retourna à sa place.

On concevra aisément que le prisonnier n'eût pas grand appétit; mais il s'assit à terre et mangea du mieux qu'il put, tandis qu'à chaque bouchée qu'il portait à ses lèvres, sa mère pleurait et sanglotait de nouveau, bien que la satisfaction qu'elle éprouvait à cette vue adoucît un peu son chagrin.

Tout en se livrant à cette occupation, Kit fit avec anxiété quelques questions sur ses maîtres, et demanda s'ils avaient exprimé une opinion sur son compte; mais tout ce qu'il put apprendre, ce fut que M. Abel lui-même avait, la nuit précédente, porté à mistress Nubbles avec infiniment de bonté et de délicatesse la nouvelle de l'événement, sans laisser percer son opinion personnelle sur l'innocence ou la culpabilité du prisonnier. Kit était au moment de réunir tout son courage pour demander à la mère de Barbe des nouvelles de sa fille, quand le porte-clefs qui l'avait amené reparut, en même temps que le deuxième guichetier se montrait derrière les visiteurs, et que le troisième, l'homme au journal, disait à haute voix : « L'heure est sonnée ! » ajoutant du même ton : « A d'autres maintenant ! » puis il remit le nez sur son journal. En un instant Kit disparut, emportant une bénédiction de sa mère et un cri poussé par le petit Jacob qui retentissait cruellement à ses oreilles. Comme il traversait la cour suivante, sous la conduite du premier guichetier, son panier à la main, un autre employé vint à eux et les invita à s'arrêter. Il tenait un litre de porter.

« Ce n'est pas là, dit-il, le nommé Christophe Nubbles, qui est entré ici hier au soir pour crime de vol ?

— Oui, répondit le camarade, c'est le poulet en personne.

— Alors cette bière est pour vous, dit l'homme à Kit. Eh bien ! qu'avez-vous tant à regarder ? Il n'y en a pas de répandue.

— Je vous demande pardon, dit Kit; mais qui m'a envoyé cela ?

— Qui ? votre ami. Il a dit que vous en auriez autant chaque jour; et vous l'aurez s'il paye.

— Mon ami ! répéta Kit.

— Comme vous êtes effaré !... Tenez, voici sa lettre. Prenez. »

Kit prit la lettre, et une fois dans sa cellule, il lut ce qui suit :

« Buvez à cette coupe, vous y trouverez à chaque goutte un charme contre les maux de l'humanité. Prenez ce cordial qui a petillé pour Hélène. La coupe d'Hélène n'était qu'une fiction; mais celle-ci est une réalité (*Barclay et Cie*). Si on vous la remet en vidange, plaignez-vous au directeur.

« Votre ami, R. S. »

« R. S. ! dit Kit après un moment de réflexion. Ce doit être M. Richard Swiveller. Ah ! c'est bien bon de sa part, et je le remercie de tout mon cœur ! »

CHAPITRE XXV.

Une faible lumière, rouge et enflammée, comme un œil qui souffre du brouillard, scintillait à la fenêtre du comptoir de Quilp, en son débarcadère. Tel était, à travers la brume, le fanal qui annonça à M. Sampson Brass, s'approchant d'un pas craintif de la maisonnette de bois, que l'excellent propriétaire de l'immeuble, son estimable client, était chez lui et attendait sans doute, avec sa patience accoutumée et la douceur bien connue de son caractère, l'accomplissement de la mission qui amenait M. Brass dans son magnifique domaine.

« Un vilain endroit pour s'y hasarder la nuit, murmurait Sampson, comme il trébuchait pour la vingtième fois sur quelque vieille épave et se relevait boitant du coup. Je crois en vérité que le gamin s'amuse chaque jour à changer de place les attrapes dont il jonche le sol pour meurtrir et estropier les gens; à moins que ce ne soit son maître lui-même qui le fasse de ses propres mains, ce qui est encore plus probable. Je n'aime pas à venir ici sans ma sœur Sally, c'est une protection plus sûre que celle d'une douzaine d'hommes. »

Tout en rendant cet hommage au mérite de l'enchanteresse en son absence, M. Brass fit une halte; il dirigea un regard d'anxiété, d'abord vers la lumière, puis par-dessus son épaule

« Qu'est-ce qu'il fait là ? se dit le procureur se levant sur la pointe des pieds et essayant de distinguer un peu ce qui se passait à l'intérieur, chose bien impossible, à raison de la distance. Il boit, je suppose ; il s'échauffe le sang pour se rendre plus violent et plus furieux encore, et pour élever sa méchanceté et sa malice à la température de l'eau bouillante. J'ai toujours peur quand il me faut venir seul ici ; avec ça que sa note monte à un joli total. Je ne crois pas qu'il lui prenne envie de m'étrangler et de me jeter doucement dans l'eau à l'heure de la marée montante, ni plus ni moins qu'il tuerait un rat, mais c'est égal, je ne suis pas sûr qu'il n'en fît volontiers la farce. Attention ! le voilà qui chante !... »

M. Quilp, en effet, se délassait par un exercice vocal, mais c'était moins un chant qu'un récitatif, la répétition monotone et précipitée d'une phrase unique, avec une bruyante cadence sur le mot final qu'il enflait et terminait par un rugissement discordant. Cette mélopée ne se rapportait ni à l'amour, ni à la guerre, ni au vin, ni à l'honneur, à rien de ce qui inspire la plupart des chansons ; le sujet n'était pas de ceux qu'on met le plus souvent en musique ou qu'on connaît généralement dans les ballades. Voici la phrase purement et simplement : « Le digne magistrat, après avoir fait observer que le prisonnier aurait bien du mal à trouver un jury disposé à accueillir ses moyens de défense, l'a renvoyé pour être jugé aux assises prochaines, et a ordonné la mise à exécution immédiate de l'enquête ordinaire pour continuer les pour-—su—i—tes. »

Toutes les fois qu'il arrivait à ce mot décisif, il y insistait à perte d'haleine, et finissait en poussant un grand éclat de rire, puis il recommençait.

« Il est terriblement imprudent, murmura Brass après avoir entendu deux ou trois reprises du chant, horriblement imprudent ! Je voudrais qu'il fût muet ; je voudrais qu'il fût sourd ; je voudrais qu'il fût aveugle. Que le diable l'emporte !... cria-t-il en l'entendant recommencer encore. Je voudrais qu'il fût mort. »

Tout en articulant ces vœux d'ami en faveur de son client M. Sampson composait ses traits de manière à leur donner leur douceur habituelle ; il attendit que le hurlement du refrain eût expiré pour s'approcher de la maison de bois et frapper à la porte.

« Entrez, cria le nain.

— Comment cela va-t-il ce soir, monsieur ? dit Sampson regardant à l'intérieur. Ah ! ah ! ah ! comment cela va-t-il, monsieur? Oh! bon Dieu! qu'il est original! étonnamment original!

— Entrez, imbécile que vous êtes, répliqua le nain, au lieu de rester là à branler la tête et à montrer vos dents. Entrez, faux témoin, parjure, suborneur! entrez.

— Quelle richesse de bonne humeur! s'écria Brass en fermant la porte derrière lui; quelle veine prodigieuse de comique! Cependant n'y a-t-il pas aussi quelque imprudence, monsieur?...

— A quoi? demanda Quilp. A quoi, Judas?

— Judas! s'écria Brass; quelle verve d'esprit et de gaieté! Judas! Ah! oui.... bon Dieu! c'est excellent! Ah! ah! ah! »

Pendant tout ce temps, Sampson se frottait les mains et contemplait avec un mélange de surprise risible et d'effroi une grande figure provenant sans doute de la carcasse d'un vieux vaisseau, une grosse tête avec des yeux à fleur de tête et un nez épaté, qui avait été dressée contre la muraille, dans un coin, auprès du poêle, comme l'idole hideuse de quelque fétiche adoré par le nain. Une certaine quantité de bois de charpente posé sur cette tête, et qui, dans l'obscurité et à distance, se dessinait comme un chapeau à cornes, ainsi qu'une imitation d'étoile sur le côté gauche de la poitrine et d'épaulettes sur les épaules, dénotait que ce devait être dans l'origine l'image de quelque amiral fameux; car, sans cela, l'observateur eût cru plutôt voir le portrait authentique d'un triton de distinction ou du grand serpent de mer. Comme cette figure se trouvait disproportionnée avec l'appartement qu'elle décorait maintenant, on l'avait sciée net à la ceinture. Même dans cet état, elle touchait encore du plancher au plafond; et se portant en avant de cet air de curiosité hardie et avec ce sans-gêne effronté qui caractérisent les têtes de vaisseau, elle paraissait réduire tout autour d'elle à des proportions microscopiques.

« Connaissez-vous cela? dit le nain suivant le regard de Sampson. Reconnaissez-vous à qui ça ressemble?

— Eh! dit Brass penchant son visage de côté, puis le rejetant un peu en arrière, comme font les connaisseurs; en l'examinant avec plus d'attention, il me semble voir un.... Oui, il y a certainement dans le sourire ce je ne sais quoi qui me rappelle le.... et cependant, sur mon honneur, je.... »

Le fait est que Sampson, n'ayant jamais rien aperçu qui offrît la moindre analogie avec ce fantôme matériel, était fort embarrassé, n'étant point certain que M. Quilp ne considérât pas cette figure comme sa propre image et ne l'eût pas mise là par conséquent comme un portrait de famille, ou bien qu'il n'eût pas eu la fantaisie d'y voir l'effigie de quelque ennemi. Au reste, il ne tarda pas à savoir ce qu'il en devait croire, car, tandis que Brass examinait la tête avec ce regard capable que bien des gens prennent quand ils sont pour la première fois devant des portraits qu'ils doivent deviner sans les reconnaître le moins du monde, le nain tira le journal où se trouvaient les mots déjà cités qu'il avait psalmodiés, et saisissant une grosse barre de fer qui lui tenait lieu de tisonnier, il appliqua sur le nez de l'amiral un coup si violent que la tête en fut ébranlée.

« N'est-ce pas Kit? n'est-ce pas son portrait, son image, lui-même enfin? cria le nain faisant pleuvoir un déluge de coups sur la tête impassible et la couvrant de meurtrissures profondes. N'est-ce pas là le modèle exact, le vrai daguerréotype de ce chien?... N'est-ce pas...? n'est-ce pas...? n'est-ce pas lui? »

Et chaque fois qu'il répétait cette question, il frappait sur le colosse jusqu'à ce que son propre visage fût baigné d'une sueur produite par la violence de cet exercice.

Assurément, c'eût été chose fort amusante à voir du haut d'une galerie où l'on se serait trouvé à l'abri, de même qu'un combat de taureaux est généralement regardé comme très-agréable pour les gens qui ne sont pas dans l'arène, de même aussi que l'aspect d'une maison en feu a bien plus d'attraits que la comédie même, pour les personnes qui n'habitent pas près du foyer de l'incendie. Mais dans l'ardeur des gesticulations de Quilp, il y avait quelque chose qui fit regretter au procureur que le comptoir fût un peu trop petit et beaucoup trop solitaire pour trouver autant de plaisir qu'il aurait voulu à ce genre de divertissement. Il se tint donc le plus loin possible des atteintes du nain en besogne, sans pouvoir articuler que de faibles applaudissements. Mais quand Quilp eut cessé, et que d'épuisement il fut tombé sur un siége, son conseiller légal s'approcha de lui d'un air plus obséquieux que jamais.

« Parfait!... cria-t-il. Hé! hé! parfait! »

Et se retournant comme pour invoquer le témoignage de l'amiral lui-même, tout meurtri qu'il était :

« C'est une tête tout à fait remarquable! ajouta-t-il.

— Asseyez-vous, dit le nain. J'ai acheté ce chien-là hier. Je l'ai percé avec des vrilles, je lui ai enfoncé des fourchettes dans les yeux, j'ai gravé mon nom sur sa face. Je me propose de finir par le brûler.

— Ah ! ah ! s'écria Brass. C'est fort amusant !

— Venez ! dit Quilp en lui faisant signe de s'approcher davantage. Qu'est-ce que vous trouvez donc d'imprudent, hein ?

— Rien, monsieur, rien. A peine si cela vaut la peine d'en parler, monsieur ; mais je pensais que ce chant, d'une gaieté admirable en soi, était peut-être un peu....

— Oui ? dit Quilp ; un peu quoi ?

— Un peu trop.... ou si vous l'aimez mieux, suspect de ressembler à un manque de réflexion, monsieur, répondit Brass regardant avec timidité les yeux du nain qui étaient tournés vers le feu dont ils reflétaient la lueur rougeâtre.

— Eh bien ?... demanda Quilp sans se retourner.

— Eh bien ! vous savez, monsieur... répondit Brass s'enhardissant à prendre plus de familiarité ; le fait est, monsieur, que toute allusion à ces petites coalitions d'amis pour des objets très-louables en eux-mêmes, mais que la loi désigne sous le nom de complots, doit être, vous me comprenez, monsieur ? tenue, le plus possible, secrète et entre amis.

— Ah ! ah ! dit Quilp levant les yeux avec un calme parfait ; qu'entendez-vous par là ?

— De la prudence, une prudence excessive ! l'œil au guet ! s'écria Brass en hochant la tête. Bouche close, monsieur, même ici, voilà ma pensée exacte.

— *Votre* pensée exacte.... à vous, à vous, méchant Polichinelle, qu'est-ce que c'est que votre pensée ? Qu'est-ce que vous me parlez de coalitions faites ensemble ? Est-ce que je me coalise, *moi ?* Est-ce que je connais rien à vos coalitions ?

— Non, non, monsieur ; non certainement, non du tout.

— Si vous continuez de me cligner de l'œil et de me secouer ainsi votre tête, dit le nain regardant autour de lui comme s'il cherchait son tisonnier, je vais faire faire une autre grimace à votre figure de singe.

— Ne vous emportez pas, je vous prie, monsieur, réplique Brass se reprenant vivement. Vous avez parfaitement raison, monsieur, parfaitement raison. Je n'eusse pas dû faire d'allusion à ce sujet, monsieur. Changeons de conversation, s'il vous plaît.

Vous vous êtes informé, monsieur, à ce que m'a dit Sally, de notre locataire. Il n'est pas de retour, monsieur.

— Non? dit Quilp faisant bouillir du rhum dans une petite casserole et le surveillant pour l'empêcher de déborder. Pourquoi n'est-il pas de retour?

— Pourquoi, monsieur?... Il.... mon Dieu! monsieur Quilp....

— Pour quelle raison? dit le nain suspendant sa main au moment où il allait porter la casserole à sa bouche.

— Vous avez oublié l'eau, monsieur, dit Brass, et.... Excusez-moi, monsieur, mais c'est brûlant. »

Sans daigner répondre à cette observation autrement que par un fait pratique, M. Quilp approcha la casserole de ses lèvres et but résolûment tout le spiritueux qui s'y trouvait contenu, une pinte environ, qui, à l'instant où il avait retiré le vase du feu, bouillonnait et sifflait avec force. Ayant absorbé ce joli petit stimulant et montré son poing à l'amiral, il ordonna à M. Brass de poursuivre.

« Mais d'abord, dit-il avec sa grimace habituelle, prenez vous-même une goutte, une légère goutte, une bonne goutte toute chaude.

— Volontiers, monsieur, dit Brass; s'il y avait dedans quelque chose comme une cuillerée d'eau, ça ne ferait pas de mal....

— Il n'y a rien de semblable ici! cria le nain. De l'eau pour les procureurs!... Du plomb fondu et du soufre, une bonne poix bouillante à faire des vésicatoires, et du goudron, voilà ce qu'il leur faut. N'est-ce pas, Brass? hein?

— Ah! ah! ah! dit en riant M. Brass. Dieu, que c'est brûlant! et cependant cela vous chatouille. On a beau faire, c'est un vrai plaisir, ma parole!

— Buvez cela, dit le nain qui pendant ce temps en avait fait chauffer encore un peu. Avalez-moi cela jusqu'à la lie, écorchez-vous le gosier et soyez heureux. »

L'infortuné Sampson prit quelques petites gorgées de la liqueur, qui aussitôt se répandit en larmes brûlantes, et sous cette forme coula des joues de Brass dans la cruche où il buvait, faisant passer au rouge cramoisi la couleur de son visage et de ses paupières et produisant un violent accès de toux, au milieu duquel on eût pu entendre encore la victime déclarer, avec la constance d'un martyr, que c'était « vraiment magnifique! »

Tandis que le procureur souffrait le martyre, le nain renoua la conversation.

« Qu'est-il donc devenu, votre locataire ? demanda-t-il.

— Il est encore avec la famille Garland, répondit Brass pris par intervalles de quintes de toux. Il n'est venu chez nous qu'une fois, monsieur, depuis le jour où le coupable a subi son interrogatoire. C'était pour annoncer à M. Richard qu'il ne pouvait plus supporter le séjour de la maison après ce qui s'était passé; qu'il en avait beaucoup souffert, d'autant plus qu'il se regardait jusqu'à un certain point comme la cause de cet événement. Un excellent locataire, monsieur. J'espère que nous ne le perdrons pas.

— Bah! s'écria le nain; vous ne pensez jamais qu'à vos intérêts; pourquoi alors ne pas vous imposer des réformes ? Si j'étais à votre place, je gratterais, j'entasserais, j'économiserais.

— Sur ma parole, monsieur, je crois que Sarah entend l'économie aussi bien que personne. Je fais bien tout ce que vous dites là, monsieur Quilp.

— Allons, arrosez-moi encore votre gosier; vous n'avez encore pleuré que d'un œil : c'est au tour de l'autre à présent, buvez, mon homme, cria le nain. Vous allez me faire croire que c'est pour m'obliger que vous avez pris un clerc.

— Enchanté, monsieur, toutes les fois que nous pouvons vous être agréables. Eh bien! oui, monsieur, c'était pour vous faire plaisir.

— Qu'est-ce qui vous empêche de le renvoyer ? Ce sera toujours ça d'économisé.

— Renvoyer M. Richard !...

— Dame! à moins que vous n'en ayez encore un autre, perroquet que vous êtes! Quand vous répéterez toujours ce que je dis, à quoi bon ?.... Eh bien! oui.

— Sur ma parole, monsieur.... Je ne m'attendais pas à ce conseil de votre part.

— Comment pouviez-vous vous y attendre ? dit le nain en ricanant, *moi-même* je ne m'y attendais pas. Combien de fois aurai-je besoin de vous répéter que j'ai conduit chez vous ce jeune homme pour avoir toujours l'œil sur lui et savoir ce qu'il devenait; que j'avais une combinaison, un projet, un joli petit divertissement en train, dont l'essence, la fine fleur étaient que le vieillard et l'enfant, qui sont maintenant, je pense à tous les diables, devinssent aussi gueux que des rats galeux, tandis que Richard et son gracieux ami les croyaient riches comme des Crésus !

— Je sais cela, monsieur; je sais bien cela.

— Très-bien, monsieur. Mais à présent vous pouvez savoir aussi qu'ils ne le sont pas, pauvres, qu'ils ne peuvent pas l'être, lorsqu'un homme tel que votre locataire les cherche et bat tout le pays pour les retrouver ?

— Naturellement, dit Sampson.

— Naturellement ? répéta le nain avec humeur. Eh bien ! alors naturellement aussi vous devez comprendre que je me moque de ce jeune homme comme de rien du tout, et naturellement vous devez savoir que hors de là il ne peut vous servir à rien ni à vous ni à moi ?

— J'ai dit fréquemment à Sarah, répondit Brass, qu'il n'entendait rien aux affaires. On ne peut avoir aucune confiance en lui, monsieur. Vous me croirez si vous voulez, mais je me suis aperçu que ce jeune homme, même dans les plus simples affaires de l'étude qui lui étaient confiées, embrouillait tout, malgré les recommandations qu'on lui avait faites. C'est une mâchoire, monsieur, dont l'incapacité dépasse tout ce qu'il est possible d'imaginer. N'était le respect, la reconnaissance que je vous dois, monsieur.... »

Comme il devenait clair que Sampson allait se lancer sur le terrain d'une harangue apologétique, à moins qu'il ne fût interrompu à propos, M. Quilp le frappa poliment sur le haut de la tête avec la petite casserole, en le priant de vouloir bien lui laisser la paix.

« J'entends, monsieur, dit Brass en frottant la place sur sa caboche avec un sourire, vous me rappelez au fait, c'est bien là votre caractère pratique, et j'ajouterai aussi extrêmement plaisant, excessivement plaisant !

— Écoutez-moi, s'il vous plaît, répliqua le nain; sinon, je serai un peu moins plaisant. Il n'y a pas lieu de penser que le digne ami de Richard revienne jamais. Ce chenapan aura été forcé de se sauver pour quelque friponnerie en pays étranger, où puisse-t-il pourrir !

— Certainement, monsieur, c'est très-juste, puissamment raisonné, s'écria Brass regardant de nouveau l'amiral, comme si la grosse tête était en tiers dans leur conversation.

— Je le hais, dit Quilp entre ses dents; je l'ai toujours haï pour des motifs de famille. C'était d'ailleurs un drôle intraitable; autrement, on eût pu en tirer parti. Le Swiveller est un cœur de poule, un esprit léger. Je n'ai plus besoin de lui. Qu'il se pende ou se noie, qu'il meure de faim ou qu'il aille au diable, peu m'importe!

— Il sera fait assurément comme vous le voulez, répondit Brass. Ce sera un coup pénible pour Sarah; mais elle sait maîtriser toutes ses impressions. Ah! monsieur Quilp, j'y ai souvent pensé, mon Dieu! s'il avait plu à la Providence de vous réunir vous et Sarah dans votre jeunesse, quels fruits de bénédiction eussent résulté d'une telle union! Vous n'avez jamais connu notre cher père, monsieur? C'était un gentleman parfait. Sarah était son orgueil et sa joie; monsieur, le vieux renard eût fermé ses yeux en paix, s'il eût pu auparavant lui trouver un époux tel que vous. Vous l'estimez, n'est-ce pas, monsieur?

— Je l'aime! coassa le nain.

— Vous êtes trop bon, monsieur. Avez-vous à me donner quelque autre ordre dont je puisse prendre note, avec cette petite affaire de M. Richard?

— Non, répondit le nain en saisissant la casserole. Buvons à la belle Sarah.

— Si nous pouvions, dit humblement le procureur, y boire dans un autre vase qui fût moins brûlant, cela vaudrait peut-être mieux. Je pense que Sarah, en apprenant l'honneur que vous lui avez fait de porter un toast à sa santé, ne sera pas fâchée en même temps d'apprendre que cette fois-ci la liqueur aura été un peu moins chaude. »

Mais M Quilp resta sourd à ces objections. Sampson Brass, qui jusqu'alors avait bu modérément, se vit forcé à de nouvelles libations de cette liqueur diabolique; aussi, malgré tous ses efforts pour conserver le sang-froid et l'équilibre, le rhum eut-il sur lui un effet terrible. Le pauvre procureur vit le comptoir tourner en cercle avec une excessive rapidité, et le parquet s'élever en même temps que le plafond descendait, de manière à produire un aplatissement épouvantable. Après un moment de stupeur léthargique, il se trouva partie sous la table partie sur la grille du foyer. Comme cette position peu confortable n'était pas celle qu'il eût choisie lui-même, il tenta de se remettre sur ses jambes vacillantes, et prenant pour point d'appui la tête de l'amiral, il chercha autour de lui son hôte.

La première impression de M. Brass fut que son hôte était parti, et l'avait laissé seul, que peut-être même il l'avait enfermé sous clef pour la nuit. Cependant, une forte odeur de tabac, changeant le cours de ses idées, l'amena à regarder en l'air : il vit alors que le nain était occupé à fumer dans son hamac.

« Bonsoir, monsieur, dit M. Brass d'un ton caressant; bonsoir, monsieur.

— Vous avez, à ce que je vois, l'intention de passer là toute la nuit? dit le nain, laissant tomber un regard sur lui. Eh bien! c'est bon, passez-y la nuit, si vous voulez.

— En vérité, cela me serait impossible, monsieur, répondit Brass, que les nausées et l'atmosphère fétide de la chambre avaient presque asphyxié; si vous aviez l'extrême bonté de me prêter une lumière pour que je pusse me diriger à travers votre cour, monsieur.... »

Quilp descendit en un moment, non sur ses jambes, ni sur sa tête ni sur ses mains, mais en laissant rouler son corps tout en bloc.

« Certainement, » dit-il.

Et il saisit une lanterne qui était le seul luminaire de la maison.

« Prenez bien garde où vous mettrez le pied, mon cher ami. Marchez prudemment parmi les charpentes, car tous les gros clous ont la pointe en l'air. Dans la ruelle voisine il y a un chien. La nuit dernière, il a mordu un homme; la nuit précédente, une femme; et mardi dernier, il a étranglé un enfant, seulement, histoire de rire. N'approchez pas trop de lui.

— De quel côté du chemin se trouve-t-il, monsieur? demanda Brass épouvanté.

— A droite. Mais quelquefois il se cache à gauche pour s'élancer de là sur les passants. Je ne puis donc pas vous renseigner d'une manière précise à cet égard. Ayez soin de bien vous garer. Je ne vous pardonnerai jamais si vous y manquez. Voici une lumière. Allons, n'hésitez pas, vous connaissez le chemin tout droit! »

Quilp avait méchamment caché la lumière en tournant le verre de la lanterne du côté de sa poitrine, et il resta à la porte de son comptoir, éclatant de rire et tremblant de joie des pieds à la tête; car il entendait le procureur trébucher sur le terrain, et de temps en temps tomber lourdement de tout son poids. Enfin, cependant, M. Brass parvint à s'éloigner, et Quilp ne distingua plus le bruit de ses pas.

Alors le nain rentra chez lui et s'élança de nouveau dans son hamac.

CHAPITRE XXVI.

Ce n'était pas à tort que l'agent de justice avait annoncé à Kit, en guise de consolation, que le jugement de sa petite affaire aurait lieu à Old-Bailey et ne se ferait sans doute pas attendre longtemps. Au bout de huit jours, la session s'ouvrit. Le lendemain, le grand jury déclara qu'il y avait lieu à suivre contre Christophe Nubbles pour crime de félonie ; et deux jours après cette déclaration, le prévenu était appelé à comparaître pour répondre devant le tribunal sur la question de culpabilité ou de non-culpabilité comme ayant, ledit Christophe, saisi et dérobé traîtreusement dans le domicile et l'étude du nommé Sampson Brass, gentleman, un billet de banque de cinq livres sterling provenant du gouverneur et de la compagnie de la banque d'Angleterre, contrairement aux statuts établis et en vigueur sur la matière, comme aussi à la paix de notre souverain maître le roi, et à la dignité de sa couronne.

Quand la question lui fut posée, Christophe Nubbles répondit d'une voix basse et tremblante, qu'il n'était pas coupable. Ceux qui ont l'habitude de former sur les apparences des jugements précipités et qui eussent voulu que Christophe, s'il était innocent, parlât à voix haute et ferme, purent remarquer à quel point l'emprisonnement et l'anxiété abattent les cœurs les plus résolus : un homme qui est resté étroitement enfermé, ne fût-ce que dix à onze jours, à ne voir que des murs de moellon et tout au plus quelques visages de pierre, se sentira naturellement déconcerté et même effrayé en entrant tout à coup dans une grande salle pleine de bruit et de mouvement. : sans compter que l'aspect de personnages avec des perruques est beaucoup plus effrayant pour beaucoup de gens que celui de têtes coiffées de leurs cheveux naturels. Si l'on ajoute à ces considérations l'émotion que Kit dut éprouver en voyant les deux MM. Garland et le petit notaire, pâles et le visage rempli d'anxiété, personne ne s'étonnera qu'il fût déconcerté et qu'il ne se sentit pas du tout à son aise.

Bien que depuis son emprisonnement il n'eût reçu la visite ni d'aucun des MM. Garland ni de M. Witherden, cependant on lui avait donné à entendre qu'ils avaient fait choix pour lui d'un avocat. Lorsqu'un des gentlemen en perruque se leva et dit : « Milord, je me présente ici pour le prisonnier, » Kit fit un salut; et lorsqu'un autre gentleman, également en perruque, se leva à son tour et dit ; « Milord, je me présente contre lui, » Kit devint tout tremblant, et salua aussi cet avocat. Mais je suis sûr qu'au fond de l'âme il espérait bien que son gentleman à lui allait faire voir à l'autre gentleman son béjaune, et ne tarderait pas à le renvoyer tout penaud.

L'avocat qui plaidait contre Kit fut appelé à parler le premier : il était malheureusement dans les dispositions les plus heureuses, car il venait justement, dans la dernière affaire jugée, d'obtenir à peu près l'acquittement d'un jeune étourdi qui avait eu le malheur d'assassiner son père. Aussi il avait la parole en main, et il en usa joliment, comme vous pouvez croire. Il prévint les jurés que, s'ils acquittaient le prévenu, ils devaient s'attendre à éprouver autant de remords cuisants et de tortures morales que les jurés précédents en eussent ressenti s'ils avaient condamné l'autre accusé. Après avoir exposé amplement l'affaire, après avoir dit que jamais il n'en avait vu de pire espèce, il s'arrêta un instant, comme un homme qui a quelque chose de terrible à leur communiquer. « Je suis informé, dit-il, qu'un effort sera tenté par mon honorable ami (et il se tourna en le désignant vers le conseil de Kit) pour invalider la déposition des témoins irréprochables que je vais appeler devant vous, messieurs; mais j'ai l'espoir et la confiance que mon honorable ami montrera plus de respect et de vénération pour le caractère du plaignant. Jamais il n'y eut, je le sais, plus digne membre de cette digne profession à laquelle il appartient Messieurs les jurés connaissent-ils Bevis-Marks? et, s'ils connaissent Bevis-Marks, comme j'ose l'affirmer en leur nom, connaissent-ils les hautes illustrations historiques qui se rattachent à ce lieu si remarquable? Pourraient-ils croire qu'un homme tel que M. Brass pût résider dans un lieu comme Bevis-Marks, et n'être pas un cœur vertueux, un esprit élevé? »

Après avoir ressassé cet argument vigoureux, l'avocat ajouta, en manière de conclusion, qu'insister sur un fait si bien apprécié déjà par MM. les jurés, serait faire injure à leur intelligence, et en conséquence il appela tout d'abord Sampson Brass au banc des témoins.

M. Brass se présente. Il est vif et frais. Il salue le juge en homme qui a eu déjà le plaisir de le voir et qui espère bien avoir conservé son estime depuis leur dernière entrevue, croise ses bras et regarde son avocat comme pour dire : « Me voici. Je suis plein de preuves jusqu'à la gorge. Un petit coup seulement sur la bonde, et je vais déborder? » L'avocat se met aussitôt à la besogne, mais avec une grande réserve, tirant peu à peu les preuves pour en faire ressortir la netteté et l'éclat aux yeux de tous les assistants. Alors le conseil de Kit provoque un contre-interrogatoire; mais il ne peut rien tirer du procureur qui soit utile à la cause de son client. Après avoir subi un grand nombre de longues questions auxquelles il ne fait que de courtes réponses, M. Sampson Brass descend du banc dans toute sa gloire.

Sarah lui succède. Elle est jusqu'à un certain point d'humeur coulante avec l'avocat de M. Brass, mais très-rétive avec celui de l'accusé. En résumé, l'avocat de Kit ne peut obtenir d'elle que la répétition de ce qu'elle a déjà énoncé, seulement cette fois en termes plus violents contre son client; aussi un peu confus, s'empresse-t-il de la renvoyer. Alors l'avocat de M. Brass appelle Richard Swiveller : Richard Swiveller paraît.

On a secrètement averti l'avocat de M. Brass que ce témoin éprouve des dispositions favorables au prisonnier; et, à dire vrai, il n'est pas fâché de le savoir, car ledit avocat passe pour être très-fort dans l'art de coller son homme, comme on dit vulgairement. En conséquence, il commence par requérir l'huissier de s'assurer si le témoin a baisé l'évangile, puis il se met à entreprendre Richard des pieds et des mains, des dents et des griffes.

Quand celui-ci a fini sa déposition dans laquelle il a mis une contrainte visible et trahi son désir de la rendre le moins défavorable possible à l'accusé :

« Monsieur Swiveller, dit l'avocat de Brass, où avez-vous, s'il vous plaît, dîné hier ?

— Où j'ai dîné hier ?

— Oui, monsieur ; où avez-vous dîné hier ? Était-ce près d'ici, monsieur ?

— Oh ! certainement.... Oui.... Tout près d'ici.

— Certainement.... Oui.... Tout près d'ici, répète l'avocat de M. Brass en jetant de côté un regard à la cour. Et il ajoute : Vous étiez seul, monsieur ?

— Plaît-il, monsieur ?.... dit M. Swiveller qui n'a pas saisi la question.

« Si vous étiez *seul*, monsieur ? répète d'une voix de tonnerre l'avocat de M. Brass. Avez-vous dîné seul ? N'avez-vous pas traité quelqu'un, monsieur ? Parlez.

— Oh ! certainement si ; si, j'ai traité quelqu'un, dit M. Swiveller avec un sourire.

— Ayez la bonté, monsieur, de vous départir d'une légèreté très-déplacée devant le tribunal, quoique peut-être vous ayez quelque raison de vous féliciter d'y être seulement en qualité de témoin. »

Et en disant cela l'avocat donne à entendre par un signe de tête que la place légitime de M. Swiveller serait plutôt au banc des accusés.

« Veuillez m'écouter attentivement. Hier vous étiez près d'ici, attendant pour savoir si le procès serait appelé. Vous avez dîné de l'autre côté de la rue. Vous avez traité quelqu'un. Maintenant, ce quelqu'un n'était-il pas le frère du prisonnier ici présent ? »

M. Swiveller se met en devoir de fournir des explications.

« Oui ou non, monsieur ? crie l'avocat de Brass

— Mais permettez-moi....

— Oui ou non, monsieur ?

— Eh bien, oui, mais....

— Vous voyez bien ! s'écrie l'avocat l'arrêtant net. Un joli témoin, ma foi ! »

L'avocat de M. Brass s'assied. L'avocat de Kit, ne sachant pas de quoi il s'agit, n'ose insister sur l'incident. Richard Swiveller se retire abasourdi. Le juge, les jurés, les spectateurs, tout le monde se le représente en idée, faisant quelque orgie avec un sacripant aux épaisses moustaches, un jeune dissolu de six pieds de haut pour le moins. La réalité, c'est le petit Jacob avec ses mollets au grand air et sa taille enveloppée d'un châle. Personne ne sait la vérité, tout le monde est dupe d'un mensonge, et cela grâce au talent de l'avocat de M. Brass!

Les témoins à décharge sont appelés ensuite. C'est ici que brille de nouveau l'avocat du procureur. Il appert que M. Garland n'a pas eu de renseignements précis sur Kit, qu'il n'en a demandé qu'à la mère même du jeune homme, et que celui-ci a été renvoyé par son premier maître pour cause inconnue. « En vérité, monsieur Garland, dit l'avocat de M. Brass, c'est être à votre âge, et j'affaiblis l'expression, singulièrement imprudent. » Cette conviction est partagée par le jury qui déclare Kit coupable. On emmène le prisonnier sans écouter ses humbles protestations d'innocence. Les spectateurs se pressent à leurs places avec un redoublement d'attention, car on doit entendre dans l'affaire suivante plusieurs femmes qui déposeront comme témoins, et le bruit court que l'avocat de M. Brass sera très-amusant dans le débat contradictoire qu'il leur fera subir vis-à-vis de l'accusé.

La mère de Kit, pauvre femme! attend en bas de la prison à la grille du parloir. Elle est accompagnée de la mère de Barbe, âme excellente! qui ne sait que pleurer en tenant le petit enfant. Triste entrevue que celle de Kit et des visiteuses! Le guichetier amateur de journaux leur a tout dit. Il ne pense pas que Kit soit transporté pour la vie, parce qu'il peut encore prouver ses bons antécédents, ce qui ne manquera pas de lui être utile.

« Je m'étonne, dit le guichetier, qu'il ait commis ce vol.

— Il ne l'a jamais commis! s'écrie mistress Nubbles.

— Bien, bien, je ne veux pas vous contredire; mais qu'il l'ait commis ou non, c'est tout un. »

La mère de Kit passe sa main à travers les barreaux qu'elle secoue. Dieu seul et ceux auxquels il a donné une semblable tendresse savent avec quel désespoir Kit lui recommande d'avoir bon courage et, sous prétexte de se faire présenter les enfants pour les embrasser encore, il prie à demi-voix la mère de Barbe de ramener mistress Nubbles au logis.

« Des amis se lèveront pour nous défendre, ma mère, j'en suis bien sûr, dit Kit. Si ce n'est pas aujourd'hui, ce sera bientôt. Mon innocence ressortira, ma mère, et je serai renvoyé absous :

je m'y attends. Ayez soin un jour d'apprendre à Jacob et au petit tout ce qu'il en était, car s'ils pensaient que j'aie jamais pu être un malhonnête homme, s'ils le pensaient quand ils seront devenus assez grands pour comprendre les choses, mon cœur se briserait à cette idée, fussé-je à des milliers de milles d'ici. Oh! ne se trouvera-t-il pas ici un homme compatissant pour soutenir ma mère!... »

La main de mistress Nubbles quitte celle du prisonnier; la pauvre créature tombe à la renverse, privée de ses sens. Tout à coup Richard Swiveller paraît; il s'approche vivement, écarte les assistants, saisit non sans peine mistress Nubbles, l'emporte sur un bras, à la manière des ravisseurs de théâtre, fait un signe amical à Kit, ordonne à la mère de Barbe de le suivre, et gagne rapidement un fiacre qui l'attendait à la porte.

Il reconduisit mistress Nubbles à son domicile. Nul ne sait combien d'incroyables absurdités il débita en route avec sa manie de citer des ballades et des poésies de toute sorte. Après avoir attendu que la mère de Kit fût complétement revenue de son évanouissement, il partit, mais comme il n'avait pas d'argent pour payer la voiture, il se fit transporter pompeusement dans Bevis-Marks, commandant au cocher de rester devant la porte de M. Brass tandis qu'il entrerait dans cette maison pour « changer. » Car, c'était un samedi soir, jour de paye.

« Monsieur Richard!... Eh! bonjour! » s'écria joyeusement le procureur.

Si d'abord l'affaire de Kit lui avait semblé monstrueuse, cette fois Richard ne put s'empêcher de soupçonner son aimable patron d'y avoir joué un vilain rôle. Peut-être le sentiment sérieux éprouvé en ce moment par ce jeune homme d'un caractère léger, provenait-il surtout de la triste scène à laquelle il avait assisté: quelle qu'en fût la source, ce sentiment le dominait; aussi se borna-t-il à dire brièvement le motif qui l'amenait.

« De l'argent!... s'écria Brass en tirant sa bourse. Ah! ah!... Certainement, monsieur Richard, certainement, monsieur. Il faut bien que tout le monde vive. Pouvez-vous me rendre sur un billet de banque de cinq livres?

— Non, répondit sèchement Dick.

— Ah! tenez, voici justement la somme. Cela sera plus tôt fait. Vous êtes venu à propos. Monsieur Richard.... »

Dick, qui déjà avait gagné la porte, se retourna à l'appel de son nom.

« Vous n'aurez pas besoin de vous déranger pour revenir ici, monsieur.

— Hein?

— C'est comme cela, monsieur Richard, dit Brass en plongeant ses mains dans ses poches et se balançant à droite et à gauche sur son tabouret. Il est certain qu'un homme de votre mérite, monsieur, perd complétement son temps, son avenir en restant dans notre sphère aride et desséchante. C'est une pénible, ennuyeuse, énervante besogne. Moi, je pense que le théâtre, ou l'armée, monsieur Richard, ou quelque emploi supérieur dans le commerce patenté des liquides, c'est là seulement ce qui convient au génie d'un homme tel que vous. J'espère que vous reviendrez nous voir de temps en temps. Sally en sera enchantée certainement. Elle regrette infiniment de vous perdre, monsieur; mais la conscience de son devoir envers la société la soutiendra. C'est une créature extraordinaire, monsieur! Vous trouverez votre compte d'argent bien exact. Il y a eu un carreau cassé, mais je n'ai pas voulu en faire déduction. « Toutes les fois qu'on se sépare de ses amis, monsieur Richard, il faut qu'on s'en sépare au moins d'une manière libérale. » J'aime cet axiome de la sagesse plus que je ne puis vous dire. »

Swiveller ne répondit pas un seul mot. Mais rentrant pour reprendre sa jaquette de canotier, il la roula en une espèce de boule très-serrée, et regarda fixement le procureur comme s'il eût voulu lui lancer ce paquet au visage. Cependant il se contenta de mettre le vêtement sous son bras, et sortit de l'étude en gardant un profond silence. A peine avait-il fermé la porte, qu'il la rouvrit; il resta sur le seuil à regarder encore quelques minutes M. Brass avec la même gravité majestueuse; et faisant un dernier signe de tête, il disparut lentement et glissa comme un fantôme.

Il paya le cocher et s'éloigna dans Bevis-Marks en ruminant de grands projets pour consoler la mère de Kit, et rendre service à Kit lui-même.

Mais la vie des jeunes gens voués, comme Richard Swiveller, au plaisir, est extrêmement précaire. L'excitation que son esprit avait subie depuis une quinzaine de jours, jointe au travail intérieur qu'avaient dû produire plusieurs années d'excès bachiques, agit tout à coup sur lui de la manière la plus violente. Dans la nuit même il tomba dangereusement malade, et dès le lendemain il était en proie à une fièvre ardente.

CHAPITRE XXVII.

Richard Swiveller se retournait en tous sens dans son lit brûlant et incommode : tourmenté par une soif dévorante que rien ne pouvait apaiser; sans pouvoir trouver aucune position qui lui procurât un moment de calme ou de bien-être; se perdant à travers un dédale de pensées qui se pressaient sans trêve ni relâche; pas une image consolante, pas une voix amie près de lui! Livré à un accablement continuel, il avait beau changer de place ses membres épuisés par la fièvre, il n'y trouvait aucun soulagement; il avait beau lancer dans les divagations les plus variées son esprit en délire, il était toujours dominé par une anxiété sombre. Il sentait derrière lui quelque chose d'inachevé qui poursuivait ses rêves. Il voyait devant lui des obstacles insurmontables, obsédé par une préoccupation qu'il ne pouvait parvenir à repousser, mais qui assiégeait son esprit en désordre, auquel elle se représentait tantôt sous une forme, tantôt sous une autre. Toujours une vision funèbre et voilée d'ombre; toujours le même fantôme, quelque apparence qu'il prît, affreux et sombre comme la conscience du mal, qui lui faisait du sommeil une torture horrible. Telles étaient les souffrances et les angoisses de la maladie cruelle qui peu à peu consumait, épuisait l'infortuné, jusqu'à ce qu'enfin, lorsqu'il lui semblait avoir combattu, avoir lutté corps à corps, s'être vu saisi et entraîné vers l'abîme par des démons, il tomba dans un sommeil profond, un sommeil sans rêves.

A son réveil, il eut une sensation de repos bienfaisant, plus réparateur encore que le sommeil; il commença par degrés à se rappeler quelque chose de ses souffrances passées, à se souvenir de la longue nuit qui s'était écoulée, à se demander s'il n'avait pas deux ou trois fois passé par le délire. Dans le cours de ces réflexions, il lui arriva d'étendre la main; il fut surpris de la sentir si lourde, et en même temps de la voir si maigre et si transparente. Au sein de la sensation vague et heureuse qu'il éprouvait, sans s'attacher à définir la cause de ce changement, il demeurait livré à une sorte de sommeil lucide, quand une toux légère attira son attention. Il se demanda avec un certain doute si c'est que la nuit dernière il avait oublié de fermer sa porte, et fut tout stupéfait de voir qu'il avait un compagnon de chambre. Il n'avait pas assez de force encore pour enchaîner ses idées; et à son insu, dans un reste de somnolence, il attacha son regard sur quelques raies vertes qui sillonnaient son couvre-pied : elles lui représentaient des pièces de frais gazon, tandis que le fond jaune de l'étoffe produisait à ses yeux comme des allées sablées qui lui ouvraient une longue perspective de jardins bien entretenus.

Il errait en imagination sur ces terrasses, il s'y était même égaré lorsqu'il entendit tousser encore. A ce bruit, le sentiment de la réalité renaît; les allées de gazon de ses jardins imaginaires redeviennent les raies vertes du couvre-pied. Il se soulève un peu sur son lit, et écartant d'une main le rideau, il regarde hors de l'alcôve.

C'était bien toujours sa même chambre, éclairée en ce moment par une chandelle; mais avec quel profond étonnement il voit toutes ces bouteilles, tous ces bols, tous ces linges exposés au feu, tous les objets enfin qu'on rencontre dans la chambre d'un malade! Tout était propre et net, mais cette chambre était bien différente de ce que Richard l'avait laissée quand il s'était mis au lit. Une fraîche senteur d'herbes et de vinaigre remplissait l'atmosphère; le plancher était arrosé; le.... Eh! quoi, la marquise!... Oui, la marquise assise à table et jouant toute seule au *cribbage*. Elle était là, appliquée à son jeu, toussant parfois tout bas comme si elle craignait d'éveiller M. Swiveller, taillant les cartes, coupant, distribuant, jouant, comptant, marquant, s'acquittant enfin de toutes les opérations du cribbage, comme si elle n'eût jamais fait autre chose depuis sa naissance.

M. Swiveller resta quelque temps à la contempler; puis laissant retomber le rideau, il posa de nouveau sa tête sur l'oreiller.

« Je fais un rêve, pensa-t-il, c'est évident. Quand je me suis mis au lit, mes mains n'étaient pas faites de coquilles d'œufs; et maintenant je puis parfaitement voir à travers. Si ce n'est pas un rêve, je me serai réveillé par aventure en pleine Arabie, dans le pays des *Mille et une Nuits* et non pas à Londres. Mais il n'y a pas de doute que je suis endormi. »

Ici la petite servante eut un nouvel accès de toux.

« Prodigieux! pensa Richard. Jamais je n'avais rêvé d'une toux réelle comme celle-là. Au reste, j'ignore si j'ai jamais rêvé de toux ou d'éternument. Peut-être est-ce dans la philosophie des songes un article dont on ne rêve pas. Une autre toux!... Une autre!... Décidément, c'est un peu fort pour un rêve. »

Afin de se fixer lui-même sur la réalité des choses, M. Swiveller, après réflexion, se pinça le bras.

« Voilà qui est encore plus étrange! pensa-t-il. Quand je me suis mis au lit, j'étais plutôt gras que maigre, et maintenant je n'ai plus que la peau sur les os. Il faut que je passe un nouvel examen.... »

Le résultat de cette dernière inspection de la chambre fut de convaincre Swiveller que les objets dont il se voyait entouré étaient bien réels, et qu'il les contemplait sans aucun doute avec des yeux éveillés.

« Alors, se dit-il, je vois ce que c'est : c'est une nuit des contes arabes. Je suis à Damas ou bien au grand Caire. La marquise est un Génie; elle aura fait avec un autre Génie un pari, à qui montrerait le plus beau jeune homme du monde, le plus digne de devenir l'époux de la princesse de la Chine; elle m'a transporté avec ma chambre pour me soumettre à la comparaison. Peut-être, ajouta-t-il en se tournant languissamment sur son oreiller et regardant du côté de la ruelle, peut-être la princesse est-elle encore là.... Non, elle est partie. »

Cette explication ne lui suffisait pas, car toute satisfaisante qu'elle lui paraissait, elle était enveloppée de doute et de mystère. Aussi, M. Swiveller prit-il le parti de relever le rideau, bien déterminé cette fois à saisir la première occasion favorable pour adresser la parole à sa compagne. Cette occasion se présenta bientôt d'elle-même. La marquise donna les cartes, retourna un valet et oublia de marquer. Sur quoi, Richard dit le plus haut qu'il lui fut possible :

« Deux points au talon! »

La marquise fit un bond et frappa des mains.

« Toujours une nuit d'Arabie, rien de plus sûr, pensa M. Swiveller; les Génies frappent toujours des mains au lieu de tirer la sonnette. Voilà qu'elle appelle deux mille esclaves noirs portant sur leur tête des jarres pleines de joyaux. »

Elle avait frappé des mains, mais c'était de joie : car aussitôt elle commença à rire, puis elle se mit à pleurer, déclarant, non pas en beaux termes arabes, mais tout simplement en anglais familier, qu'elle était si heureuse qu'elle ne savait plus où elle en était :

« Marquise, dit Richard devenu pensif, veuillez, je vous prie, vous approcher. Avant tout, ayez la bonté de m'apprendre où je pourrai retrouver ma voix; puis, ce qu'est devenue ma chair? »

La marquise se contenta de secouer tristement la tête, et elle pleura de nouveau; là-dessus, M. Swiveller, qui était très-faible, sentit ses yeux mouillés aussi.

« Je commence à croire, d'après votre attitude et aussi d'après tout ce que je vois, marquise, dit Richard après une pause et en souriant d'une lèvre tremblante, que j'ai été malade.

— Si vous l'avez été!... répondit la petite servante en s'essuyant les yeux. Et comme vous avez eu le délire!

— Oh! marquise.... j'ai donc été bien malade?

— En danger de mort. Je n'espérais pas que vous guérissiez. Dieu soit loué! vous voilà guéri! »

Swiveller resta longtemps silencieux. Puis, il commença à parler et demanda combien de jours avait duré sa maladie.

« Il y aura demain trois semaines, répondit la petite servante.

— Trois.... quoi?

— Semaines! reprit la marquise enflant sa voix; trois longues et lentes semaines. »

La simple pensée d'avoir été réduit à une telle extrémité fit retomber Richard dans un nouveau silence. Il s'étendit sur le dos tout de son long. La marquise, ayant arrangé ses draps pour qu'il fût mieux couché et trouvant qu'il avait les mains et le front moins brûlants, découverte qui la remplit de joie, en pleura un peu plus fort, et se mit alors en devoir de préparer le thé et de faire griller des rôties bien minces.

Pendant ce temps, Swiveller la contemplait avec reconnaissance, étonné de voir comme elle s'était complétement identifiée au ménage, et faisait remonter l'origine de ces soins à Sally Brass, que dans le fond de sa pensée il ne pouvait assez remercier. Quand la marquise eut achevé de faire les rôties, elle étendit un linge bien propre sur un plateau, et servit à Swiveller quelques tartines croustillantes et un grand bol de thé faible avec lequel, suivant l'ordonnance du docteur, dit-elle, il pouvait se rafraîchir maintenant qu'il était éveillé. Elle plaça des oreillers derrière lui pour lui soutenir la tête, peut-être pas avec l'habileté d'une garde-malade expérimentée, mais certainement avec des soins plus affectueux. Une ineffable satisfaction se peignit dans ses regards, tandis que le pauvre convalescent, s'arrêtant parfois pour lui serrer la main, prenait son modeste repas avec un appétit et un plaisir que les meilleures friandises du monde n'eussent jamais provoqués dans d'autres circonstances. Ayant ensuite tout nettoyé et bien rangé tout avec ordre autour de lui, elle s'assit à table pour prendre le thé à son tour.

« Marquise, dit M. Swiveller, comment va Sally? »

La petite servante fit une moue pleine d'embarras et de bouderie, en même temps qu'elle secoua la tête.

« Eh bien! est-ce qu'il y a longtemps que vous ne l'avez vue?

— Vue? s'écria-t-elle. Dieu merci, je me suis sauvée de chez elle. »

Richard, en entendant cela, se laissa aussitôt retomber tout de son long, position où il resta environ cinq minutes. Il se remit ensuite par degrés sur son séant et demanda :

« Et où demeurez-vous, marquise?

— Où je demeure? s'écria-t-elle. Ici!

— Oh! » murmura-t-il.

Et il retomba en arrière aussi brusquement que s'il eût reçu un coup de feu. Il resta ainsi, sans mouvement et sans parole, jusqu'à ce que la marquise eût achevé son repas, remis tout en place et balayé. Alors il la pria d'approcher une chaise de son lit; et, bien appuyé de nouveau sur ses oreillers, il reprit ainsi la conversation :

« Comme cela, vous vous êtes enfuie?

— Oui.... dit la marquise, et ils m'ont *avisée.*

— Ils vous ont...? Je vous demande pardon, qu'est-ce qu'ils ont fait?

— Ils m'ont *avisée*, vous savez? *avisée* dans les journaux.

— Ah! oui.... Ils ont publié un avis pour vous retrouver. »

La petite servante fit une inclination de tête et cligna des yeux. Ses pauvres yeux! les veillées et les larmes les avaient tellement rougis, que la muse tragique elle-même dont ce n'est pas le métier aurait eu, je crois, meilleure grâce à cligner de l'œil. Dick fut frappé de cette idée.

« Dites-moi, ajouta-t-il, comment se fait-il que vous ayez pensé à venir ici?

— Mais vous sentez, répondit la marquise; vous parti, je n'avais plus d'ami; car le locataire n'était pas revenu, et j'ignorais où je pourrais vous trouver l'un ou l'autre. Mais un matin, comme j'étais....

— Au trou de la serrure? dit Swiveller pour la tirer d'embarras.

— Tout juste, répondit-elle en baissant la tête. Comme j'étais au trou de la serrure de l'étude où vous m'avez trouvée, vous savez, j'entendis une femme dire qu'elle demeurait ici, et qu'elle était la maîtresse de la maison où vous étiez logé, que vous étiez tombé dangereusement malade, et demander s'il n'y avait personne qui voulût venir vous soigner. M. Brass dit : « Ce n'est pas mon affaire. » Miss Sally dit : « C'est un drôle de corps, mais cela ne me regarde pas. » La femme s'en alla indignée, et ferma la porte rudement, je vous en réponds. Cette nuit-là même, je m'enfuis; je vins ici, je dis aux gens de cette maison que vous étiez mon frère, ils me crurent, et depuis je suis restée auprès de vous.

— Cette pauvre petite marquise! s'écria Dick. Elle s'est tuée de fatigue!

— Non, dit-elle, pas du tout. Ne vous inquiétez pas de moi. Je me trouve bien de m'asseoir dans un de ces fauteuils et, Dieu merci, j'y ai souvent fait un somme. Mais, si vous aviez pu voir comme vous vous efforciez de sauter par la fenêtre, si vous aviez pu entendre comme vous chantiez sans cesse, comme vous faisiez de grands discours, vous ne le croiriez pas encore. Oh! que je suis heureuse que vous soyez mieux, monsieur Viverer!....

— Oui, *Viverer*, dit Richard devenu pensif. Je suis vivant, en effet; mais c'est bien grâce à elle. Je soupçonne fort, marquise, que sans vous je serais mort. »

En disant cela, M. Swiveller saisit de nouveau la main de la petite servante : faible et triste comme il l'était, il n'eût pas manqué, en voulant lui exprimer ses remercîments, de se rendre les yeux aussi rouges que l'étaient ceux de la jeune fille : mais celle-ci coupa net à l'émotion en forçant Richard à s'étendre dans son lit et le pressant de se tenir en repos.

« Le docteur, dit-elle, a recommandé que vous soyez bien tranquille, et qu'on ne vous fasse pas de bruit. Allons, faites un somme ; nous causerons ensuite. Je resterai assise auprès de vous. Fermez vos yeux, vous vous endormirez peut-être. Cela vous fera du bien, essayez. »

La marquise tira alors une petite table contre le lit, s'assit auprès, et avec l'adresse d'une vingtaine de pharmaciens se mit en devoir de préparer des boissons rafraîchissantes. Quant à Richard, fatigué comme il l'était, il ne tarda pas à s'endormir. Au bout de quelque temps il se réveilla et demanda quelle heure il était.

« Juste six heures et demie, » répondit la marquise en l'aidant à se remettre sur son séant.

Richard appuya la main sur son front et se tourna tout à coup, comme s'il venait de lui passer une idée subite par la tête.

« Marquise, dit-il, qu'est devenu Kit?

— Il a été condamné à je ne sais combien d'années de déportation.

— Est-il parti ?... et sa mère ?... que fait-elle ?... qu'est-elle devenue ? »

La petite garde-malade secoua la tête et répondit qu'elle n'en savait rien du tout.

« Mais, ajouta-t-elle, si vous vouliez me promettre de rester tranquille, et de ne pas vous donner encore une rechute, je vous conterais.... Mais non, pas à présent.

— Si, si, contez toujours.... cela me distraira.

— Oh ! non, je suis sûre du contraire, répondit la petite servante, d'un air effaré. Attendez que vous soyez mieux portant, et alors je vous raconterai tout. »

Dick attacha sur sa petite amie un regard pressant. Ses yeux agrandis et creusés par la maladie prirent une expression telle, que la jeune fille en fut épouvantée ; elle le supplia de ne plus songer à cela. Mais le peu de mots qu'elle avait prononcés n'avaient pas seulement piqué la curiosité de Richard ; ils avaient fait naître en lui de sérieuses inquiétudes. Aussi la pressa-t-il de tout lui dire, quelque fâcheuses que pussent être les nouvelles

— Oh! il n'y a rien de fâcheux là dedans, dit-elle. Rien du tout qui vous concerne.

— Mais ça concerne peut-être?... Enfin est-ce que vous n'avez rien entendu à travers les fentes des portes ou les trous de serrure, qu'on n'aurait pas été bien aise que vous pussiez entendre? »

En faisant cette question, Dick respirait à peine.

« Oh! que si.

— Dans.... dans Bevis-Marks? ajouta vivement Richard Quelque conversation entre Brass et Sally?

— Oui. »

Richard tira hors du lit son bras décharné; et, saisissant la jeune fille par le poignet, il la pressa de s'expliquer; sinon, il e répondrait pas de ce qui pourrait arriver, dans l'état d'agitation et d'angoisse où il se trouvait et qu'il était incapable de supporter davantage. En le voyant si inquiet, la marquise comprit qu'il y aurait plus de danger à différer sa révélation que d'inconvénients à la faire tout de suite. Elle promit d'obéir, à condition que le malade se tiendrait parfaitement tranquille et s'abstiendrait de remuer ou de se tourner brusquement comme il faisait.

« Mais si vous recommencez, dit-elle, je laisserai là l'histoire. Je vous en préviens.

— Vous ne pouvez la laisser avant de l'avoir commencée. Commencez, ma mignonne. Parlez, ma sœur, parlez. Gentille Polly, dites. Dites-moi tout. Je vous en prie, marquise. Je vous en supplie. »

En présence de ces ardentes prières, que Richard Swiveller jetait d'un ton aussi passionné que s'il s'agissait des vœux les plus solennels et les plus terribles, la jeune fille ne put résister davantage.

« Eh bien! dit-elle, avant le jour où je me suis enfuie, je couchais ordinairement dans la cuisine où nous avons joué ensemble aux cartes, vous savez. Miss Sally avait l'habitude d'avoir dans sa poche la clef de la cuisine, et le soir elle ne manquait jamais de venir prendre la chandelle et couvrir le feu. Cela fait, elle me laissait gagner mon lit dans l'obscurité, fermait la porte en dehors, remettait la clef dans sa poche, et me tenait ainsi enfermée jusqu'au lendemain matin où elle revenait de très-bonne heure, je vous assure, me rendre ma liberté.

J'avais terriblement peur de me savoir ainsi calfeutrée; car je savais bien que, si le feu prenait à la maison, ils m'oublieraient pour ne songer qu'à eux. Aussi, quand je pouvais trouver une vieille clef rouillée, je la ramassais bien vite pour l'essayer à la porte. Enfin dans un coin poudreux de la cave je rencontrai une clef qui fit mon affaire. »

Ici M. Swiveller agita violemment ses jambes. Mais comme, devant cette démonstration, la petite servante s'était interrompue sur-le-champ dans son récit, il cessa de remuer et, s'excusant d'avoir oublié un moment leur convention, il pria la jeune fille de continuer.

« Allez, dit-elle, ils étaient bien regardants pour ma nourriture. Oh! vous ne sauriez vous imaginer comme ils me serraient de près. Aussi j'avais l'habitude de sortir la nuit quand ils étaient au lit et de rôder dans l'ombre, à la recherche de quelque morceau de biscuit ou de sandwich que vous auriez laissé dans l'étude, ou même de pelures d'orange pour les mettre dans de l'eau chaude et m'en faire censé du vin. Avez-vous jamais goûté de la pelure d'orange infusée dans de l'eau? »

M. Swiveller répondit qu'il n'avait jamais goûté de cette liqueur brûlante, et pressa de nouveau son amie de reprendre le fil de son récit.

« Avec beaucoup de bonne volonté on finit par trouver cela agréable : autrement, on regrette de ne pas y sentir un peu plus de goût, comme de raison. Eh bien! donc, quelquefois je sortais quand mes maîtres étaient allés se mettre au lit; et une ou deux nuits avant qu'il y eût ce fameux bruit dans l'étude quand on arrêta le jeune homme, je montai l'escalier tandis que M. Brass et miss Sally étaient assis devant le feu de l'étude; et pour dire la vérité, confiante dans ma clef qui protégeait mon retour, je me mis à écouter à la porte. »

M. Swiveller leva ses genoux comme pour faire un dais conique des draps et de la couverture; la plus grande impatience se trahit dans l'expression de ses traits. Mais la petite servante s'arrêtant et le menaçant du doigt de ne pas continuer, le cône disparut; l'air d'impatience seul resta.

« Ils étaient là tous deux, lui et elle, dit la petite servante, assis près du feu et causant tout doucement ensemble. M. Brass dit à miss Sally : « Ma foi, c'est une chose dangereuse, qui peut nous mettre bien des désagréments sur les bras, et je ne m'en soucie guère. » Mais elle, elle lui disait, vous savez son genre elle lui disait : « Il faut que vous soyez un vrai cœur de poulet, l'homme le plus faible, le plus mou que j'aie jamais vu, et c'est une grande erreur de la nature que nous ne soyons pas nés plutôt moi le frère et vous la sœur. Quilp, dit-elle encore, n'est-il pas notre principal client? — Oui certainement, répondit M. Brass. — Et, ne sommes-nous pas toujours occupés à ruiner quelqu'un pour son compte? — Oui certainement, répondit M. Brass. — Eh bien, dit-elle, qu'importe la ruine de Kit, puisque Quilp la désire? — Au fait, oui, qu'importe? » dit M. Brass. Alors ils se mirent à chuchoter et à rire longtemps entre eux en se disant qu'il n'y aurait aucun danger pourvu que la chose fût bien menée M. Brass tira son livre de poche et dit : « Voilà l'affaire, tenez! justement le billet de banque de cinq livres que m'a remis Quilp. Il ne nous en faut pas davantage. Kit doit venir demain matin, je le sais. Tandis qu'il sera en haut, vous sortirez, et j'enverrai en course M. Richard. Kit étant seul vis-à-vis de moi, j'engagerai la conversation avec lui et mettrai ce billet dans son chapeau. Je m'arrangerai de manière à faire trouver le billet par M. Richard, qui deviendra notre témoin. Et ce sera bien le diable si avec tout cela nous ne réussissons pas à débarrasser M. Quilp de Kit pour satisfaire son ressentiment. Miss Sally se mit à rire en approuvant le plan. Mais comme ils firent mine de vouloir se retirer et que j'avais peur d'être surprise en restant plus longtemps, je redescendis bien vite mon escalier. Voilà! »

En parlant ainsi, la petite servante s'était peu à peu animée autant que M. Swiveller; aussi ne fit-elle pas d'effort pour le contenir lorsqu'il se dressa dans son lit et demanda vivement :

« Cette histoire n'a-t-elle été confiée à personne?

— Comment l'aurait-elle été? répondit la garde-malade. Rien que d'y penser j'en étais toute saisie, et j'espérais que le jeune homme serait renvoyé absous. Quand je leur entendis dire qu'on avait déclaré Kit coupable d'un vol dont je le savais innocent, vous étiez parti, le locataire aussi, et d'ailleurs je crois bien que j'aurais eu peur de lui raconter la chose, même s'il avait été là. Quant à vous, depuis que je suis venue ici, vous avez été si malade, qu'il n'y avait pas moyen de songer à vous en parler.

— Marquise, dit M. Swiveller arrachant de sa tête son bonnet de nuit qu'il envoya à l'autre bout de la chambre, faites-moi le plaisir d'aller voir quelques moments sur le palier, si j'y suis. Il faut que je sorte.

— Vous!... s'écria sa garde-malade. Vous n'y pensez pas?

— Il le faut, reprit-il en promenant son regard autour de la chambre. Où sont mes habits?

— Oh! que je suis heureuse!... Vous n'en avez plus du tout.

— M'dame!.., dit M. Swiveller profondément étonné.

— J'ai été obligée de les vendre les uns après les autres afin de me procurer les médicaments qui vous étaient ordonnés. Mais ne vous occupez pas de cela, ajouta vivement la marquise en voyant Richard retomber en arrière sur son oreiller; vous n'auriez seulement pas la force de vous tenir debout.

— Je crains bien, dit tristement Richard, que vous n'ayez raison. Que faire? Mon Dieu! que faire? »

Il lui suffit naturellement d'un moment de réflexion pour sentir qu'avant toute chose il fallait se mettre en rapport avec un des MM. Garland. Il n'était pas impossible que M. Abel ne fût pas encore sorti de l'étude. En moins de temps qu'il n'en faut pour le raconter, la petite servante eut l'adresse écrite au crayon sur un bout de papier, avec un portrait verbal, véritable signalement du père et du fils, assez frappant pour qu'elle pût reconnaître sans la moindre difficulté, soit l'un soit l'autre des MM. Garland; enfin une recommandation spéciale de se méfier de M. Chukster, vu son antipathie bien connue pour Kit. Munie de ces minces renseignements, elle s'élança avec ordre de ramener M. Garland ou son fils M. Abel.

« Je suppose, dit Richard au moment où elle fermait lentement la porte et jetait un dernier regard dans la chambre pour s'assurer si le malade était bien à son aise, je suppose qu'il ne reste plus rien ici, pas même une veste?

— Non, rien.

— C'est embarrassant, dit-il, en cas d'incendie; un parapluie au moins eût servi à quelque chose. Mais c'est égal, ce que vous avez fait est bien fait, chère marquise. Sans vous, je serais un homme mort. »

CHAPITRE XXVIII.

Bien heureusement pour la petite servante qu'elle était vive et alerte; sans cela, la course qu'elle entreprenait toute seule, dans le voisinage même de l'endroit où elle courait le plus de risque à se montrer, eût eu pour effet peut-être d'amener une restauration de la suprême autorité de miss Sally sur sa personne. Ne se dissimulant pas le péril qu'elle courait, la marquise n'eut pas plutôt quitté la maison, qu'elle se jeta dans la première rue sombre et écartée qui s'offrit à elle; et, sans s'inquiéter du terme assigné à sa course, elle ne songea tout d'abord qu'à mettre deux bons milles de briques et de plâtre entre elle et Bevis-Marks.

Une fois qu'elle eut accompli ce premier point, elle commença à se diriger vers l'étude du notaire. En s'informant avec adresse auprès des marchandes de pommes et des écaillères, au coin des rues, plutôt que dans les brillantes boutiques ou auprès des personnes bien mises, au risque d'un accueil plus ou moins poli, elle obtint assez bien les renseignements nécessaires. Comme les pigeons voyageurs, d'abord perdus dans un lieu qui leur est inconnu, aspirent l'air au hasard pendant quelque temps, avant de s'élancer vers le lieu de leur message, de même la marquise fit des détours avant de se croire en sûreté, puis elle se dirigea vivement vers le but qui lui avait été assigné.

Elle n'avait point de chapeau; rien sur la tête qu'une grande coiffe portée au temps jadis par Sally Brass, dont le goût en fait de coiffure était, comme on sait, tout particulier. Sa course était plutôt entravée qu'aidée par ses souliers en savate qui s'échappaient sans cesse de ses pieds, et qu'elle avait ensuite bien de la peine à retrouver au milieu du flot des passants. La pauvre petite créature éprouva tant d'embarras et de retard pour retrouver ces objets de toilette dans la boue et le ruisseau, et fut tellement coudoyée pendant ce temps-là, poussée, heurtée et portée de main en main, qu'au moment où elle atteignit enfin la rue du notaire, elle était presque épuisée et à bout de forces : elle en avait la larme à l'œil.

Mais enfin la voilà arrivée, c'était une grande consolation; d'autant plus que par la fenêtre de l'étude elle vit briller des lumières, et put espérer par conséquent qu'il n'était pas trop tard. Elle s'essuya donc les yeux avec le revers de sa main, et, montant tout doucement les degrés du perron, regarda à travers les vitres.

M. Chukster était debout derrière son bureau. Il faisait ses dispositions de fin de journée, comme de tirer ses poignets, de relever son col de chemise, de rattacher plus gracieusement sa cravate et d'arranger secrètement ses moustaches à l'aide d'un petit morceau de miroir d'une forme triangulaire. Devant le feu se tenaient deux gentlemen : l'un d'eux lui parut être le notaire, et elle ne se trompait pas; l'autre, qui boutonnait sa grande redingote pour s'apprêter à partir, M. Abel Garland.

Ces observations faites, la petite rusée tint conseil avec elle-même. Elle résolut d'attendre dans la rue la sortie de M. Abel. Alors elle n'aurait plus à craindre d'être forcée de parler devant M. Chukster, et il lui serait plus facile de remplir son message. Dans cette intention, elle se laissa glisser au bas de la fenêtre, traversa la rue et alla s'asseoir sur le pas d'une porte juste en face.

A peine avait-elle pris cette position, qu'un poney arriva en dansant tout le long de la rue avec ses jambes en zigzag et sa tête qui se tournait de tous côtés. Derrière le poney un phaéton, et dans le phaéton un homme; mais le poney ne semblait s'inquiéter ni du phaéton ni de l'homme : car tour à tour il se levait sur ses jambes de derrière, ou s'arrêtait, ou s'élançait, ou s'arrêtait de nouveau, ou reculait, ou se jetait de côté, sans le moindre égard pour l'un ni pour l'autre, selon que la fantaisie l'en prenait, et comme s'il avait à cœur de montrer qu'il était l'animal le plus libre qu'il y eût dans le monde. Quand la voiture arriva à la porte du notaire, l'homme dit d'une manière très-respectueuse : « Ohah ! c'est ici ! » ayant l'air de faire entendre que, s'il prenait l'extrême liberté d'émettre un vœu, ce serait celui de s'arrêter en cet endroit. Le poney fit une pause d'un moment; mais, comme s'il eût réfléchi que s'arrêter lorsqu'on l'en priait serait établir un précédent peu convenable et même dangereux, il repartit immédiatement, courut au trot allongé jusqu'au coin de la rue, tourna, revint sur ses pas, et alors s'arrêta de sa propre volonté.

« Oh ! vous faites un joli coco !... dit l'homme qui ne voulait pas s'aventurer légèrement à peindre le poney sous des couleurs plus tranchées avant d'avoir mis en toute sécurité pied à terre sur le trottoir. Je voudrais bien te voir une bonne fois récompensé comme tu le mérites, va !

— Qu'est-ce qu'il a fait ? dit M. Abel qui tournait un châle autour de son cou tout en descendant les marches.

— Il y a de quoi mettre un homme hors de lui, répondit le valet d'écurie. C'est bien le coquin le plus vicieux.... Ohah ! vas-tu rester tranquille !

— Ce n'est pas le moyen qu'il reste tranquille, si vous lui lancez des injures, dit M. Abel qui s'installa dans la voiture, les guides en main. Il est très-bon enfant quand on sait le prendre. Voici, depuis longtemps, la première fois qu'il sort, car il a perdu son conducteur, et jusqu'à ce matin il n'a pas voulu bouger. Les lanternes sont prêtes, n'est-ce pas ? Bien. Trouvez-vous ici demain, à la même heure, s'il vous plaît, pour tenir mon cheval. Bonsoir. »

Après une ou deux cabrioles de son invention, le poney céda à la douceur de M. Abel et se mit à trotter gentiment.

Durant tout ce temps, M. Chukster s'était tenu debout sur le seuil de la porte. En le voyant, la petite servante n'avait pas osé s'approcher. Elle n'eut donc d'autre parti à prendre que de courir après le phaéton et de crier à M. Abel d'arrêter. Mais, par suite de cette course haletante, elle était hors d'état de se faire entendre. Le cas était désespéré, car le poney pressait le pas. La marquise se pendit quelques instants à la voiture ; mais sentant qu'elle ne pouvait aller plus loin, et que bientôt même il lui faudrait renoncer à son projet, elle grimpa, d'un bond vigoureux, sur le siége de derrière, et, dans cette ascension, perdit sans retour un de ses souliers.

M. Abel étant dans une disposition d'esprit rêveuse, et ayant d'ailleurs assez à faire de diriger le poney, allait au petit trot sans se retourner. Il était bien loin de songer à l'étrange figure qu'il traînait derrière lui, jusqu'à ce que la marquise, un peu remise de sa suffocation, de la perte de son soulier et de la nouveauté de sa situation, jeta tout près de son oreille ces mots :

« Dites donc, monsieur.... »

Il se retourna vivement et, arrêtant le poney, s'écria avec une certaine émotion :

« Mon Dieu ! qu'est-ce que c'est que ça ?

— N'ayez pas peur, monsieur, répondit la messagère encore haletante. Oh ! j'ai tant couru après vous !

— Que voulez-vous ? dit M. Abel. Comment êtes-vous là ?

— Je suis montée par derrière, répondit la marquise. Oh ! je vous en prie, conduisez-moi, monsieur.... sans vous arrêter.... vers la Cité. Oh ! je vous en prie, hâtez-vous.... C'est une affaire importante. Il y a là quelqu'un qui désire vous voir. Il m'a envoyée vous demander de venir tout de suite, parce qu'il sait toute l'affaire de Kit, et qu'il peut le sauver encore en prouvant son innocence !...

— Que me dites-vous là, mon enfant !

— La vérité, sur ma parole, sur mon honneur. Mais veuillez tourner de ce côté, et vivement, s'il vous plaît. Je suis partie depuis si longtemps, qu'il doit croire que je me suis perdue. »

Involontairement, M. Abel poussa le poney en avant. Le poney, obéissant à une secrète sympathie, ou bien écoutant un nouveau caprice, s'élança rapidement et sans ralentir son pas, sans se livrer à aucun acte d'excentricité avant d'avoir atteint la porte de la maison où logeait M. Swiveller : là, chose merveilleuse ! il consentit à s'arrêter au moment même où M. Abel lui en intima l'ordre.

« Voyez ! dit la marquise montrant une fenêtre faiblement éclairée ; c'est cette chambre là-haut. Venez ! »

M. Abel, qui était bien une des créatures du monde les plus simples et les plus modestes, et qui à cette simplicité joignait une timidité naturelle, hésita; car il avait entendu parler, et il le croyait *mordicus*, de personnes attirées dans des lieux équivoques, en des circonstances semblables, par des guides comme la marquise, pour s'y voir volées et même assassinées.

Cependant sa sympathie pour Kit l'emporta sur toute autre considération. Ainsi, confiant Whisker aux soins d'un homme qui précisément se tenait près de là pour gagner quelque chose, il laissa sa compagne de route lui prendre la main pour le conduire jusqu'au haut d'un escalier étroit et obscur.

Sa surprise ne fut pas médiocre quand il se vit introduit dans une chambre de malade éclairée d'une lueur douteuse, où un homme dormait tranquillement dans son lit.

« N'est-ce pas, dit son guide à voix basse mais avec une certaine chaleur, n'est-ce pas que ça fait plaisir de le voir reposer comme ça ?... Oh ! si vous l'aviez vu il y a deux ou trois jours seulement ! quelle différence ! »

Le jeune M. Garland ne répondit rien, et, à dire vrai, il aimait mieux se tenir très-loin du lit et très-près de la porte. Son guide, qui paraissait comprendre sa répugnance, moucha la chandelle, la prit à la main et s'approcha du malade. Au même moment le dormeur tressaillit.... M. Abel reconnut dans ce visage dévasté par la souffrance les traits de Richard Swiveller.

« Qu'est-ce que ceci ? dit-il d'un ton amical et en s'élançant vers lui ; vous avez donc été malade ?

— Très-malade, répondit Richard, à deux doigts de la mort. Il ne s'en est fallu de rien que vous vinssiez à apprendre que votre très-humble Richard était dans sa bière, sans l'amie que j'ai envoyée à votre recherche.... Une autre poignée de main, marquise, s'il vous plaît.... Asseyez-vous, monsieur. »

M. Abel, qui ne parut pas médiocrement surpris d'entendre conférer une telle qualité à son guide, prit une chaise et s'assit auprès du lit.

« J'ai envoyé chez vous, monsieur, dit Richard ; elle vous a sans doute appris déjà pour quel motif.

— En effet, j'en suis encore tout bouleversé. Je ne sais réellement que dire ni que penser.

— Vous le saurez bientôt, répliqua Dick. Marquise, asseyez-vous au pied du lit, s'il vous plaît. Maintenant, racontez à ce gentleman tout ce que vous m'avez raconté à moi-même, d'un bout à l'autre. Vous, monsieur, ne dites rien. »

L'histoire fut répétée exactement de la même manière que la première fois, sans addition, sans omission non plus. Durant tout le récit, Richard Swiveller tint ses yeux fixés sur le visiteur ; et quand la marquise eut achevé, il reprit aussitôt la parole :

« Vous venez, dit-il, d'entendre tous ces détails, et vous ne les oublierez pas. Je suis trop affaibli, trop épuisé pour pouvoir vous donner aucun conseil ; mais vous et vos amis vous saurez bien ce que vous aurez à faire. Après ce long retard, chaque minute est un siècle. Si jamais dans votre vie vous vous êtes hâté de retourner chez vous, que ce soit surtout ce soir. Ne vous arrêtez pas pour me dire un seul mot, mais partez. On *la* trouvera ici si l'on a besoin d'elle. Et quant à moi, vous êtes bien sûr de me trouver au logis une semaine ou deux au moins. Il y a pour cela plus d'une bonne raison. Marquise, une lumière. Si vous perdez une minute de plus à me regarder, monsieur, je ne vous le pardonnerai jamais! »

M. Abel n'avait pas besoin d'être stimulé davantage. En un instant il fut parti; et quand la marquise, qui l'avait éclairé sur l'escalier, revint, elle annonça que le poney s'était mis en plein galop sans faire la moindre objection préliminaire.

« C'est bien! dit Richard. Il a du cœur, et à partir de ce moment je l'honore. Mais soupez donc, prenez donc un pot de bière; je suis sûr que vous devez être accablée de fatigue. Prenez un pot de bière. Cela me fera autant de bien de vous voir boire que si je buvais moi-même. »

Il ne fallait rien moins que cette assurance pour déterminer la petite garde-malade à se permettre un tel luxe. Elle se mit donc à boire et à manger, à la grande satisfaction de M. Swiveller, puis elle lui donna à boire, remit tout en ordre, s'enveloppa d'un vieux couvre-pied et se coucha sur le tapis devant le feu.

Pendant ce temps, M. Swiveller murmurait dans son sommeil : « *Étale, oh! étale un lit de roseaux, nous y reposerons jusqu'aux lueurs matinales*.... Bonne nuit, marquise. »

CHAPITRE XXIX.

Le lendemain matin, à son réveil, Richard Swiveller distingua peu à peu des voix qui chuchotaient dans sa chambre. Il regarda à travers les rideaux et aperçut M. Garland, M. Abel, le notaire et le gentleman réunis autour de la marquise, et lui parlant avec une grande animation, bien qu'à demi-voix, dans la crainte sans doute de le troubler. Il ne perdit pas de temps pour les avertir que cette précaution était inutile. Les quatre gentlemen s'approchèrent aussitôt du lit. Le vieux M. Garland fut le premier à prendre la main de Richard, à qui il demanda comment il se trouvait.

Dick allait répondre qu'il était infiniment mieux, quoique

aussi faible que possible, quand sa petite gardienne, écartant les visiteurs et se mettant à son chevet, comme si elle eût été jalouse que d'autres approchassent de son malade, lui servit son déjeuner et insista pour qu'il le prît avant de se fatiguer, soit à entendre parler, soit à parler lui-même. M. Swiveller, qui avait une faim dévorante, et qui, toute la nuit, avait nourri un rêve clair et suivi de côtelettes de mouton, de bière forte et autres raffinements de friandise, trouva même à une tasse de thé faible et à une rôtie sèche des douceurs infinies, mais il ne consentit à manger et boire qu'à une condition.

« C'est, dit-il en rendant à M. Garland sa poignée de main, c'est que vous répondiez franchement à la question suivante, avant que je prenne un morceau ou que je boive une gorgée : Est-il trop tard?

— Pour compléter l'œuvre si bien commencée par vous hier au soir? dit le vieux gentleman. Non, vous pouvez avoir l'esprit tranquille là-dessus. Non, je vous le certifie. »

Rassuré par cette nouvelle, le convalescent prit son repas avec le plus vif appétit, quoiqu'il ne parût pas avoir à manger lui-même la moitié du plaisir qu'éprouvait sa garde-malade à le voir manger. Voici comment les choses se passaient : M. Swiveller, ayant à main gauche le morceau de rôtie ou la tasse de thé, et prenant, selon l'occasion, tantôt une bouchée, tantôt une gorgée, tenait constamment dans sa main droite et serrait étroitement une des mains de la marquise; et pour presser ou même baiser cette main captive, il interrompait de temps en temps son déjeuner avec un sérieux parfait, une gravité complète. Toutes les fois qu'il mettait quelque chose dans sa bouche pour manger ou pour boire, le visage de la marquise s'éclairait d'une joie indicible ; mais lorsque Richard lui donnait ces marques de reconnaissance, les traits de la jeune fille s'assombrissaient, et elle commençait à sangloter. Et soit qu'elle rayonnât de joie, soit qu'elle s'abandonnât à ses larmes, la marquise ne pouvait s'empêcher de se tourner vers les visiteurs avec un regard éloquent qui semblait dire : « Vous voyez ce jeune homme, puis-je l'abandonner? » Et les assistants, devenus ainsi acteurs à leur tour dans la scène qui se passait, répondaient régulièrement par un autre regard : « Non, certainement non. » Ce jeu muet dura pendant tout le déjeuner de l'invalide, et l'invalide lui-même, pâle et maigre, n'y prenait pas une médiocre part; aussi peut-on douter, à juste titre, que jamais repas muet comme celui-là d'un bout à l'autre, ait été aussi expressif par des gestes en apparence si simples et si insignifiants.

Enfin, et, pour dire vrai, ce ne fut pas long. M. Swiveller avait expédié autant de rôties et de thé que la prudence permettait de lui en donner, à cette époque de sa convalescence. Mais les soins de la marquise ne s'arrêtèrent pas là, car ayant disparu un instant, elle revint presque aussitôt avec une cuvette pleine d'une eau bien claire. Elle lava le visage et les mains de Richard, lui brossa les cheveux, et l'eut bientôt rendu aussi propre, aussi coquet qu'on peut l'être en pareille circonstance; et tout cela vivement, d'un air dégagé, comme si Richard n'eût été qu'un petit enfant dont elle fût elle-même la bonne. M. Swiveller se prêtait à ces divers soins avec un étonnement plein de reconnaissance qui ne lui permettait pas de parler. Quand tout fut achevé, quand la marquise se fut retirée dans un coin à distance pour prendre son mince déjeuner, qui s'était passablement refroidi, Richard détourna quelques moments son visage, et agita gaiement ses mains en l'air.

« Messieurs, dit-il après cette pause et en se retournant vers la compagnie, j'espère que vous m'excuserez. Les gens qui sont tombés aussi bas que je l'ai été, sont aisément fatigués. Me voilà dispos maintenant et en état de causer. Nous sommes à court de siéges ici, sans compter bien d'autres bagatelles qui y manquent aussi; mais si vous daignez vous asseoir sur mon lit....

— Que pouvons-nous faire pour vous? dit M. Garland avec effusion.

— Si vous pouviez faire de la marquise que voilà une vraie marquise, et non pas une marquise de contrebande, je vous serais reconnaissant d'opérer cette métamorphose en un tour de main. Mais comme c'est impossible, et qu'il ne s'agit pas ici de ce que vous pouvez faire pour moi, mais de ce que vous pouvez faire pour quelqu'un qui a bien autrement de droits à votre intérêt, apprenez-moi, je vous prie, monsieur, comment vous comptez agir.

— C'est surtout pour cela que nous sommes venus, dit le locataire; car bientôt vous allez recevoir une autre visite. Nous avions peur que vous ne fussiez inquiet si vous n'appreniez pas de notre propre bouche les démarches auxquelles nous comptons nous livrer; et en conséquence nous avons voulu vous voir avant de poursuivre l'affaire.

— Messieurs, répondit Richard, je vous remercie. Excusez une impatience bien naturelle dans l'état d'affaiblissement où vous me voyez. Je ne vous interromprai plus, monsieur.

— Eh bien, mon cher ami, dit le locataire, nous ne doutons pas de la vérité de cette découverte qui a été si providentiellement mise au grand jour....

— Par elle!... s'écria Richard en montrant la marquise.

— Oui, par elle; nous n'avons aucun doute à cet égard; nous sommes même certains que par un emploi convenable et intelligent de cette révélation, nous pourrons obtenir immédiatement la mise en liberté du pauvre garçon; mais nous craignons beaucoup que cela ne suffise pas pour nous faire mettre la main sur Quilp, l'agent principal dans toute cette infamie. Je vous dirai que nous ne sommes que trop confirmés dans ce doute, et presque dans cette certitude, par les meilleurs renseignements, qu'en un aussi court espace de temps, nous avons pu nous procurer à ce sujet. Vous conviendrez, avec nous, qu'il serait monstrueux de laisser à cet homme la moindre chance d'échapper à la justice, si nous pouvons y mettre ordre. Vous conviendrez avec nous, j'en suis sûr, que, si quelqu'un doit encourir les rigueurs de la loi, c'est lui plus que tout autre.

— Assurément, dit Richard. Oui, si quelqu'un *doit* les encourir.... Mais, c'est cette hypothèse qui me déplaît; et pourquoi donc quelqu'un? pourquoi pas tous? puisque les lois ont été faites à tous leurs degrés pour châtier le vice chez les autres aussi bien que chez moi, *et cætera*, vous savez?... N'êtes-vous pas frappé de cette idée? »

Le gentleman sourit comme si cette idée, introduite par M. Swiveller dans la question, n'était pas extrêmement frappante, et lui expliqua que leur dessein était d'agir de ruse d'abord, pour essayer d'arracher un aveu à la séduisante Sarah.

« Quand elle verra, dit-il, combien nous savons de choses et comment nous les savons; lorsqu'elle comprendra à quel point elle est déjà compromise, nous avons quelque lieu d'espérer que nous obtiendrons d'elle les renseignements suffisants pour atteindre ses deux complices. Si nous en arrivions là, je la tiendrais quitte du reste. »

Dick ne fit pas du tout à ce plan un gracieux accueil, et représenta avec autant de chaleur qu'il lui était possible alors de le faire, qu'on aurait plus de peine à venir à bout du vieux lapin, c'est de Sarah qu'il voulait parler, que de Quilp lui-même ; que ni ruses, ni menaces, ni caresses n'étaient capables d'agir sur elle ni de la faire céder ; que cette Brass-là était un vrai bras d'acier, aussi roide et aussi inflexible; en un mot, qu'ils n'étaient pas de taille à se mesurer contre elle, et qu'ils seraient battus à plate couture.

Mais il était inutile d'engager ces messieurs à suivre un autre plan. Nous avons dit que le locataire avait exposé leurs intentions communes ; il faudrait ajouter que tous parlaient à la fois, que si l'un d'eux, par hasard, s'arrêtait un instant, ce n'était que pour respirer, pour reprendre hâleine, en attendant une nouvelle occasion de recommencer à crier; en résumé, qu'ils avaient atteint ce degré d'impatience et d'anxiété où les hommes ne peuvent plus se laisser raisonner ni convaincre ; et qu'il eût été plus facile de dompter la tempête que de les faire revenir sur leur première détermination. Ainsi donc, après avoir dit à M. Swiveller qu'ils n'avaient pas perdu de vue la mère de Kit et ses enfants, ni Kit lui-même, et qu'ils n'avaient cessé de faire tous leurs efforts pour obtenir en faveur du condamné un adoucissement de peine, tout partagés qu'ils étaient alors entre les fortes preuves de sa culpabilité et leurs présomptions bien affaiblies en faveur de son innocence; après avoir ajouté enfin que M. Richard Swiveller pouvait se tranquilliser, que tout serait terminé heureusement avant la nuit; après toutes ces déclarations, auxquelles se joignirent une foule d'expressions bienveillantes et cordiales adressées à Richard et qu'il est inutile de reproduire ici, M. Garland, le notaire, le gentleman s'en allèrent bien à propos, sans quoi Richard Swiveller allait tomber, à coup sûr, dans un nouvel accès de fièvre, dont les suites eussent pu lui être fatales.

M. Abel était resté. Souvent il consultait sa montre, puis il allait regarder à la porte de la chambre jusqu'au moment où M. Swiveller fut tiré d'une courte sieste par le bruit que fit. comme en tombant des épaules d'un commissionnaire sur le carreau du palier, un énorme paquet qui sembla ébranler toute la maison et fit résonner les petites fioles de pharmacie posées sur le manteau de la cheminée du malade. Aussitôt que ce bruit eut frappé ses oreilles, M. Abel s'élança, gagna la porte en boitillant, l'ouvrit.... Et voilà qu'on aperçoit un homme aux formes athlétiques, avec une grande manne qu'il traîne dans la chambre, qu'il découvre et qui laisse échapper de ses larges flancs des trésors de thé, café, vin, biscuits, oranges, raisins, poulets à rôtir et à bouillir, gelée de pieds de veau, arrow-root, sagou et autres ingrédients délicats. La petite servante, comme pétrifiée et immobile, avec son unique soulier au pied, restait à contempler ces objets, dont l'existence simultanée ne lui semblait possible que dans les boutiques. L'eau lui était venue tout à la fois aux yeux et à la bouche, et la pauvre enfant était incapable d'articuler un mot. Mais il n'en était pas de même de M. Abel, ni du gaillard robuste qui, en un clin d'œil, avait vidé la manne, toute pleine qu'elle était, ni d'une bonne vieille dame qui apparut si soudainement, qu'elle était sans doute auparavant derrière la manne, assez large du reste pour la cacher, et qui, allant à droite, à gauche, partout en même temps sur la pointe du pied et sans bruit, se mit à remplir de gelée les tasses à thé, à faire du bouillon de poulet dans de petites casseroles, à peler des oranges pour le malade et à les distribuer par tranches, à offrir à la petite servante un verre de vin et à lui choisir quelques morceaux jusqu'à ce que des mets plus substantiels fussent préparés pour remettre ses forces. Il y avait tant d'imprévu et presque de magie dans ce coup de théâtre, que M. Swiveller, après avoir pris deux oranges avec un peu de gelée, et vu le gros porteur s'en aller avec sa manne vide, en laissant à sa disposition cette abondance de trésors, ne trouva rien de mieux à faire que de se rejeter sur l'oreiller et de se rendormir, tant son esprit était hors d'état de comprendre de tels miracles.

Pendant ce temps, le gentleman, le notaire et M. Garland s'étaient rendus à un café. Là, ils rédigèrent une lettre qu'ils envoyèrent à miss Sally Brass, la priant en termes mystérieux et concis de vouloir bien accorder le plus tôt possible l'honneur de sa compagnie à un ami inconnu qui désirait la consulter et qui l'attendait en ce lieu. Cette communication eut le plus prompt résultat : dix minutes à peine s'étaient écoulées depuis le retour du messager, lorsqu'on annonça miss Brass en personne.

« Madame, dit le gentleman seul alors dans la salle, veuillez prendre une chaise. »

Miss Brass s'assit d'un air très-roide et très-froid. Elle parut n'être pas peu surprise, et elle l'était beaucoup en effet, de trouver que le locataire et le mystérieux correspondant ne faisaient qu'un.

« Vous ne vous attendiez pas à me voir ? dit le gentleman.

— En effet, je ne m'y attendais guère, répondit l'aimable beauté. Je supposais qu'il s'agissait d'une affaire de l'étude. S'il s'agit de votre appartement, vous donnerez naturellement à mon frère un congé en forme, vous comprenez, ou bien de l'argent. C'est très-simple. Vous êtes un homme solvable ; ainsi, dans le cas dont il s'agit, argent légal ou congé légal, cela revient à peu près au même.

— Je vous remercie infiniment de votre bonne opinion, répliqua le gentleman. Je partage votre sentiment. Mais ce n'est pas là le sujet dont je désire vous entretenir.

— Oh !... alors expliquez-vous. Je suppose que c'est une affaire qui concerne notre profession.

— Oui, oui, c'est une affaire qui se rattache au droit.

— Très-bien. Mon frère et moi nous ne faisons qu'un. Je puis prendre vos instructions et vous donner mes avis.

— Comme il y a, avec moi, d'autres parties intéressées, dit le gentleman en se levant et en ouvrant la porte d'une chambre intérieure, nous ferons mieux de conférer tous ensemble. Miss Brass est ici, messieurs ! »

M. Garland et le notaire entrèrent d'un air très-grave. Ils placèrent leurs chaises de chaque côté de celle du gentleman, et formèrent ainsi une sorte de barrière autour de la gentille Sarah qu'ils bloquèrent dans un coin. En pareille circonstance, son frère Sampson n'eût pas manqué de laisser paraître quelque confusion, quelque trouble ; mais elle, toute calme, tira de sa poche sa boîte d'étain et y puisa tranquillement une pincée de tabac.

« Miss Brass, dit le notaire prenant la parole en ce moment décisif, dans notre profession nous nous entendons mutuellement, et, quand nous le voulons bien, nous pouvons exprimer en très-peu de mots ce que nous avons à dire. Vous avez dernièrement publié un avis dans les journaux pour une servante qui a disparu de chez vous ?

— Eh bien ! répondit miss Sally, dont les joues se couvrirent d'une subite rougeur, qu'y a-t-il ?

— Elle est retrouvée, madame, dit le notaire en déployant victorieusement son mouchoir de poche. Elle est retrouvée.

— Qui l'a retrouvée? demanda vivement Sarah.

— Nous, madame, nous trois. C'est seulement depuis hier au soir; sinon, vous eussiez eu plus tôt de nos nouvelles.

— Et maintenant que j'*ai eu* de vos nouvelles, dit miss Brass, croisant ses bras d'un air résolu, comme si elle était décidée à se faire tuer plutôt que de rien avouer, qu'avez-vous à me dire? Est-ce qu'il vous est venu là-dessus quelque chose dans la tête? Des preuves, s'il vous plaît! Des preuves! voilà tout. Vous l'avez retrouvée, dites-vous? Je puis vous dire, moi, si vous l'ignorez, que vous avez retrouvé la plus artificieuse, la plus menteuse, la plus voleuse, la plus infernale petite gaupe qui ait jamais existé. L'avez-vous amenée ici? ajouta miss Brass en jetant autour d'elle un regard farouche.

— Non, elle n'est pas ici à présent, répondit le notaire, mais en lieu de sûreté.

— Ah!... s'écria Sally puisant dans sa boîte une prise de tabac avec autant de dédain que si elle eût pincé du même coup le nez de la petite servante, je vous l'y mettrai désormais en sûreté; je vous le garantis.

— Je l'espère bien, répondit le notaire. Ne vous étiez-vous jamais aperçue, avant sa fuite, que la porte de votre cuisine avait deux clefs?»

Miss Sally aspira une nouvelle prise de tabac, et penchant la tête, elle regarda M. Witherden en contractant ses lèvres avec une incroyable expression de ruse et de défi.

« Deux clefs, répéta le notaire, deux clefs dont l'une fournissait à votre servante le moyen d'errer la nuit dans la maison, quand vous pensiez l'avoir bien enfermée, et de saisir certaines consultations confidentielles, entre autres cette conversation intime qui aujourd'hui même sera déférée au juge et que vous entendrez répéter par cette enfant; cette conversation que vous eûtes avec M. Brass dans la nuit même qui précéda le jour où ce malheureux et innocent jeune homme fut accusé de vol, par suite d'une machination horrible, dont je me bornerai à dire qu'on pourrait la flétrir de toutes les épithètes que tout à l'heure vous lanciez à cette pauvre petite créature, et même de plus fortes encore. »

Sally huma une nouvelle prise de tabac. Bien qu'elle sût étonnamment composer son visage, il était évident qu'elle était prise sans vert, et que les reproches auxquels elle s'attendait, au sujet de sa petite servante, n'étaient certainement pas ceux qu'elle venait d'essuyer.

« Allez, allez, miss Brass, dit le notaire; vous avez au plus haut degré l'art de contenir votre physionomie; mais vous voyez que par un hasard, auquel vous n'eussiez jamais songé, ce lâche complot est dévoilé, et que deux des complices peuvent être traînés devant la justice. Maintenant, vous connaissez le châtiment qui vous est réservé, je n'ai donc pas besoin de m'étendre sur ce chapitre. Mais j'ai une proposition à vous faire. Vous avez l'honneur d'être la sœur d'un des plus grands fripons qui existent; et, si je puis parler ainsi à une femme, vous êtes à tous égards digne de votre frère. Mais avec vous deux il y a un tiers, un méchant homme nommé Quilp, le premier instigateur de toute cette machination diabolique, et je le crois pire que ses deux associés. Pour votre salut, pour celui de votre frère, miss Brass, veuillez nous révéler toute la trame de cette affaire. Rappelez-vous que, si vous cédez à nos prières, vous vous mettrez par là en pleine sûreté (tandis que votre position actuelle n'est pas des meilleures), et que vous ne ferez, du reste, aucun tort à votre frère; car nous avons déjà contre lui comme contre vous des preuves bien suffisantes. Vous comprenez? Je ne veux pas dire que nous vous suggérions ce moyen par pitié; car, à vous parler franchement, nous ne saurions avoir de pitié pour vous ; mais c'est une nécessité que nous subissons, et je vous recommande la franchise comme la meilleure politique. »

M. Witherden ajouta en tirant sa montre :

« Dans une affaire comme celle-ci, le temps est extrêmement précieux. Faites-nous connaître le plus tôt possible votre décision, madame. »

Miss Brass grimaça un sourire, regarda successivement les personnes présentes, prit encore deux ou trois pincées de tabac; et comme sa provision s'était épuisée, elle se mit à fouiller tous les coins de sa tabatière avec le pouce et l'index, puis enfin à gratter pour trouver encore à glaner quelques atomes tabachiques. Après cette opération, elle remit soigneusement la boîte dans sa poche et dit :

« Comme cela, il faut que sur-le-champ j'accepte ou repousse votre proposition?

— Oui, » dit M. Witherden.

La charmante créature ouvrait les lèvres pour répondre quand la porte fut poussée vivement....

La tête de Sampson Brass apparut dans la chambre.

« Pardon, dit à la hâte le procureur. Attendez un peu. »

En parlant ainsi, et sans se préoccuper de l'étonnement causé par sa présence, il s'avança, ferma la porte, baisa son gant graisseux par forme de politesse très-humble, et fit le salut le plus rampant.

« Sarah, dit-il, retenez votre langue, s'il vous plaît, et laissez-moi parler. Messieurs, vous auriez peine à me croire si je vous exprimais le plaisir que j'éprouve à voir trois gentlemen tels que vous dans une heureuse unité de sentiments, dans un concert parfait de pensées. Mais quoique je sois malheureux, bien plus, messieurs, criminel, s'il était permis d'employer des expressions si violentes en une compagnie comme la vôtre, cependant, je suis sensible comme un autre. J'ai lu dans un poëte que la sensibilité était le *le lot commun de l'humanité.* Pensée si belle, messieurs, que quand ce serait un pourceau qui l'eût trouvée, elle eût suffi pour le rendre immortel.

— Si vous n'êtes pas un idiot, dit rudement miss Brass, taisez-vous.

— Ma chère Sarah, je vous remercie, répondit le frère. Mais je sais ce que je suis, mon amour, et je prendrai la liberté de m'exprimer en conséquence.... Monsieur Witherden, votre mouchoir va tomber de votre poche. Voulez-vous bien me permettre.... »

Comme M. Brass s'avançait pour remédier à l'accident, le notaire s'écarta de lui avec un air de grande dignité. Brass qui, outre ses agréments physiques habituels, avait la face égratignée, une visière verte sur un œil, et son chapeau gravement bossué, s'arrêta court et se retourna avec un piteux sourire.

« Il me fuit, dit Sampson, comme si je voulais amasser sur sa tête des charbons enflammés. Bien !... Ah ! j'y suis : la maison croule, et les rats, si je puis me servir de cette expression à l'endroit du gentleman que je respecte et que j'aime au plus haut degré, se dépêchent de déménager. Messieurs, quant à votre conversation de tout à l'heure, je vous dirai que, voyant ma sœur venir ici et me demandant où elle pouvait aller ainsi, étant d'ailleurs, dois-je l'avouer ? assez soupçonneux de ma nature, je l'ai suivie. Arrivé à la porte, je me suis mis à écouter.

— Si vous n'êtes pas fou, dit miss Sally, arrêtez-vous, pas un mot de plus.

— Sarah, ma chère, répondit Brass avec une politesse marquée, je vous remercie infiniment, mais je tiens à continuer. Monsieur Witherden, comme nous avons l'honneur d'appartenir à la même profession, pour ne rien dire de cet autre gentleman qui a été mon locataire et qui a partagé, selon l'adage, mon toit hospitalier, je pense qu'à la première occasion vous ne m'opposerez pas le refus que vous avez fait de mon offre. Maintenant, mon cher monsieur, ajouta-t-il en voyant que le notaire était prêt à l'interrompre, permettez-moi de parler, je vous en prie. »

M. Witherden garda le silence, et Brass poursuivit en ces termes, après avoir levé sa visière verte et découvert un œil horriblement poché :

« Si vous voulez bien me faire la faveur de regarder ceci, vous vous demanderez naturellement au fond du cœur comment cela a pu m'arriver. Si de mon œil vous portez votre examen au reste de ma figure, vous chercherez avec étonnement quelle a pu être la cause de ces meurtrissures. De mon visage, dirigez vos yeux sur mon chapeau, et voyez dans quel état il est ! Messieurs, cria-t-il en frappant avec rage sur son chapeau avec son poing fermé, à toutes ces questions je répondrai : Quilp ! »

Les trois gentlemen échangèrent mutuellement un regard sans rien dire.

« Je dis, poursuivit Brass tournant de côté les yeux vers sa sœur, comme s'il parlait pour elle, et s'exprimant d'un ton d'amertume bourrue qui contrastait singulièrement avec ses habitudes de langage mielleux, je dis qu'à toutes ces questions je répondrai : Quilp, Quilp, qui m'a attiré dans son infernale tanière, et a trouvé son plaisir à me contempler dans l'embarras et à rire aux éclats tandis que je m'écorchais, que je me brûlais que je me meurtrissais, que je m'estropiais ; Quilp ! qui jamais, non jamais, dans toutes nos relations, ne m'a traité autrement que comme un chien ; Quilp ! que j'ai toujours détesté de tout mon cœur, mais jamais autant qu'à présent. Pour cette dernière affaire, il me bat froid, comme s'il n'avait rien à y voir et comme s'il n'avait pas été le premier à me la proposer. Comment voulez-vous qu'on se fie à lui ? Dans un de ses accès d'humeur hurlante, frénétique, flamboyante, on croit qu'il va aller jusqu'au bout, fût-ce jusqu'au meurtre, et qu'il ne s'imaginera jamais en avoir fait assez pour vous épouvanter. Eh bien! à présent, ajouta M. Brass reprenant son chapeau, rabaissant sa visière sur son œil et se prosternant dans l'attitude la plus servile, où tout cela peut-il me conduire? Messieurs, y a-t-il quelqu'un de vous qui puisse me faire le plaisir de me le dire? Je vous défie de le deviner. »

Tout le monde se tut. Brass resta quelque temps à sourire avec une sorte de malice, comme s'il allait lâcher encore quelque coq-à-l'âne de premier choix, et finit par dire :

« Eh bien! pour abréger, voilà où cela me conduit : si la vérité s'est fait jour, comme cela est arrivé, de manière qu'on ne puisse en douter (et quelle sublime et grande chose c'est que la vérité, quoique, comme tant d'autres choses sublimes et grandes, l'orage et le tonnerre, par exemple, nous ne soyons pas toujours parfaitement satisfaits de la voir en face); j'aime mieux perdre cet homme que de laisser cet homme me perdre. C'est pourquoi, s'il y en a un qui doive déchirer l'autre, je préfère jouer ce rôle et prendre cet avantage. Ma chère Sarah, comparativement parlant, vous n'avez rien à craindre. Je relate ces faits pour ma propre sûreté. »

Après cela, M. Brass se mit à raconter toute l'histoire avec une extrême volubilité; pesant lourdement sur son aimable client, et se représentant comme un petit saint, bien que sujet, il le reconnut, aux faiblesses humaines. Voici comment il conclut :

« A présent, messieurs, je ne suis pas homme à faire les choses à demi. Moi, j'y vais bon jeu, bon argent. Faites de moi ce qu'il vous plaira. Si vous voulez mettre ma déposition par écrit, rédigez-en immédiatement la teneur. Vous aurez des ménagements pour moi, j'en suis sûr. Vous êtes des hommes de cœur, et vous avez des sentiments. J'ai cédé à Quilp par nécessité; car si la *nécessité n'a pas de loi*, cela ne l'empêche pas d'avoir les hommes de loi. Je me livre donc à vous par nécessité, mais aussi par politique, et pour obéir aux mouvements de sensibilité qui depuis longtemps me tourmentaient. Punissez Quilp, messieurs. Pesez sur lui de tout votre poids. Broyez-le, foulez-le sous vos pieds. Voilà longtemps qu'il m'en fait autant. »

Arrivé au terme de cette péroraison, Sampson arrêta tout court le torrent de son indignation, baisa de nouveau son gant, et sourit comme savent sourire seuls les flatteurs et les lâches.

Miss Brass leva son visage qu'elle avait jusque-là tenu appuyé sur ses mains, et, mesurant Sampson de la tête aux pieds, elle dit avec un ricanement amer :

« Quand je pense que cet être-là est mon frère !... Mon frère, pour qui j'ai travaillé, pour qui je me suis usée à la peine; mon frère, chez qui je croyais qu'il y avait quelque chose d'un homme !

— Ma chère Sarah, répondit Sampson en se frottant légèrement les mains, vous troublez nos amis. D'ailleurs, vous... vous êtes contrariée, Sarah, et comme vous ne savez plus ce que vous dites, vous vous exposez.

— Oui, pitoyable poltron, je vous comprends. Vous avez eu peur que je ne prisse les devants sur vous. Moi ! moi ! me croire capable de me laisser prendre à dire un mot ! Non, non, j'eusse résisté dédaigneusement à vingt ans d'attaques comme celles-là.

— Hé ! hé ! dit avec un sourire niais Sampson Brass, qui, dans son profond affaissement, semblait réellement avoir changé de sexe avec sa sœur, et avoir fait passer dans Sarah les quelques étincelles de virilité qui avaient pu briller en lui, vous croyez cela : il est possible que vous le croyiez; mais vous auriez changé d'avis, mon garçon. Vous vous seriez rappelé la maxime favorite du vieux Renard, notre vénérable père, messieurs : « Méfiez-vous de tout le monde. » C'est une maxime qu'on doit avoir présente à l'esprit durant la vie entière ! Si vous n'étiez pas encore décidée à acheter votre salut, au moment où je suis venu vous surprendre, je soupçonne que vous eussiez fini par le faire. Aussi l'ai-je fait, moi; et je vous en ai épargné l'ennui et la honte. La honte, messieurs, ajouta Brass se donnant l'air légèrement ému, s'il y en a, qu'elle soit pour moi. Il vaut mieux qu'une femme ne la subisse pas !... »

Quelque respect que nous ayons pour le jugement de M. Brass, et particulièrement pour l'autorité du grand ancêtre, il nous est permis de douter, en toute humilité, que la maxime professée par le vieux Renard et mise en pratique par son descendant, soit toujours prudente et produise toujours les résultats qu'on peut en attendre. Je sais bien que ce doute, en dehors même de la question, est hardi et téméraire, d'autant plus qu'une foule de gens éminents, qu'on appelle des hommes du monde, à la mine longue, au regard futé, aux calculs subtils, aux mains crochues, des aigrefins, des tricheurs, des filous, ont fait et font chaque jour, de la maxime du vieux Ronard, leur étoile polaire et leur boussole. Pourtant qu'on me permette d'insinuer ce doute tout doucement. Par exemple, nous prendrons la liberté de faire observer que si M. Brass, au lieu d'être soupçonneux à l'excès, avait, sans se mettre à l'affût et aux écoutes, laissé à sa sœur le soin de conduire en leur nom commun la conférence; ou que si, tout en se mettant à l'affût et aux écoutes, il ne s'était pas tant hâté de la prévenir, ce qu'il n'eût point fait sans sa méfiance jalouse, il ne s'en serait pas trouvé plus mal au dénoûment. De même, il arrive souvent que ces habiles du monde qui vont toujours armés de pied en cap, également en garde contre le bien et contre le mal, n'ont pas beaucoup à s'en louer, sans parler de l'inconvénient et du ridicule qu'il y a à monter constamment la garde avec un microscope, et à porter une cotte de mailles en permanence dans les circonstancees les plus innocentes.

Les trois gentlemen s'entretinrent quelques instants en aparté. Après cette conférence, qui du reste fut très-courte, le notaire dit à M. Brass :

Il y a sur cette table tout ce qu'il faut pour écrire. Si vous voulez rédiger votre déclaration, rien ne vous manque. Je dois aussi vous prévenir que votre présence à la justice de paix sera nécessaire ; c'est à vous à peser tout ce que vous avez à dire ou à faire.

— Messieurs, dit Brass, retirant ses gants et s'aplatissant moralement devant les trois gentlemen, je saurai justifier les ménagements avec lesquels je ne doute pas qu'on me traite; et, comme d'après la découverte qui a été faite je serais, si l'on ne me ménageait pas, celui de nous trois qui aurait la plus fâcheuse position, vous pouvez compter que je ne vais rien dissimuler. Monsieur Witherden, j'éprouve une faiblesse.... voudriez-vous me faire la faveur de sonner pour demander quelque chose de chaud et d'épicé ? D'ailleurs, nonobstant ce qui s'est passé, ce sera pour moi une consolation dans mon malheur, de boire à votre santé. J'avais espéré, ajouta Brass en regardant autour de lui avec un sourire dolent, vous voir tous trois, messieurs, un de ces jours, réunis à dîner, les pieds sous ma table d'acajou, dans mon humble parloir de Bevis-Marks. Mais l'espoir est quelque chose de si volage ! O mon Dieu ! »

En ce moment, M. Brass se trouva si accablé, qu'il ne put rien dire ni rien faire jusqu'à ce que le rafraîchissement fût arrivé. Il l'absorba assez lestement pour un homme si agité, puis il s'assit et se mit à écrire.

Pendant ce temps, la belle Sarah, tantôt les bras croisés, tantôt les mains jointes par derrière, arpentait la salle à grandes enjambées; elle ne s'arrêtait que pour tirer de sa poche sa tabatière, dont elle ratissait les parois. Elle continua ce manége jusqu'à satiété, et finit, de guerre lasse, par se laisser tomber dans un fauteuil près de la porte où elle s'endormit.

On eut lieu de supposer depuis, et non sans raison, que ce sommeil était une pure frime; car miss Sally trouva moyen de s'échapper sans être aperçue, à la faveur de l'obscurité. Que ce fût la fugue intentionnelle d'une personne bien éveillée, ou le départ somnambulique d'une personne qui marche en dormant les yeux ouverts, c'est un sujet de controverse médicale que je ne veux point aborder; mais tout le monde fut d'accord sur le point principal. C'est que, dans quelque état qu'elle fût sortie, il est certain qu'elle ne revint pas.

Puisque nous avons parlé de l'obscurité, il est à propos d'ajouter qu'en effet la tâche de M. Brass demanda un assez long temps pour ne pouvoir être terminée que le soir; mais, lorsque enfin tout fut achevé, le digne procureur et les trois amis se rendirent en fiacre au bureau du magistrat, lequel fit à M. Brass un accueil très-empressé et le retint en lieu sûr pour avoir plus sûrement le plaisir de le revoir le lendemain. Le juge, en renvoyant les autres personnes, leur promit formellement qu'un mandat d'amener serait lancé aussi le lendemain contre M. Quilp, et que le secrétaire d'État, qui par bonheur était à Londres, ne manquerait pas de recevoir sur tous ces faits un rapport circonstancié pour assurer la grâce de Kit et sa mise immédiate en liberté.

Et maintenant tout semblait annoncer que la funeste influence de Quilp tirait à sa fin; car le châtiment, qui souvent s'apprête lentement, surtout quand il doit être terrible, avait dépisté avec certitude les traces de ce misérable et le gagnait de vitesse. La victime, qui n'entend pas derrière elle le pas léger de la vengeance, poursuit sa marche triomphale. Mais déjà l'autre est sur ses talons, et une fois attachée à sa poursuite, elle ne lâchera pas sa proie.

Voyant leur tâche accomplie, les trois gentlemen retournèrent en toute hâte chez M. Swiveller. Ils le trouvèrent assez bien rétabli pour pouvoir se tenir assis une demi-heure et causer avec entrain. Depuis quelque temps mistress Garland était partie, mais M. Abel avait voulu rester assis auprès de Richard. Après lui avoir raconté tout ce qu'ils avaient fait, les deux MM. Garland et le vieux gentleman, comme par un accord tacite, prirent congé pour la nuit, laissant le convalescent seul avec M. Witherden et la petite servante.

« Puisque vous voilà mieux, dit le notaire en s'asseyant au chevet du lit, je puis me hasarder à vous communiquer une pièce que la nature de mes fonctions a mise entre mes mains. »

L'idée d'une communication officielle faite par un gentleman appartenant au ressort de la loi sembla causer à Richard un médiocre plaisir. Peut-être se liait-elle, dans son esprit, avec certaines dettes criardes et des créanciers obstinés. Ce fut avec un certain trouble qu'il répondit :

« Volontiers, monsieur. J'espère cependant que ce n'est pas quelque chose d'une nature trop désagréable.

— S'il en était ainsi, répliqua M. Witherden, j'eusse choisi un moment plus opportun pour vous faire cette communication. Permettez-moi de vous dire d'abord que mes amis, qui sont venus ici aujourd'hui, ne connaissent nullement cette affaire, et que leur empressement à votre égard a été tout spontané et complétement sans arrière-pensée. Cela doit vous rassurer et vous disposer parfaitement à recevoir cette nouvelle. »

Dick le remercia.

« Je m'étais livré à quelques recherches pour vous découvrir, dit M. Witherden, et j'étais bien loin de m'attendre à vous trouver dans des circonstances semblables à celles qui nous ont réunis. Vous êtes le neveu de Rébecca Swiveller, vieille demoiselle qui habitait Cheselbourne, dans le Dorsetshire, et qui y est décédée

— Décédée ! s'écria Richard.

— Décédée. Si vous vous étiez conduit autrement avec votre tante, vous fussiez entré en pleine possession, le testament le dit, et je n'ai aucune raison d'en douter, de vingt-cinq mille livres[1]. Quoi qu'il en soit, elle vous a légué une rente annuelle de cent cinquante livres[2]; c'est beaucoup moins sans doute, cependant je crois devoir vous en faire mon compliment.

1. 625 000 francs. — 2. 3750 francs.

— Monsieur, dit Richard sanglotant et riant à la fois, comment donc? mais avec plaisir. Dieu merci, nous allons faire une savante de la pauvre marquise ! Elle va porter des robes de soie, elle va avoir plus d'argent qu'il ne lui en faut, aussi vrai que j'espère bien quitter ce lit maudit. »

CHAPITRE XXX.

Ignorant les faits que nous avons exposés fidèlement dans le chapitre qui précède, et ne se doutant pas le moins du monde de la mine qui s'était creusée sous ses pieds, car pour éviter tout soupçon de sa part on avait, dans toutes les démarches, gardé le plus profond secret, M. Quilp demeurait enfermé dans son ermitage, et jouissait doucement et en toute sécurité du résultat de ses machinations. Absorbé par des chiffres et des comptes, occupation que favorisaient le silence et la solitude de sa retraite, il y avait deux jours entiers qu'il n'était pas sorti de sa tanière. Le troisième jour le trouva plus appliqué que jamais au travail et peu disposé à mettre le pied dehors.

C'était le lendemain même des aveux de M. Brass, et par conséquent le jour où M. Quilp devait se voir menacé dans sa liberté, et brusquement informé de certains faits assez désagréables auxquels il ne s'attendait guère. Mais, comme il n'avait aucun pressentiment du nuage suspendu au-dessus de sa maison, il était dans son état habituel de gaieté; et quand il trouvait qu'il avait fait assez de besogne, au point de vue de sa santé et de sa belle humeur qu'il fallait ménager, il variait ses occupations monotones par un petit cri, ou par un hurlement, ou par tout autre délassement innocent de même nature.

Il était servi, selon l'ordinaire, par Tom Scott, accroupi auprès du feu comme un crapaud, et saisissant le moment où son maître avait le dos tourné pour imiter ses grimaces avec une affreuse exactitude. La grosse tête de bois n'avait pas encore disparu; elle figurait toujours à son ancienne place. Horriblement brûlée à force d'avoir reçu des coups de tisonnier tout rouge, ornée en outre d'un énorme clou que le nain lui avait enfoncé dans le nez, elle souriait cependant encore avec ceux de ses traits qui étaient le moins lacérés, et semblait, comme un hardi martyr, défier son bourreau et provoquer ses nouveaux outrages.

Dans les quartiers les plus élevés et les plus beaux de la ville, le jour était humide, sombre, froid et triste : mais dans cet endroit bas et marécageux, le brouillard étendait sur tous les coins et recoins un voile épais d'obscurité. On n'y voyait point à deux pas de distance. Les lumières et les feux de signaux allumés sur le fleuve étaient impuissants à vaincre ces ténèbres ; et n'était le froid vif et pénétrant qui régnait dans l'air, n'était le cri d'alarme de quelque batelier effaré qui se reposait sur ses rames en essayant de s'orienter, on eût pu croire que le fleuve lui-même était à quelques milles de là.

Quoique le brouillard tombât lentement, il était très-incommode. Il perçait les fourrures et les vêtements les plus épais. Il semblait pénétrer les passants grelotants jusque dans la moelle des os, pour les torturer de froid et de souffrance. Tout était humide et gluant. La flamme ardente pouvait seule le braver de ses joyeuses étincelles. C'était un jour à rester chez soi, accroupis autour du foyer, en se racontant mutuellement l'histoire des voyageurs qui, par un temps semblable, se sont égarés dans les bruyères et les marécages, et à savourer plus que jamais les délices d'un âtre brûlant.

On sait que le goût favori du nain était d'avoir son coin du feu à lui tout seul, et, s'il se sentait d'humeur à se régaler, de s'empiffrer aussi tout seul. Plus sensible que jamais, ce jour-là, au plaisir de s'établir confortablement dans son intérieur, il ordonna à Tom Scott de bourrer de charbon le petit poële, et renvoyant le travail à un autre jour, il se détermina à se donner du bon temps.

A cette fin, il alluma des chandelles neuves et amoncela le combustible sur son feu. Puis, ayant dîné avec un bifteck qu'il fit rôtir lui-même, sans plus d'apprêt que les sauvages et les cannibales, il se prépara un grand bol de punch brûlant, alluma sa pipe et s'assit pour passer agréablement sa soirée.

En ce moment, un coup frappé timidement à la porte de la cabine attira son attention. Il attendit que le coup eût été répété deux ou trois fois; alors il ouvrit doucement sa petite fenêtre, et y passant la tête, demanda :

« Qui est là ?

— Ce n'est que moi, Quilp, répondit une voix de femme.

— Ce n'est que vous !... cria le nain allongeant le cou afin de mieux apercevoir son visiteur. Qui vous amène ici, coquine? Osez-vous bien approcher du manoir de l'ogre?

— Je suis venue vous apporter des nouvelles, répondit mistress Quilp. Ne vous fâchez pas contre moi.

— Sont-ce de bonnes nouvelles, d'agréables nouvelles, des nouvelles à bondir de joie et à faire claquer ses doigts? La chère vieille dame serait-elle morte?

— J'ignore quelles sont ces nouvelles, et si elles sont bonnes ou mauvaises.

— Alors la vieille dame est encore vivante, et il ne s'agit pas d'elle. Retournez au logis, petit hibou, retournez au logis.

— Je vous apporte une lettre, dit la douce petite femme.

— Jetez-la par la croisée et passez votre chemin, cria Quilp; sinon, je sors, et si je vous attrape....

— Je vous en prie, Quilp, écoutez-moi, dit la jeune femme d'un ton humble et les larmes aux yeux. Je vous en prie !

— Parlez donc ! grogna le nain avec une grimace malicieuse Faites vite surtout. Allons, parlerez-vous?

— Cette lettre, dit mistress Quilp tremblante, a été apportée dans l'après-midi à la maison, par un commissionnaire qui a dit ne pas savoir de quelle part elle venait, mais qu'on lui avait enjoint de nous la laisser avec force recommandations de vous la porter tout de suite, vu qu'elle était de la plus haute importance. Mais, ajouta-t-elle comme son mari étendait la main pour saisir la lettre, veuillez me laisser entrer chez vous. Vous ne savez pas comme je suis mouillée et gelée, car je me suis égarée bien des fois avant d'arriver jusqu'ici à travers cet épais brouillard. Laissez-moi me sécher cinq minutes à votre feu. Je partirai aussitôt que vous me l'ordonnerez, Quilp, je vous le promets. »

L'aimable époux eut un moment d'hésitation; mais pensant en lui-même que mistress Quilp pourrait emporter la réponse, s'il en avait une à faire, il ferma la croisée, ouvrit la porte et invita rudement sa femme à entrer. Celle-ci obéit avec empressement et s'agenouilla devant le feu pour se réchauffer les mains, après avoir remis au nain un petit paquet.

« Que je suis donc content de vous voir mouillée comme ça, dit Quilp en lui arrachant la lettre des mains et dirigeant sur sa femme des yeux louches ; quel plaisir de vous voir gelée! Quel bonheur que vous vous soyez perdue en route! C'est une vraie jouissance de voir comme vos yeux sont rouges à force de pleurer, et je me sens dilater le cœur de voir votre petit nez violet de froid comme une pomme de terre.

— Quilp!... s'écria la jeune femme en sanglotant, que vous êtes cruel!...

— Eh bien! elle croyait donc que j'étais mort! dit le nain plissant son visage en une foule de grimaces plus extr. ordinaires les unes que les autres. Elle croyait donc qu'elle allait avoir tout mon argent pour se remarier à quelque galant de son goût? Ah! ah! ah! elle croyait ça! »

Ces reproches ne furent suivis d'aucune réponse de la pauvre petite femme. Elle restait agenouillée, chauffant ses mains en pleurant, ce qui charmait M. Quilp. Mais, tandis qu'il la contemplait, tout épanoui de joie, il vint à remarquer que Tom Scott paraissait aussi s'amuser beaucoup de son côté. Comme il ne se souciait pas d'associer à son plaisir ce présomptueux compagnon, le nain se lança sur lui, le saisit au collet, le traîna jusqu'à la porte et, après une courte lutte, l'envoya d'un coup de pied dans la cour. En retour de cette marque d'attention, Tom se planta immédiatement sur ses mains et courut ainsi jusqu'à la croisée; là, si l'on peut admettre cette expression, il regarda avec ses souliers par la fenêtre : tambourinant avec ses pieds comme une *benshée*[1], du haut en bas des vitres. Naturellement, M. Quilp ne perdit pas de temps pour recourir à l'inévitable tisonnier. Il s'avança doucement en faisant des détours et se mettant en embuscade ; puis soudain, avec sa barre de fer, il envoya à son jeune ami un ou deux compliments si peu équivoques, que Tom Scott se sauva précipitamment, laissant son maître tranquille possesseur du champ de bataille.

« C'est bien! dit froidement le nain. A présent que cette petite affaire est heureusement terminée, je vais lire ma lettre. Hum! murmura-t-il en y jetant les yeux, je connais cette écriture. C'est de la belle Sarah!... »

Il ouvrit la lettre et lut les lignes suivantes, écrites en une ronde légale magnifique :

« Sammy s'est laissé retourner et a révélé le secret. Tout est

1. Fée d'Écosse.

connu. Vous n'avez rien de mieux à faire que de vous sauver, car on vous cherche déjà pour vous arrêter. Ils sont restés tranquilles jusqu'à cette heure, parce qu'ils espèrent vous surprendre. Ne perdez pas de temps. J'en ai fait autant de mon côté. Je les défie bien de me trouver. Si j'étais à votre place, je ne me laisserais pas prendre non plus. S. B., ci-devant à B. M. »

Il ne faudrait rien moins qu'une langue nouvelle pour décrire les divers changements que subit la physionomie de Quilp, en relisant cette lettre une demi-douzaine de fois : jamais on n'a rien écrit, rien lu, rien dit qui fût d'un effet plus énergique. Pendant longtemps, le nain resta sans prononcer une seule parole; mais après un intervalle considérable qui tint mistress Quilp paralysée de terreur sous les regards que lui lançait son mari, celui-ci murmura avec un effort inouï :

« Si je le tenais ici! Ah! si je le tenais seulement ici!...

— Quilp, dit-elle, qu'y a-t-il donc? Contre qui êtes-vous en colère?

— Je le noierais! dit le nain sans s'occuper d'elle. C'est une mort trop facile, trop prompte, trop douce, mais la rivière coule à deux pas d'ici. Oh! si je le tenais! Tout juste pour le mener jusqu'au bord en l'amadouant et causant avec amitié, en le prenant par la boutonnière, en plaisantant avec lui; puis le pousser tout à coup et l'envoyer patauger dans l'eau! On dit que les gens qui se noient reviennent trois fois à la surface. Ah! le voir ces trois fois et me moquer de lui, quand sa figure reviendrait comme un bouchon de ligne à pêcher, oh! quel magnifique régal!...

— Quilp, balbutia la jeune femme, qui se hasarda en même temps à lui toucher l'épaule, qu'est-il donc arrivé de fâcheux?»

Elle éprouvait une telle épouvante du plaisir avec lequel Quilp peignait les tortures qu'il eût voulu infliger au procureur, qu'à peine pouvait-elle parler d'une manière intelligible.

« Ce misérable chien qui n'a pas de sang dans les veines! dit Quilp en se frottant lentement les mains et les serrant étroitement, je comptais sur sa couardise et sa servilité pour nous garantir son silence. Oh! Brass, Brass, mon cher ami, mon bon ami, mon ami dévoué, fidèle et complimenteur, si je vous tenais seulement ici!... »

Mistress Quilp, qui s'était un peu retirée à l'écart pour n'avoir pas l'air d'écouter ces apartés, essaya de nouveau de reprendre courage et de s'approcher de lui. Elle ouvrait la bouche quand le nain s'élança vers la porte et appela Tom Scott qui, n'ayant pas oublié sa dernière petite leçon, jugea prudent de paraître sans retard.

« Ici! dit Quilp l'attirant dans la chambre. Reconduisez-la à la maison. Ne revenez pas ici demain, car mon comptoir sera fermé. Ne revenez plus jusqu'à ce que vous ayez eu de mes nouvelles ou que vous m'ayez vu. Vous comprenez? »

Tom inclina la tête d'un air boudeur et invita mistress Quilp à partir.

« Quant à vous, dit le nain s'adressant directement à sa femme, ne faites aucune question sur moi; pas de recherche pour me retrouver; rien enfin qui me concerne. Je ne serai pas mort, madame, si cela peut vous consoler. Tom aura soin de vous.

— Mais, Quilp, qu'y a-t-il donc?... Qu'est-ce que vous projetez de faire?... Dites-moi quelque chose de plus!...

— Si vous ne partez pas immédiatement, s'écria le nain en la saisissant par le bras, je dirai et ferai des choses qu'il vaut mieux pour vous que je ne dise ni ne fasse.

— Qu'est-il arrivé?... demanda instamment sa femme. Oh! dites-le-moi.

— Oui-da!... cria le nain. Non pas. Vous êtes bien curieuse. Je vous ai dit ce que vous avez à faire. Malheur à vous si vous y manquez, ou si vous me désobéissez, de l'épaisseur d'un cheveu seulement! Voulez-vous partir?...

— Je pars, je pars tout de suite.... Mais, ajouta la jeune femme en tremblant, répondez d'abord à une question, une seule. Cette lettre a-t-elle quelque rapport avec ma chère petite Nell? Il faut que je vous fasse cette question, je le dois absolument, Quilp. Vous ne pouvez vous imaginer combien il m'en a coûté de jours et de nuits de chagrin pour avoir trompé cette enfant. J'ignore au juste de quel mal j'ai pu être la cause: mais qu'il soit grand ou petit, je ne l'ai fait que pour vous, Quilp. Ma conscience me le reproche. Répondez-moi là-dessus seulement, je vous en prie. »

Le nain exaspéré ne répondit rien; mais il se retourna et chercha avec tant de violence son arme habituelle, que Tom Scott, mesurant le danger, crut devoir entraîner mistress Quilp de vive force et le plus vite possible. Il était temps: Quilp en effet, presque fou de rage, les poursuivit jusqu'à la ruelle voisine, et il eût prolongé cette chasse, n'était le sombre brouillard qui les déroba bientôt à sa vue, car de moment en moment il semblait devenir plus épais.

« Voilà une bonne nuit pour voyager incognito, dit Quilp comme il s'en revenait lentement, tout essoufflé de sa course. Halte-là. Prenons garde. Nous ne sommes pas en sûreté ici. »

Grâce à sa force incroyable, il ferma les deux vieux battants de porte qui étaient profondément enfoncés dans la boue et les étaya avec de lourdes poutres. Cela fait, il secoua ses cheveux collés sur ses yeux qu'il écarquilla pour mieux voir.

« La balustrade qui sépare mon débarcadère de la propriété voisine peut être aisément franchie, dit le nain après avoir pris ces précautions. Il y a ensuite une ruelle reculée. Ce sera par là que je passerai. Il faut un homme qui connaisse joliment son chemin pour le trouver la nuit dans ce charmant endroit. Je ne crois pas que j'aie à craindre de visiteurs par ce temps-là. »

Réduit à la nécessité de se diriger à tâtons, tant l'obscurité et le brouillard s'étaient accrus, il revint à son repaire. Là, il resta quelque temps à rêver auprès du feu, puis il disposa tout pour un prompt départ.

Tandis qu'il réunissait quelques objets de première nécessité et les fourrait dans ses poches, il ne cessait de se redire à voix basse, entre ses dents, ce qu'il avait dit en achevant la lecture de la lettre de miss Brass :

« O Sampson, bonne et digne créature! Si je pouvais seulement vous étreindre! Si je pouvais seulement vous serrer dans mes bras et vous presser les côtes! Oh! comme je les presserais si je vous tenais là bien contre moi! quelle étroite union entre nous! Sampson, si jamais nous nous rencontrons, vous n'oublierez de votre vie l'accueil que je vous destine, je vous en réponds. Choisir exprès le moment où tout allait si bien pour me trahir par pure bonté d'âme, par un remords de charité. Oh! si nous nous trouvions jamais face à face dans cette chambre, maître cafard, avec ton visage jaune comme un coing, il y en a un de nous deux qui passerait un mauvais quart d'heure! »

Ici il s'arrêta; et portant à ses lèvres le bol de punch, il en absorba longuement une bonne lippée, comme si ce n'était pour son gosier brûlant que de l'eau fraîche, un simple rafraîchissement. Ensuite il le posa brusquement, reprit ses préparatifs et recommença son soliloque.

« Sally !... dit-il les yeux flamboyants, à la bonne heure ! Voilà une crâne femme qui a du cœur, de l'énergie, des idées !... Elle était donc endormie ou pétrifiée, qu'elle ne l'a pas poignardé ou empoisonné pour plus de sûreté ; elle aurait dû prévoir ce qui allait arriver. Pourquoi m'avertit-elle quand il est trop tard ? Lorsqu'il était assis dans cette chambre, là, là, avec sa face blême, ses cheveux rouges, son sourire dégoûtant, pourquoi n'ai-je pas su deviner ce qui se passait dans son âme ? Si j'avais connu son secret, je le lui aurais noyé dans le cœur.... Ou bien, il aurait donc fallu qu'il n'y eût plus au monde de drogues pour endormir un homme, ou de feu pour le brûler ! »

Il but encore un coup, et, se penchant vers le feu avec un air féroce, il marmotta entre ses dents :

« Et tout cela, comme tant d'autres ennuis que j'ai éprouvés dans ces derniers temps, c'est ce vieux radoteur avec sa chère enfant qui en sont cause, deux misérables vagabonds sans feu ni lieu ! Patience ! je serai encore leur mauvais génie. Et vous, doucereux Kit, honnête Kit, vertueux, innocent Kit, prenez garde à vous. Quand je hais, je mords. Je vous hais et pour bonne raison, mon digne garçon ; et vous triomphez ce soir, mais j'aurai mon tour, n'ayez pas peur. Qu'est-ce que c'est que ça ?... »

On frappait à la porte que le nain venait de fermer. On frappait très-fort. Puis il y eut un temps d'arrêt, comme si ceux qui frappaient s'étaient interrompus pour écouter. Ensuite le bruit recommença, plus violent et plus obstiné que jamais.

« Sitôt !... dit le nain ; ils sont donc bien pressés !... Je crains fort que vous n'ayez compté sans votre hôte, messieurs. Il est heureux que tous mes préparatifs soient achevés. Sally, je vous rends grâces ! »

Tout en parlant il éteignit sa chandelle. Dans ses efforts impétueux pour dissimuler la vive clarté du foyer, il renversa son poêle qui roula en avant et tomba avec fracas sur les charbons ardents qu'il avait vomis dans sa chute. Une épaisse obscurité régnait dans la chambre. Cependant le bruit qu'on faisait dehors continuait toujours. Quilp alors se dirigea vers la porte et se trouva en plein air.

En ce moment le bruit cessa. Il était environ huit heures :

mais les ténèbres de la nuit la plus sombre eussent été la clarté de midi en comparaison du voile de brouillard qui couvrait la terre et empêchait de rien distinguer. Quilp fit quelques pas en avant, comme s'il pénétrait dans l'orifice d'une caverne noire et béante ; mais, craignant de s'être trompé, il changea de direction ; alors il s'arrêta, ne sachant plus de quel côté tourner.

« S'ils pouvaient frapper encore ! dit-il s'efforçant de percer du regard l'obscurité qui l'entourait. Le bruit me guiderait. Allons donc ! frappez donc encore à la porte ! »

Il resta à écouter attentivement, mais le bruit ne se renouvela pas. On n'entendait rien dans cet endroit désert, que les chiens qui par intervalles hurlaient au loin. Ces hurlements partaient tantôt d'un côté, tantôt d'un autre, et ils ne pouvaient indiquer à Quilp sa direction ; car il savait bien qu'ils venaient pour la plupart des bâtiments amarrés sur le fleuve.

« Si je trouvais un mur ou une palissade, dit le nain étendant ses bras et avançant lentement, je reconnaîtrais par là mon chemin. Quelle bonne et sombre nuit du diable pour tenir ici mon cher ami ! Si je pouvais seulement réaliser ce vœu, ça me serait bien égal de ne plus jamais revoir le jour !... »

Comme ce dernier mot passait sur ses lèvres, Quilp chancela et tomba.... Un moment après, il se débattait contre l'eau noire et glacée.

Au milieu du bourdonnement qui se faisait dans ses oreilles, il put entendre les coups retentir encore à la porte du débarcadère, il put entendre un cri qui s'éleva ensuite, il put reconnaître la voix. Dans la lutte qu'il soutenait contre les vagues, il put comprendre que sa femme et Tom Scott, s'étant égarés, étaient revenus au point même de leur départ, qu'ils étaient tout près de l'endroit où il se noyait, mais sans pouvoir faire le moindre effort pour le sauver, puisqu'il avait lui-même fermé toute communication. Il répondit au cri d'appel par un hurlement qui sembla faire trembler et vaciller les centaines de feux qui voltigeaient devant ses yeux, comme si un coup de vent les eût agités. Vaines clameurs ! La marée montait ; l'eau pénétra dans la gorge du nain et emporta le corps dans son rapide courant.

Il lutta en désespéré et remonta à la surface, frappant la vague avec ses mains, et suivant d'un regard sauvage et ardent des formes noires qui passaient près de lui. C'était la coque d'un vaisseau! Il put en toucher la surface lisse et glissante. Il jeta encore un cri retentissant, mais l'eau plus forte que lui l'entraîna sous la quille avant qu'il pût se faire entendre; cette fois elle n'emportait plus qu'un cadavre.

Dans ses caprices elle se fit un jouet de cette horrible épave, tantôt la meurtrissant contre des pieux gluants, tantôt la cachant dans la vase ou les hautes herbes du rivage, tantôt la heurtant pesamment sur de grosses pierres, ou la couchant sur le sable, tantôt paraissant vouloir la reprendre, et par une aspiration puissante l'attirant en avant jusqu'à ce que, lasse de cet épouvantable jeu, elle rejeta le cadavre dans un endroit marécageux, juste à la place infâme où des pirates avaient été autrefois pendus avec des chaînes par une nuit d'hiver et laissés à la potence pour y laisser blanchir leurs os.

Le voilà donc là, tout seul. L'horizon était embrasé, et l'eau qui avait porté le corps en ce lieu s'était colorée de cette subite lumière, tandis que le nain flottait à sa surface. La maison de bois qu'un homme vivant, à présent cadavre abandonné, venait de quitter tout à l'heure, n'était plus qu'une ruine flamboyante. Un reflet de l'incendie éclairait le visage de Quilp. Ses cheveux, qu'agitait la brise humide, se mouvaient sur sa tête comme par une ironie de la mort, une ironie qui eût réjoui le cœur de Quilp lui-même s'il eût encore été de ce monde, et le vent de la nuit soulevait ses habits en se jouant.

CHAPITRE XXXI.

Des chambres bien éclairées, de bons feux, des figures joyeuses, la musique de voix enjouées, des paroles d'amitié et de bienvenue, des cœurs chauds et des larmes de bonheur, quel changement chez M. Garland! Voilà pourtant les délices vers lesquelles le pauvre Kit précipite ses pas. On l'attend, il le sait. Il a peur de mourir de joie avant d'être arrivé parmi ceux qui l'aiment.

Toute la journée on l'avait préparé insensiblement à de si bonnes nouvelles. On lui avait dit d'abord qu'il ne devait pas perdre espoir jusqu'au lendemain. Par degrés on lui fit connaître que des doutes s'étaient élevés, qu'on allait procéder à une enquête, et que peut-être après cela il obtiendrait un verdict de libération. Le soir venu, on l'avait fait entrer dans une salle où plusieurs gentlemen étaient réunis. Parmi ceux-ci se trouvait au premier rang son bon maître qui s'avança et le prit par la main. Kit apprit alors que son innocence était reconnue, et qu'il était renvoyé de la plainte. Il ne put distinguer la personne qui lui parlait, mais il se tourna du côté d'où partait la voix, et en essayant de répondre il tomba évanoui.

On le rappela à lui-même; on lui dit de se contenir et de supporter en homme la prospérité. Quelqu'un ajouta qu'il devait penser à sa pauvre mère. Ah! c'était parce qu'il pensait tant à elle, que cette heureuse nouvelle l'avait anéanti. On l'entoura, on lui dit que la vérité s'était fait jour; que partout, en ville comme au dehors, la sympathie avait éclaté pour son malheur. Ce n'était pas là ce qui le touchait ; sa pensée ne s'étendait pas au delà de la maison. Barbe avait-elle eu connaissance de tout ce qui s'était passé? Qu'avait-elle dit? Que lui avait-on dit? Il n'avait pas d'autre parole.

On lui fit boire un peu de vin. On lui adressa quelques mots affectueux jusqu'à ce qu'il fût remis ; alors il put entendre distinctement et remercier ses protecteurs.

Il était libre de partir. M. Garland émit l'avis d'emmener Kit, maintenant qu'il se sentait beaucoup mieux. Les gentlemen l'entourèrent et lui pressèrent les mains. Il leur exprima toute sa reconnaissance pour l'intérêt qu'ils lui avaient témoigné et pour les bonnes promesses qu'ils lui faisaient ; mais cette fois encore il fut impuissant à parler, et il lui eût été bien difficile de marcher s'il ne se fût appuyé sur le bras de son maître.

Comme on traversait les sombres couloirs, on rencontra quelques employés de la prison qui attendaient Kit pour le féliciter dans leur rude langage sur sa mise en liberté. Le lecteur de journal était de ce nombre : mais ses compliments, loin de partir du cœur, avaient quelque chose de morose. Il semblait considérer Kit comme un intrus, comme un intrigant qui, sous de faux prétextes, avait obtenu son admission dans la prison et joui d'un privilége auquel il n'avait pas droit.

« C'est, pensait-il, un excellent jeune homme ; mais il n'avait pas affaire ici, et le plus tôt qu'il en sortira sera le mieux. »

La dernière porte se ferma derrière Kit et ses amis. Ils avaient franchi le mur extérieur et se trouvaient en plein air, dans la rue dont il s'était si souvent retracé l'image, qu'il avait si souvent rêvée lorsqu'il était enfermé entre ces noires murailles. La rue lui sembla plus large, plus animée qu'autrefois. La nuit était triste, et cependant combien à ses yeux elle parut vive et gaie !

Un des gentlemen, en prenant congé de Kit, lui glissa de l'argent dans la main. Kit ne le compta point : mais à peine eut-on dépassé le tronc destiné aux prisonniers pauvres, que le jeune homme y courut déposer l'argent qu'on venait de lui donner.

M. Garland avait dans une rue voisine une voiture qui l'attendait. Il y fit monter Kit auprès de lui, et ordonna au cocher de le conduire à la maison. La voiture ne put d'abord marcher qu'au pas, précédée de torches pour l'éclairer, tant le brouillard était intense : mais quand on eut franchi la rivière et laissé en arrière les quartiers de la ville proprement dite, on n'eut plus à prendre ces précautions, et l'on alla plus vite. Le galop même semblait trop lent à l'impatient Kit, pressé d'arriver au terme du voyage ; ce ne fut que lorsqu'ils furent près de l'atteindre, qu'il pria le cocher d'aller plus lentement, et, quand il verrait la maison, de s'arrêter seulement une minute ou deux pour lui laisser le temps de respirer.

Mais ce n'était pas le moment de s'arrêter. Le vieux gentleman éleva la voix; les chevaux hâtèrent leur pas, franchirent la grille du jardin, et une minute après stationnèrent à la porte. A l'intérieur de la maison retentit un grand bruit de voix et de pieds. La porte s'ouvrit. Kit se précipita.... Il était dans les bras de sa mère.

Il y avait là aussi l'excellente mère de Barbe, qui tenait le petit nourrisson dont elle ne s'était pas séparée depuis le triste jour où l'on pouvait si peu espérer une telle joie. La pauvre femme ! Elle versait toutes ses larmes et sanglotait comme jamais femme n'a sangloté; puis il y avait la petite Barbe, pauvre petite Barbe, toute maigrie et toute pâle, et cependant si jolie toujours ! Elle tremblait comme la feuille et s'appuyait contre la muraille. Il y avait mistress Garland, plus affable et plus bienveillante que jamais, et qui, dans son émotion, se sentait défaillante et prête à tomber sans que personne songeât à la soutenir; puis M. Abel, qui frottait vivement son nez et voulait embrasser tout le monde; puis le gentleman qui tournait autour d'eux tous sans s'arrêter un moment ; enfin il y avait le bon, le cher, l'affectueux petit Jacob, assis tout seul au bas de l'escalier, avec ses mains posées sur ses genoux comme un vieux bonhomme, criant à faire trembler sans que personne s'occupât de lui : tous et chacun heureux au delà de leurs souhaits et faisant ensemble ou à part mille espèces de folies à la fois.

Même après qu'ils commencèrent à calmer ce fortuné délire, et qu'ils purent ressaisir la parole et le sourire, Barbe, cette douce, gentille et folle petite Barbe, disparut soudainement, et on s'aperçut qu'elle venait de tomber en pâmoison dans le parloir voisin; que de la pâmoison elle était tombée en une attaque de nerfs, et retombée de cette attaque de nerfs en une nouvelle pâmoison; son état était tellement grave, qu'en dépit d'une quantité considérable de vinaigre et d'eau froide, à peine finit-elle par se sentir à la fin un peu mieux qu'elle n'était d'abord. Alors la mère de Kit s'approcha demandant à son fils s'il ne voulait pas entrer voir Barbe et lui dire un mot : « Oh ! oui, » dit-il, et il entra. Et il dit d'une voix amicale :

« Barbe ! »

Et la mère de Barbe dit à sa fille : « Ce n'est que Kit. »

Et Barbe dit, les yeux fermés tout ce temps :

« Oh ! vraiment, est-ce bien lui ? »

Et la mère de Barbe dit : « Certainement, ma chère ; il n'y a plus rien à craindre à présent. »

Et comme pour donner une preuve de plus qu'il était sain et sauf, Kit lui adressa de nouveau la parole, et alors Barbe tomba dans un nouvel accès d'hilarité suivi d'un nouveau déluge de pleurs, et alors la mère de Barbe et la mère de Kit sanglotèrent dans les bras l'une de l'autre, tout en la grondant d'en faire autant, mais c'était seulement pour lui rendre le plus tôt possible l'usage de ses sens. En matrones expérimentées, habiles à reconnaître les premiers symptômes propices du retour de Barbe à la santé, elles consolèrent Kit en l'assurant qu'elle « allait bien maintenant, » et le renvoyèrent d'où il était venu.

Justement en rentrant dans la chambre voisine, qu'est-ce qu'il voit ? Des carafes pleines de vin et toutes sortes de bonnes choses aussi splendides que si Kit et ses amis étaient des gens de la plus haute volée. Le petit Jacob, avec une incroyable activité, tombait, comme on dit, à pieds joints, sur un baba de ménage ; il ne quittait pas des yeux les figues et les oranges qui devaient suivre, et vous pouvez penser s'il faisait bon usage de son temps. Kit ne fut pas plutôt entré, que le gentleman (jamais il n'y eut gentleman aussi affairé) remplit les verres, quels verres! jusqu'au bord, porta sa santé et lui dit :

« Tant que je vivrai, vous ne manquerez jamais d'un ami. »

M. Garland fit de même, de même mistress Garland, de même M. Abel. Mais ce n'était pas assez de tant d'honneur et de distinction : car le gentleman tira de sa poche une grosse montre d'argent, qui allait bien, à une demi-seconde près, et sur le boîtier de laquelle était gravé le nom de Kit avec des enjolivements tout autour; bref, c'était la montre de Kit, une montre achetée exprès pour lui et qui lui fut offerte séance tenante. Vous pouvez être certain que M. et mistress Garland ne purent s'empêcher de donner à entendre qu'ils avaient, eux aussi, leur présent en réserve, et que M. Abel dit clairement qu'il avait également le sien, et que Kit fut le plus heureux des heureux mortels de ce monde.

Mais il y a encore un ami que Kit n'a pas revu, et comme ledit ami, en sa qualité de quadrupède, avec ses souliers ferrés, ne pouvait être convenablement admis dans le cercle de famille, Kit saisit la première occasion favorable pour s'éclipser et se rendre en toute hâte à l'écurie. Au moment même où le jeune homme posait sa main sur le loquet, le poney le salua du plus bruyant hennissement que puisse faire entendre un poney. Lorsque Kit franchit le seuil de la porte, Whisker cabriola le long de sa demeure où il était en pleine liberté, car il n'eût pas supporté l'injure d'un licou, pour lui souhaiter la bienvenue à sa manière folle; et lorsque Kit se mit à le caresser et lui donner de petites tapes, le poney frotta son nez contre l'habit de Kit, et le caressa plus tendrement que jamais poney n'a caressé un homme. Ce fut le bouquet de cette vive et chaleureuse réception, et Kit enlaça de son bras le cou de Whisker pour le presser contre sa poitrine.

Mais expliquez-moi par quel hasard Barbe se trouve à l'écurie. Ah! qu'elle était redevenue jolie! Je parie qu'elle était allée donner un coup d'œil à son miroir depuis qu'elle avait repris l'usage de ses sens. Mais enfin comment se fit-il que de tous les endroits du monde ce fut l'écurie qu'elle choisit pour y venir? Voici l'explication du mystère : depuis que Kit était parti, le poney n'avait voulu recevoir sa nourriture de personne que de Barbe, et Barbe, vous comprenez, ne se doutant pas que Christophe fût là, et voulant s'assurer si tout était en ordre, l'avait rejoint sans le savoir. Comme elle rougit, la petite Barbe!

Peut-être que Kit avait suffisamment caressé le poney; peut-être aussi qu'il y avait à caresser mieux qu'un poney, que vingt poneys. Tout ce que je sais, c'est qu'il laissa aussitôt Whisker pour Barbe....

« J'espère que vous allez mieux, dit-il.

— Oui. Beaucoup mieux. J'ai peur (et ici Barbe baissa les yeux et rougit plus encore), j'ai peur que vous ne m'ayez trouvée bien ridicule.

— Pas du tout, dit Kit.

— Ah! tant mieux! » dit Barbe avec une petite toux; hem! la plus petite toux possible, quoi! pas plus que ça, hem!

Quel discret poney quand il lui plaisait d'être discret! Le voilà aussi tranquille que s'il était de marbre. Il a l'air un peu farceur à regarder de côté; mais ce n'est pas nouveau : il a toujours l'air farceur.

« A peine, Barbe, si nous avons eu le temps de nous serrer la main, » dit Kit.

Barbe lui tendit la main. Mais en vérité elle tremblait! Est-elle sotte, cette Barbe, d'avoir peur comme ça! quand on est à la distance d'une longueur de bras, pourtant! Il est vrai qu'une longueur de bras, ce n'est pas grand'chose, et puis le bras de Barbe n'était pas bien long, et d'ailleurs, elle ne le tenait pas tout droit, mais elle le pliait un peu. Kit était si près d'elle, quand leurs mains se pressèrent, qu'il put apercevoir une toute petite larme qui tremblait encore au bout d'un cil. Il était naturel qu'il examinât cela de plus près, sans en rien dire à Barbe. Il était naturel aussi que Barbe levât ses yeux sans se douter de cet examen et rencontrât les siens. Mais était-il aussi naturel qu'en ce moment et sans la moindre préméditation Kit embrassât Barbe? Je n'en sais rien; mais ce que je sais bien, c'est qu'il l'embrassa.

« Fi donc! » s'écria Barbe.

Mais elle le laissa recommencer. Il l'eût même embrassée jusqu'à trois fois si le poney ne se fût avisé de ruer et de secouer la tête comme dans un transport subit de folle joie. Barbe, effrayée, s'enfuit, mais elle n'alla pas tout droit là où se trouvaient sa mère et mistress Nubbles, de peur qu'elles n'eussent l'idée de remarquer comme elle avait les joues rouges, et de la questionner là-dessus. O la maligne petite Barbe!

Quand les premiers transports de tout le monde furent passés, lorsque Kit et sa mère, Barbe et sa mère, avec le petit Jacob et le poupon, eurent soupé, sans se presser, car ils fussent volontiers restés ensemble la nuit entière, M. Garland appela Kit, et le menant à part dans une salle où ils étaient tout seuls il lui annonça qu'il avait à lui faire une communication qui le surprendrait étrangement. Kit parut si inquiet et devint si pâle en entendant ces paroles, que le vieux gentleman s'empressa d'ajouter que cette surprise serait d'une nature agréable, et il lui demanda s'il serait prêt le lendemain matin pour entreprendre un voyage.

« Un voyage, monsieur?... s'écria Kit.

—Oui, en ma compagnie et celle de mon ami qui est à côté. Devinez-vous le motif de ce voyage? »

Kit devint plus pâle encore et secoua la tête comme s'il ne s'en doutait pas.

« Oh! que si, je suis sûr que vous le devinez déjà, lui dit son maître. Essayez. »

Kit murmura quelques mots vagues et inintelligibles. Cependant il dit distinctement : « Miss Nell! » Il le dit trois ou quatre fois, et chaque fois il secouait la tête, comme s'il eût voulu ajouter : « Mais non, ce n'est pas ça. »

Mais M. Garland, au lieu de lui dire : « Essayez, » puisque Kit avait satisfait à sa question, dit très-sérieusement qu'il avait deviné juste.

« Le lieu de leur retraite est enfin découvert, poursuivit-il. Tel est le but de notre voyage. »

Kit multiplia en tremblant des questions comme celles-ci : Où était le lieu de leur retraite? Comment l'avait-on découvert? Depuis quand? Miss Nell était-elle bien portante? Étaitelle heureuse?

« Nous savons qu'elle est heureuse, dit M. Garland. Bien portante, je.... je pense qu'elle ne tardera pas à l'être. Elle a été faible et souffrante, à ce qu'on m'a dit; mais elle était mieux, d'après les nouvelles que j'ai reçues ce matin, et l'on était plein d'espoir. Asseyez-vous, que je vous dise le reste. »

Osant à peine respirer, Kit obéit à son maître. M. Garland

lui raconta alors qu'il avait un frère, dont il devait se souvenir d'avoir entendu parler dans la famille et dont le portrait, fait au temps de sa jeunesse, ornait la plus belle pièce de la maison; que ce frère avait vécu depuis longues années à la campagne, auprès d'un vieux desservant son ami d'enfance; que tout en s'aimant comme doivent s'aimer deux frères, ils ne s'étaient pas revus dans tout ce laps de temps, et n'avaient communiqué entre eux que par des lettres écrites à d'assez longs intervalles; qu'en attendant toujours l'époque où ils pourraient encore se presser la main, ils laissaient s'écouler le présent, selon l'usage des hommes, et l'avenir devenir lui-même le passé; que son frère, dont le caractère était très-doux, très-tranquille, très-réservé, comme celui de M. Abel, avait gagné l'affection des pauvres gens parmi lesquels il vivait et qui vénéraient le vieux bachelier (c'était son sobriquet) et éprouvaient tous les jours les effets de sa charité et de sa bienveillance; qu'il avait fallu bien du temps et des années pour connaître toutes ces petites circonstances, car le vieux bachelier était de ceux dont la bonté fuit le grand jour et qui éprouvent plus de plaisir à découvrir et vanter les vertus des autres qu'à emboucher la trompette pour préconiser les leurs, fussent-elles plus grandes. M. Garland ajouta que c'était pour cela que son frère lui parlait rarement de ses amis du village; que cependant deux de ces derniers, une enfant et un vieillard auquel il s'était fortement attaché, lui avaient tellement été au cœur que, dans une lettre datée de ces derniers jours, il s'était étendu sur leur compte, depuis le commencement jusqu'à la fin, et avait donné sur l'histoire de leur vie errante et de leur tendresse mutuelle des détails si touchants, que cette lettre avait fait couler les larmes de toute la famille. À cette lecture, M. Garland avait été amené tout de suite à penser que l'enfant et le vieillard devaient être ces deux infortunés fugitifs qu'on avait tant cherchés, et que le ciel les avait confiés aux soins de son frère. Il avait en conséquence écrit pour obtenir de nouvelles informations qui ne laissassent subsister aucun doute: le matin même, la réponse était arrivée; elle avait confirmé les premières conjectures. Telle était la cause du projet de voyage qu'on devait exécuter dès le lendemain.

« Cependant, ajouta le vieux gentleman en se levant et posant la main sur l'épaule de Kit, vous devez avoir grand besoin de repos; car une journée comme celle-ci est faite pour briser les forces de l'homme le plus robuste. Bonne nuit, et puisse le ciel donner à notre voyage une heureuse fin! »

CHAPITRE XXXII.

Kit ne fit pas le paresseux le lendemain matin. Il sauta à bas du lit avant le jour et commença à se préparer pour l'expédition tant désirée. Agité à la fois par les événements de la veille et par la nouvelle inattendue qu'il avait reçue le soir, il n'avait guère goûté de sommeil durant les longues heures d'une nuit d'hiver; des rêves sinistres qui avaient assiégé son chevet l'avaient tellement fatigué, que ce fut pour lui un repos de se trouver debout sur ses pieds.

Mais, quand c'eût été le commencement de quelque grand travail, comme ceux d'Hercule, avec Nelly pour but, quand c'eût été le départ pour quelque voyage de longue haleine, à pied même, dans cette saison rigoureuse, condamné à toutes les privations, entouré de tous les genres d'obstacles, menacé de mille peines, de mille fatigues, de mille souffrances; quand c'eût été l'aurore d'un grand jour d'entreprise laborieuse, capable de mettre à l'épreuve toutes les ressources de sa fermeté, de son courage et de sa patience, qu'on lui laissât voir seulement en perspective la chance de le terminer heureusement par la satisfaction et le bonheur de Nell, Kit n'aurait pas déployé moins de zèle, il n'aurait pas montré moins d'impatience et d'ardeur.

Il n'y avait pas que lui qui fût éveillé et sur pied. Un quart d'heure après, toute la maison était en mouvement. Chacun était affairé, chacun voulait contribuer pour sa part à hâter les préparatifs. Le gentleman, il est vrai, ne pouvait guère rien faire par lui-même; mais il exerçait une surveillance générale, et peut-être n'y avait-il personne qui se donnât autant de mouvement. Il ne fallut pas longtemps pour arranger les bagages; tout était prêt dès le point du jour. Alors Kit commença à regretter qu'on eût été aussi vite, car la chaise de poste qui avait été louée d'avance ne devait arriver qu'à neuf heures; et d'ici là, il n'y avait que le déjeuner pour remplir l'attente d'une heure et demie.

Oui, mais Barbe? Il ne faut pas l'oublier. Barbe avait fort à faire; mais tant mieux, après tout, Kit pourrait l'aider, et c'était bien la manière la plus agréable de tuer le temps. Barbe ne fit aucune objection à cet arrangement; et Kit, poursuivant l'idée qui la veille au soir lui était venue si subitement, commença à se douter que sûrement Barbe l'aimait et que sûrement il aimait Barbe.

Barbe, de son côté, s'il faut dire la vérité, comme on doit toujours la dire, Barbe semblait, de toutes les personnes de la maison, celle qui s'associait avec le moins de plaisir à tout ce mouvement; et Kit, dans l'expansion de son cœur, lui ayant fait connaître tout son ravissement, toute sa joie, Barbe devint encore plus abattue et parut voir avec moins de plaisir que jamais le voyage projeté.

« Vous n'êtes pas plutôt de retour au logis, Christophe, dit Barbe du ton le plus insouciant du monde, vous n'êtes pas plutôt de retour au logis, que vous voilà tout content de partir.

— Ah! mais vous savez pourquoi? répondit Kit. Pour ramener miss Nell! pour la revoir! Songez donc!... et puis, ça me fait tant de plaisir de penser que vous aussi vous allez la voir enfin, Barbe! »

La jeune fille ne dit pas absolument qu'elle n'y trouverait pas un grand plaisir; mais elle exprima si parfaitement par un petit mouvement de tête ce qu'il y avait dans son cœur, que Kit en fut tout déconcerté et se demanda, simple comme il était, pourquoi elle témoignait tant de froideur.

« Vous verrez, dit-il en se frottant les mains, si elle n'a pas la plus douce, la plus jolie figure que vous ayez jamais aperçue. Je suis bien sûr que vous le direz comme moi. »

Barbe secoua de nouveau la tête.

« Qu'y a-t-il donc, Barbe? dit Kit.

— Rien, » s'écria Barbe.

Et Barbe fit la moue, pas de ces moues qui enlaidissent, mais une jolie petite moue qui fit encore mieux voir le vermeil de ses lèvres couleur de cerise.

Il n'y a pas d'école où l'élève fasse de progrès plus rapides que celle où Kit avait pris son premier grade en donnant un baiser à Barbe. Il comprit la pensée de Barbe; il sut tout de suite sa leçon par cœur; Barbe était le livre; il le lut tout couramment comme si les pages en étaient imprimées.

« Barbe, dit Kit, vous n'êtes pas fâchée contre moi? »

Oh! mon Dieu! non. Pourquoi Barbe serait-elle fâchée? Quel droit avait-elle d'être fâchée? Et puis, qu'est-ce que cela faisait qu'elle fût fâchée ou non? Qui est-ce qui faisait attention à *elle?*

« Moi, dit Kit; moi naturellement. »

Barbe dit qu'elle ne savait pas pourquoi c'était lui naturellement.

Kit répondit qu'elle devait pourtant le savoir; qu'elle n'avait qu'à y penser un peu.

Certainement oui, elle voulait bien y penser un peu. Mais ça n'empêche pas qu'elle ne voyait pas pourquoi « c'était lui naturellement. » Elle ne comprenait pas ce que Christophe entendait par là. D'ailleurs, elle était sûre qu'on avait besoin d'elle en haut, et elle était obligée de monter.

« Non, Barbe, dit Kit la retenant doucement, séparons-nous bons amis. Dans mes chagrins, je n'ai cessé de songer à vous. J'eusse été, sans vous, bien plus malheureux encore que je ne l'ai été. »

Bonté céleste! que Barbe était jolie avec la rougeur qui colora son visage, toute tremblante comme un petit oiseau qui se recoquille!

« Sur mon honneur, je vous dis la vérité, continua Kit avec chaleur, mais je ne la dis pas aussi fortement que je le voudrais. Si je désire que vous ayez quelque satisfaction à voir miss Nell, c'est seulement parce que je serais content si vous aimiez ce que j'aime. Voilà tout. Quant à elle, Barbe, je mourrais volontiers pour lui rendre service; mais vous en feriez autant si vous la connaissiez comme je la connais, j'en suis bien sûr. »

Barbe fut touchée, elle eut regret de s'être montrée si indifférente.

« Voyez-vous, reprit Kit, je me suis habitué à parler d'elle, à penser à elle absolument comme si elle était devenue un ange. Au moment où je m'apprête à la revoir, je me rappelle comme elle souriait, comme elle était contente lorsque j'arrivais, comme elle me tendait la main et disait: « Voilà mon vieux Kit! » ou quelque chose comme ça. Je pense au plaisir de la voir heureuse, avec des amis autour d'elle, traitée comme elle le mérite, comme elle doit l'être. Mais moi, je ne me considère que comme son ancien serviteur, comme un garçon qui a chéri en elle son aimable, bonne et gentille maîtresse, et qui se serait mis au feu pour la servir et qui s'y mettrait encore, oui, encore. D'abord, je n'ai pu m'empêcher de craindre que, si elle revenait avec des amis auprès d'elle, elle n'eût oublié ou rougi d'avoir connu un humble garçon comme moi, et qu'ainsi elle ne me parlât froidement, ce qui m'aurait percé jusqu'au fond du cœur plus que je ne saurais le dire, Barbe. Mais en y songeant de nouveau, j'ai réfléchi que sûrement je lui faisais injure : j'ai donc pris le dessus, espérant bien la trouver telle qu'elle était toujours autrefois. Cette espérance, ce souvenir m'ont animé du désir de lui plaire, et de me montrer à ses yeux tel que je voudrais être toujours comme si j'étais encore à son service. Si je trouve du plaisir à penser tout ça, et la vérité est que j'en éprouve beaucoup, c'est à elle encore que j'en suis redevable; je l'en aime et je l'en honore d'autant plus. Voilà l'honnête et exacte vérité, chère Barbe; sur ma parole, voilà tout. »

La petite Barbe n'était ni entêtée ni capricieuse; et comme elle se sentit pleine de remords, elle fondit tout bonnement en larmes. Nous n'avons pas à rechercher où cette conversation eût pu les conduire en se prolongeant : car en ce moment on entendit les roues de la chaise de poste, puis la sonnette retentit à la porte du jardin, et aussitôt toute la maison fut en rumeur. Si l'on s'était engourdi un peu, il y eut alors un redoublement de vie et d'énergie.

En même temps que la voiture de voyage, M. Chukster arriva en fiacre. Il était porteur de certains papiers et de fonds supplémentaires pour le gentleman, à qui il les remit. Ce devoir accompli, M. Chukster présenta ses devoirs à la famille; puis se réconfortant par un bon déjeuner qu'il fit debout, en péripatéticien, il assista avec une indifférence parfaite au chargement de la chaise de poste.

« Le *snob* est de la partie, à ce que je vois, monsieur ? dit-il à M. Abel Garland. Je croyais que la dernière fois on ne l'avait pas emmené, parce qu'on avait lieu de craindre que sa présence ne fût pas très-agréable au vieux buffle.

— A qui, monsieur ? demanda M. Abel.

— Au vieux gentleman, répondit M. Chukster un peu interdit.

— Notre client préfère l'emmener, dit sèchement M. Abel. Il n'y a plus de ces précautions-là à prendre avec eux : les liens de parenté qui existent entre mon père et une personne qui a toute leur confiance, seront une garantie suffisante de la nature amicale de cette excursion.

— Ah! pensa M. Chukster regardant par la fenêtre, tout le monde excepté moi. Un *snob* passe avant moi! à la bonne heure. Il n'a pas pris, à ce qu'il paraît, le billet de banque de cinq livres, mais je n'ai pas le moindre doute qu'il ne soit toujours à la veille de quelque chose comme ça. Il y a longtemps que je l'ai dit avant cette affaire. — Tiens! Voilà une fillette qui est diablement gentille! Parole d'honneur, une jolie petite créature! »

C'était Barbe qui était l'objet des remarques flatteuses de M. Chukster. Pendant qu'elle se tenait près de la voiture prête à partir, ce gentleman se sentit saisi tout à coup d'un très-vif intérêt pour la *fillette*. Il s'en alla en flânant dans un coin du jardin, où il prit position à distance convenable pour jouer de la prunelle. Comme c'était un vrai Lovelace, la coqueluche du beau sexe, et par conséquent fort au courant de ces petits artifices qui vont droit au cœur, M. Chukster prit une pose à effet : il appuya une main sur sa hanche, et de l'autre ajusta les boucles flottantes de sa chevelure. C'est une attitude à la mode dans les cercles élégants, et, pour peu qu'on l'accompagne d'un gracieux sifflement, elle a souvent, comme on sait, un succès immense.

Cependant telle est la différence des mœurs de la ville et de celles de la campagne, que personne ne prit garde le moins du monde à cette pose engageante; car toutes ces bonnes gens ne songeaient qu'à adresser leurs adieux aux voyageurs, à s'envoyer des baisers avec la main, à agiter leurs mouchoirs, enfin à une foule de pratiques bien moins élégantes et moins distinguées que la pose de M. Chukster. Déjà le gentleman et M. Garland étaient dans la voiture, le postillon en selle, et Kit, bien enveloppé d'un manteau, bien emmitouflé, était monté sur le siége de derrière. Près de la chaise de poste se tenaient mistress Garland, M. Abel, la mère de Kit et le petit Jacob; à quelque distance, la mère de Barbe qui portait le poupon éveillé Tous faisaient signe de la tête et des bras, saluaient ou criaient. « Bon voyage! » avec toute l'énergie dont ils étaient capables. Au bout d'une minute, la voiture fut hors de vue; M. Chukster resta seul à son poste. Il avait encore présent aux yeux Kit, debout sur son siége, envoyant de la main un adieu à Barbe, et l'image de Barbe lui renvoyant le même salut, *sous ses yeux* lui Chukster, Chukster l'homme à bonnes fortunes, Chukster, sur qui tant de belles dames avaient laissé tomber leurs regards, du haut de leur phaéton, le dimanche à la promenade dans les parcs !

Mais il est hors de notre sujet de retracer comme quoi M. Chukster, exaspéré par ce fait monstrueux, resta là quelque temps comme s'il avait pris racine dans le sol, protestant en lui-même contre Kit, ce prince des perfides, cet empereur du Mogol et des intrigants, et comme quoi il rattacha dans sa pensée cette révoltante circonstance à l'ancien trait d'hypocrisie du schelling. Nous n'avons rien de mieux à faire que de suivre les roues qui tournent, et de tenir compagnie à nos voyageurs durant leur pénible excursion d'hiver.

C'était par une journée d'un froid aigu ; un vent violent soufflait au visage des voyageurs et blanchissait la terre durcie en dépouillant les arbres et les haies de la gelée qui les couvrait, et qu'il faisait tournoyer comme un tourbillon de poussière. Mais qu'importait à Kit le mauvais temps ! Il y avait même dans ce vent qui arrivait avec des mugissements quelque chose de libre et de rafraîchissant qui eût été agréable si le souffle n'avait pas été si fort. Tandis qu'il balayait tout sur le passage de son nuage de glace, jetant à terre les branches sèches et les feuilles flétries, et les emportant pêle-mêle, il semblait à Kit qu'une sympathie générale régnait dans la nature en faveur du même but, et que tout y mettait le même intérêt et le même empressement qu'eux-mêmes. Chaque bouffée semblait les pousser en avant. Croyez-vous que ce ne fût rien que de leur livrer bataille à chaque pas, de les forcer à livrer passage, de les vaincre l'une après l'autre, de les regarder venir, ramassant toutes leurs forces et leur furie pour les assaillir, de leur faire tête un moment, le temps de les laisser passer en sifflant, et alors de se donner le plaisir de se retourner pour les voir fuir par derrière, honteux comme des vaincus, d'entendre leur rage expirante dans le lointain, frémissant encore au travers des arbres robustes qui se courbent devant les derniers efforts de la tempête !

Toute la journée, il neigea sans interruption. La nuit vint, brillante et étoilée ; mais le vent n'était pas tombé, et le froid était des plus vifs. Parfois, vers la fin de ce long relais, Kit ne pouvait s'empêcher de souhaiter qu'il fît un peu plus chaud ;

mais quand on s'arrêtait pour changer de chevaux, et qu'il avait battu la semelle pendant quelques minutes, payé le postillon, éveillé l'autre, qu'il s'était donné du mouvement à droite et à gauche jusqu'à ce que les chevaux fussent attelés, il avait si chaud, que le sang lui fourmillait au bout des doigts. Alors il lui semblait qu'avec un peu moins de froid il perdrait la moitié du plaisir et de l'honneur du voyage. Là-dessus, il s'élançait gaiement sur sa banquette, chantant aux accords joyeux des roues qui recommençaient à tourner; et, laissant les bons citadins dormir dans leurs lits bien chauds, il poursuivait sa course le long de la route solitaire.

Cependant les deux gentlemen qui étaient à l'intérieur, fort peu disposés à dormir, trompaient le temps par la conversation. Pressés l'un et l'autre de la même impatience, leur entretien roulait souvent sur l'objet de leur expédition, sur la manière dont elle avait été conduite, sur les espérances et les craintes que leur en inspirait le dénoûment. Des premières, ils en avaient beaucoup; des secondes, peu, peut-être même aucune, au delà de cette inquiétude indéfinissable qui est inséparable d'une espérance subitement éveillée et d'une attente prolongée.

Dans un moment de repos après une de leurs conversations, et quand déjà la moité de la nuit s'était écoulée, le gentleman, devenu de plus en plus silencieux et pensif, se tourna vers son compagnon et lui dit brusquement :

« Êtes-vous un auditeur patient ?

— Comme bien d'autres, je suppose, répondit en souriant M. Garland. Je puis l'être si ce qu'on me raconte m'intéresse; dans le cas contraire, je puis faire semblant de l'être. Pourquoi me demandez-vous ça ?

— J'ai sur les lèvres un court récit, et je vais vous mettre tout de suite à l'épreuve. C'est très-court. »

Et sans attendre une réponse, il appuya sa main sur le bras de M. Garland et s'exprima ainsi :

« Il y avait autrefois deux frères qui s'aimaient tendrement l'un l'autre. Il existait entre leurs âges une certaine disproportion : quelque douze ans. Peut-être était-ce une raison pour accroître leur attachement mutuel. Cependant, malgré la distance qui les séparait, ils devinrent rivaux de bonne heure. La plus profonde, la plus forte affection de leurs cœurs se porta sur le même objet.

« Le plus jeune s'en aperçut le premier, à diverses circonstances qui éveillèrent son attention et sa vigilance. Je ne vous dirai pas quelle douleur il éprouva, à quelle agonie son âme fut en proie, quelle lutte il eut à soutenir contre lui-même. Il avait eu une enfance maladive. Son frère, plein de patience et d'égards au sein de sa belle santé et de sa force, s'était bien souvent sevré des plaisirs qu'il aimait pour rester assis au chevet du malade, lui racontant de vieilles histoires jusqu'à ce que son visage pâle s'illuminât d'un éclat extraordinaire ; ou pour le porter dans ses bras jusqu'à quelque lieu champêtre où il veillait sur le pauvre et triste enfant, pendant qu'il jouissait là d'une brillante journée d'été et du spectacle de la santé, partout dans la nature alentour, excepté en lui-même; en un mot, pour lui servir de tendre et fidèle garde-malade. Je ne m'étendrai pas sur tout ce qu'il fit pour conquérir l'amour de la pauvre et faible créature ; car mon histoire n'aurait pas de fin. Mais quand arriva le temps de la rivalité, le cœur du plus jeune frère se remplit du souvenir de ces jours d'autrefois. Le ciel lui donna la force d'acquitter, par les sacrifices réfléchis d'une âme déjà mûrie par les années, les soins donnés par un élan de dévouement juvenile. Il ne troubla point le bonheur de son frère. La vérité ne s'échappa jamais de ses lèvres; il quitta son pays, avec l'espoir de mourir à l'étranger.

Le frère aîné épousa cette femme.... qui depuis longtemps est dans le ciel et légua une fille à son mari.

« Si vous avez vu quelque galerie de portraits d'une ancienne famille, vous aurez dû remarquer combien de fois la même physionomie, la même figure, souvent la plus belle et la plus simple de toutes, se perpétue à vos yeux dans diverses générations, et comme vous pouvez suivre à la trace la même douce jeune fille à travers toute une longue ligne de portraits, ne vieillissant jamais, ne changeant jamais, comme le bon ange de la famille, toujours là pour assister les siens à l'heure des épreuves, peut-être pour les racheter de leurs fautes....

« Dans cette fille revivait la mère. Vous pouvez juger avec quel amour celui qui avait perdu la mère presque en l'obtenant s'attacha à cette enfant, sa vivante image. Elle grandit; elle devint femme, elle donna son cœur à un homme qui n'en était pas digne. Eh bien! son tendre père ne put la voir s'affliger et languir dans la peine. Il se dit que peut-être, après tout, cet homme qu'il regrettait de lui voir aimer valait mieux qu'il ne paraissait; qu'en tout cas, il ne pourrait manquer de s'améliorer dans la compagnie d'une telle femme. Le pauvre père joignit leurs mains : le mariage s'accomplit.

« Le malheur qui suivit cette union, le froid abandon et les reproches immérités, la pauvreté qui vint fondre sur la maison, les luttes de la vie quotidienne, ces luttes trop mesquines et trop pénibles pour être racontées, mais affreuses à traverser : tout cela, la jeune femme le supporta comme les femmes seules savent le supporter, dans le dévouement profond de leur cœur, dans l'excellence de leur nature. Ses moyens d'existence étaient épuisés; le père était réduit presque au dénûment par la conduite du gendre; et chaque jour, comme ils vivaient tous sous le même toit, il était témoin des mauvais traitements et du malheur que subissait sa fille. Et cependant elle ne se plaignait point d'autre chose que de n'être point aimée de son mari. Patiente et soutenue jusqu'au bout par la force de l'affection, elle suivit à trois semaines de distance son mari dans la tombe, léguant aux soins de son père deux orphelins : l'un, un fils de dix ou douze ans; l'autre, une fille, une fille presque encore au berceau, semblable pour sa faiblesse, pour son âge, pour ses formes et ses traits, à ce qu'elle avait été elle-même quand elle avait perdu sa mère jeune encore.

« Le frère aîné, grand-père de ces deux orphelins, était désormais un homme brisé par la douleur; courbé, écrasé déjà, moins par le poids des années que sous la main pesante du malheur. Avec les débris de sa fortune il entreprit le commerce des tableaux d'abord, puis des curiosités antiques. Il avait toujours eu, dès l'enfance, un goût dominant pour les objets de ce genre; il en avait fait son amusement autrefois, il s'en fit alors une ressource pour se procurer une subsistance pénible et précaire.

« Le fils en grandissant rappelait de plus en plus le caractère et les traits de son père; la fille était tout le portrait de sa mère: aussi quand le vieillard la prenait sur ses genoux et contemplait ses doux yeux bleus, il lui semblait sortir d'un rêve douloureux et revoir sa fille redevenue enfant. Le garçon dépravé ne tarda pas à se dégoûter de la maison et à chercher des compagnons qui convinssent mieux à ses goûts. Le vieillard et la petite fille demeurèrent seuls ensemble.

« Ce fut alors, ce fut lorsque l'amour qu'il avait eu pour ces deux mortes qui avaient été l'une après l'autre si chères à son cœur, se fut porté tout entier sur cette petite créature; lorsque ce visage, qu'il avait constamment devant les yeux, lui rappelait heure par heure les changements qu'il avait observés d'année en année chez les autres, les souffrances auxquelles il avait assisté et tout ce que sa propre fille avait eu à supporter; ce fut alors, quand les désordres d'un jeune homme dissipé et endurci achevèrent l'œuvre de ruine que le père avait commencée, et amenèrent plus d'une fois des moments de gêne et même de détresse, ce fut alors que le vieillard commença à se sentir poursuivi sans cesse par la sinistre image de la pauvreté, du dénûment, qu'il redoutait non pas pour lui, mais pour l'enfant. Cette idée une fois conçue vint obséder la maison comme un spectre qui la hantait jour et nuit.

« Le plus jeune frère avait pendant ce temps-là visité plusieurs contrées étrangères et traversé la vie en pèlerin solitaire. On avait injustement interprété son bannissement volontaire, mais il avait supporté, non sans douleur, les reproches et les jugements précipités pour accomplir le sacrifice qui avait brisé son cœur, et il avait su se tenir dans l'ombre. D'ailleurs, les communications entre lui et son frère aîné étaient difficiles, incertaines, souvent interrompues; toutefois elles n'étaient point brisées, et ce fut avec une profonde tristesse que de lettre en lettre il apprit tout ce que je viens de vous raconter.

« Alors les rêves de la jeunesse, d'une vie heureuse, heureuse, bien que commencée par le chagrin et la souffrance prématurée, l'assaillirent de nouveau plus fréquemment qu'auparavant : chaque nuit, redevenu enfant dans ses rêves, il se revoyait aux côtés de son frère. Il mit le plus tôt possible ordre à ses affaires, convertit en espèces tout ce qu'il possédait, et avec une fortune suffisante pour deux, le corps tremblant, la main ouverte, le cœur plein d'une émotion délirante, il arriva un soir à la porte de son frère !... »

Le narrateur, dont la voix était devenue défaillante, s'arrêta.

« Je sais le reste, dit M. Garland en lui serrant la main.

— Oui, reprit son ami après un moment de silence, nous pouvons nous épargner le reste. Vous connaissez le triste résultat de toutes mes recherches. Lors même qu'après des poursuites où j'ai mis toute l'activité et la prudence possible, nous apprîmes qu'on les avait vus en compagnie de deux pauvres coureurs de foires, et que plus tard nous découvrîmes ces deux hommes, puis le lieu où s'étaient retirés le vieillard et l'enfant, eh bien ! même alors nous arrivâmes trop tard. Ah ! Dieu veuille que cette fois encore il ne soit pas trop tard !

— Non, non, dit Garland; cette fois nous réussirons.

— Déjà je l'ai cru, déjà je l'ai espéré; en ce moment je le crois et je l'espère. Mais un poids cruel pèse sur mon esprit, et la tristesse qui m'obsède résiste à l'espérance et à la raison.

— Cela ne me surprend point, dit M. Garland; c'est la conséquence naturelle des événements que vous venez de retracer ; de ces temps malheureux, de ce voyage pénible, et, par-dessus tout, de cette nuit affreuse. Une nuit affreuse, en vérité !... Entendez-vous comme le vent mugit !... »

CHAPITRE XXXIII.

Le jour revint et retrouva les voyageurs en route. Depuis leur départ, ils avaient dû s'arrêter quelquefois pour prendre un peu de nourriture; et souvent perdre du temps, surtout la nuit, pour attendre des chevaux de relais. Hors cela, ils n'avaient fait aucune halte. Mais le temps continuait d'être affreux; les routes étaient souvent escarpées et difficiles. Ce n'était qu'à la nuit qu'ils pouvaient espérer d'atteindre le but de leur excursion.

Kit, tout gonflé, tout roidi par le froid, supportait cela comme un homme. Il avait bien assez de maintenir son sang en circulation, de se représenter l'heureuse issue de cet aventureux voyage et de s'étonner à chaque pas de tout ce qui lui passait sous les yeux, sans prendre le temps de songer aux inconvénients de la route. Cependant le jour qui s'obscurcissait, et la fuite rapide des heures accroissaient son impatience, comme celle de ses compagnons. La courte clarté d'un jour d'hiver ne tarda pas à s'évanouir ; quand la nuit fut tombée, il leur restait encore à faire plusieurs milles.

Le vent tomba à l'entrée de la nuit. Ses mugissements éloignés devinrent une plainte basse et mélancolique : rampant tout le long du chemin et effleurant des deux côtés les buissons desséchés, on aurait dit un grand fantôme pour qui la route était trop étroite et dont les vêtements frôlaient de chaque côté les ronces du chemin à mesure qu'il avançait. Petit à petit il finit par se calmer et s'éteindre; ce fut au tour de la neige.

Les flocons se pressaient, serrés et rapides; bientôt ils couvrirent la terre à quelques pouces d'épaisseur, répandant en même temps un silence solennel, tout alentour. Les roues tournaient sans bruit; et le son éclatant et retentissant du sabot des chevaux ne devint plus qu'un piétinement sourd et comprimé. Leur marche muette et lente ne troublait plus le silence de mort qui régnait partout.

Abritant ses yeux contre la neige qui se gelait sur ses cils et obscurcissait sa vue, Kit s'efforçait souvent de distinguer les premières lueurs vacillantes qui pouvaient indiquer l'approche de quelque bourg. Il apercevait bien de temps en temps quelques objets, mais aucun d'une manière précise. Tantôt apparaissait un grand clocher qui bientôt après se transformait en un arbre; tantôt une grange; tantôt une ombre qui s'étendait sur le sol, projetée par les brillantes lanternes de la chaise de poste; tantôt c'étaient des cavaliers, des piétons, des voitures qui précédaient les voyageurs ou se croisaient avec eux sur la route étroite, et qui, au bout d'un certain temps, devenaient des ombres à leur tour. Un mur, une ruine, un pignon épais se dressait au bord de la route; et, lorsqu'on avançait la tête, on trouvait que ce n'était plus que la route elle-même. D'étranges tournants, des ponts, des courants d'eau semblaient s'élancer au-devant des voyageurs, rendant la direction plus incertaine encore : et cependant on était toujours sur la route; et tout cela, comme le reste, finissait par se perdre en de vaines illusions.

Kit descendit lentement de sa banquette, car ses membres étaient transis de froid, au moment où l'on arriva à une maison de poste isolée, et il y demanda à quelle distance ils étaient encore du terme de leur voyage. Il était tard pour un relais de traverse, et tout le monde était couché. Mais d'une fenêtre d'en haut quelqu'un répondit : Dix milles. Les quelques minutes qui s'écoulèrent ensuite semblèrent avoir la durée d'une heure; mais enfin un homme amena en grelottant les chevaux, et ne tarda pas à repartir.

Le chemin où l'on s'engagea était un chemin de traverse. Au

bout de trois ou quatre milles, il se trouva qu'il était plein de trous et d'ornières, couverts de neige, qui faisaient à chaque instant tomber les chevaux tremblants et les obligeaient à ne plus aller qu'au pas. Comme il était impossible, pour des gens aussi agités que l'étaient nos voyageurs, de rester tranquillement assis et d'avancer si lentement, tous trois descendirent et suivirent péniblement la voiture. La distance semblait interminable, et l'on avait toutes les peines du monde à marcher. Les voyageurs croyaient déjà que le postillon s'était trompé de route, lorsque minuit sonna à l'horloge d'uue église peu éloignée ; la voiture s'arrêta. Elle ne faisait pas grand bruit auparavant; mais lorsqu'elle cessa de faire craquer la neige, le silence fut aussi effrayant que si quelque tumulte étourdissant avait été remplacé tout à coup par un calme complet.

« C'est ici, messieurs, dit le postillon descendant de son cheval et frappant à la porte d'une petite auberge. Holà !... après minuit, dans ce pays-ci, tout est mort. »

Le postillon avait frappé ferme et longtemps, mais sans réussir à se faire entendre des habitants plongés dans le sommeil. Tout demeurait sombre et silencieux. Les voyageurs se reculent pour regarder aux fenêtres, simples trous grossièrement percés dans la muraille blanche. Pas de lumière. On croirait la maison déserte, et les dormeurs déjà morts; car rien ne bouge.

Les voyageurs se consultèrent avec anxiété et à voix basse, comme s'ils craignaient de troubler les échos sinistres qu'ils venaient de réveiller.

« Allons-nous-en, dit le gentleman, et que ce brave homme continue de frapper jusqu'à ce qu'on l'entende, si c'est possible. Je ne puis me reposer avant de savoir si nous ne sommes pas arrivés trop tard. Allons-nous-en, au nom du ciel ! »

Ils s'éloignèrent, laissant au postillon le soin de recommencer à frapper et de se procurer tout ce que l'auberge pourrait fournir. Kit les accompagna avec une petite boîte qu'il avait suspendue dans la voiture au moment du départ, sans l'oublier depuis; c'était l'oiseau de Nelly dans sa vieille cage, juste comme elle le lui avait légué. Il savait bien qu'elle aurait du plaisir à revoir son oiseau !

La route descendait par une pente douce. En avançant, les voyageurs perdirent de vue l'église dont ils avaient entendu l'horloge, ainsi que le petit village groupé tout autour. Les coups de marteau répétés à la porte de l'auberge, et que dans le calme général ils pouvaient distinguer parfaitement, les troublaient. Ils auraient voulu que le postillon se tînt plutôt tranquille, et regrettèrent de ne pas lui avoir dit de ne point rompre le silence avant leur retour.

La vieille tour de l'église, revêtue comme un fantôme de son blanc manteau de frimas, se dressa de nouveau devant eux; et en quelques moments, ils s'en trouvèrent tout près. Ce monument vénérable tranchait par sa teinte grise sur la blancheur du paysage dont il était entouré. L'ancien cadran solaire placé sur le mur du beffroi avait presque disparu sous un monceau de neige et on eût eu peine à le reconnaître. Le temps semblait lui-même avoir caché ses heures, dans son humeur triste et sombre, désespérant de voir jamais le jour succéder à cette nuit funèbre.

Tout près de là se trouvait une porte à claire-voie; mais il y avait plus d'un sentier dans le cimetière sur lequel elle ouvrait; et incertains de celui qu'ils prendraient, les voyageurs s'arrêtèrent.

Voici la rue du village, si l'on peut donner le nom de rue à un assemblage irrégulier de pauvres chaumières de grandeurs et d'époques diverses, les unes se présentant de face, les autres de dos, d'autres avec des pignons tournés vers la route; çà et là une enseigne ou un hangar, qui empiétait sur le chemin. A une fenêtre peu éloignée tremblait une faible lumière; Kit courut vers cette maison pour prendre des informations.

Un vieillard qui était à l'intérieur répondit au premier appel. il parut aussitôt à la petite croisée, en roulant un vêtement autour de sa poitrine pour se garantir du froid, et demanda qui pouvait être dehors à cette heure indue et ce que l'on voulait.

« Par un si mauvais temps, dit-il d'un ton grondeur, on ne dérange pas les gens. Ma besogne n'est pas de nature à ce qu'on ait besoin de me relancer jusque dans mon lit. Il n'y a pas grand mal à laisser refroidir les corps pour lesquels on recourt à moi, surtout dans cette saison. Qu'est-ce que vous demandez?

— Je ne vous aurais pas fait sortir de votre lit, répondit Kit, si j'avais su que vous fussiez âgé et malade.

— Agé!... répéta l'autre d'un accent bourru; comment pouvez-vous savoir si je suis âgé ? Peut-être pas aussi âgé que vous le pensez, l'ami. Quant à être malade, vous trouverez bien des jeunesses moins bien portantes que moi, et c'est grand dommage ; non pas que je sois robuste et actif malgré mes années, ce n'est pas là ce que je veux dire, mais que la jeunesse ne les empêche pas d'être si faibles et si fragiles. Je vous demande pardon si je vous ai d'abord parlé rudement. Mes yeux ne sont pas bien bons la nuit, mais ce n'est pas à cause de l'âge ou de la maladie ; ils n'ont jamais été bons, et je n'avais pas vu que vous êtes un étranger.

— Je suis bien fâché de vous avoir fait lever de votre lit, reprit Kit ; mais ces messieurs que vous apercevez à la porte du cimetière sont aussi des étrangers qui arrivent en ce moment après un long voyage, pour aller au presbytère. Pouvez-vous nous l'indiquer ?

— Si je le puis ! répondit le vieillard d'une voix tremblante. Vienne l'été prochain, il y aura cinquante ans que je suis fossoyeur en ce village. Votre chemin, mon ami, est de prendre à droite. J'espère que vous n'apportez pas de fâcheuses nouvelles à notre bon ministre ? »

Kit s'empressa de répondre négativement et de le remercier. Il allait s'éloigner quand son attention fut attirée par une voix d'enfant. Il leva les yeux et aperçut une toute petite créature à une croisée voisine.

« Qu'est-ce qu'il y a ? dit vivement l'enfant. Est-ce que mon rêve serait vrai ? Je vous en prie, dites-le-moi, qui que vous soyez, vous qui êtes là debout et éveillé.

— Pauvre enfant ! dit le fossoyeur avant que Kit eût pu répondre. Comment ça va-t-il, mon mignon ?

— Mon rêve est-il vrai ? s'écria de nouveau l'enfant d'une voix si fervente qu'elle eût fait vibrer le cœur de quiconque pouvait l'entendre. Non, non, c'est impossible. Je me trompe. Comment serait-ce possible ?

— Je comprends sa pensée, dit le fossoyeur. Retourne à ton lit, cher enfant !

— Oh ! s'écria l'enfant dans un transport de désespoir, je savais bien que cela n'était pas possible, j'en étais bien sûr avant de le demander. Mais toute cette nuit et l'autre nuit aussi, mon rêve a été le même. Je ne puis plus m'endormir sans que ce vilain rêve me revienne.

— Essaye de te rendormir, dit doucement le vieillard ; ton rêve ne reviendra pas.

— Non, non, je préfère qu'il revienne, tout cruel qu'il est ; je préfère qu'il revienne. Je n'ai pas peur de le revoir dans mon sommeil, mais après ça, j'en ai tant de chagrin que j'en sui triste, tout triste !... »

Le vieux fossoyeur lui adressa un : « Dieu te bénisse ! » L'enfant éploré répondit : « Bonne nuit ! » et Kit se trouva seul de nouveau.

Il se hâta de retourner vers son maître, tout ému de ce qu'il venait d'entendre, mais plus encore de l'accent du jeune garçon, que de ses paroles, dont il ne pouvait comprendre le sens. Les voyageurs suivirent le sentier indiqué par le fossoyeur, et bientôt ils arrivèrent au presbytère. Regardant alors autour d'eux quand ils furent en cet endroit, ils aperçurent, à quelque distance et à la fenêtre ogivale d'un bâtiment en ruine, une lumière qui veillait solitaire.

Cette lumière entourée de l'ombre épaisse des murs au fond desquels elle était enfoncée, brillait comme une étoile. Vive et radieuse comme les astres qui diamantaient le ciel au-dessus de la tête des voyageurs, solitaire et immobile comme eux, elle semblait être de la même famille que les éternelles lampes de l'espace et brûler de conserve avec elles.

« Quelle est cette lumière ? s'écria le gentleman.

— Sûrement, dit M. Garland, elle est dans la ruine qu'ils habitent. Je ne vois pas d'autre bâtiment ruiné.

— Impossible, répliqua vivement le gentleman : ils ne peuvent pas veiller jusqu'à une heure aussi avancée !... »

Kit, pour les tirer d'embarras, leur proposa, tandis qu'ils sonneraient à la porte du presbytère, d'aller, en attendant, du côté où brillait la lumière pour reconnaître s'il y avait par là quelqu'un d'éveillé ; il s'élança donc, avec leur permission, respirant à peine, et toujours la cage à la main, tout droit vers son but.

Il n'était pas facile de se diriger parmi les tombes, et en toute autre occasion Kit eût marché plus lentement ou bien pris un détour. Mais, sans se préoccuper des obstacles, il continua son chemin à pas pressés, et ne tarda point à arriver à quelques pieds de la fenêtre.

Il s'approcha le plus doucement possible, et frôlant la muraille d'assez près pour heurter avec sa manche le lierre blanchi par la neige, il écouta. Nul bruit à l'intérieur. L'église elle-même ne pouvait pas être plus silencieuse. Appuyant sa joue contre la vitre, il écouta encore. Rien. Et pourtant, il y avait alentour un si profond silence, que Kit était bien certain qu'il eût pu entendre même la respiration d'une personne endormie, s'il y en avait eu dans ce lieu.

Chose étrange qu'une lumière en cet endroit à une heure aussi avancée de la nuit, et personne auprès de la lumière !

Un rideau était tiré vers la partie inférieure de la croisée; Kit ne pouvait donc voir dans la chambre. Mais, sur ce rideau ne se projetait aucune ombre. Grimper au mur et essayer de regarder du dehors n'eût pas été une tentative sans danger, ni certainement sans bruit, et il eût pu effrayer Nelly, si c'était là réellement le lieu de sa demeure. Il écouta encore; toujours le même silence inquiétant.

Il quitta la place lentement et avec précaution, tourna derrière la ruine et arriva enfin à une porte. Il frappa. Point de réponse. Mais à l'intérieur régnait un singulier bruit. Il eût été difficile d'en déterminer la nature. Il ressemblait au gémissement étouffé d'une personne affligée; mais ce n'était pas cela, car il était trop régulier et trop répété. Tantôt on eût dit une sorte de chant, tantôt une lamentation, selon le sens imaginaire qu'il lui prêtait, car le son était uniforme et continu. Jamais Kit n'avait entendu rien de semblable, et dans cette psalmodie, il y avait quelque chose d'effrayant, de surnaturel et de glacial.

Kit sentit son sang se figer plus encore peut-être que tout à l'heure par la gelée et la neige : cependant, il frappa de nouveau. Pas de réponse; le bruit continua sans interruption. Alors, Kit posa avec précaution sa main sur le loquet et poussa son genou contre la porte qui, n'étant pas fermée à l'intérieur, céda à la pression et tourna sur ses gonds. Le jeune homme aperçut le reflet d'un feu de foyer sur les vieilles murailles, et il entra.

CHAPITRE XXXIV.

La sombre et rougeâtre lueur d'un feu de bois, car ni lampe ni chandelle n'éclairaient la chambre, montra à Kit un personnage assis en face du foyer, tournant le dos et penché vers la flamme vacillante. Son attitude était celle d'un homme qui rechercherait la chaleur. C'était cela, et ce n'était pourtant pas tout à fait cela. Sa pose inclinée, sa taille voûtée semblaient indiquer cette intention; mais ses mains n'étaient pas étendues en avant pour recueillir la chaleur bienfaisante, mais il n'y avait ni mouvement d'épaules ni frémissement du corps qui annonçât qu'il savourait le bien-être du foyer en le comparant avec le froid âpre du dehors. Les membres ramassés, la tête baissée, les bras croisés sur sa poitrine et les doigts étroitement repliés, cette figure se balançait à droite et à gauche sur son siége sans s'arrêter un moment, accompagnant cette oscillation du son lugubre que Kit avait entendu.

Quand le jeune homme était entré, la lourde porte s'était refermée derrière lui avec un fracas qui l'avait fait tressaillir. La figure ne parla ni ne se retourna pour regarder; elle ne témoigna par aucun signe que ce bruit fût parvenu jusqu'à elle; c'était la forme d'un vieillard, dont les cheveux blancs se rapprochaient par leur teinte des cendres consumées vers lesquelles il tenait la tête penchée. Lui, et la lueur vacillante, et le feu mourant, et la chambre délabrée, et la solitude, et les débris d'une vie frappée au cœur, et l'obscurité, tout était en harmonie. Cendres, poussière, ruines!

Kit essaya de parler et prononça quelques mots sans savoir ce qu'il disait. Toujours le même gémissement terrible et sourd, toujours le même balancement sur la chaise. La figure restait courbée, dans sa même attitude et sans paraître se douter de la présence d'un étranger.

Kit avait la main sur le loquet pour sortir, quand il crut reconnaître ce personnage mystérieux à la lueur que fit une bûche embrasée en se rompant et roulant par terre. Il retourna plus près, puis il avança d'un pas, d'un autre, d'un autre encore. Un autre pas, et il put voir sa figure. Oh! oui, toute changée qu'elle était, il la reconnut bien!

« Mon maître! s'écria-t-il tombant à genoux et lui prenant la main. Mon cher maître! parlez-moi! »

Le vieillard se retourna lentement vers lui et murmura d'une voix sourde :

« Encore un!... Combien donc d'esprits y aura-t-il eu cette nuit?

— Ce n'est pas un esprit, mon bon maître. Ce n'est que votre ancien serviteur. Vous me reconnaissez, n'est-ce pas, j'en suis sûr? Miss Nell.... où est-elle? Où est-elle?

— Ils sont tous de même : ils ne savent dire que cela! s'écria le vieillard. Ils me font tous la même question. C'est encore un esprit.

— Où est-elle? demanda Kit. Oh! je ne vous demande que ça!... Où est-elle, mon cher maître?

— Elle dort là-bas, là.

— Dieu soit loué!

— Oui, Dieu soit loué! répéta le vieillard. Je l'ai prié bien des fois, bien des fois, bien des fois, tout le long de la nuit, quand elle s'est endormie. Il le sait bien. Écoutez! n'a-t-elle pas appelé?

— Je n'ai rien entendu.

— Vous avez entendu. Vous l'entendez maintenant. Me direz-vous que vous n'avez pas entendu ça? »

Il se leva et écouta de nouveau.

« Ni ça peut-être? s'écria-t-il avec un sourire triomphant. Ah! c'est que personne ne peut connaître sa voix aussi bien que moi?... Chut! chut! »

Faisant signe à Kit de garder le silence, le vieillard passa dans une autre chambre.

Après une courte absence, pendant laquelle Kit put l'entendre parler d'une voix douce et caressante, il revint, portant à la main une lampe.

« Elle dort toujours, murmura-t-il. Vous aviez raison. Elle n'a pas appelé, à moins que ce ne soit dans son sommeil. Ce ne serait pas la première fois, monsieur, qu'elle m'aurait appelé dans son sommeil, et qu'assis près d'elle à la veiller, j'aurais vu ses lèvres remuer; et que j'aurais bien reconnu, quoiqu'il n'en sortît pas de son, qu'elle parlait de moi. J'ai craint que la lumière n'éblouît ses yeux et ne l'éveillât; aussi je l'ai apportée ici. »

Il se parlait ainsi à lui-même, plutôt qu'il ne s'adressait au visiteur; mais lorsqu'il eut posé la lampe sur la table, il la leva, comme s'il était frappé d'un souvenir momentané ou d'un sentiment de curiosité, et la porta au visage de Kit. Puis, ayant l'air d'oublier à l'instant même ce qu'il voulait faire, il se retourna et remit la lampe sur la table.

« Elle dort tranquillement, dit-il, mais ce n'est pas étonnant. Les mains des anges ont semé la neige à flots épais sur la terre pour que le pas le plus léger semble plus léger encore; les oiseaux eux-mêmes sont morts pour que leurs chants ne puissent l'éveiller. Elle avait l'habitude de leur donner à manger, monsieur. Quelque froid qu'il fasse et quelque affamés qu'ils soient, les timides oiseaux nous fuient; mais elle, ils ne la fuyaient jamais. »

Il s'arrêta encore pour écouter, et, osant à peine respirer, il écouta longtemps, longtemps. Passant de cette idée à une autre, il ouvrit un vieux coffre, en retira quelques vêtements avec la même précaution que si c'eussent été autant de créatures vivantes, et se mit à les caresser avec sa main et à les plier soigneusement.

« Pourquoi perdre ton temps au lit comme ça, chère Nell? murmura-t-il, lorsqu'il y a dehors de jolies baies rouges qui t'attendent pour les cueillir? Pourquoi perdre ton temps au lit comme ça, lorsque tes petits amis se glissent près de la porte en criant : « Où est Nell! la douce Nell? » et pleurent et sanglotent, parce qu'ils ne te voient pas!... Elle était toujours mignonne avec les enfants. Le plus farouche était docile avec elle. Elle était si gentille pour eux, si gentille et si bonne! »

Kit n'avait pas la force de parler. Ses yeux étaient remplis de larmes.

« Son petit vêtement de la maison, son vêtement favori!... s'écria le vieillard en le pressant contre son cœur et le caressant de sa main ridée. Elle le cherchera à son réveil. On l'avait caché ici pour rire, mais elle l'aura, elle l'aura. Je ne voudrais point contrarier ma bien-aimée, pour tous les biens du monde entier, je ne le voudrais point. Voyez ces souliers, comme ils sont usés! Elle les a gardés pour se rappeler notre long voyage.

Comme ses petits pieds étaient à nu sur le sol! J'ai su depuis que les pierres les avaient blessés et meurtris. Mais *elle*, elle ne me l'aurait jamais dit. Non, non, elle s'en serait bien gardée! et depuis, je me suis souvenu qu'elle marchait derrière moi, monsieur, afin que je ne visse pas comme elle boitait. Et cependant elle tenait ma main dans les siennes, et cherchait encore à me soutenir! »

Il pressa les souliers contre ses lèvres, et les ayant posés avec soin, il recommença son dialogue intérieur. De temps en temps il regardait d'un œil inquiet et ardent du côté de la chambre qu'il venait de visiter tout à l'heure.

« Elle n'avait pas l'habitude autrefois de rester ainsi au lit; mais c'est qu'alors elle se portait bien. Prenons patience. Quand elle se portera bien, elle se lèvera de bonne heure, comme autrefois; elle ira dehors respirer la fraîcheur salutaire du matin. Souvent, j'ai essayé de reconnaître le chemin qu'elle avait suivi; mais ses petits pieds de fée ne laissaient pas d'empreinte pour me guider sur la terre humide de rosée. — Qui est là?...Fermez la porte.... Vite!... N'avons-nous pas déjà assez de mal à la défendre contre ce froid de marbre et à la tenir chaudement? »

La porte s'était ouverte en effet. M. Garland et son ami entrèrent, accompagnés de deux autres personnes. C'était le maître d'école et le vieux bachelier. Le maître d'école tenait à la main une lumière : selon toute apparence, il était allé chez lui nourrir sa lampe épuisée par une longue veillée, au moment où Kit était arrivé. C'est ce qui fait qu'il avait trouvé le vieillard seul.

Celui-ci se calma à la vue de ses deux amis, et perdant tout à coup l'irritation, si l'on peut donner ce nom à une agitation si faible et si triste, avec laquelle il avait parlé quand la porte s'était ouverte, il reprit sa première position, et peu à peu retomba dans son balancement monotone et dans sa lugubre et vague lamentation.

Quant aux étrangers, il n'y fit seulement pas attention. Il les avait bien aperçus, mais il semblait incapable d'éprouver de l'intérêt ou de la curiosité. Le plus jeune frère se tint debout de côté. Le vieux bachelier prit une chaise et s'assit près du grand-père. Après un long silence, il se hasarda à parler.

« Comment! lui dit-il avec douceur, encore une nuit où vous

ne vous êtes pas couché! J'espérais que vous me tiendriez mieux votre promesse. Pourquoi ne prenez-vous pas un peu de repos?

— Il ne me reste plus de sommeil, répondit le vieillard. Elle a tout pris pour elle.

— Ça lui ferait bien de la peine si elle savait que vous veillez ainsi, dit le vieux garçon. Vous ne voudriez pas lui causer du chagrin?

— Ce n'est pas sûr, si je croyais que ça dût la réveiller!... Voilà si longtemps qu'elle dort!... Et cependant j'ai tort. C'est un bon et heureux sommeil, n'est-ce pas, hein?

— Oui, oui, répondit le vieux garçon. Oh! oui, un bienheureux sommeil.

— Bien!.... Et le réveil? demanda le vieillard d'une voix tremblante.

— Il sera heureux aussi. Plus heureux que ne peut le dire aucune langue, que ne peut le concevoir aucun cœur. »

En le voyant se lever pour aller sur la pointe du pied dans la chambre voisine, où la lampe avait été replacée, en l'entendant parler encore dans cette chambre muette, ils s'entre-regardèrent, et pas un d'eux dont la joue ne fût humide de larmes. Le vieillard revint; il dit à demi-voix qu'*elle* était encore endormie, mais qu'il croyait l'avoir vue remuer. « C'est sa main, dit-il,... un peu, un tout petit peu; » mais il était bien sûr qu'elle l'avait remuée, peut-être en cherchant la sienne. Ce n'était pas la première fois qu'il le lui avait vu faire, et dans son plus profond sommeil encore. A ces mots, il retomba sur sa chaise; et, frappant sa tête de ses mains, il poussa un de ces gémissements qu'on ne saurait oublier.

Le bon maître d'école fit signe au vieux bachelier de s'approcher de l'autre côté et de lui adresser la parole. Tous deux lui retirèrent doucement ses doigts qu'il avait enroulés dans ses cheveux gris, et les pressèrent entre leurs mains.

« Il m'écoutera, j'en suis sûr, dit le maître d'école. Il écoutera l'un de nous, vous ou moi, si nous l'en supplions. *Elle* nous écoutait toujours.

— Je veux bien écouter toute voix qu'elle se plaisait à entendre, dit le vieillard. J'aime tout ce qu'elle aimait!

— Je le sais, répliqua le maître d'école, j'en suis certain. Songez à elle; songez à tous les chagrins, à toutes les épreuves que vous avez partagés; à toutes les fatigues et à toutes les paisibles jouissances que vous avez connues ensemble.

— J'y songe, j'y songe bien. Je ne songe à rien autre chose.

— Je désire que cette nuit vous ne songiez pas à autre chose, mon cher ami, que vous songiez uniquement à ces sujets qui peuvent calmer votre cœur et l'ouvrir aux impressions d'autrefois, aux souvenirs du temps passé. C'est ainsi qu'*elle* vous parlerait elle-même, et c'est en son nom que je vous parle.

— Vous faites bien de parler à voix basse, dit le vieillard. Cela fait que nous ne l'éveillerons pas. Oh! que je serais content de revoir ses yeux, de revoir son sourire. En ce moment, il y a bien encore un sourire sur son jeune visage; mais il est fixe et immobile. Je voudrais le voir aller et venir. Cela arrivera au temps du bon Dieu. Ne l'éveillons pas.

— Ne parlons point de ce qu'elle est dans son sommeil, mais de ce qu'elle était habituellement quand vous voyagiez ensemble, bien loin; de ce qu'elle était au logis, dans la vieille maison d'où vous avez fui ensemble; de ce qu'elle était dans votre bon temps d'autrefois.

— Elle était toujours joyeuse, bien joyeuse, s'écria le vieillard en regardant fixement le maître d'école. D'ailleurs, du plus loin que je me souvienne, je lui ai toujours vu quelque chose de doux et de tranquille; mais aussi c'est qu'elle était d'un bien heureux naturel.

— Nous vous avons entendu dire, ajouta le maître d'école, qu'en cela, comme en toutes ses qualités, elle était l'image de sa mère. Ne pouvez-vous y songer et vous rappeler sa mère? »

Le vieillard continua de le regarder fixement, mais sans rien répondre.

« Ou même, dit à son tour le vieux garçon, vous rappeler celle qui l'avait précédée? Il y a bien des années de cela, et l'affliction allonge la durée du temps; mais vous n'avez pas oublié celle dont la mort contribua à vous rendre si chère cette enfant, avant même que vous pussiez savoir si elle était digne de votre affection, ni lire dans son cœur? Vous pourriez, par exemple, ramener vos pensées sur les jours les plus éloignés, sur la première partie de votre existence, sur votre jeunesse, que vous n'avez point passée tout seul comme cette charmante fleur. Voyons! ne pourriez-vous pas vous rappeler, à une longue distance, un autre enfant qui vous aimait tendrement, quand vous n'étiez vous-même encore qu'un enfant? N'aviez-vous pas un frère depuis longtemps oublié, depuis longtemps absent, dont vous êtes séparé depuis longtemps, et qui enfin, au moment critique où vous avez besoin de lui, pourrait revenir vous soutenir et vous consoler?...

— Être enfin pour vous ce que vous fûtes autrefois pour lui! s'écria le plus jeune frère en mettant un genou en terre devant le vieillard. Oui, un frère qui revient, ô frère chéri, payer votre ancienne affection par ses soins constants, son dévouement et son amour; être à vos côtés ce qu'il n'a jamais cessé d'être quand les océans s'étendaient entre nous; invoquer, attester sa fidélité invariable et le souvenir des jours passés, des années de douleur et de misère. Mon frère, témoignez par un mot, un seul, que vous me reconnaissez; et jamais, non jamais, dans les plus beaux moments de nos plus jeunes années, quand, pauvres petits êtres innocents, nous espérions passer notre vie ensemble, jamais nous n'aurons été à moitié aussi précieux l'un à l'autre que nous allons l'être désormais. »

Le vieillard promena successivement son regard sur les assistants et remua les lèvres; mais il ne s'en échappa aucun son, aucun mot de réponse.

« Si nous étions si unis alors, continua le plus jeune frère, quel lien plus étroit encore pour nous unir désormais! Notre amour, notre intimité, ont commencé dans l'enfance, quand la vie tout entière était devant nous; ils seront renoués maintenant que nous avons éprouvé la vie et que nous voilà redevenus enfants. Il y a des esprits inquiets qui ont poursuivi à travers le monde la fortune, la renommée ou le plaisir, et qui aiment à se retirer après, sur le déclin de l'âge, là où fut leur berceau, pour s'efforcer vainement de revenir à l'enfance avant de mourir; nous, au contraire, moins heureux qu'eux au commencement de la vie, mais plus heureux à la fin, nous nous reposerons au sein des lieux et des souvenirs de notre jeune âge; et, retournant chez nous sans avoir réalisé une espérance qui se rattachât à ce bas monde; ne rapportant rien de ce que nous avions emporté, si ce n'est une compassion mutuelle; n'ayant sauvé d'autre fragment des débris de la vie que ce qui nous l'avait d'abord rendue chère, qui donc nous empêcherait de redevenir enfants comme autrefois? Et même, ajouta-t-il d'une voix altérée, et même si ce que je n'ose dire était arrivé, oui, même si cela était... ou devait être, puisse le ciel l'empêcher et nous épargner cette douleur! cher frère, ne nous séparons pas, ce sera toujours une grande consolation pour nous dans notre affliction profonde. »

Peu à peu le vieillard s'était glissé vers la chambre intérieure, tandis que ces paroles lui étaient adressées. Il y jeta un regard tout en répondant d'une voix tremblante :

« Vous complotez entre vous pour lui ravir mon cœur. Vous n'y réussirez jamais; jamais, tant que je serai vivant. Je n'ai pas d'autre parent, pas d'autre ami qu'elle; je n'en ai jamais eu d'autre; je n'en aurai jamais d'autre. Elle est tout pour moi. Il est trop tard pour nous séparer maintenant. »

Il les écarta du geste, et, appelant doucement Nelly tout en marchant, il s'insinua dans la chambre. Ceux qu'il avait laissés en arrière se réunirent, et, après avoir échangé quelques mots brisés par l'émotion, ils se déterminèrent à le suivre. Ils marchèrent avec assez de précaution pour ne faire aucun bruit; mais du sein de ce groupe s'échappaient des sanglots, des gémissements douloureux, et le deuil était sur tous les visages.

Car elle était morte! Elle reposait sur son petit lit. Le calme solennel de sa chambre n'avait plus rien d'étonnant. Tout s'expliquait.

Elle était morte. Pas de sommeil aussi beau, aussi calme, aussi dégagé de toute trace de douleur, aussi ravissant à contempler. On aurait dit une créature sortie à peine de la maison de Dieu et n'attendant que le souffle vital pour naître, plutôt qu'une créature qui eût déjà connu la vie et la mort.

Son lit était parsemé de baies d'hiver et de feuilles vertes recueillies dans un endroit qu'elle préférait.

« Quand je mourrai, mettez auprès de moi quelque chose qui ait aimé la lumière du jour et qui ait eu toujours le ciel au-dessus de soi, » telles avaient été ses paroles.

Elle était morte! Chère, charmante, courageuse, noble Nelly! elle était morte. Son petit oiseau, un pauvre être chétif qu'un coup de pouce eût étouffé, sautait vivement dans sa cage; et le cœur puissant de l'enfant, sa maîtresse, était pour jamais muet et immobile.

Où étaient les traces de ses soucis prématurés, de ses souffrances, de ses fatigues? Tout avait disparu. Le chagrin était mort en elle; mais la paix et le bonheur parfait venaient de naître à la place et se reflétaient dans sa beauté tranquille, dans son repos inaltérable.

Et pourtant toute sa personne d'autrefois subsistait encore sans que ce changement l'eût en rien altérée. Le vieil air de famille, le même calme du coin du feu souriait encore sur ce doux visage; il avait traversé comme un rêve les phases de la misère et de l'angoisse. Ce même air de douceur, de bonté affectueuse, il survivait, tel qu'il était par un soir d'été, à la porte du pauvre maître d'école; par une froide nuit pluvieuse, devant le feu de la fournaise, ou bien au chevet du petit écolier mourant; tels nous verrons les anges dans toute leur majesté.... après la mort.

Le vieillard saisit un des bras inertes de Nell et appuya fortement, pour la réchauffer, la petite main contre sa poitrine. C'était la main qu'elle lui avait tendue en lui adressant son dernier sourire, la main avec laquelle elle le conduisait dans toutes leurs excursions. De temps en temps il la portait à ses lèvres, puis il la pressait de nouveau sur sa poitrine en disant à demi-voix qu'elle devenait plus chaude; et tout en parlant ainsi il regardait avec désespoir ceux qui l'entouraient, comme pour implorer leur assistance en faveur de Nelly.

Elle était morte, elle n'avait plus besoin d'assistance. Les chambres d'autrefois qu'elle remplissait de vie même alors que sa vie allait déclinant si rapidement; le jardin dont elle avait pris soin; les yeux qu'elle avait charmés; ses promenades silencieuses qu'elle avait visitées à plus d'une heure de rêverie; les sentiers qu'elle semblait avoir foulés la veille encore; rien de tout cela ne la reverrait plus.

Le maître d'école se baissa pour l'embrasser sur la joue, et donnant un libre cours à ses larmes :

« Ce n'est pas, dit-il, sur la terre que finit la justice du ciel. Pensez à ce que c'est que la terre, comparée au monde vers lequel cette jeune âme vient de prendre sitôt son essor; et dites-nous ensuite, quand nous pourrions, par l'ardeur d'un vœu solennel prononcé près de ce lit, la rappeler à la vie, dites si quelqu'un de nous oserait le faire entendre? »

CHAPITRE XXXV.

Quand le matin fut arrivé, et que les voyageurs purent s'entretenir avec plus de calme du sujet de leur tristesse, ils apprirent les détails suivants sur la mort de Nelly.

Il y avait deux jours qu'elle était morte. Ses amis du village étaient auprès d'elle au moment suprême, sachant bien qu'elle tirait à sa fin. Elle mourut peu après le lever de l'aurore. Tour à tour on lui avait fait la lecture, on lui avait parlé jusqu'à une heure assez avancée; mais vers la dernière partie de la nuit, elle s'endormit. On put comprendre, aux paroles qu'elle prononçait en rêvant, que ses rêves lui retraçaient les excursions faites avec le vieillard; les scènes pénibles en avaient disparu pour faire place à l'image des êtres généreux qui avaient assisté et traité avec bienveillance le grand-père et sa petite-fille; car souvent elle disait d'un ton de vive reconnaissance: « Que Dieu vous bénisse! » Quand elle s'éveilla, elle n'eut pas de délire, si ce n'est qu'elle parla d'une admirable musique qu'elle entendait dans les airs. Qui sait? c'était peut-être vrai.

Ouvrant les yeux à la fin après un sommeil très-paisible, elle les pria de l'embrasser encore une fois. Lorsqu'ils l'eurent embrassée, elle se tourna vers le vieillard avec un sourire plein de tendresse, un sourire, dirent les témoins, comme ils n'en avaient jamais vu, et tel qu'ils ne pourraient jamais l'oublier; et de ses deux bras elle entoura le cou de son grand-père. D'abord, on ne s'aperçut pas qu'elle était morte.

Souvent elle avait parlé des deux sœurs qu'elle aimait, disait-elle, comme de vraies amies. Elle souhaitait qu'on pût leur apprendre un jour combien leur pensée l'avait occupée et combien de fois elle les avait suivies de loin, tandis qu'elles se promenaient ensemble le soir, au bord de la rivière. Elle eût voulu revoir le pauvre Kit, dont elle prononça fréquemment le nom. Elle formait le vœu que quelqu'un lui portât son souvenir; et même alors elle ne songeait à lui ou ne parlait de lui qu'avec une gaieté franche et vive, comme autrefois.

Au reste, jamais elle n'avait fait entendre ni un murmure ni une plante. Toujours calme au contraire, toujours la même aux yeux de ceux qui l'entouraient, si ce n'est qu'elle leur montrait chaque jour plus d'attachement et de reconnaissance, elle s'éteignit comme la lumière du soleil dans un beau soir d'été.

L'enfant qui avait été son petit ami se présenta aussitôt qu'il fit jour, avec des fleurs desséchées qu'il demanda la permission de poser sur la poitrine de Nelly. C'était lui qui dans la nuit s'était mis à la fenêtre et avait parlé au fossoyeur. Aux traces de ses petits pieds sur la neige, on reconnut qu'avant d'aller se coucher il avait erré près de la chambre où Nelly reposait. Sans doute il avait craint qu'on ne la laissât seule, et n'avait pu supporter cette idée.

Il leur parla encore de son rêve où il avait vu qu'elle leur serait rendue dans son état habituel. Il sollicita instamment la faveur de voir Nelly; il promit de se tenir bien tranquille : on n'avait pas à craindre qu'il eût peur, disait-il, car il avait gardé tout seul durant une journée entière son jeune frère défunt, content de se trouver jusqu'à la fin si près de lui. On exauça son désir; et vraiment il tint parole, son courage enfantin dans un âge si tendre avait été pour tous une édifiante leçon.

Jusque-là, le vieillard n'avait pas prononcé une parole, sinon pour s'adresser à Nelly; il n'avait pas bougé d'auprès du lit. Mais quand il aperçut le petit favori de son enfant, il fut plus ému que jamais, et lui fit signe de s'approcher de lui. Alors lui montrant le lit, il fondit en larmes pour la première fois; et les assistants, comprenant que la présence de cet enfant faisait du bien au vieillard, les laissèrent seuls ensemble.

L'enfant sut calmer le vieillard en lui parlant de Nell dans son langage naïf, et lui persuader qu'il devait sortir un peu pour prendre quelque repos.... il lui fit faire enfin tout ce qu'il voulait.

Lorsque vint la lumière du jour, de ce jour où Nell devait, sous sa forme terrestre, disparaître à jamais des yeux mortels, l'enfant emmena le vieillard afin qu'il ne sût pas le moment où elle allait lui être ravie.

Ils allèrent cueillir des feuilles fraîches et des baies pour en décorer le lit funèbre. C'était le dimanche, par une brillante et claire après-midi d'hiver. Comme ils suivaient la rue du village, ceux qui se trouvaient sur leur chemin se détournaient en leur faisant place et leur adressaient un salut amical. Quelques-uns secouaient cordialement la main du vieillard, d'autres se découvraient la tête en le voyant avancer d'un pas chancelant, et s'écriaient lorsqu'il passait près d'eux : « Que Dieu l'assiste ! »

« Voisine, dit le vieillard, s'arrêtant à la porte de la chaumière qu'habitait la mère de son jeune guide, depuis quand les gens d'ici sont-ils presque tous en noir le dimanche ? J'ai vu à la plupart d'entre eux un ruban de deuil ou un morceau de crêpe. »

La femme répondit qu'elle ne savait pas pourquoi.

« Vous-même, s'écria-t-il, vous portez aussi cette couleur. Les croisées sont fermées partout, comme jamais elles ne le sont dans la journée. Qu'est-ce que cela signifie ? »

La femme répondit encore qu'elle ne savait pas pourquoi.

« Retournons-nous-en, dit impétueusement le vieillard; il faut voir ce que c'est.

— Non, non ! cria l'enfant qui le retint. Rappelez-vous ce que vous m'avez promis. Nous avons à aller jusqu'à cette pelouse du sentier où elle me menait si souvent et où vous nous avez trouvés plus d'une fois faisant des guirlandes pour son jardin. Ne nous en retournons pas !

— Où est-elle maintenant ? demanda le vieillard. Dites-le-moi.

— Ne le savez-vous pas ? répondit l'enfant. Ne l'avons-nous pas quittée tout à l'heure.

— C'est vrai, c'est vrai. C'était elle.... que nous avons quittée. »

Le vieillard appuya la main sur son front, tourna autour de lui des yeux hagards; et, comme poussé par une pensée subite, il traversa la route et entra dans la maison du fossoyeur. Celui-ci, avec le sourd qui l'aidait dans ses travaux, était assis devant le feu. Tous deux se levèrent à la vue du vieillard.

Le jeune garçon leur fit un signe rapide de la main. Ce fut l'affaire d'un moment; mais ce geste, et mieux encore l'expression des traits de son compagnon malheureux suffirent bien.

« Est-ce que.... est-ce que vous enterrez quelqu'un, aujourd'hui ?.... dit le vieillard avec anxiété.

— Non, non ! répondit le fossoyeur. Qui donc voulez-vous que nous ayons à enterrer.

— Oui, qui donc en effet ? c'est ce que je me demande.

— C'est jour férié, mon bon monsieur, répliqua doucement le fossoyeur. Nous n'avons pas à travailler aujourd'hui.

— En ce cas, j'irai où vous voudrez, dit le vieillard se tournant vers l'enfant. Vous êtes bien sûr de ce que vous me dites? Vous n'êtes pas capable de me tromper?... Je suis bien changé, allez! même depuis la dernière fois que vous m'avez vu.

— Allez en paix avec lui, monsieur, cria le fossoyeur, et que le ciel vous conduise.

— Je suis prêt, dit le vieillard d'un ton de soumission. Allons, mon enfant, allons. »

Et alors il se laissa emmener.

Voilà que la cloche retentit, la cloche que Nelly avait entendue si souvent la nuit et le jour et qu'elle écoutait avec un plaisir grave, absolument comme une voix vivante. Voilà que la cloche sonna son implacable glas pour *elle*, si jeune, si jolie et si bonne. La vieillesse décrépite, les hommes dans la vigueur de l'âge, la jeunesse florissante, la faible enfance, tous se précipitèrent, tous se rassemblèrent autour de la tombe de Nelly, les uns sur des béquilles, les autres dans l'orgueil de la force et de la santé, ceux-ci dans l'épanouissement des promesses de l'avenir encore à l'aube de la vie. Il y avait là des vieillards avec leurs yeux émoussés, leurs membres insensibles; des aïeules qui eussent dû être mortes depuis dix ans, tant elles étaient déjà vieilles alors; il y avait les sourds, les aveugles, les boiteux, les paralytiques, les morts vivants de toute taille et de toute forme, tous accourus pour voir se fermer cette tombe prématurée. Qu'était-ce que cette mort anticipée qu'on allait y ensevelir, en comparaison de cette autre mort infirme et tardive qui se traînait à peine vivante encore autour de la fosse!

On la porta le long d'un sentier encombré par la foule; pure comme la neige nouvelle qui couvrait le sol, elle n'avait fait comme elle qu'apparaître un jour sur la terre.

Elle passa de nouveau sous ce porche où elle s'était assise quand le ciel, dans sa miséricorde, l'avait conduite vers cette retraite paisible; la vieille église la reçut au sein de son ombre maternelle.

On la porta dans un coin où bien souvent elle s'était assise toute rêveuse, et l'on déposa soigneusement sur les dalles le précieux fardeau. La lumière s'y projetait à travers les vitraux d'une fenêtre coloriée, une fenêtre que les rameaux des arbres effleuraient constamment pendant l'été et où les oiseaux venaient chanter doucement tout le long du jour. A chaque souffle d'air qui agiterait ces branches, un reflet tremblant, une clarté changeante tomberait sur le tombeau de Nelly.

La terre retourne à la terre, la cendre à la cendre, la poussière à la poussière. Plus d'une jeune main deposa sur le cercueil sa petite couronne ; on entendit plus d'un sanglot étouffé. Plusieurs, et ce fut le plus grand nombre, s'agenouillèrent. Tous étaient sincères dans leurs regrets.

Le service étant achevé, les personnes qui menaient le deuil se rangèrent de côté, et les villageois se réunirent en cercle pour regarder la tombe avant que les dalles eussent été replacées. Un d'eux rappela combien de fois on avait vu Nelly assise en ce même endroit; combien de fois, son livre de prières sur ses genoux, elle contemplait le ciel avec des yeux pensifs. Un autre disait qu'il s'était étonné souvent qu'une créature si délicate, fût en même temps si courageuse; que jamais elle n'avait craint d'entrer seule la nuit dans l'église, qu'au contraire elle aimait à y errer quand tout était tranquille, et même à gravir l'escalier de la tour sans autre lumière que les rayons de la lune pénétrant à travers les meurtrières percées dans l'épaisseur du vieux mur. Les plus anciens du pays murmurèrent entre eux que c'était pour voir les anges et converser avec eux ; et on n'avait pas de peine à le croire, en se rappelant ses traits, ses discours, sa mort prématurée. On s'approchait de la tombe par petits groupes, on y jetait un regard, puis on faisait place à d'autres et l'on sortait à trois ou quatre en chuchotant. Bientôt il ne resta dans l'église que le vieux fossoyeur et les amis de Nelly.

Ils virent refermer le caveau et fixer dessus la pierre. Quand l'obscurité du soir fut descendue, quand le calme sacré du lieu saint ne fut plus troublé par le moindre bruit, quand la brillante clarté de la lune se projeta sur la tombe et sur l'église, sur les piliers, les murailles, les arceaux, et principalement, on eût pu le croire du moins, sur la paisible sépulture de Nelly, à cette heure du repos où tous les objets extérieurs et les pensées de l'âme s'accordent pour témoigner de l'éternité devant laquelle les espérances muettes et les craintes s'humilient dans la poussière, alors les amis de l'enfant se retirèrent pieusement résignés, et la laissèrent avec Dieu.

Ah! elle coûte cher à apprendre la leçon que donnent de telles morts : mais qu'aucun homme ne la repousse ; car c'est une leçon utile à tous, celle qui contient dans toute sa puissance et son universelle sagesse la vérité. Lorsque la mort frappe ces petits innocents, il sort de ces fragiles enveloppes d'où elle dégage l'âme palpitante, des essaims nombreux de vertus qui, sous la forme de la bonté, de la charité, de l'amour, vont par le monde répandre leurs bénédictions. De toute larme versée sur ces tombes verdoyantes par des êtres désolés, il naît quelque bien pour notre âme, quelque progrès pour notre nature. Les traces mêmes du génie destructeur fécondent de brillantes créations qui défient sa puissance, et le chemin sombre par où il a passé devient une traînée lumineuse qui conduit au ciel.

Il était tard quand le vieillard rentra au logis. L'enfant l'avait d'abord conduit chez sa mère, sous quelque prétexte. Assoupi par sa longue promenade et par ses veilles précédentes, le vieillard tomba dans un profond sommeil, au coin du feu. Épuisé de fatigue comme il l'était, on eut soin de ne point le réveiller. Ce repos dura longtemps, et, quand il en sortit, la lune brillait de tout son éclat.

Le plus jeune frère, inquiet de son absence prolongée, attendait son retour à la porte de la maison, quand il vit le vieillard s'avancer sous la conduite de son petit guide. Il alla au-devant d'eux, et pressant avec tendresse son frère de vouloir bien s'appuyer sur son bras, il le mena jusqu'en sa demeure où le vieillard rentra d'un pas lent et tremblant.

Il alla tout droit à la chambre de Nelly. N'y trouvant pas ce qu'il y avait laissé, il revint avec des yeux humides dans la pièce où ses amis étaient réunis. De là il courut à la maison du maître d'école, en appelant : « Nelly! Nelly! » On le suivait de près, et quand il eut vainement cherché sa petite fille, on le reconduisit chez lui.

Là, avec les paroles de tendresse et de persuasion que peuvent inspirer la pitié et l'amour, ils l'engagèrent à s'asseoir parmi eux, à écouter ce qu'ils avaient à lui communiquer. Alors, s'efforçant par quelques petits détours de préparer son esprit à une révélation indispensable, et insistant dans les termes les plus tendres sur le partage heureux qui était échu à Nelly, ils lui dirent enfin toute la vérité. A l'instant même où elle sortit de leur bouche, il tomba roide comme un homme assassiné.

Durant plusieurs heures on eut peu d'espoir de le ramener à la vie ; mais la douleur a la vie dure, et le vieillard revint à lui.

S'il existait quelqu'un qui n'eût jamais connu le vide affreux qui suit la mort, ni le sentiment de désolation qui s'appesantit sur les esprits les plus forts, lorsqu'ils sentent à chaque instant qu'il leur manque un être précieux et chéri ; ni le lien étroit qui s'établit entre les choses inanimées, les objets les plus insensibles et l'idole de leurs souvenirs, alors qu'il n'est pas un meuble dans la maison qui ne devienne un monument sacré, pas une chambre qui ne soit un tombeau ; s'il existait quelqu'un qui ne connût pas cela et ne l'eût point éprouvé par sa propre expérience, celui-là aurait peine à comprendre comment, pendant de longs jours, le vieillard languissant usa le temps à errer çà et là comme une âme en peine, cherchant toujours quelque chose sans jamais trouver le repos.

Tout ce qu'il avait conservé de pensée et de mémoire était concentré sur *elle*. Jamais il ne reconnut ou ne parut reconnaître son frère. La tendresse, les soins le laissaient indifférent. Si on lui parlait de tel sujet ou de tel autre, sauf un seul, il écoutait quelques moments avec patience, puis il se dépêchait d'aller recommencer sa recherche.

Quant au sujet qui était dans sa pensée comme dans celle de tout le monde, il était impossible de l'aborder. Morte ! Il ne pouvait ni entendre ni supporter ce mot. La moindre allusion à cet égard l'eût jeté dans un accès semblable à celui où il était tombé la première fois. Nul ne pourrait dire dans quelle espérance il supportait la vie : mais qu'il eût quelque espérance de retrouver Nelly, une espérance vague et obscure qui chaque jour fuyait devant lui, et qui de jour en jour lui rendait le cœur plus malade et plus accablé, personne n'en pouvait douter.

Ses amis décidèrent qu'il conviendrait de l'éloigner du théâtre de ce dernier malheur ; d'essayer si un changement de lieu le tirerait de cet état de stupeur et de chagrin. Son frère consulta sur ce point les maîtres les plus habiles de la science ; ils vinrent et examinèrent le vieillard. Plusieurs restèrent à causer avec lui quand il voulait bien causer, et à suivre ses mouvements tandis qu'il marchait seul et silencieux.

« En quelque endroit qu'on le conduise, dirent-ils, il cherchera toujours à revenir ici. Son esprit n'en sortira pas. On pourrait le garder à vue, veiller sur lui avec soin, le tenir prisonnier enfin; mais s'il réussissait à s'échapper, il ne manquerait pas de retourner au même lieu, ou bien c'est qu'il mourrait en route. »

Le petit garçon, à qui il avait obéi d'abord, perdit sur lui son influence. Le vieillard lui permettait parfois de marcher à ses côtés, il paraissait assez sensible à sa présence pour lui donner la main, ou même encore il s'arrêtait de temps en temps pour l'embrasser sur la joue ou pour lui caresser la tête. D'autres fois il lui enjoignait, sans rudesse, cependant, de s'éloigner, et ne supportait pas sa vue près de lui. Mais soit qu'il fût seul ou avec son docile ami, soit qu'il se trouvât avec ceux qui eussent donné tout au monde pour pouvoir lui procurer quelque consolation, quelque repos d'esprit, toujours il restait le même : il n'aimait plus rien, il ne se souciait plus de rien dans la vie. C'était un cœur brisé à tout jamais.

Un jour enfin on s'aperçut qu'il s'était levé de très-bonne heure et qu'il était parti avec son havre-sac sur le dos, son bâton à la main, emportant avec lui le chapeau de paille de Nelly avec son petit panier rempli des objets qu'elle avait coutume d'y mettre. Comme on allait se mettre à sa poursuite, on vit accourir tout effrayé un enfant de l'école qui, un moment auparavant, l'avait aperçu assis dans l'église. sur le tombeau de Nelly, dit-il.

On s'y rendit en toute hâte : et, du seuil de la porte, dont on s'était approché sur la pointe du pied, on le vit là dans l'attitude d'un homme qui attend. On se garda bien de le déranger, on laissa seulement quelqu'un pour le surveiller toute la journée. Quand descendit l'ombre du soir, le vieillard se leva, retourna au logis et se mit au lit en murmurant : « Elle viendra demain ! »

Le lendemain, il se rendit de nouveau dans l'église où il resta depuis le matin jusqu'à la nuit; et, la nuit venue, il alla se coucher en murmurant comme la veille : « Elle viendra demain ! »

Ce fut ainsi que désormais chaque jour, et durant la journée entière, il attendit Nelly sur son tombeau. Que de fois dans la vieille, sombre et silencieuse église, il vit se dresser devant lui les brillantes visions de ce qu'avait été Nelly, de ce qu'il espérait qu'elle pouvait redevenir encore : ces tableaux d'excursions nouvelles dans de belles campagnes, de haltes pittoresques sous le ciel tout ouvert, d'allées et venues à travers les champs et les bois; ces accents de la voix toujours vivante dans son souvenir; ses traits, sa taille, son vêtement flottant, ses cheveux agités gaiement par la brise !

Jamais il ne dit à ses amis ni ce qu'il pensait ni où il allait. Le soir, il était assis parmi eux, méditant avec un secret plaisir, qui n'était un mystère pour personne, de fuir avec Nelly avant la nuit suivante; et on pouvait l'entendre de nouveau murmurer dans ses prières : « O mon Dieu, laissez-la venir demain ! »

Ce fut par une belle journée de printemps que finit ce drame. Le vieillard n'était pas revenu à son heure habituelle. On se mit à sa recherche, et on le trouva couché sur le tombeau de Nelly. Il était mort.

On l'inhuma à côté de celle qu'il avait si tendrement aimée, dans cette église où souvent ils avaient prié, rêvé, en se tenant par la main. L'enfant et le vieillard reposent ensemble.

CHAPITRE XXXVI.

Le tourbillon magique qui, dans sa course aventureuse, a entraîné jusqu'ici le chroniqueur, commence à ralentir son pas; il s'arrête. Le voilà arrivé au but ; notre tâche va finir aussi.

Il ne nous reste plus qu'à prendre congé des acteurs du petit monde qui nous a tenu compagnie tout le long du chemin, pour terminer notre voyage.

Entre tous, par-dessus tous, le doucereux Sampson Brass et Sally, viennent, bras dessus bras dessous, réclamer notre attention et nos égards.

Nous avons déjà vu que M. Sampson était tombé entre les mains de la justice, après l'avoir invoquée d'abord, et on avait si fortement insisté pour qu'il voulût bien prolonger son séjour dans la prison, qu'il n'avait pu s'y refuser. Il demeura sous la protection des lois durant un temps considérable, tenu si étroitement à l'écart par l'attention pleine de sollicitude de ceux qui veillaient à ses besoins, qu'il était perdu pour la société, sans pouvoir se livrer à aucun exercice extérieur, si ce n'est dans l'espace d'une petite cour pavée. Les gens auxquels il avait affaire, connaissant son caractère modeste et son goût pour la retraite, jaloux d'ailleurs de l'avoir toujours près d'eux, ne voulurent pas s'en séparer avant que deux riches particuliers eussent fourni une caution de trente-sept mille cinq cents francs ; ce ne fut qu'à cette condition que ses hôtes lui permirent de quitter leur toit hospitalier, tant ils avaient peur qu'il ne leur faussât pour toujours compagnie, s'ils ne prenaient pas leurs sûretés avant de lui donner la clef des champs. M. Brass, frappé de ce que ce badinage avait de spirituel, et le prenant tout à fait au sérieux, trouva dans le vaste cercle de ses relations une couple d'amis dont la fortune réunie s'élevait à un peu moins de un franc cinquante centimes ; il offrit donc ces messieurs en garantie : histoire de rire ! Mais, ces gentlemen n'ayant pas été accueillis, après vingt-quatre heures de réflexion pour la forme, M. Brass consentit à rester dans son domicile actuel, et il y resta en effet jusqu'au moment où un club d'esprits d'élite, vulgairement appelé le Grand-Jury, qui étaient dans le secret de la plaisanterie, l'appelèrent à comparaître pour parjure et dol, devant douze autres personnages facétieux qui, à leur tour, s'amusèrent beaucoup à le déclarer coupable. Il y a plus : la populace elle-même s'associa au badinage ; et lorsque M. Brass fut emmené en fiacre vers l'édifice où se réunissaient ses juges, elle salua sa venue en lui jetant à la tête des œufs pourris et des petits chats noyés ; elle fit même semblant de vouloir le mettre en pièces, ce qui accrut infiniment le comique de la situation, et dut, sans nul doute, augmenter d'autant la satisfaction de l'ex-procureur.

Une fois en vaine de gaieté, M. Brass ne s'en tint pas là : il se pourvut en cassation, alléguant en sa faveur que, s'il avait consenti à déclarer lui-même les faits à sa charge, c'était sur l'assurance réitérée qu'on lui avait donnée, et les promesses qu'on lui avait faites d'obtenir pour lui pardon et impunité ; il invoquait l'indulgence que la loi ne refuse pas en pareil cas aux esprits crédules, victimes de leur confiance innocente. Après un débat solennel, ce point, ainsi que d'autres de nature technique, dont il serait difficile d'exagérer la grotesque extravagance, fut déféré à la décision des juges. En attendant, Sampson avait été réintégré dans sa première résidence. Finalement, vainqueur sur quelques points, vaincu sur d'autres, le résultat définitif fut qu'au lieu d'être prié de vouloir bien voyager pour un temps en pays étranger, il obtint la faveur d'orner de sa présence la mère patrie, sous certaines restrictions tout à fait insignifiantes.

Voici quelles furent ces restrictions : il devait, durant un nombre d'années déterminé, résider dans un bâtiment spacieux où étaient logés et entretenus aux frais du public plusieurs autres gentlemen qui étaient vêtus d'un uniforme gris très-simple, bordé de jaune, portant les cheveux ras et vivant principalement d'un petit potage au gruau. On l'invita aussi à partager leur exercice qui consiste à monter constamment une série interminable de marches d'escalier; et de peur que ses jambes, peu accoutumées à ce genre de divertissement, ne s'en trouvassent avariées, on lui fit porter au-dessus de la cheville une amulette de fer pour lui servir de charme contre la fatigue. Une fois bien convenus de leurs faits, on le transporta un soir à son nouveau séjour, en grande cérémonie, dans un des carrosses de Sa Majesté, en compagnie de neuf autres gentlemen et de deux dames admis au même privilége.

Indépendamment de ces petites peines, autrement dit, de ces bagatelles, son nom fut effacé du rôle des attorneys; et je ne sais pas si vous savez que jusqu'à ces derniers temps cette mesure a toujours été considérée comme une marque de dégradation, de déshonneur pour celui qui la subit, comme impliquant nécessairement quelque acte de félonie abominable, vu qu'il y a tant de noms très-peu respectables qui se carrent tranquillement aux meilleures places de la liste des procureurs, sans être en rien molestés.

Quant à Sally Brass, il courut sur son compte une foule de rumeurs contradictoires. Il y en avait d'aucuns qui disaient avec pleine assurance qu'elle s'était rendue aux docks en habits d'homme et s'y était engagée comme matelot femelle. D'autres insinuaient qu'elle s'était enrôlée comme simple soldat dans le deuxième régiment des gardes à pied et qu'on l'avait aperçue en uniforme à son poste, c'est-à-dire se tenant un soir appuyée sur son fusil dans une des guérites du parc de Saint-James; mais de tous ces bruits, celui qui paraît le plus vraisemblable, c'est qu'après un laps de quelque cinq années, pendant lesquelles rien n'indique que personne ait pu la rencontrer, on vit plus d'une fois deux misérables créatures se glisser à la nuit hors des réduits les plus reculés de Saint-Giles et cheminer le long des rues en traînant la savate, le corps tout courbé, scrutant les tas d'ordures et les ruisseaux comme pour y chercher quelque débris de nourriture, quelque rebut du souper de la veille. Jamais ces espèces de spectres n'apparaissaient que dans les nuits de froid et d'obscurité où ces terribles fantômes, ces images incarnées de la misère, du vice et de la famine, qui en tout autre temps se cachent dans les plus hideux repaires de Londres, sous les portes cochères, les voûtes sombres et dans les caves, s'aventurent à rôder dans les rues. Ceux qui avaient connu Sampson et Sally, disaient tout bas que ce devait être l'ex-procureur et sa sœur; et il paraît qu'encore aujourd'hui on les voit quelquefois passer, la nuit, quand il fait bien noir, avec leur sale accoutrement, tout contre le passant, qui s'écarte avec dégoût.

On ne retrouva le corps de Quilp qu'au bout de quelques jours. Une enquête fut ouverte près de l'endroit où les flots l'avaient déposé. L'opinion générale fut que le nain s'était suicidé, et comme toutes les circonstances de sa mort paraissaient s'accorder avec cette présomption, le verdict fut rendu dans ce sens. Il fut enterré avec un pieu enfoncé au travers du cœur, au beau milieu d'un carrefour.

Cependant, le bruit courut plus tard que cette horrible et barbare pratique n'avait pas été mise à exécution et que les restes de Quilp avaient été secrètement rendus à Tom Scott. Sur ce point même, toutefois, les sentiments furent divisés, car plusieurs personnes prétendirent que Tom Scott avait déterré à minuit la dépouille de son maître et l'avait portée à un endroit indiqué d'avance par la veuve. Il est à présumer que ces deux histoires n'avaient pas d'autre fondement que les larmes versées par Tom, lors de l'enquête : et nous devons dire à ceux qui ne voudraient pas le croire, que le fait des larmes est véritable ; bien plus, Tom manifesta le plus vif désir d'aller donner une pile au jury. Voyant qu'on l'en empêchait et qu'on l'avait même chassé de la salle, il voulut du moins, par esprit de vengeance, en obscurcir l'unique croisée en se posant en éventail dans l'embrasure, la tête en bas, jusqu'à ce qu'un sergent de ville, qui ne badinait pas, le remit sur ses pieds lestement en lui faisant faire la culbute.

Se trouvant sur le pavé, par suite de la mort de son maître, il se détermina à courir le monde sur la tête et sur les mains, et, en conséquence, il commença à faire la roue pour gagner sa vie. Cependant, comme sa qualité d'Anglais lui paraissait un obstacle insurmontable à ses succès dans cette carrière (quoique l'art des culbutes soit chez nous en assez grande faveur), il prit le nom d'un marchand d'images italien avec qui il fit connaissance; et sous le nom de Tomscotino fit désormais ses pirouettes à l'envers avec un succès prodigieux et devant un public de plus en plus nombreux.

La petite mistress Quilp ne se pardonna jamais l'unique faute qui pesât sur sa conscience, et elle ne pouvait y penser ni en parler sans pleurer amèrement. Son mari ne laissait point de parents, elle était riche; il n'avait pas fait de testament, sinon elle fût restée pauvre. S'étant mariée la première fois à l'instigation de sa mère, elle ne consulta que son propre goût pour un second choix. Ce choix tomba sur un homme agréable et jeune encore; et comme il avait posé pour condition préliminaire que mistress Jiniwin vivrait hors de la maison avec une pension alimentaire, les deux époux n'eurent, après la célébration du mariage, que la moyenne nécessaire de querelles qu'il doit y avoir dans un bon ménage, et menèrent une joyeuse existence avec l'argent du défunt.

M. et mistress Garland et M. Abel continuèrent leur petit trantran ordinaire, à l'exception d'un changement qui se produisit dans leur intérieur, comme nous allons l'exposer : Quand le temps fut venu, M. Abel s'associa avec son ami le notaire. A cette occasion, il y eut dîner, bal, réjouissance complète. Au bal, le hasard voulut qu'on eût invité la jeune personne la plus modeste qu'on ait jamais vue, et le hasard voulut encore que M. Abel tombât amoureux d'elle. Comment se fit la chose, ou comment les deux jeunes gens s'en aperçurent, ou lequel des deux communiqua le premier à l'autre sa découverte, c'est ce que 'on ignore. Toujours est-il qu'après un certain temps ils se marièrent; toujours est-il qu'ils furent heureux à faire envie, toujours est-il enfin qu'ils méritaient bien leur bonheur. Il ne pouvait rien y avoir de plus agréable pour nous que d'ajouter à ces détails qu'ils eurent beaucoup d'enfants; car la bonté et la vertu ne peuvent se multiplier et se répandre sans que ce soit un ornement de plus à joindre aux autres beautés de la nature et un sujet de joie légitime pour l'humanité tout entière.

Le poney garda son caractère et ses principes d'indépendance jusqu'au dernier moment de sa vie, qui fut d'une longueur peu commune, et lui valut le surnom de Mathusalem. Souvent il traîna le petit phaéton de la maison de M. Garland père à la maison de M. Garland fils ; et comme les parents et leurs enfants se réunissaient très-fréquemment, il eut chez les jeunes époux une écurie à lui où il se rendait de lui-même avec une étonnante dignité. Il voulut bien condescendre à jouer avec les enfants lorsque ceux-ci furent devenus assez grands pour cultiver son amitié, et il courait avec eux comme un chien à travers le petit enclos. Mais, bien qu'il se relachât à tel point de sa fierté d'humeur, et leur permît des caresses et de petites privautés, comme par exemple d'examiner ses sabots ou de se pendre à sa queue, jamais il ne souffrit qu'aucun d'eux montât sur son dos pour le conduire ; montrant ainsi que la familiarité elle-même a ses limites, et qu'il y a des points réservés avec lesquels il ne faut pas badiner.

Vers la fin de sa vie, Whisker prouva qu'il n'était pas encore incapable de former des attachements de cœur : lorsque le bon vieux bachelier vint vivre avec M. Garland après le décès de son ami le desservant, le poney se prit pour lui d'une grande amitié et se laissa volontiers conduire par lui sans opposer la moindre résistance. Deux ou trois années avant sa mort on cessa de le faire travailler ; il vécut à même l'herbe des prés comme un vrai coq en pâte, et son dernier acte, bien digne d'un vieux gentleman colérique, fut de lancer une ruade contre son docteur.... vétérinaire.

Après une longue convalescence, M. Swiveller, qui était entré en jouissance de son revenu, acheta une bonne garde-robe à la marquise et la mit aussitôt en pension, conformément au vœu qu'il avait fait sur son lit de souffrance. Il chercha longtemps un nom qui fût digne d'elle, et finit par se décider en faveur de Sophronie Sphinx, nom euphonique, gracieux, qui avait de plus l'avantage de laisser supposer au fond un mystère. Ce fut donc sous ce nom que la marquise se rendit, tout en larmes, à la pension choisie par M. Swiveller : mais elle en fut retirée, par suite de ses progrès rapides qui l'avaient placée au-dessus de ses compagnes, pour entrer dans un établissement d'un ordre plus élevé. M. Swiveller, c'est une justice à lui rendre, bien que les frais d'éducation de la marquise dussent le mettre à la gêne pour une demi-douzaine d'années au moins, ne sentit pas un instant son zèle se refroidir et se trouva toujours payé amplement par les rapports avantageux qu'il recevait, avec beaucoup de gravité, sur les progrès de la jeune élève, chaque fois qu'au bout du mois il faisait sa visite à la directrice, qui le considérait comme un gentleman aux habitudes excentriques, très-littéraire et d'une force prodigieuse sur les citations.

En un mot, M. Swiveller tint la marquise dans cette maison jusqu'à ce qu'elle eût atteint à peu près sa dix-neuvième année; elle avait alors de bonnes manières, de l'instruction, de l'élégance. Il se demanda sérieusement, à cette époque, ce qu'il y avait maintenant à faire. Dans une de ses visites périodiques, tandis qu'il roulait cette question dans son esprit, la marquise arriva au parloir; elle était seule, elle était plus souriante et plus fraîche que jamais : alors la pensée vint à Richard, et ce n'était pas la première fois, que si elle consentait à l'épouser, ils seraient parfaitement heureux ensemble. Richard lui posa la question, elle ne dit pas non. Au bout d'une semaine, ni plus ni moins, ils étaient mariés, ce qui permit à M. Swiveller de faire remarquer bien des fois plus tard qu'il y avait eu, avec tout cela, une jeune demoiselle qui l'avait attendu pour l'épouser.

Il y avait justement à louer un petit cottage à Hampstead avec une tabagie pour fumer, objet d'envie du monde civilisé; ils se gardèrent bien de manquer l'occasion, et allèrent s'y établir après la lune de miel. Chaque dimanche, M. Chukster se rendait régulièrement en ce lieu de retraite pour y passer la journée; il commençait par y déjeuner. C'était lui qui était leur grand pourvoyeur de nouvelles publiques et des cancans de la société fashionable. Durant quelques années, il continua de porter à Kit une haine à mort, protestant qu'il avait encore une meilleure opinion de lui du temps qu'on l'accusait d'avoir soustrait le billet de banque, que depuis qu'on avait reconnu pleinement son innocence; car enfin son crime témoignait au moins chez lui d'une certaine audace, d'une certaine énergie, tandis que son innocence n'était qu'une preuve de plus de son caractère souple et artificieux. Cependant il en vint plus tard, mais combien il fallut de temps ! à se réconcilier avec lui; il alla même jusqu'à l'honorer de son patronage, comme un homme qui s'était assez visiblement corrigé pour mériter pardon et indulgence. Toutefois, il ne mit jamais en oubli et ne put lui pardonner le fait du schelling; car enfin, disait-il, s'il fût revenu pour en gagner un autre, à la bonne heure, mais revenir pour achever de gagner ce qu'on lui avait donné tout d'abord, c'était sur son caractère moral une tache que ni regret ni contrition ne pouvait jamais complétement faire disparaître.

M. Swiveller, qui avait toujours eu du goût pour la philosophie contemplative, s'y adonnait de temps en temps avec fureur dans sa petite tabagie, dont il ne pouvait s'arracher. Durant ces heures de méditation, il s'était mis à débattre dans son esprit la question mystérieuse de la famille de Sophronie. Sophronie elle-même croyait être orpheline; mais M. Swiveller, d'après quelques légers indices qu'il réunit d'autre part, inclina souvent à penser que miss Brass devait en savoir plus long, et, ayant appris par sa femme les détails de l'étrange entrevue qu'elle avait eue avec Quilp, il soupçonna maintes fois que le nain eût bien pu, de son vivant, fournir la clef de l'énigme, si cela lui eût convenu. Disons cependant que ces raisonnements ne troublaient aucunement le repos de M. Swiveller; car Sophronie était toujours pour lui une femme aimable, dévouée et vigilante. Richard, de son côté, d'humeur égale et paisible, à cela près de quelques brouilles passagères avec M. Chukster, que Sophronie, en femme de bon sens, encourageait plutôt qu'elle ne les calmait, fut toujours pour elle un époux plein d'égards et de tendresse. Ils jouèrent ensemble des milliers de parties de cribbage. Et nous devons ajouter, à l'honneur de Dick, que, depuis le commencement jusqu'à la fin, il continua d'appeler du titre de marquise celle que nous appelons, nous, Sophronie, et que, chaque année, à l'anniversaire du jour où il l'avait aperçue dans sa chambre de malade, il y avait un dîner auquel M. Chukster était engagé : et, ce jour-là, on mettait les petits plats dans les grands.

Les joueurs de profession Isaac List et Jowl, avec leur digne associé M. James Groves, ce personnage chatouilleux à l'endroit de sa réputation, poursuivirent leurs opérations avec des chances diverses jusqu'au moment où l'insuccès d'une affaire un peu hardie dans l'exercice de leur profession les obligea de se disperser dans toutes les directions, sans pouvoir éviter l'atteinte de la justice, qui a le bras long. Cette déroute provint de l'étourderie d'un nouvel affidé, le jeune Frédéric Trent, qui, en divulguant le secret de ses complices, devint ainsi, à son insu, l'instrument de leur châtiment comme du sien.

Ce jeune homme passa à l'étranger, où, pendant quelque temps, il s'abandonna à toutes sortes d'excès, vivant de son industrie, autrement dit, de l'abus de toutes les facultés qui, dignement employées, élèvent l'homme au-dessus de la bête, mais qui le ravalent au contraire au-dessous d'elle lorsqu'il s'est ainsi dégradé. Peu de temps après, son corps, tout meurtri et défiguré par quelque rixe violente, fut reconnu par un Anglais qui visitait par hasard le bâtiment spécial de la Morgue, à Paris, où sont exposés les noyés. Mais cet Anglais garda prudemment le secret jusqu'à son retour dans son pays, et le corps de Frédéric Trent ne fut réclamé par personne.

Le gentleman, désignation familière sous laquelle nous avons fait connaître le frère du grand-père de Nelly, voulait absolument tirer le pauvre maître d'école de sa retraite ignorée pour faire de lui son compagnon et son ami; mais l'humble instituteur de village craignait de s'aventurer dans un monde bruyant, et d'ailleurs, il s'était habitué à aimer le voisinage du vieux cimetière. Calme et heureux dans son école, dans son pays d'adoption, et surtout dans son attachement pour sa chère petite amie tant pleurée, il continua tranquillement sa vie paisible et demeura, malgré l'insistance du reconnaissant gentleman, ce qu'on peut exprimer en peu de mots, un *pauvre* maître d'école, rien de plus.

Son ami, le gentleman, ou le plus jeune frere, comme vous voudrez, avait conservé au fond du cœur un pesant chagrin. Mais ce chagrin ne faisait de lui ni un misanthrope ni un ermite. Il traversait le monde en gardant ses affections. Longtemps, très-longtemps, son principal plaisir fut de rechercher la trace des lieux par où avaient passé le vieillard et l'enfant, autant que les derniers récits de Nelly lui permirent de retrouver ces indices, de s'arrêter là où ils s'étaient arrêtés, de méditer là où ils avaient souffert, et de se réjouir là où ils avaient éprouvé quelque bon traitement. Ceux qui leur avaient témoigné quelque bonté ne purent échapper à ses recherches. Les deux sœurs du pensionnat de miss Monflathers, qui avaient été aimées de Nelly parce qu'elles-mêmes n'avaient pas d'amis; mis tress Jarley, la propriétaire des figures de cire; Codlin, Short, tous, il les retrouva; et l'on nous a même affirmé qu'il n'oublia pas non plus le chauffeur de la fournaise.

L'histoire de Kit, en se répandant au dehors, lui attira une multitude d'amis et lui valut beaucoup d'offres généreuses. D'abord, il ne songeait nullement à quitter le service de M. Garland; mais, sur les représentations sérieuses et les bons avis de ce gentleman, il commença à s'accoutumer à l'idée d'un changement de condition dans le temps comme dans le temps; mais, en moins de rien et sans qu'il eût seulement le loisir de respirer, un des jurés qui l'avait autrefois cru coupable du crime qu'on lui imputait et qui s'était prononcé en conséquence, lui proposa un bon poste. Il avait la bonté d'assurer en même temps à la mère de Kit des moyens suffisants d'existence et de bien-être. Ce fut ainsi, comme Kit le répétait souvent, qu'un grand malheur devint pour lui la source de toutes ses prospérités.

Kit resta-t-il célibataire, ou bien se maria-t-il? Il va sans dire qu'il se maria. Et qui pouvait-il épouser, si ce n'est Barbe? Et même, bien mieux, il se maria assez jeune pour que le petit Jacob se trouvât avoir des neveux et nièces avant que ses mollets, déjà mentionnés honorablement dans cette histoire, eussent encore eu l'honneur de se voir logés dans un grand pantalon. Au reste, ce n'était pas nécessaire pour porter le titre vénérable d'oncle, car le poupon l'était aussi comme lui. Le bonheur que cet événement causa à la mère de Kit et à la mère de Barbe est au-dessus de toute expression; se trouvant si bien d'accord sur ce point comme sur tous les autres, elles prirent le parti de se loger ensemble et vécurent dans la plus parfaite intimité. Le cirque d'Astley avait un attrait irrésistible pour les réunir tous au parterre à chaque trimestre; et la mère de Kit ne manquait pas de dire, chaque fois qu'elle voyait badigeonner à neuf l'extérieur de ce théâtre florissant, que son fils, en les y conduisant, n'avait pas nui au succès de la troupe, et elle s'attendait presque à voir le directeur sortir pour l'en remercier avec effusion quand elle passait par là.

Lorsque Kit eut des enfants de six et sept ans, il y eut dans le nombre une Barbe, et une jolie Barbe encore. Il n'y manquait pas non plus un *fac-simile* exact du petit Jacob, tel qu'il était dans ces temps reculés où on lui révéla ce que c'était que des huîtres. Naturellement, il y avait un Abel, le filleul de M. Garland fils ; il y avait un Dick, également filleul de M. Swiveller. Le petit groupe d'enfants se réunissait souvent le soir autour du père, en le priant de raconter encore l'histoire de cette bonne miss Nell, qui était morte. Kit la leur racontait ; et, quand les enfants pleuraient après l'avoir entendue, regrettant qu'elle ne fût pas plus longue, il leur disait qu'elle était montée au ciel, où vont tous les braves gens, et que, s'ils étaient bons comme elle, ils pouvaient espérer d'aller aussi un jour au ciel, où ils pourraient la voir et la connaître comme il l'avait vue et connue lui-même du temps qu'il n'était encore qu'un tout petit garçon. Puis il leur racontait combien alors il était pauvre, comment elle lui avait enseigné ce qu'il n'avait pas le moyen d'apprendre, et comment le vieillard avait l'habitude de dire : « Elle se moque toujours de Kit ; » et alors les enfants séchaient leurs larmes et se mettaient à rire à la pensée de ce qu'avait fait cette bonne miss Nell, et ils étaient tout joyeux.

Parfois, Kit les conduisait jusqu'à la rue où Nell et son grand-père avaient habité ; mais de nouvelles constructions en avaient totalement changé la physionomie. Depuis longtemps la vieille maison avait été abattue, et, à la place, on avait ouvert une belle et large voie. Les premières fois, Kit put tracer encore avec sa canne un cercle sur le sol, comme pour indiquer à ses enfants la place où avait été la maison ; mais bientôt il n'eut plus lui-même qu'un souvenir confus de cette place : tout ce qu'il put dire, c'est que ce devait être ici ou là, et que tous ces changements lui avaient brouillé l'esprit.

Telles sont les métamorphoses que produisent un petit nombre d'années, et c'est ainsi que tout passe, comme une histoire qu'on raconte.

FIN.

COULOMMIERS. — TYPOG. P. BRODARD ET GALLOIS.

Jour et nuit, ou Heur et malheur. 2 vol.

Conway (H.) : *Le secret de la neige*, traduit de l'anglais. 1 vol.

Craik (Miss Mullock) : *Deux mariages*, traduit de l'anglais. 1 vol.

— *Une noble femme*. 1 vol.

— *Mildred*. 1 vol.

Cummins (Miss) : *L'allumeur de réverbères*, traduit de l'anglais. 1 vol.

— *Mabel Vaughan*. 1 vol.

— *La rose du Liban*. 1 vol.

Currer-Bell (Miss Brontë) : *Jane Eyre*, traduit de l'anglais. 2 vol.

— *Le professeur*. 1 vol.

— *Shirley*. 2 vol.

Dasent : *Les Vikings de la Baltique*, traduit de l'anglais. 2 vol.

Derrick (F.) : *Olive Varcoe*, traduit de l'anglais. 2 vol.

Dickens (Ch.) : *Œuvres*, traduites de l'anglais, 28 volumes.

Aventures de M. Pickwick. 2 vol.
Barnabé Rudge. 2 vol.
Bleak-House. 2 vol.
Contes de Noël. 1 vol.
David Copperfield. 2 vol.
Dombey et fils. 3 vol.
La petite Dorrit. 2 vol.
Le magasin d'antiquités. 2 vol.
Les temps difficiles. 1 vol.
Nicolas Nickleby. 2 vol.
Olivier Twist. 1 vol.
Paris et Londres en 1793. 1 vol.
Vie et aventures de Martin Chuzzlewitt. 2 vol.
Les grandes espérances. 2 vol.
L'ami commun. 2 vol.
Le mystère d'Edwin Drood. 1 vol.

Dickens et **Collins** : *L'abîme*, traduit de l'anglais. 1 vol.

Disraeli : *Sybil*, traduit de l'anglais. 2 vol.

— *Lothair*. 2 vol.

Voir ci-dessus Beaconsfield.

Edwardes (Mrs Annie) : *Un bas-bleu*, traduit de l'anglais. 1 vol.

— *Une singulière héroïne*. 1 vol.

Edwards (Miss Amélia) : *L'héritage de Jacob Trefalden*, traduit de l'anglais. 2 vol.

Elliot (F.) : *Les Italiens*, traduit de l'anglais. 1 vol.

Fleming (M.) : *Un mariage extravagant*, traduit de l'anglais. 2 vol.

— *Le mystère de Catheron*. 2 vol.

— *Les chaînes d'or*. 1 vol.

Fullerton (Lady) : *L'oiseau du bon Dieu*, traduit de l'anglais. 1 vol.

— *Hélène Middleton*. 1 vol.

Gaskell (Mrs) : *Œuvres*, traduites de l'anglais. 7 volumes :

Autour du sofa. 1 vol.
Marie Barton. 1 vol.
Marguerite Hall (nord et sud). 2 vol.
Ruth. 1 vol.
Les amoureux de Sylvia. 1 vol.
Cousine Philis. — *L'œuvre d'une nuit de mai*. — *Le héros du fossoyeur*. 1 vol.

Grenville Murray : *Œuvres*, traduites de l'anglais. 7 volumes :

Le jeune Brown. 2 vol.
La cabale de boudoir. 2 vol.
Veuve ou mariée? 1 vol.
Une famille endettée. 1 vol.
Étranges histoires. 1 vol.

Hall (Capitaine Basil) : *Scènes de la vie maritime*, traduites de l'anglais. 1 vol.

— *Scènes du bord et de la terre ferme*. 1 vol.

Hamilton-Aïdé : *Rita*, traduit de l'anglais. 1 vol.

Hardy (T.) : *Le trompette-major*, traduit de l'anglais. 1 vol.

Harwood (J.) : *Lord Ulswater*, traduit de l'anglais. 2 vol.

Haworth (Miss) : *Une méprise.* — *Les trois soirées de la Saint-Jean.* — *Morwell.* Nouvelles traduites de l'anglais. 1 vol.

Hawthorne : *La lettre rouge*, traduit de l'anglais. 1 vol.

— *La maison aux sept pignons.* 1 vol.

Hildreth : *L'esclave blanc*, traduit de l'anglais. 1 vol.

Howells : *La passagère de l'Aroostoock*, traduit de l'anglais. 1 vol.

James : *Léonora d'Orco*, traduit de l'anglais. 1 vol.

— *L'Américain à Paris.* 2 vol.

— *Roderick Hudson.* 1 vol.

Jenkin (Mrs) : *Qui casse paye*, traduit de l'anglais. 1 vol.

Jerrold (D.) : *Sous les rideaux*, traduit de l'anglais. 1 vol.

Kavanagh (J.) : *Tuteur et pupille*, traduit de l'anglais. 2 vol.

Kingsley : *Il y a deux ans*, traduit de l'anglais. 2 vol.

Lawrence (G.) : *Œuvres*, traduites de l'anglais. 8 volumes :

Frontière et prison. 1 vol.
Guy Livingstone, ou A outrance. 1 vol.
Honneur stérile. 2 vol.
L'épée et la robe. 1 vol.
Maurice Dering. 1 vol.
Flora Bellasys. 2 vol.

Longfellow : *Drames et poésies*, traduit de l'anglais. 1 vol.

Marryat (Miss) : *Deux amours*, traduit de l'anglais. 2 vol.

Marsh (Mrs) : *Le contrefait*, traduit de l'anglais. 1 vol.

Mayne-Reid : *La piste de guerre*, traduit de l'anglais. 1 vol.

— *La quarteronne.* 1 vol.

— *Le doigt du destin.* 1 vol.

— *Le roi des Séminoles.* 1 vol.

— *Les partisans.* 1 vol.

Melville (Whyte) : *Œuvres*, traduites de l'anglais. 7 volumes :

Les gladiateurs : Rome et Judée. 2 vol.
Katerfelto. 1 vol.
Digby Grand. 2 vol.
Kate Coventry. 1 vol.
Satanella. 1 vol.

Ouida : *Ariane*, traduit de l'anglais. 2 vol.

— *Pascarel.* 1 vol.

Page (H.) : *Un collège de femmes*, traduit de l'anglais. 1 vol.

Poynter (E.) : *Hetty*, traduit de l'anglais. 1 vol.

Reade et **Dion Boucicault** : *L'île providentielle*, traduit de l'anglais. 2 vol.

Segrave (A.) : *Marmorne*, traduit de l'anglais. 1 vol.

Smith (J.) : *L'héritage*, traduit de l'anglais. 3 vol.

Stephens (Miss) : *Opulence et misère*, traduit de l'anglais. 1 vol.

Thackeray : *Œuvres*, traduit de l'anglais. 9 volumes :

Henry Esmond. 2 vol.
Histoire de Pendennis. 3 vol.
La foire aux vanités. 2 vol.
Le livre des Snobs. 1 vol.
Mémoires de Barry Lindon. 1 vol.

Thackeray (Miss) : *Sur la falaise*, traduit de l'anglais. 1 vol.

Townsend (V.-F.) : *Madeline*, traduit de l'anglais. 1 vol.

Trollope (A.) : *Le domaine de Belton*, traduit de l'anglais. 1 vol.

— *La veuve remariée.* 2 vol.

— *Le cousin Henry.* 1 vol.

Trollope (Mrs) : *La pupille*, traduit de l'anglais. 1 vol.

Wilkie Collins : *Œuvres*, traduites de l'anglais, 16 volumes :

Le secret. 1 vol.
La pierre de lune. 2 vol.
Mademoiselle et Madame? — Un drame dans la vie privée. 1 vol.
Mari et femme. 2 vol.
La morte vivante. 1 vol.
La piste du crime. 2 vol.
Pauvre Lucile! 2 vol.
Cache-cache. 2 vol.
La mer glaciale. — La femme des rêves. — Le spectre d'Yago. Nouvelles. 1 vol.
Les deux destinées. 1 vol.
L'hôtel hanté. 1 vol.

Wood (Mrs) : *Œuvres*, traduites de l'anglais, 12 volumes :

Les filles de lord Oakburn. 2 vol.
Le serment de Lady Adélaïde. 2 vol.
Le maître de Greylands. 2 vol.
La gloire des Verner. 2 vol.
Edina. 2 vol.
L'héritier de Court-Netherleigh. 2 vol.

Coulommiers. — Typog. P. BRODARD et GALLOIS.

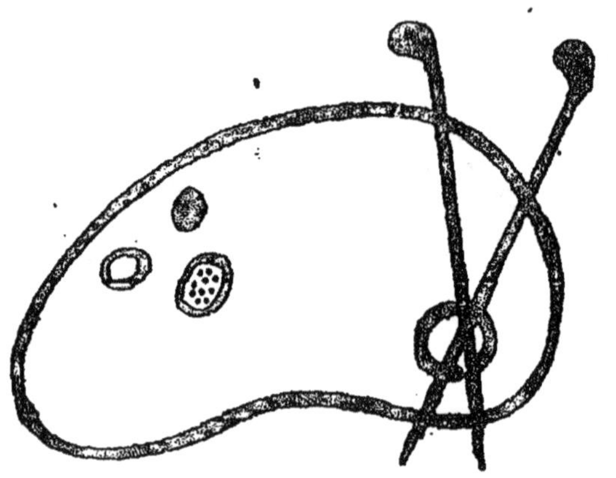

www.ingramcontent.com/pod-product-compliance
Lightning Source LLC
LaVergne TN
LVHW010540100826
845148LV00001B/251

* 9 7 8 2 0 1 2 1 7 5 6 4 8 *